公路工程监理技术

主　编　耿志斌

副主编　姚高岭　张建宇　陈士荣

主　审　宁金成

黄河水利出版社

·郑州·

内 容 提 要

本书以《公路工程施工监理规范》(JTG G10—2006)及《公路工程质量检验评定标准》(JTG F80/1—2004)为主线,结合最新的公路工程技术标准、规范编写而成。全书共分为公路工程材料质量监理、公路工程质量监理、桥梁工程质量监理、隧道工程质量监理、交通安全设施施工质量监理、工程投资控制、工程进度控制、工程合同管理、施工环境保护监理、交工及缺陷责任期的监理十章内容。

本书可供公路工程监理人员、施工企业人员、质量监督人员或其他相关人员参考使用,也可供公路工程监理人员作为培训资料使用。

图书在版编目(CIP)数据

公路工程监理技术/耿志斌主编. —郑州:黄河水利出版社,2009.9

ISBN 978-7-80734-701-9

Ⅰ. 公…　Ⅱ. 耿…　Ⅲ. 道路工程-工程施工-监督管理　Ⅳ. U415.1

中国版本图书馆 CIP 数据核字(2009)第 148368 号

出 版 社:黄河水利出版社

地址:河南省郑州市顺河路黄委会综合楼14层　　邮政编码:450003

发行单位:黄河水利出版社

发行部电话:0371-66026940、66020550、66028024、66022620(传真)

E-mail: hhslcbs@126.com

承印单位:河南地质彩色印刷厂

开本:787 mm×1092 mm　1/16

印张:24.75

字数:630 千字　　　　印数:1—1000

版次:2009 年 9 月第 1 版　　　　印次:2009 年 9 月第 1 次印刷

定价:48.00 元

《公路工程监理技术》

编委会

主　编　耿志斌

副主编　姚高岭　张建宇　陈士荣

编　委　王婷灏　张四法　陈万庆

邓文忠　蔡红波　张大强

张光亚　唐金明　陈天真

李红卫　刘振端　李向上

高素和　刘根来　薛建成

高天伟

主　审　宁金成

前　言

为提高监理工程师的业务素质和专业技术水平,同时也为了使建设、设计、施工等各方面人员了解和熟悉监理管理模式,结合最近几年新颁布的一系列公路工程技术标准、规范等内容编写了本书。随着公路事业的发展,对公路工程质量要求不断提高,公路建设新技术、新工艺、新材料的不断涌现以及新规范和新标准的不断推出,对公路工程监理工作的制度化和规范化的要求也越来越高。特别是随着《公路工程施工监理规范》(JTG G10—2006)及《公路工程质量检验评定标准》(JTG F80/1—2004)的颁布实施,监理人员原有的知识和经验已跟不上公路事业发展的脚步。本书根据最新公路工程技术标准规范编写,以《公路工程施工监理规范》(JTG G10—2006)及《公路工程质量检验评定标准》(JTG F80/1—2004)为主线,系统地阐述了与公路工程施工质量检查及验收有关的最新技术标准要点及要求。

本书由耿志斌担任主编,张建宇、陈士荣、姚高岭担任副主编,特邀河南交通职业技术学院宁金成副教授担任主审。

由于本书涉及面广,加之编者水平有限,书中错漏之处在所难免,敬请读者批评指正。

编　者

2009 年 6 月

目　录

第一章　公路工程材料质量监理

第一节　填方用土的质量监理

一、填方用土质量监理的主要内容

(1)对填方用土的压实度要严格要求,以保证其足够的强度和稳定性。

(2)依据设计文件或投标合同约定,要选择土料进行最大干密度和最佳含水量试验,液、塑限测定试验,级配及有害物质的测定试验等。

二、填方用土质量监理工作流程

填方用土的质量监理工作流程见图1-1。

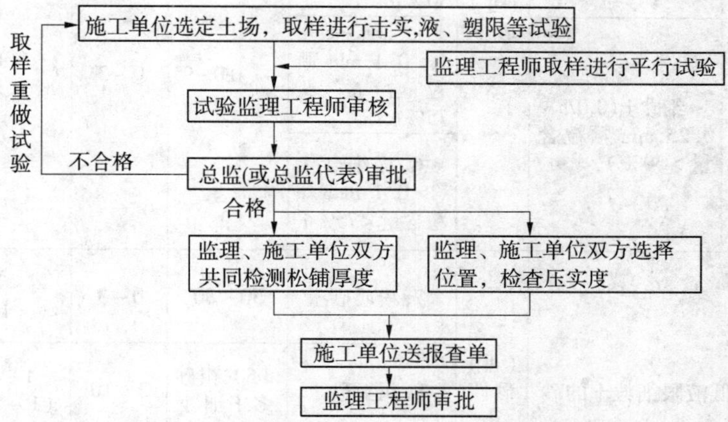

图1-1　填方用土的质量监理工作流程

三、填方用土的控制标准

(一)土的基本分类

根据土的颗粒级配或塑性指数,土可分为巨粒土、粗粒土和细粒土三种。公路用土分类见表1-1。

(二)土的技术要求

土性指标或土工试验项目,应根据设计文件和工程的具体要求选定。例如土的化学试验应包括易溶盐试验、阳离子交换量试验、矿物成分试验、有机质含量试验、酸碱度试验、烧失量试验、中溶盐石膏试验、难溶盐碳酸钙试验等;土性试验应包括液限试验、塑性指数试验、膨胀性试验等。

表 1-1　土的统一分类法与原路基土分类法对应关系

<table>
<tr><th colspan="4">统一分类法</th><th colspan="7">原路基土分类法</th></tr>
<tr><th colspan="2" rowspan="2">符号</th><th colspan="2" rowspan="2">土名</th><th rowspan="2">土组</th><th rowspan="2">土名</th><th colspan="3">颗粒含量(%)</th><th rowspan="2">塑性指数 $I_P(IP)$</th><th rowspan="2">液限 $\omega_Y(\omega_L)$</th></tr>
<tr><th colspan="2">砂粒（0.074～2 mm）</th><th>黏粒（<0.002 mm）</th></tr>
<tr><td colspan="2">G(包括 G、G－F、GF)、GS(G－S)</td><td colspan="2">砾(包括不含、微含或含细粒土的砾)、砂质砾(微含砂质砾)等</td><td rowspan="2">(Ⅰ)砾石质土</td><td>1. 土质砾石(>2 mm 颗粒含量>50%)</td><td colspan="2"></td><td></td><td></td><td></td></tr>
<tr><td colspan="2">S(包括 S、S－F、SF)、SG(S－G)等</td><td colspan="2">砂(包括不含、微含或含细粒土的砂)、砾质砂(微含砾质砂)等</td><td>2. 砾石质土(>2 mm 颗粒含量占 10%～50%)</td><td colspan="2"></td><td></td><td></td><td></td></tr>
<tr><td rowspan="4">S</td><td rowspan="2">S</td><td rowspan="2">砂</td><td>粗砂土(0.5～2 mm 颗粒含量>50%)</td><td rowspan="4">(Ⅱ)砂土</td><td>3. 粗砂土(>0.5 mm 颗粒含量>50%)</td><td rowspan="4">>30</td><td>>95</td><td rowspan="4">0～3</td><td rowspan="4"><1(<1)</td><td rowspan="4"><16(<16)</td></tr>
<tr><td>中砂土(0.25～0.5 mm)颗粒含量>50%</td><td>4. 中砂土(>0.25 mm 颗粒含量>50%)</td><td rowspan="3">80～95</td></tr>
<tr><td rowspan="2">S－F</td><td rowspan="2">微含细粒土的砂</td><td rowspan="2">细砂土(0.075～0.25 mm 颗粒含量>50%)</td><td>5. 细砂土(>0.1 mm 颗粒含量>75%)</td></tr>
<tr><td>6. 极细砂土(>0.1 mm 颗粒含量<75%)</td></tr>
<tr><td colspan="2" rowspan="3">SFL</td><td colspan="2" rowspan="3">含低液限细粒土的砂</td><td rowspan="3">(Ⅲ)砂性土</td><td>7. 粉质砂土</td><td colspan="2">50～80</td><td>0～3</td><td><7(<10)</td><td><27(<30)</td></tr>
<tr><td>8. 粗亚砂土</td><td colspan="2">>50，粗砂多于细砂</td><td>3～10</td><td>1～7(1～10)</td><td>16～27(16～30)</td></tr>
<tr><td>9. 细亚砂土</td><td colspan="2">>50，细砂多于粗砂</td><td>3～10</td><td>1～7(1～10)</td><td>16～27(16～30)</td></tr>
<tr><td colspan="2" rowspan="2">FL</td><td colspan="2" rowspan="2">低液限细粒土</td><td rowspan="4">(Ⅳ)粉性土</td><td>10. 粉质亚砂土</td><td colspan="2">20～50</td><td>0～10</td><td><7(<10)</td><td><27(<30)</td></tr>
<tr><td>11. 粉土</td><td colspan="2"><20</td><td>0～10</td><td><7(<10)</td><td><27(<30)</td></tr>
<tr><td rowspan="2">FL</td><td>CI</td><td rowspan="2">中液限细粒土</td><td>中液限黏质土</td><td>12. 粉质轻亚黏土</td><td colspan="2"><45</td><td>10～20</td><td>7～12(10～18)</td><td>27～33(30～40)</td></tr>
<tr><td>MI</td><td>中液限粉质土</td><td>13. 粉质重亚黏土</td><td colspan="2"><40</td><td>20～30</td><td>12～17(18～27)</td><td>33～40(40～50)</td></tr>
</table>

续表 1-1

统一分类法				原路基土分类法						
符号		土名		土组	土名	颗粒含量(%) 砂粒(0.074~2 mm)		黏粒(<0.002 mm)	塑性指数 $I_P(IP)$	液限 $\omega_Y(\omega_L)$
FI	CI	中液限细粒土	中液限黏质土	(Ⅴ)黏性土	14. 轻亚黏土	>45	45~50	10~20	7~12 (10~18)	27~33 (30~40)
	MI		中液限粉质土				40~45			
SFI	SCI	含中液限细粒土的砂	含高液限黏质土的砂		15. 重亚黏土	>40	>50	20~30	12~17 (18~27)	33~40 (40~50)
	SMI		含高液限粉质土的砂							
FH	CH	高液限细粒土	高液限黏质土		16. 轻黏土	<70	<50	30~50	17~27 (27~43)	40~54 (50~70)
	MH		高液限粉质土							
SFH	SCH	含高液限细粒土的砂	含高液限黏质土的砂				50~70			
	SMH		含高液限粉质土的砂							
FV	CV	很高液限细粒土	很高液限黏质土	(Ⅵ)重黏土	17. 重黏土	<45		>50	>27 (>43)	>54 (>70)
	MV		很高液限粉质土							

注:1. 表中括号内 ω_L,IP 分别为用液塑限联合测定仪测得的液限及相应的塑性指数。

2. ω_Y 为以 76 g 锥沉入深度 10 mm 测得的液限。

3. I_P 为用搓条法测定塑限后,利用 ω_Y 求得的塑性指数。

(1)称量精度。化学试验时,所用天平的精度要求如下:

0 < 称量质量 ≤ 1 g,天平精度为 1/10 000;

1g < 称量质量 < 10 g,天平精度为 1/1 000;

称量质量 > 10 g,天平精度为 1/100。

(2)试验精度。试验数据的有效位数和允许误差见表 1-2。

表 1-2　试验精度

项目	单位	有效位数	允许误差
密度	g/cm^3	0.01	0.03
含水量	%	0.1	2(最大)
比重(土粒相对密度)		0.01	0.02
孔隙度		0.001	
液限、塑限	%	0.1	2
稠度		0.01	
颗粒分析	%	0.1	
不均匀系数		0.1	
渗透系数	cm/s	0.1×10^{-n}	
压缩系数	kPa^{-1}	0.01	
黏聚力	kPa	0.1	
内摩擦角	(°)	0.5	
无侧限抗压强度	kPa	1	
pH		0.2	
其他化学项目	%	0.01	

在实际化学试验中，取三次(或两次)平行试验结果的算术平均值作为真实值，算术平均值与各个测定值之间的差值占算术平均值的百分数为相对误差。公路土工试验规程 JTG E40—2007 关于化学试验的允许相对误差见表 1-3。

表 1-3　化学试验的允许相对误差

被测组分含量(%)	允许相对误差(%)	被测组分含量(%)	允许相对误差(%)
>50	< ±0.6	20 ~ 10	< ±2
50 ~ 40	< ±0.8	10 ~ 5	< ±3
40 ~ 30	< ±1	5 ~ 1	< ±10
30 ~ 20	< ±1.5	<1	< ±20

注：对于其他项目，可参考同类指标确定。

(3)允许偏差。pH 的两次称样平行测定结果允许偏差为 0.1，中溶盐石膏($CaSO_4\cdot 2H_2O$)测定结果允许偏差为 0.05%(容量法)和 0.2%(质量法)。其他常用试验结果的允许偏差见表 1-4 ~ 表 1-9。

表 1-4　全盐量(质量法)两次测定的允许偏差

全盐量范围(%)	允许相对偏差(%)	全盐量范围(%)	允许相对偏差(%)
<0.05	15 ~ 20	0.2 ~ 0.5	5 ~ 10
0.05 ~ 0.2	10 ~ 15	>0.5	>5

表 1-5　易溶盐各离子的允许偏差

各离子含量的范围 m(mol/kg)								相对偏差(%)
CO_3^{2-}	HCO_3^-	SO_4^{2-}	Cl^-	Ca^{2+}	Mg^{2+}	Na^+	K^+	
<2.5	<5	<2.5	<5	<2.5	<2.5	<5	<5	10~15
2.5~5	5~10	2.5~5	5~10	2.5~5	2.5~5	5~10	5~10	5~10
5~25	10~50	5~25	10~50	5~25	5~25	10~50	10~50	3~10
>25	>50	>25	>50	>25	>25	>50	>50	<3

表 1-6　有机质测定的允许偏差

测定值(%)	绝对偏差(%)	相对偏差(%)
10~5	<0.3	3~4
5~1	<0.2	4~5
1~0.1	<0.05	5~6
0.1~0.05	<0.004	6~7
0.05~0.01	<0.006	7~9
<0.01	<0.008	9~15

表 1-7　阳离子交换量测定结果允许偏差

测定值 m(mol/kg)	绝对偏差 m(mol/kg)	相对偏差(%)
300~200	<10	3~4
200~100	<8.0	4~5
100~50	<5.0	5~6
50~10	<3.0	6~9
<10	<1.0	9~15

表 1-8　碳酸钙测定允许偏差　(%)

碳酸钙	绝对偏差	相对偏差	碳酸钙	绝对偏差	相对偏差
20~10	<1	5~7	5~1	<0.6	11~17
10~5	<0.8	7~11	<1	<0.2	17~25

表 1-9　矿质全量分析及烧失量测定结果允许偏差　(%)

测定值	绝对偏差	相对偏差	测定值	绝对偏差	相对偏差
>50	<0.9	1.0~1.5	0.1~0.05	<0.006	6.0~8.0
50~30	<0.7	1.5~2.0	0.05~0.01	<0.004	8.0~10.0
30~10	<0.5	2.0~3.0	0.01~0.005	<0.001	10.0~12.0
10~5	<0.3	3.0~4.0	0.005~0.001	<0.000 6	12.0~15.0
5~1	<0.2	4.0~5.0	<0.001	<0.000 15	15.0~20.0
1~0.1	<0.05	5.0~6.0			

(三)土的质量标准

1. 填方用土的质量标准

(1)土的可溶性盐含量≤5%,550 ℃有机质烧失量≤5%,特殊情况≤7%。

(2)路基填方不得含草、树根等杂物,粒径超过10 cm的土块应打碎。

(3)路基填土严禁用腐殖土、生活垃圾、淤泥、冻土块和盐渍土。

(4)桥台填土除设计文件另有规定外,一般应用砂性土或其他透水性材料(如粉煤灰)。碎石土要求级配良好(一般碎石:土为1:2),石灰土要分层夯实,含灰量要在8%以上。

2. 土的其他技术质量标准

(1)砂土密实程度划分见表1-10。

(2)碎(砾)石土和砂土潮湿程度划分见表1-11。

(3)软土分类见表1-12。

表1-10 砂土密实程度划分

分级		相对密度 D_r
密实		$D_r \geq 0.67$
中实		$0.33 < D_r < 0.67$
松散	稍松	$0.2 < D_r \leq 0.33$
	极松	$D_r \leq 0.2$

表1-11 碎(砾)石土和砂土潮湿程度划分

分级	饱和度 S_r
稍湿	$S_r \leq 0.5$
潮湿	$0.5 < S_r \leq 0.8$
饱和	$S_r > 0.8$

表1-12 软土分类

土类	指标				
	含水量 ω(%)	孔隙比 e	压缩系数(在100~200 kPa压力下)	饱和度 S_r(%)	内摩擦角 φ(快剪)(°)
黏土	>40	>1.2	>0.05	>95	<50
中、低液限黏土	>30	>0.92	>0.03	>95	<50

(4)黄土按湿陷等级划分见表1-13。

表1-13 黄土按湿陷等级划分

	湿陷类型	
	非自重湿陷性	自重湿陷性
	分级湿陷量 δ_s(cm)	
Ⅰ	$\delta_s \leq 15$	$\delta_s \leq 15$
Ⅱ	$15 < \delta_s \leq 35$	$15 < \delta_s \leq 40$
Ⅲ	$\delta_s > 35$	

(5)土的稠度划分见表1-14。

表 1-14　土的稠度划分

分级	稠度 W_s
液塑	0～0.25
极软塑	0.25～0.5
软塑	0.5～0.75
硬塑	0.75～1

(6)黏性土的状态应根据液性指数 I_L 分为坚硬、硬塑、可塑、软塑和流塑，并应符合表 1-15的规定。

表 1-15　按液性指数 I_L 值确定黏性土状态

I_L 值	状态
$I_L \leqslant 0$	坚硬
$0 < I_L \leqslant 0.25$	硬塑
$0.25 < I_L \leqslant 0.75$	可塑
$0.75 < I_L \leqslant 1$	软塑
$I_L > 1$	流塑

(7)湿陷性黄土地基的湿陷等级，应根据基底下各土层累计的总湿陷量和计算自重湿陷量的大小等因素按表 1-16 判定。

表 1-16　湿陷性黄土地基的湿陷等级

总湿陷量 Δs(cm)	湿陷类型		
	非自重湿陷性场地	自重湿陷性场地	
	计算自重湿陷量(cm)		
	$\Delta zs \leqslant 7$	$7 < \Delta zs \leqslant 35$	$\Delta zs > 35$
$\Delta s \leqslant 30$	Ⅰ(轻微)	Ⅱ(中等)	—
$30 < \Delta s \leqslant 60$	Ⅱ(中等)	Ⅱ(中等)或Ⅲ(严重)	Ⅲ(严重)
$\Delta s > 60$	—	Ⅲ(严重)	Ⅳ(很严重)

注：1. 当总湿陷量 30 cm < Δs < 50 cm，计算自重湿陷量 7 cm < Δzs < 30 cm 时，可判为Ⅱ级。
2. 当总湿陷量 Δs≥50 cm，计算自重湿陷量 Δzs≥30 cm 时，可判为Ⅲ级。

(8)膨胀土的工程地质分类可参考表 1-17。

(四)土的检测频率

(1)取土场的土料，每批土取样一次，进行标准击实试验和液、塑限测定试验。

(2)桥台回填材料，每批材料取样一次，进行标准击实试验。

(3)压实度检测频率如下：

表 1-17　膨胀土工程地质分类

分类	野外地质特征	主要黏土矿物成分	>0.002 mm 黏粒含量(%)	自由膨胀率(%)	总胀缩率(%)
强膨胀土	灰白、灰绿色，黏土细腻，滑感特强，网状裂隙极发育，有蜡面，易风化成细粒状、鳞片状	蒙脱石、伊利石	>50	>90	>4
中等膨胀土	以棕、红、灰色为主，黏土中含少量粉砂，滑感较强，裂隙较发育，易风化成碎粒状，含钙质结核	蒙脱石、伊利石	35~50	65~90	2~4
弱膨胀土	以黄褐色为主，黏土中含较多粉砂，有滑感，裂隙发育，易风化成碎粒状，含较多钙质或铁锰结核	蒙脱石、伊利石、高岭石	<35	40~65	0.7~2

注：总胀缩率为土在 50 kPa 压力下的膨胀率与收缩率之和。

①路基压实度检测频率：每双车道 200 m 每压层测 4 处(分于左、中、右)，对多车道要按此比例增加测点(用核子密度仪法、灌砂法或环刀法)。

②台背回填检测频率：每个结构物两侧每层各检测 2 个点。

房屋建筑规定，柱基回填检测频率为柱基总数的 10%，但不少于 5 个；基槽、沟管回填检测频率为 20~50 m 取样一组，不足 20 m 时，也取一组；基坑回填的检测频率为 100~500 m^2 取一组，不足 100 m^2 也取一组(用灌砂法或环刀法测定)。

(4)管、涵沟槽及检查井、雨水口周围回填土的填料要求见表 1-18。

表 1-18　管、涵沟槽及检查井、雨水口周围回填土的填料要求

部位			填料
胸腔	填料距路床顶 <80 cm >80 cm		石灰土 砂、砂砾 素土
管顶以上至路床顶	管顶距路床顶小于 80 cm	管顶上 30 cm 以内	石灰土 砂、砂砾
		管顶上 30 cm 以上	石灰土 砂、砂砾
检查井及雨水口周围	路床顶以下 0~80 cm		石灰土、砂
	80 cm 以外		石灰土、砂

(五)填方用土质量标准及检验频率

填方用土质量标准及检验频率见表 1-19。

表 1-19　填方用土质量标准及检验频率

<table>
<tr><th>项目</th><th>用土质量标准</th><th>允许偏差</th><th>检验频率</th><th>检验方法</th><th>检验程序</th><th>认可程序</th><th>备注</th></tr>
<tr><td>路基填土</td><td>(1)不得使用腐殖土、生活垃圾土、淤泥、冻土块和盐渍土；
(2)可溶性盐含量≤5%，烧失量≤5%；
(3)不含草、树根等，粒径≤10 mm</td><td rowspan="2">每层土的压实度合格率不小于100%</td><td>每双车道200 m每压层测4点(分左、中、右)，对多车道要按此比例增加测点</td><td rowspan="2">环刀法或灌砂法</td><td rowspan="2">监、承双方共同选择位置，由承包人做试验，并填写报表</td><td rowspan="2">应在得到专业监理工程师的书面认可后，方可进行下一层土的施工</td><td rowspan="2">路基修筑前，应在取土地点取样进行击实试验，确定其最佳含水量和最大干密度</td></tr>
<tr><td>桥涵管道沟槽回填土</td><td>(1)不得使用腐殖土、生活垃圾土、淤泥、冻土块和盐渍土；
(2)可溶性盐含量≤5%，烧失量≤5%；
(3)不含草、树根等，粒径≤10 mm</td><td>每层土：
(1)柱基总数的10%，但不少于5个；
(2)基槽、沟管：20～50 m取样一组(≥1组)；
(3)基坑：100～500 m^2 取样一组(≥1组)</td></tr>
</table>

第二节　基层材料的质量监理

一、基层材料质量监理的主要内容

(1)原材料，如水泥、石灰、土、碎石、粉煤灰的质量监理。

(2)混合料的质量监理，水泥稳定土、石灰稳定土、级配碎石、二灰稳定土等的组成设计、最大干密度、最佳含水量、承载比、无侧限抗压强度、压实度的测定等。

二、基层材料质量监理工作流程

路面基层材料质量监理工作流程如图 1-2 所示。

路面基层混合料质量监理工作流程如图 1-3 所示。

三、基层材料质量的控制标准

(一)原材料质量的控制标准

1. 水泥

(1)普通硅酸盐水泥、矿渣硅酸盐水泥、火山灰质硅酸盐水泥都可用于稳定土，但应选用初凝时间大于 3 h 和终凝时间大于 6 h 的水泥。

尽量采用较低强度等级的水泥，快硬水泥、早强水泥及已受潮变质的水泥不得使用。其检测频率为同一批号产品至少抽检一次，有疑问时，按专业监理工程师指令抽检。

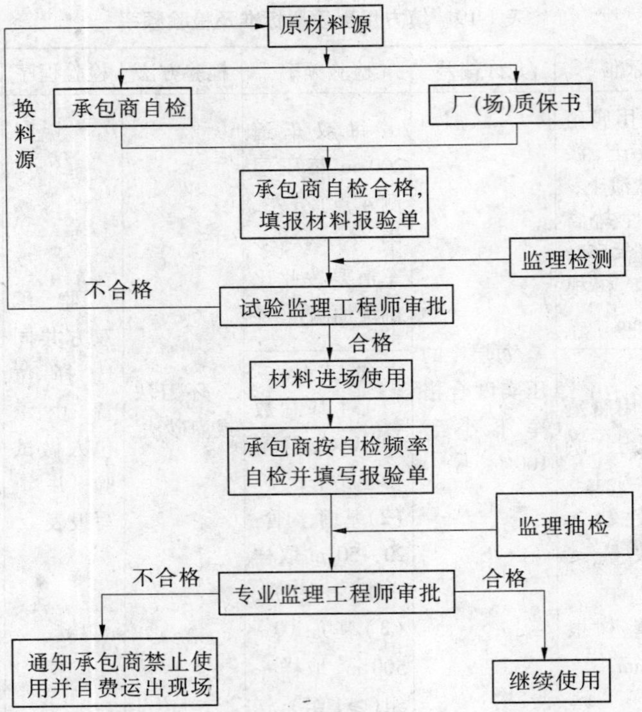

图 1-2 路面基层材料质量监理工作流程

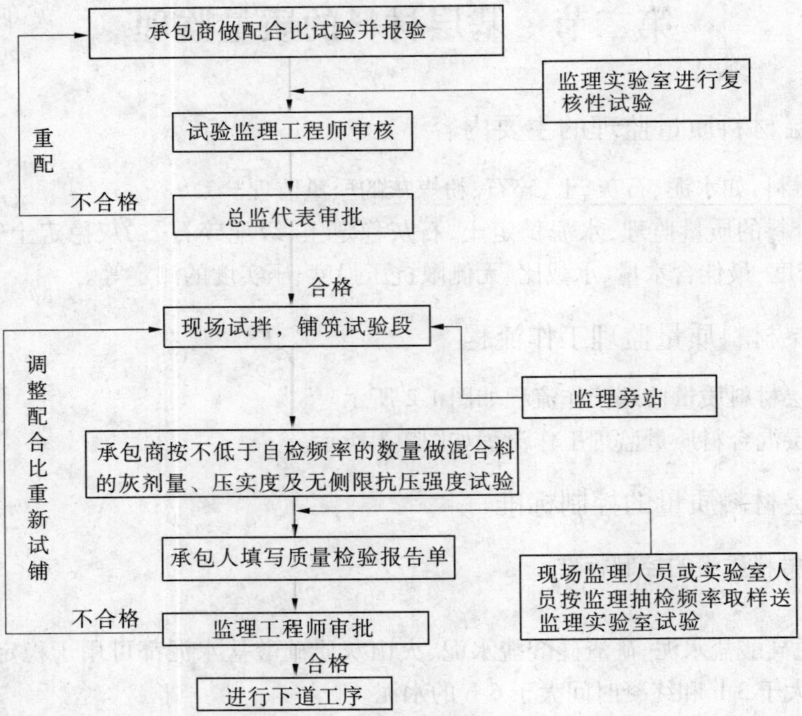

图 1-3 路面基层混合料质量监理工作流程

（2）水泥进场时，必须要有质量证明书、进市许可证，并对其品种、强度等级、包装（或散装仓号）、出厂日期、数量等检查无误后，方可验收。结硬变质、质量不符要求的均不得使用。

（3）水泥如果受潮或存放时间超过三个月，应重新取样检验，并按其复验结果的报告结论控制使用。

（4）水泥的安定性必须通过沸煮法试验，合格后方可使用；否则严禁使用。

（5）水泥含有其他化合物的含量及其他指标应符合表1-20的规定。

表1-20　水泥中其他化合物的含量及其他指标

水泥品种	氧化镁（%）	三氧化硫（%）	细度（%）	凝结时间		安定性
				初凝	终凝	
	不超过	不超过	不超过	不早于（min）	不迟于（h）	沸煮法（蒸压）
硅酸盐、普通硅酸盐	5	3.5	10	45	6.5/10	必须合格
矿渣硅酸盐	5	4	10	45	10	必须合格
火山灰质硅酸盐、粉煤灰硅酸盐	5	3.5	10	45	10	必须合格

注：1.细度为通过0.08 mm方孔筛的筛余百分数。

2.氧化镁、三氧化硫含量为占水泥熟料的百分数。

3.水泥经蒸压定性后试验合格，则熟料中氧化镁的含量允许放宽到6%。

（6）水泥检验依据、取样及判定见表1-21。

表1-21　水泥检验依据、取样及判定

项目	说明
检验依据	（1）水泥胶砂强度检验方法（ISO法）（GB/T 17671—1999）； （2）水泥化学分析方法（GB/T 176—1996）； （3）水泥取样方法（GB 12573—1990）； （4）水泥包装袋（GB 9774—1996）； （5）膨胀水泥膨胀率检验方法（JC/T 313—96（82））； （6）水泥水化热试验方法（直接法）（GB/T 2022—89）； （7）水泥标准稠度、凝结时间、安定性检验方法（GB/T 1346—2001）； （8）水泥压蒸安定性试验方法（GB/T 750—1992）； （9）水泥细度检验方法（80 μm筛分析法）（GB 1345—1991）； （10）水泥胶砂流动度测定方法（GB/T 24191—1994）

续表 1-21

项目	说明
取样	(1)袋装水泥或散装水泥应分别进行编号和取样,一编号为一取样单位,水泥出厂编号按厂年生产能力规定: 12 万 t 以上,不超过 1 200 t 为一编号; 60 万~120 万 t,不超过 1 000 t 为一编号; 30 万~60 万 t,不超过 600 t 为一编号; 10 万~30 万 t,不超过 400 t 为一编号; 10 万 t 以下,不超过 200 t 和不超过 3 d 产量为一编号。取样应有代表性,可连续取样,可从 20 个以上不同部位取等量样品,总量至少 12 kg。 (2)工地取样,应在一批到货中取样,由监理和施工单位共同取样,取样方法按 GB/T 12573—1990 进行
判定	(1)凡氧化镁、三氧化硫,初凝时间、安定性中任一项不符合表 1-20 中的标准时,均为废品。 (2)凡细度、终凝时间中任一项不符合表 1-20 中的标准时或混合材料掺量超过最大限量和强度低于商品强度等级的指标时,为不合格品。 (3)水泥包装标志中水泥品种、强度等级、生产单位名称和出厂编号不全的也属于不合格品。 (4)当用户需要时,水泥厂应在水泥发出之日起 7 d 内寄发除 28 d 强度以外的各项试验结果。在 28 d 强度试验的水泥中抽取试样,双方共同签封后保存 3 个月,在 3 个月内买方对水泥质量有疑问时,则买卖双方应将签封的试样送省级或省级以上国家认可的水泥质量监督检验机构进行仲裁检验

2. *石灰*

石灰的原材料石灰石在我国分布很广,由于生产工艺简单,成本低廉,所以在建筑工程中是一种使用较早的矿物胶凝材料,应用范围广泛,通常用做地基或道路基层的混合材料。

(1)石灰的选用及监理要点见表 1-22。

表 1-22　石灰的选用及监理要点

项目	说明
石灰选用	(1)用在道路基层三渣混合料中的石灰,可采用建筑块灰、碎石灰或电石渣等。 (2)用在高等级道路工程,如高速公路、一级公路工程中的石灰就必须采用易于消解的三级以上生石灰。 (3)一般公路亦可采用电石渣或钢厂生石灰下脚料,但不得采用各种化工厂的石灰类下脚料,还需防止微量有毒物质的混入。 (4)用于软土地基处理的石灰桩,必须采用未消解的生石灰块。 (5)用在石灰稳定土时,(与中液限黏性土拌和)采用磨细的袋装生石灰其钙镁含量要求不低于 70%,其掺量不低于 6%,但也不宜高于 18%。因为剂量超过一定范围,过多的石灰在土的空隙中自由存在,将导致石灰土的强度下降

续表 1-22

项目	说明
监理要点	(1)生石灰(含钢厂生石灰下脚料)必须在使用前两星期加水充分消解,石灰充分消解是指石灰经消解后保留在2.5 mm筛孔上的颗粒不得超过40%。 (2)电石渣应沥干到含水量≤4%方可使用。 (3)经消解后的石灰按消解先后分别存放,先消解的石灰先用。 (4)进入拌和机的熟石灰,不得含有未消解颗粒。 (5)使用熟石灰之前,应通过分析试验,其活性氧化钙含量不应低于40%。当活性氧化钙的含量为30%～40%时,应适当增加石灰用量;当活性氧化钙含量低于30%时,就不宜采用

(2)石灰质量的检测频率:每批到达现场的石灰(每批不超过500 t)随即取样3个。

(3)石灰的质量控制标准见表1-23。

表 1-23　石灰的质量控制标准

项目	类别											
	钙质生石灰			镁质生石灰			钙质消石灰			镁质消石灰		
	等级											
	Ⅰ	Ⅱ	Ⅲ	Ⅰ	Ⅱ	Ⅲ	Ⅰ	Ⅱ	Ⅲ	Ⅰ	Ⅱ	Ⅲ
有效钙加氧化镁含量(%)不小于	85	80	70	80	75	65	65	60	55	60	55	50
未消化残渣含量(5 mm圆孔筛的筛余(%))不大于	7	11	17	10	14	20						
含水量(%)不大于							4	4	4	4	4	4
细度：0.71 mm方孔筛余(%)不大于							0	1	1	0	1	1
细度：0.125 mm方孔筛的累计筛余(%)不大于							13	20	—	13	20	—
钙镁石灰的分类界限氧化镁含量(%)	≤5			>5			≤4			>4		

注:硅、铝、铁、氧化物含量之和大于5%的生石灰,有效钙加氧化镁含量指标:Ⅰ等≥75%,Ⅱ等≥70%,Ⅲ等≥60%;未消化残渣含量指标与镁质生石灰指标相同。

3. 土

凡能被经济地粉碎的土,都可用来做稳定土。用水泥稳定土做底基层时,对于一般公路(城市道路),颗粒最大粒径不应超过50 mm,同时土的均匀系数应大于5,细粒土的液限不应超过40,塑性指数不应超过17。实际工作中,宜选用均匀系数大于10,塑性指数小于12的土。塑性指数大于17的土,宜采用石灰稳定,或用水泥和石灰综合稳定。

水泥稳定土用土的质量指标见表1-24。

表 1-24　水泥稳定土用土的质量指标

项目	一般公路		高等级公路	
	基层	底基层	基层	底基层
液限(%)		<40(强粒土)	<28	<40(强粒土)
塑性指数		<17(强粒土)	<9	<17(强粒土)
均匀系数	>10	>5	>10	>5
有机质含量(%)	≤2		≤2	
硫酸盐含量(%)	≤0.25		≤0.25	
压碎值(%)	≤35		≤30	
最大粒径(mm)	≤37.5	≤53	≤31.5	≤37.5

4. *卵石和碎石*

(1)类别。按卵石、碎石技术要求分为Ⅰ类、Ⅱ类、Ⅲ类。

(2)用途。Ⅰ类宜用于强度等级大于 C60 的混凝土,Ⅱ类宜用于强度等级为 C30 ~ C60 及抗冻、抗渗或有其他要求的混凝土,Ⅲ类宜用于强度等级小于 C30 的混凝土。

(3)技术要求。

①颗粒级配:卵石和碎石的颗粒级配应符合表 1-25 的规定。

表 1-25　卵石和碎石的颗粒级配

公称粒径(mm)	方筛孔(mm)											
	2.36	4.75	9.50	16.0	19.0	26.5	31.5	37.5	53.0	63.0	75.0	90.0
	累计筛余(%)											
连续粒级	5 ~ 10	95 ~ 100	80 ~ 100	0 ~ 15	0							
	5 ~ 16	95 ~ 100	85 ~ 100	30 ~ 60	0 ~ 10	0						
	5 ~ 20	95 ~ 100	90 ~ 100	40 ~ 80		0 ~ 10	0					
	5 ~ 25	95 ~ 100	90 ~ 100		30 ~ 70		0 ~ 5	0				
	5 ~ 31.5	95 ~ 100	90 ~ 100	70 ~ 90		15 ~ 45		0 ~ 5	0			
	5 ~ 40		95 ~ 100	70 ~ 90		30 ~ 65			0 ~ 5	0		

续表 1-25

公称粒径(mm)	方筛孔(mm)											
	2.36	4.75	9.50	16.0	19.0	26.5	31.5	37.5	53.0	63.0	75.0	90.0
	累计筛余(%)											
单粒粒级	10~20		95~100	85~100		0~15	0					
单粒粒级	16~31.5		95~100		85~100			0~10	0			
单粒粒级	20~40			95~100		80~100			0~10	0		
单粒粒级	31.5~63				95~100			75~100	45~75		0~10	0
单粒粒级	40~80					95~100			70~100		30~60	0~10

②含泥量和泥块含量:卵石、碎石的含泥量和泥块含量应符合表 1-26 的规定。

表 1-26　卵石和碎石的含泥量和泥块含量

项目	指标		
	Ⅰ类	Ⅱ类	Ⅲ类
含泥量(按质量计,%)	<0.5	<1.0	<1.5
泥块含量(按质量计,%)	0	<0.5	<0.7

③针片状颗粒含量:卵石和碎石的针片状颗粒含量应符合表 1-27 的规定。

表 1-27　卵石和碎石的针片状颗粒含量

项目	指标		
	Ⅰ类	Ⅱ类	Ⅲ类
针片状颗粒(按质量计,%)	<5	<15	<25

④有害物质:卵石和碎石中不应混有草根、树叶、树枝、塑料、煤块和炉渣等杂物。其有害物质含量应符合表 1-28 的规定。

表 1-28　卵石和碎石中有害物质含量

项目	指标		
	Ⅰ类	Ⅱ类	Ⅲ类
有机物	合格	合格	合格
硫化物及硫酸盐(按 SO_3 质量计,%)	<0.5	<1.0	<1.0

⑤坚固性:采用硫酸钠溶液法进行试验,卵石和碎石经 5 次循环后,其质量损失应符合表 1-29 的规定。

表 1-29　卵石和碎石的质量损失指标

项目	指标		
	Ⅰ类	Ⅱ类	Ⅲ类
质量损失(%)	<5	<8	<12

⑥强度：

a. 岩石抗压强度。在水饱和状态下，其抗压强度为：火成岩应不小于 80 MPa，变质岩应不小于 60 MPa，水成岩应不小于 30 MPa。

b. 压碎指标。压碎指标值应符合表 1-30 的规定。

表 1-30　压碎指标

项目	指标		
	Ⅰ类	Ⅱ类	Ⅲ类
碎石压碎指标(%)	<10	<20	<30
卵石压碎指标(%)	<12	<16	<16

⑦表观密度、堆积密度、空隙率：表观密度、堆积密度、空隙率应符合如下规定：表观密度大于 2 500 kg/m^3，松散堆积密度大于 1 350 kg/m^3，空隙率小于 47%。

⑧碱集料反应：经碱集料反应试验后，由卵石、碎石制备的试件无裂缝、酥裂、胶体外溢等现象，在规定的试验龄期的膨胀率应小于 0. 10%。

(4) 取样方法。

①在料堆上取样时，取样部位应均匀分布。取样前先将取样部位表层铲除，然后从不同部位抽取大致等量的石子 15 份(在料堆的顶部、中部和底部均匀分布的 15 个不同部位取得)组成一组样品。

②从皮带运输机上取样时，应用接料器在皮带运输机机尾的出料处定时抽取大致等量的石子 8 份，组成一组样品。

③从火车、汽车、货船上取样时，从不同部位和深度抽取大致等量的石子 16 份，组成一组样品。

(5) 试样数量。单项试验的最少取样数量应符合表 1-31 的规定。

做几项试验时，如确能保证试样经一项试验后不致影响另一项试验的结果，可用同一试样进行几项不同的试验。

(6) 出厂检验。卵石和碎石的出厂检验项目为颗粒级配、含泥量、泥块含量、针片状颗粒含量。

(7) 组批规划。按同品种、规格、适用等级及日产量每 600 t 为一批，不足 600 t 亦为一批。日产量超过 2 000 t，按 1 000 t 为一批，不足 1 000 t 亦为一批。日产量超过 5 000 t，按 2 000 t为一批，不足 2 000 t 亦为一批。

表 1-31 单项试验的最少取样数量

序号	试验项目	不同最大粒径下的最少取样量(kg)							
		9.5 mm	16.0 mm	19.0 mm	26.5 mm	31.5 mm	37.5 mm	63.0 mm	75.0 mm
1	颗粒级配	9.5	16.0	19.0	25.0	31.5	37.5	63.0	80.0
2	含泥量	8.0	8.0	24.0	24.0	40.0	40.0	80.0	80.0
3	泥块含量	8.0	8.0	24.0	24.0	40.0	40.0	80.0	80.0
4	针片状颗粒含量	1.2	4.0	8.0	12.0	20.0	40.0	40.0	40.0
5	有机物含量	按试验要求的粒级和数量取样							
6	硫酸盐和硫化物含量								
7	坚固性								
8	岩石抗压强度	随机选取完整石块锯切或钻取成试验用样品							
9	压碎指标值	按试验要求的粒级和数量取样							
10	表观密度	8.0	8.0	8.0	8.0	12.0	16.0	24.0	24.0
11	堆积密度与空隙率	40.0	40.0	40.0	40.0	80.0	80.0	120.0	120.0
12	碱集料反应	20.0	20.0	20.0	20.0	20.0	20.0	20.0	20.0

(8)判定规则。

①检验(含复检)后,各项性能指标都符合相应类别规定时,可判定该产品合格。

②技术要求中①~⑥若有一项性能指标不符合要求,则应从同一批产品中加倍取样,对不符合要求项目进行复检。复检后,该项指标符合要求时,可判该类产品合格;仍然不符合标准要求时,则该批产品判为不合格。

(9)现场抽检。现场抽检复验的项目同出厂检验项目。

5.粉煤灰

粉煤灰原为火力发电厂燃烧煤粉后排放的废渣。20 世纪 80 年代中期粉煤灰已作为一种常用的建筑材料广泛用于工程上。

1)用于道路上的粉煤灰的材质要求

(1)稳定性好,粒径以偏粗为宜。

(2)化学成分:二氧化硅(SiO_2)和三氧化铝(Al_2O_3)的总量应大于 70%。

(3)900 ℃时的烧失量应不大于 10%。

(4)与石灰混合时能起水硬作用。

(5)用 25% 熟石灰与 75% 粉煤灰(重量比)混合加水成型,在 65 ℃快速饱水时抗压强度应大于 1.2 MPa。

2)用于混凝土工程中的质量要求

用于混凝土工程时,尚应符合国家现行标准《粉煤灰混凝土应用技术规范》(GBJ 146—90)、《粉煤灰在混凝土和砂浆中应用技术规程》(JGJ 28—86)等的规定。

拌制水泥混凝土和砂浆用粉煤灰的质量指标见表 1-32。

表 1-32　拌制水泥混凝土和砂浆用粉煤灰的质量指标

序号	指标	级别		
		Ⅰ	Ⅱ	Ⅲ
1	细度(0.045 mm方孔筛筛余,%),不大于	12	20	45
2	需水量比(%),不大于	95	105	115
3	烧失量(%),不大于	5	8	15
4	含水量(%),不大于	1	1	不规定
5	三氧化硫(%),不大于	3	3	3

3)粉煤灰监理要点

(1)必须获取供料单位关于粉煤灰化学成分测试报告及与其他材料混合的强度试验报告、出厂合格证(内容:厂名和批号、合格证编号及日期、粉煤灰的级别及数量)。

(2)应严格控制混凝土中的粉煤灰掺量,并抽检相关试块强度,确保强度指标符合设计要求。

(3)粉煤灰混凝土的设计强度等级不得低于基准混凝土的设计强度等级。粉煤灰混凝土的标准强度、设计强度和弹性模量,与基准混凝土一样按有关规程、规定取值。

(4)粉煤灰混凝土的收缩、抗渗等性能指标可采用相同强度等级基准混凝土的性能指标。

(5)用于地上工程的粉煤灰混凝土,其强度等级龄期定为28 d;用于地下大体积混凝土工程的粉煤灰混凝土,其强度等级龄期一般为60 d。

(6)粉煤灰混凝土的浇筑和成型与普通混凝土相同,用粉煤灰混凝土抹面时,必须进行二次压光。

(7)粉煤灰砂浆宜采用机械搅拌,保证拌和物均匀。砂浆各组分的计量允许误差(按重量计)为:水泥 ±2%,粉煤灰、石灰膏和细集料 ±5%,总搅拌时间≥2 min。

(8)粉煤灰散装运输时,必须采取措施,防止污染环境。

(9)干粉煤灰应储存在有顶盖的料仓中,湿粉煤灰可堆放在带有围墙的场地上。

(10)袋装粉煤灰的包装袋上应清楚标明粉煤灰厂名、等级、批号及包装日期。

4)粉煤灰组批与取样

(1)以连续供应的200 t相同等级的粉煤灰为一批。不足200 t者按一批论,粉煤灰的数量按干灰(含水量小于1%)的重量计算。

(2)取样方法。

①散装灰取样:从运输工具、贮灰库或堆场中的不同部位取15份试样,每份试样1~3 kg,混合拌匀,按四分法,缩取出比试验所需量大一倍的试样(称为平均样)。

②袋装灰取样:从每批中任抽10袋,从每袋中分取试样不少于1 kg,按散装灰取样的方法混合缩取平均试样。

5)复验

复验时应做细度、烧失量和含水量检验。符合表1-32的要求的为合格品,若其中任一项不符合要求,则应重新从同一批中加倍取样,进行复验,复验仍不合格时,则该粉煤灰应及时处理。

(二)混合料质量的控制标准

1. 水泥稳定土

(1)适宜用水泥稳定土垫层的土的颗粒组成范围见表1-33。

表1-33　垫层土的颗粒组成范围

筛孔尺寸(mm)	50	5	0.5	0.074	0.002
通过百分率(含量)(%)	100	5~100	15~100	0~50	0~30

(2)不同等级类别公路,水泥稳定土的7 d浸水抗压强度标准应符合表1-34的规定。

表1-34　水泥稳定土的7 d浸水抗压强度标准　(单位:MPa)

用的层位	公路等级			
	三、四级	二级	一级	高速公路
基层	1.5~2.0	2.0~2.5	2.5~3.0	3.0~4.0
垫层	>1.0	>1.3	>1.5	>1.5

(3)水泥稳定土的塑性指数<(4~6),承载比≥240。

(4)施工时,工地实际采用水泥剂量应比室内试验确定的剂量多0.5%~1.0%。

(5)从拌和水泥稳定土的均匀性考虑,水泥的最小剂量应符合表1-35的规定。

表1-35　水泥最小剂量百分比　(%)

土类	拌和方法	
	路拌法	集中(厂)拌和法
中粒土和粗粒土	3	2
细粒土	5	3

(6)水泥稳定土压实度的质量标准:高等级道路为97%、中低级道路为93%。检测频率:每200 m检测一次,随机抽样8个(双车道)。检验方法:灌砂法。

2. 石灰稳定土

(1)作垫层用的各类土中的石灰剂量配制有以下几种:

①砂性土为8%、10%、11%、12%、14%。

②粉性土和黏性土为5%、7%、8%、9%、11%。

(2)作基层用的各类土中的石灰剂量配制有以下几种:

①砂砾土和碎石土为3%、4%、5%、6%、7%。

②砂性土为10%、12%、13%、14%、16%。

③粉性土和黏性土为6%、8%、10%、12%、14%。

(3)工地实际采用石灰剂量,根据其含钙量不低于70%的情况,应比室内试验确定的剂量多0.5%~1%。

(4)石灰稳定碎石和石灰稳定砂砾,仅对石灰土进行配比设计。对碎石和砂砾,只要求它具有较好的级配,石灰土与碎石或砂砾的质量比宜为1:4。

(5)房屋灰土地基的配合比(体积比)除特殊设计外,一般取2∶8或3∶7。

(6)港工灰土类底层的原材料质量和灰土配合比必须符合设计要求及规范规定。

3. 二灰稳定类土材料

二灰材料具有良好的力学性能、板体性、水稳性和一定的抗冻性,其抗冻性较石灰土高得多。二灰土中粉煤灰用量越多,初期强度越低,3 个月龄期的增长幅度越大,在二灰土中加入粒料或少量水泥可提高其早期强度。由于干缩、冷缩、易产生裂缝,二灰土适用于各种交通类别道路的基层和底基层。但二灰土不宜用做高级沥青路面的基层,而用于底基层。

(1)粉煤灰。粉煤灰中活性成分 SiO_2、Al_2O_3 和 Fe_2O_3 的总量应大于 70%。粉煤灰中 CaO 的含量一般在 2% ~6%,这种粉煤灰称为硅铝粉煤灰。粉煤灰的烧失量不应超过 20%。比表面积应大于 2 500 cm^2/g(或 90% 通过 0. 3 mm 筛孔,或 70% 通过 0. 075 mm 筛孔)。

(2)煤渣。煤渣的松干密度应为 700 ~1 100 kg/m^3,最大粒径不大于 30 mm,颗粒组成宜有一定的级配,且不含杂质。

(3)土。土的质量指标有压碎值、最大粒径、颗粒组成、液限、塑性指数、有机质含量等。二灰稳定类土用土的质量指标见表 1-36。细粒土的土块最大尺寸应小于 15 mm。中粒土和粗粒土应少含或不含有塑性指数大的土。

二灰稳定土用做高等级公路的基层时,二灰的质量应占 15%,最多不超过 20%。

表 1-36　二灰稳定类土用土的质量指标

项目	高等级公路		一般公路	
	基层	底基层	基层	底基层
塑性指数	—	12 ~20	—	12 ~20
有机质含量(%)	—	≤10	—	≤10
集料质量比例(%)	80 ~85	—	≥80	—
压碎值(%)	≤30	≤30	≤35	≤40
最大粒径(mm)	≤31. 5	≤37. 5	≤37. 5	≤53

4. 级配碎石

1)级配碎石质量标准

级配碎石集料的质量指标有液限、塑性指数、压碎值、颗粒组成、最大粒径、针片状含量及黏土块、植物含量等,其质量标准见表 1-37、表 1-38。

表 1-37　级配碎石的质量指标

项　目	高等级公路		一般公路	
	基层	底基层	基层	底基层
塑性指数	<6 或 9		<6 或 9	
液限(%)	<28		<28	
针片状含量(%)	<20		<20	
黏土块、植物等	不得含有		不得含有	
最大粒径(mm)	≤31. 5	≤37. 5	≤37. 5	≤53

表 1-38　级配型集料的压碎值指标

公路等级	层位	压碎值(%)	公路等级	层位	压碎值(%)
高速公路和一级公路	基层	≤26	二级以下公路	基层	≤35
	底基层	≤30		底基层	≤40
二级公路	基层	≤30			
	底基层	≤35			

2)级配碎石监理要点

(1)用于垫层的级配碎石,其最大粒径不应超过 50 mm(方孔筛),用于基层时的最大粒径不应超过 40 mm(方孔筛)。

(2)未经筛分的碎石,可以是轧制的坚硬岩石、圆卵石或矿渣。矿渣应是已崩解成的自然稳定的粒料。碎石中的扁平、长条颗粒的总含量不宜超过 20%,同时不得有黏土块、植物等有害物质。

(3)石屑或其他细集料可以采用一般碎石场的细筛余料或用于沥青表面处治和贯入式的石料细筛余料。天然砂砾的颗粒尺寸比较合适,必要时应筛除其中超尺寸的颗粒,天然砂砾或粗砂应有较好的级配。

(4)级配碎石或级配碎砾石作为集料使用时,其压碎值应满足下列规定:重交通道路(高速、一级公路)≥26%,中等交通道路(二级公路)≥30%,轻交通道路(三、四级公路)≥35%。

(5)用做排水固结地基的材料,除应符合上述要求外,含泥量不得超过 3%,碎石或卵石最大粒径不宜大于 50 mm。

(6)港口、建筑工程中的碎石或砂石底层地基,其规格和质量要求必须符合设计要求和规范规定。

5. 级配砾石

1)级配砾石质量标准

级配砾石集料通常考察最大粒径、颗粒组成、液限、塑性指数、压碎值和承载比等。具体要求如表 1-39 所示。

表 1-39　级配砾石的质量指标

检查项目	基层	底基层	检查项目	基层	底基层
塑性指数		<9	浸水 4 d 的承载比(%)	≥160	≥60*
液限(%)		<28	最大粒径(mm)	≤37.5	≤53
细长及扁平颗粒含量(%)		<20			

注:* 底基层的浸水 4 d 承载比:在中等交通道路上不小于 60,在轻交通道路上不小于 40。

2)级配砾石监理要点

(1)粗、细砾石集料和砂各占一定比例的混合料,当其颗粒组成符合密实级配要求时,称为级配砾石。砂和砂石材料不得含有草根、垃圾等有机杂物。

(2)级配砾石用做基层时，砾石的最大粒径不应超过 40 mm(方孔筛)；用做底基层时，砾石的最大粒径不应超过 50 mm(方孔筛)。

(3)砾石颗粒中细长及扁平颗粒含量不应超过 20%，形状不合格的颗粒含量过多时，应掺入部分合乎规格的集料。

(4)当级配砾石试件的干压实密度(在最佳含水量下制试件)与工地规定达到的干压实密度相同时，浸水 4 d 的承载比值应不小于 100%。

第三节　水泥砂浆的质量监理

一、水泥砂浆质量监理的主要内容

(一)砂浆分类

按所用胶凝材料不同可分为水泥砂浆、石灰砂浆、水泥石灰砂浆，按其功能作用则可分为砌筑砂浆、抹面砂浆和防水砂浆。

(二)砂浆质量监理内容

检查所用的材料、配合比，以保证砂浆强度及其黏聚力。

二、砂浆质量监理工作流程

砂浆质量监理工作流程见图 1-4。

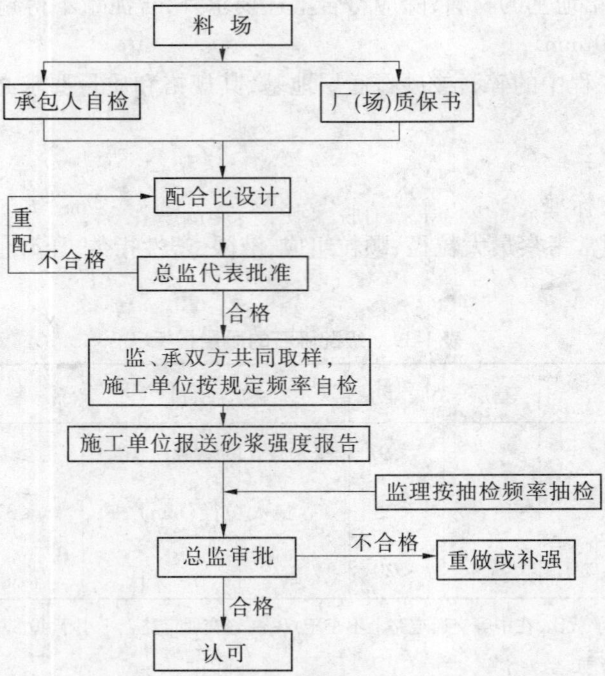

图 1-4　砂浆质量监理工作流程

三、砂浆质量控制标准

（一）砌筑砂浆

1. 砂浆原材料质量要求

（1）水泥进场使用前，应分批对其强度、安定性进行复验。同一生产厂家、同一编号为一批。

当在使用中对水泥质量有怀疑或水泥出厂超过三个月（快硬硅酸盐水泥超过一个月）时，应复查试验，并按其结果使用。

不同品种的水泥，不得混合使用。

水泥的强度及安定性是判定水泥是否合格的两项技术要求，因此在使用前应进行复检。现行规范检验批的规定中与以往的砌体施工验收规范不同之处在于"同一编号"。

由于各种水泥成分不一，当不同水泥混合使用后往往会发生材性变化或强度降低现象，引起工程质量问题，故规定不同品种的水泥，不得混合使用。

（2）砂浆用砂不得含有有害杂物。砂浆用砂的含泥量应满足下列要求：

①对水泥砂浆和强度等级不小于 M5 的水泥混合砂浆，不应超过 5%。

②对强度等级小于 M5 的水泥混合砂浆，不应超过 10%。

③人工砂、山砂及特细砂，应经试配能满足砌筑砂浆技术条件要求。

砂中含泥量过大，不但会增加砌筑砂浆的水泥用量，还可能使砂浆的收缩值增大，耐久性降低，影响砌体质量。对于水泥砂浆，事实上已成为水泥黏土砂浆，但又与一般使用黏土膏配制的水泥黏土砂浆在其性质上有一定差异，难以满足某些条件下的使用要求。M5 以上的水泥混合砂浆，如砂子含泥量过大，有可能导致塑化剂掺量过多，造成砂浆强度降低。因而砂子中的含泥量应符合规定。

对人工砂、山砂及特细砂，由于其中的含泥量一般较大，如按上述规定执行，则一些地区施工用砂要去外地运，不仅影响施工，而且增加工程成本，故规定经试配能满足砌筑砂浆技术条件时，含泥量可适当放宽。

（3）配制水泥石灰砂浆时，不得采用脱水硬化的石灰膏。

（4）消石灰粉不得直接使用于砌筑砂浆中。脱水硬化的石灰膏和消石灰粉不能起塑化作用又影响砂浆强度，故不应使用。

（5）拌制砂浆用水，水质应符合国家现行标准《混凝土拌和用水标准》（JGJ 63）的规定。考虑到目前水源污染比较普遍，当水中含有有害物质时，将会影响水泥的正常凝结，并可能对钢筋产生锈蚀作用。因此，本条对拌制砂浆用水做出了规定。

使用饮用水搅拌砂浆时，可不对水质进行检验。否则应对水质进行检验。

2. 砌筑砂浆配合比

1）砌筑试配

砌筑砂浆通过试配确定配合比时，其配合比应重新确定。变更砂浆的强度对砌体的影响是重要的，目前不少施工单位不重视砂浆的试配，有的实验室也图省事，仅对配合比作一些计算，并未按要求进行试配，因此不能保证砂浆的强度满足设计要求。

2）砌筑砂浆配合比要求

（1）砌筑砂浆的强度等级宜采用 M20、M15、M10、M7.5、M5、M2.5。

(2)水泥砂浆拌和物的密度不宜小于1 900 kg/m^3,水泥混合砂浆拌和物的密度不宜小于1 800 kg/m^3。

(3)砌筑砂浆稠度、分层度、试配抗压强度必须同时符合要求。

(4)砌筑砂浆的稠度应按表1-40的规定选用。

表1-40　砌筑砂浆的稠度选用

砌体种类	砂浆稠度(mm)
烧结普通砖砌体	70~90
轻集料混凝土小型空心砌块砌体	60~90
烧结多孔砖、空心砖砌体	60~80
烧结普通砖平拱式过梁 空斗墙、筒拱 普通混凝土小型空心砌块砌体 加气混凝土砌块砌体	50~70
石砌体	30~50

(5)砌筑砂浆的分层度不得大于30 mm。

(6)水泥砂浆中水泥用量不应小于200 kg/m^3,水泥混合砂浆中水泥和掺加料总量宜为300~350 kg/m^3。

(7)具有冻融循环次数要求的砌筑砂浆,经冻融试验后,质量损失率不得大于5%,抗压强度损失率不得大于25%。

3)砂浆配合比计算

(1)砂浆配合比的确定,应按下列步骤进行:

①计算砂浆试配强度$f_{m,O}$(MPa);

②按公式(1-3)计算出每立方米砂浆中的水泥用量Q_C(kg/m^3);

③按水泥用量Q_C计算每立方米掺加料用量Q_D(kg/m^3);

④确定每立方米砂用量Q_s(kg/m^3);

⑤按砂浆稠度选用每立方米砂浆用水量Q_w(kg/m^3);

⑥进行砂浆试配;

⑦配合比确定。

(2)砂浆的配制强度,可按下式确定:

$$f_{m,O} = f_2 + 0.645\delta \tag{1-1}$$

式中　$f_{m,O}$——砂浆的试配强度,精确至0.1 MPa;

f_2——砂浆设计强度,精确至0.1 MPa;

δ——砂浆现场强度标准差,精确至0.01 MPa。

(3)砌筑砂浆现场强度标准差应按公式(1-2)确定:

$$\delta = \sqrt{\frac{\sum_{i=1}^{n} f_{m,i} - n\mu_{f_m}^2}{n-1}} \tag{1-2}$$

式中 $f_{m,i}$——统计周期内同一品种砂浆第 i 组试件的强度，MPa；

μ_{f_m}——统计周期内同一品种砂浆 n 组试件强度的平均值，MPa；

n——统计周期内同一品种砂浆试件的总组数，$n \geqslant 25$。当不具有近期统计资料时，其砂浆现场强度标准差 δ 可按表 1-41 取用。

表 1-41 砂浆现场强度标准差 δ 选用值 （单位：MPa）

施工水平	砂浆强度等级					
	M2.5	M5	M7.5	M10	M15	M20
优良	0.50	1.00	1.50	2.00	3.00	4.00
一般	0.62	1.25	1.88	2.50	3.75	5.00
较差	0.75	1.50	2.25	3.00	4.50	6.00

（4）水泥用量的计算应符合下列规定：

①每立方米砂浆中的水泥用量，应按下式计算：

$$Q_C = \frac{1\,000(f_{m,O} - \beta)}{\alpha f_{ce}} \tag{1-3}$$

式中 Q_C——每立方米砂浆的水泥用量，精确到 1 kg；

$f_{m,O}$——砂浆的试配强度，精确至 0.1 MPa；

f_{ce}——水泥的实测强度，精确至 0.1 MPa；

α,β——砂浆的特征系数，其中 $\alpha = 3.03$，$\beta = -15.09$。

各地区也可用本地区试验资料确定 α,β 值，统计用的试验组数不得少于 30 组。

②在无法取得水泥的实测强度值时，可按下式计算 f_{ce}：

$$f_{ce} = \gamma_c f_{ce,k} \tag{1-4}$$

式中 $f_{ce,k}$——水泥强度等级对应的强度值；

γ_c——水泥强度等级的富余系数，该值应按实际统计资料确定。无统计资料时 γ_c 取 1.0。

③当计算出水泥砂浆中的水泥计算用量不足 200 kg/m³ 时，应按 200 kg/m³ 采用。

（5）水泥混合砂浆的掺加料用量应按下式计算：

$$Q_D = Q_A - Q_C \tag{1-5}$$

式中 Q_D——每立方米砂浆的掺加料用量，精确至 1 kg，石灰膏、黏土膏使用时的稠度为（120 ± 5）mm；

Q_C——每立方米砂浆的水泥用量，精确至 1 kg；

Q_A——每立方米砂浆中水泥和掺加料的总量，精确至 1 kg，宜在 300 ~ 350 kg/m³。

（6）每立方米砂浆中的砂子用量，含水量小于 0.5% 的砂子的堆积密度值作为计算值（kg）。

（7）每立方米砂浆中的用水量，根据砂浆稠度等要求可选用 240 ~ 310 kg。

4）水泥砂浆配合比选用

水泥砂浆材料用量可按表 1-42 选用。

表 1-42　每立方米水泥砂浆材料用量

强度等级	每立方米砂浆水泥用量（kg）	每立方米砂浆砂子用量（kg）	每立方米砂浆用水量（kg）
M2.5～M5	200～230	1 m^3 砂子的堆积密度值	270～330
M7.5～M10	230～280		
M15	280～340		
M20	340～400		

注：1. 此表水泥强度等级为32.5级，大于32.5级水泥用量宜取下限。

2. 根据施工水平合理选择水泥用量。

3. 当采用细砂或粗砂时，用水量分别取上限或下限。

4. 稠度小于70 mm时，用水量可小于下限。

5. 施工现场气候炎热或干燥季节，可酌量增加用水量。

6. 试配强度应按配合比计算中的规定。

5）配合比试配、调整与确定

（1）试配时应采用工程中实际使用的材料，搅拌要求应符合下列规定：①对水泥砂浆和水泥混合砂浆，不得小于120 s；②对掺用粉煤灰和外加剂的砂浆，不得小于180 s。

（2）按计算或查表所得配合比进行试拌时，应测定其拌和物的稠度和分层度，当不能满足要求时，应调整材料用量，直到符合要求为止。然后确定为试配时的砂浆基准配合比。

（3）试配时至少应采用三个不同的配合比，其中一个为根据上条的规定得出的基准配合比，其他配合比的水泥用量应按基准配合比分别增加及减少10%。在保证稠度、分层度合格的条件下，可将用水量或掺加料用量作相应调整。

（4）对三个不同的配合比进行调整后，应按现行行业标准《建筑砂浆基本性能试验方法》(JGJ 70—90)的规定成型条件，测定砂浆强度，并选定符合试配强度要求的最低水泥用量配合比作为砂浆配合比。

3. 砌筑砂浆监理要求

（1）施工中当采用水泥砂浆代替水泥混合砂浆时，应重新确定砂浆强度等级。当变更砂浆的强度等级时，应征得设计单位的同意。

（2）凡在砂浆中掺入有机塑化剂、早强剂、缓凝剂、防冻剂等，应经检验和试配，符合要求后，方可使用。有机塑化剂应有砌体强度的型式检验报告。目前，在砂浆中掺用的有机塑化剂、早强剂、缓凝剂、防冻剂等产品很多，但同种产品的性能存在差异，为保证施工质量，应对这些外加剂进行检验和试配，符合要求后再使用。对有机塑化剂，尚应有针对砌体强度的型式检验，根据其结果确定砌体强度。例如，对微沫剂替代石灰膏制作水泥混合砂浆，砌体抗压强度同强度等级的混合砂浆砌筑的砌体的抗压强度降低10%；而砌体的抗剪强度无不良影响。

（3）砂浆现场拌制时，各组分材料应采用重量计量。砂浆材料配合比不准确，是砂浆达不到设计强度等级和砂浆强度离散性大的主要原因。按体积计量，水泥因操作方法不同，其密度变化范围为980～1 200 kg/m^3；砂因含水量不同，其密度变化幅度可达20%以上。某建筑公司曾在实验室对砂浆采用重量计量和体积计量的强度进行过对比试验，其强度变异系数分别为0.86%～15.8%和2.51%～27.9%。如在施工现场，这种差异将更大。因此，砂浆现场拌制时，各组分材料应采用重量计量，以确保砂浆的强度和均匀性。

目前不少施工现场未对原材料进行重量计量，这主要是施工人员、质量管理人员不懂重量配比和体积配比之间的差异，质量意识不强，有习以为常的习惯，如不改变这种习惯，不提高意识，不去了解不用重量配合比后果的严重性，是很难改变的。

(4)砌筑砂浆应采用机械搅拌，自投料完算起，搅拌时间应符合下列规定：①水泥砂浆和水泥混合砂浆不得少于2 min；②水泥粉煤灰砂浆和掺用外加剂的砂浆不得少于3 min；③掺用有机塑化剂的砂浆，应为3~5 min。

为了降低劳动强度和克服人工拌制砂浆不易搅拌均匀的缺点，规定砂浆应采用机械搅拌。同时，为使物料充分拌和，保证砂浆拌和质量，对不同砂浆品种分别规定了搅拌时间的要求。

(5)砂浆应随拌随用，水泥砂浆和水泥混合砂浆应分别在3 h和4 h内使用完毕；当施工期间最高气温超过30 ℃时，应分别在拌成后2 h和3 h内使用完毕。

说明：对掺用缓凝剂的砂浆，其使用时间可根据具体情况延长。

根据湖南、山东、广东、四川、陕西等地的试验结果，在一般气温情况下，水泥砂浆和水泥混合砂浆在2 h和3 h内使用完，砂浆强度降低一般不超过20%，符合砌体强度指标的确定原则。

(6)砌筑砂浆试块强度验收时其强度合格标准必须符合以下规定：

同一验收批砂浆试块抗压强度平均值必须大于或等于设计强度等级所对应的立方体抗压强度，同一验收批砂浆试块抗压强度的最小一组平均值必须大于或等于设计强度等级所对应的立方体抗压强度的0.75倍。

说明：1. 砌筑砂浆的验收批，同一类型、同一强度等级的砂浆试块应不少于3组。当同一验收批只有一组试块时，该组试块抗压强度的平均值必须大于或等于设计强度等级所对应的立方体抗压强度。

2. 砂浆强度应以标准养护，龄期为28 d的试块抗压试验结果为准。

抽检数量：每一检验批且不超过250 m^3 砌体的各种类型及强度等级的砌筑砂浆，每台搅拌机应至少抽检一次。

检验方法：在砂浆搅拌机出料口随机取样制作砂浆试块（同盘砂浆只应制作一组试块），最后检查试块强度试验报告单。

砂浆试块6块为一组，试块制作见证取样，监理工程师应旁站，并对试块作出标记以保证试块的真实性。

此处应注意验收批和检验批的区别，验收批可大于检验批，一般可以分项工程中的砂浆强度作为验收批，每个检验批的砂浆强度应控制在设计强度的标准值；当达不到标准时，应提高其后检验批的砂浆强度值，否则砂浆强度平均值将会达不到要求。

水泥砂浆的标准养护条件为温度20 ℃ ±3 ℃，相对湿度≥90%；混合砂浆标准养护条件为温度20 ℃ ±3 ℃，相对湿度为60% ~80%。

(7)当施工中或验收时出现下列情况，可采用现场检验方法对砂浆和砌体强度进行原位检测或取样检测，并判定其强度：

①砂浆试块缺乏代表性或试块数量不足；

②对砂浆试块的试验结果有怀疑或有争议；

③砂浆试块的试验结果不能满足设计要求。

现场检测应由有资质的试验检测单位进行，其检测方法由委托方和试验检测单位确定，检测后出具正规检测报告。

(8)砂浆的施工质量可分为优良、一般和差三个等级，强度离散性分别对应为离散性小、离散性较小和离散性大，其划分情况参见表1-43。

表1-43 砌筑砂浆质量水平(强度标准差δ) (单位:MPa)

质量水平	强度等级					
	M2.5	M5	M7.5	M10	M15	M20
优良	0.50	1.00	1.50	2.00	3.00	4.00
一般	0.62	1.25	1.88	2.50	3.75	5.00
差	0.75	1.50	2.25	3.00	4.50	6.00

(二)抹面砂浆

1.抹面砂浆原材料的质量标准

(1)水泥：普通硅酸盐水泥，强度等级大于32.5级。

(2)砂：用于抹面砂浆的砂应使用中砂或粗砂，其含泥量要小于3%。

(3)水：凡是人、畜能饮用的水均可用来拌制抹面砂浆。

2.抹面砂浆配合比检查

抹面砂浆(含勾缝砂浆)常用于砌体表面，在材料配合比组成上，其水泥用量要多于砌筑砂浆。通常情况下，抹面砂浆的体积配合比宜控制在1∶2～1∶3。同时，要求保水性好，并与基底有很好的黏附性。其稠度控制在25～35 mm。

(三)防水砂浆

(1)防水砂浆的原材料主要有：

①水泥：水泥强度等级大于32.5级。

②砂：中砂，不得含有有害物质和泥块。

③水：饮用水。

④外加剂：氯化物金属盐类的防水剂，也可用其他防水剂。

(2)配合比及稠度见表1-44。

表1-44 防水砂浆配合比及稠度

序号	名称	配合比		水灰比	稠度	说明
		水泥	砂			
1	水泥浆	按工程需要定量	—	0.37～0.4	—	
2	水泥浆	按工程需要定量	—	0.55～0.6	—	
3	水泥砂浆	1	2.5	0.6～0.65	7～8	

(3)防水砂浆的检查频率：每100 m^2抽查一处，但不少于3处。

第四节　水泥混凝土的质量监理

一、水泥混凝土质量监理的主要内容

水泥混凝土材料质量监理有以下主要内容：

(1)水泥、砂、石子、水及外加剂等的质量检验。

(2)混凝土配合比检验。

(3)施工过程中混凝土配合比的控制、拌和物和易性的检查、混凝土硬化后的强度和耐久性及预应力混凝土的弹性模量的检查等。

二、水泥混凝土材料质量指标

(一)水泥

1. 硅酸盐水泥、普通水泥

硅酸盐水泥强度等级分为42.5、42.5R、52.5、52.5R、62.5、62.5R，普通水泥强度等级分为32.5、32.5R、42.5、42.5R、52.5、52.5R。

(1) 技术要求。硅酸盐水泥、普通水泥技术要求见表1-45。

表1-45　硅酸盐水泥、普通水泥技术要求

项目	技术要求
不溶物	Ⅰ型硅酸盐水泥中不溶物不得超过0.75%； Ⅱ型硅酸盐水泥中不溶物不得超过1.50%
烧失量	Ⅰ型硅酸盐水泥中烧失量不得大于3.0%； Ⅱ型硅酸盐水泥中烧失量不得大于3.5%； 普通水泥中烧失量不得大于5.0%
氧化镁	水泥中氧化镁的含量不宜超过5.0%。如果水泥经压蒸安定性试验合格，则水泥中氧化镁的含量允许放宽到6.0%
三氧化硫	水泥中三氧化硫的含量不得超过3.5%
细度	硅酸盐水泥比表面积大于300 m^2/kg，普通水泥80 μm方孔筛筛余不得超过10.0%
凝结时间	硅酸盐水泥初凝不得早于45 min，终凝不得迟于6.5 h；普通水泥初凝不得早于45 min，终凝不得迟于10 h
安定性	用沸煮法检验必须合格
强度等级	水泥强度等级按规定龄期的抗压强度和抗折强度来划分，各强度等级水泥的各龄期强度不得低于表1-46、表1-47数值
碱	水泥中碱含量按 $Na_2O+0.658K_2O$ 计算值来表示。若使用活性集料，用户要求提供低碱水泥时，水泥中碱含量不得大于0.60%或由供需双方商定

表 1-46　硅酸盐水泥规定龄期的强度最低值

强度等级	抗压强度(MPa)		抗折强度(MPa)	
	3 d	28 d	3 d	28 d
42.5	17.0	42.5	3.5	6.5
42.5R	22.0	42.5	4.0	6.5
52.5	23.0	52.5	4.0	7.0
52.5R	27.0	52.5	5.0	7.0
62.5	28.0	62.5	5.0	8.0
62.5R	32.0	62.5	5.5	8.0

表 1-47　普通水泥规定龄期的强度最低值

强度等级	抗压强度(MPa)		抗折强度(MPa)	
	3 d	28 d	3 d	28 d
32.5	11.0	32.5	2.5	5.5
32.5R	16.0	32.5	3.5	5.5
42.5	16.0	42.5	3.5	6.5
42.5R	21.0	42.5	4.0	6.5
52.5	22.0	52.5	4.0	7.0
52.5R	26.0	52.5	5.0	7.0

(2)取样判定与验收。硅酸盐水泥、普通水泥取样判定与验收见表 1-48。

表 1-48　硅酸盐水泥、普通水泥取样判定与验收

项目	说明
取样原则	当散装水泥运输工具的容量超过该厂规定出厂编号吨数时，允许该编号的数量超过取样规定吨数。 取样应有代表性，可连续取，亦可从 20 个以上不同部位取等量样品，总量至少为 12 kg
合格判定	(1)凡氧化镁、三氧化硫、初凝时间、安定性中任一项不符合标准规定时，均为废品。 (2)凡细度、终凝时间、不溶物和烧失量中的任一项不符合标准规定或混合材料掺加量超过了最大限量和强度低于商品强度等级的指标时为不合格品。水泥包装标志中水泥品种、强度等级、生产者名称和出厂编号不全的也属于不合格品。
验收	(1)以抽取实物试样的检验结果为验收依据时，买卖双方应在发货前或交货地共同取样和签封。取样方法按 GB 12573 进行，取样数量为 20 kg，缩分为二等份。一份由卖方保存 40 d，一份由买方按标准规定的项目和方法进行检验。 在 40 d 以内，买方检验认为产品质量不符合标准要求，而卖方又有异议时，则双方应将卖方保存的另一份试样送省级或省级以上国家认可的水泥质量监督检验机构进行仲裁检验。 (2)以水泥厂同编号水泥的检验报告为验收依据时，在发货前或交货时买方在同编号水泥中抽取试样，双方共同签封后保存 3 个月；或委托卖方在同编号水泥中抽取试样，签封后保存 3 个月。 在 3 个月内，买方对水泥质量有疑问时，则买卖双方应将签封的试样送省级或省级以上国家认可的水泥质量监督检验机构进行仲裁检验

2. 矿渣水泥、火山灰水泥、粉煤灰水泥

矿渣水泥、火山灰水泥、粉煤灰水泥强度等级分为 32.5、32.5R、42.5、42.5R、52.5、52.5R。

(1)矿渣水泥、火山灰水泥、粉煤灰水泥技术要求及规定龄期强度最低值见表 1-49、表 1-50。

表 1-49　矿渣水泥、火山灰水泥、粉煤灰水泥技术要求

项目	技术要求
氧化镁	熟料中氧化镁的含量不宜超过 5.0%。如果水泥经压蒸安定性试验合格，则熟料中氧化镁的含量允许放宽到 6.0%。 注：熟料中氧化镁的含量为 5.0% ~6.0%，如矿渣水泥中混合材料总掺量大于 40% 或火山灰水泥和粉煤灰水泥中混合材料掺加量大于 30%，制成的水泥可不做压蒸试验
三氧化硫	矿渣水泥中三氧化硫的含量不得超过 4.0%；火山灰水泥和粉煤灰水泥中三氧化硫的含量不得超过 3.5%
细度	80 μm 方孔筛筛余不得超过 10.0%
凝结时间	初凝不得早于 45 min，终凝不得迟于 10 h
安定性	用沸煮法检验必须合格
强度等级	水泥强度等级按规定龄期的抗压强度和抗折强度来划分，各强度等级水泥的各龄期强度不得低于表 1-50 数值
碱	水泥中的碱含量用 $Na_2O+0.658K_2O$ 计算值来表示。若使用活性集料，要限制水泥中的碱含量时，由供需双方商定

表 1-50　矿渣水泥、火山灰水泥、粉煤灰水泥规定龄期强度最低值

强度等级	抗压强度(MPa)		抗折强度(MPa)	
	3 d	28 d	3 d	28 d
32.5	10.0	32.5	2.5	5.5
32.5R	15.0	32.5	3.5	5.5
42.5	15.0	42.5	3.5	5.5
42.5R	19.0	42.5	4.0	6.5
52.5	21.0	52.5	4.0	7.0
52.5R	23.0	52.5	4.5	7.0

(2)矿渣水泥、火山灰水泥、粉煤灰水泥取样判定与验收见表 1-51。

表 1-51　矿渣水泥、火山灰水泥、粉煤灰水泥取样判定与验收

项目	说明
取样原则	当散装水泥运输工具的容量超过该厂规定的出厂编号吨数时，允许该编号的数量超过取样规定吨数。 取样应有代表性，可连续取，亦可从 20 个以上不同部位取等量样品，总量至少 12 g
合格判定	(1)凡氧化镁、三氧化硫、初凝时间、安定性中任一项不符合标准规定时，均为废品。 (2)凡细度、终凝时间中的任一项不符合标准规定或混合材料掺加量超过最大限量和强度低于商品强度等级的指标时为不合格品。水泥包装标志中水泥品种、强度等级、生产者名称和出厂编号不全的也属于不合格品
验收	验收同硅酸盐水泥

3. 复合硅酸盐水泥

复合硅酸盐水泥强度等级分为 32.5、32.5R、42.5、42.5R、52.5、52.5R。

1) 技术要求

复合硅酸盐水泥技术要求及规定龄期强度最低值分别见表 1-52、表 1-53。

表 1-52　复合硅酸盐水泥技术要求

项目	技术要求
氧化镁	熟料中氧化镁的含量不宜超过 5.0%。如水泥经压蒸安定性试验合格，则熟料中氧化镁的含量允许放宽到 6.0%
三氧化硫	水泥中三氧化硫的含量不得超过 3.5%
细度	80 μm 方孔筛筛余不得超过 10.0%
凝结时间	初凝不得早于 45 min，终凝不得迟于 10 h
安定性	用沸煮法检验必须合格
强度等级	水泥强度等级按规定龄期的抗压强度和抗折强度来划分，各强度等级水泥的各龄期强度不得低于表 1-53 数值
碱	水泥中碱含量按 $Na_2O + 0.658K_2O$ 计算值来表示。若使用活性集料，要限制水泥中的碱含量时，由供需双方商定

表 1-53　复合硅酸盐水泥规定龄期强度最低值

强度等级	抗压强度(MPa)		抗折强度(MPa)	
	3 d	28 d	3 d	28 d
32.5	11.0	32.5	2.5	5.5
32.5R	16.0	32.5	3.5	5.5
42.5	16.0	42.5	3.5	6.5
42.5R	21.0	42.5	4.0	6.5
52.5	22.0	52.5	4.0	7.0
52.5R	26.0	52.5	5.0	7.0

2)取样原则

当散装水泥运输工具的容量超过该厂规定的出厂编号吨数时,允许该编号的数量超过取样规定吨数。

取样应有代表性,可连续取,亦可从20个以上不同部分取等量样品,总量至少为12 kg。

3)合格判定

(1)凡氧化镁、三氧化硫、初凝时间、安定性中任一项不符合标准规定时,均为废品。

(2)凡细度、终凝时间中的任一项不符合标准规定或混合材料掺加量超过最大限量和强度低于商品强度等级的指标时为不合格品。

(3)水泥包装标志中水泥品种、强度等级、生产者名称和出厂编号不全的也属于不合格品。

(4)验收同硅酸盐水泥。

(二)砂

按砂的细度模数的大小不同分为细砂(细度模数为1.6~2.2)、中砂(细度模数为2.3~3.0)和粗砂(细度模数为3.1~3.7)。混凝土用砂的细度模数宜大于2.5。其颗粒组成应符合表1-54的要求。砂中有害杂质的最大含量应符合表1-55的要求。砂的坚固性指标应符合表1-56的要求。

表1-54　砂的分区及级配范围

级配区	标准筛筛孔尺寸(mm)						
	10.0	5.0	2.5	1.25	0.63	0.315	0.16
	累计筛余(%)						
Ⅰ区	0	10~0	35~5	65~35	85~71	95~80	100~90
Ⅱ区	0	10~0	25~0	50~10	70~41	92~70	100~90
Ⅲ区	0	10~0	15~0	25~0	40~16	85~55	100~90

注:1. 表中除5.0 mm、0.63 mm、0.16 mm筛孔外,其余各筛孔累计筛余允许超出分界线,但其总量不得大于5%。

2. Ⅰ区砂宜提高砂率以配低流动性混凝土,Ⅱ区砂宜优先选用以配不同等级的混凝土,Ⅲ区砂宜适当降低砂率以保证混凝土的强度。

3. 对于高强泵送混凝土用砂,宜选用中砂,细度模数为2.6~2.9。2.5 mm筛孔的累计筛余量不得大于15%,0.315 mm筛孔的累计筛余量宜在85%~92%。

用于滑模施工水泥混凝土路面的机制砂、沉积砂和山砂通过0.15 mm筛的石粉含量不大于1%,并应在混凝土和易性、单位用水量、弯拉强度和抗磨性等检验合格的前提下使用。

(三)外加剂

混凝土外加剂种类较多,且均有相应的质量标准,使用时其质量及应用技术应符合国家现行标准《混凝土外加剂》(GB 8076)、《混凝土外加剂应用技术规范》(GB 119)、《混凝土速凝剂》(JC 472)、《混凝土泵送剂》(JC 473)、《混凝土防水剂》(JC 474)、《混凝土防冻剂》(JC 475)、《混凝土膨胀剂》(JC 476)等的规定。外加剂的检验项目、方法和批量应符合相应标准的规定。若外加剂中含有氯化物,同样可能引起混凝土结构中钢筋的锈蚀,故应严格控制。监理工程师应现场核查外加剂的复试报告,其复试结果符合外加剂的质量指标即可。

外加剂匀质性指标应符合表 1-57 的要求。

表 1-55　砂中有害杂质的最大含量

项目	混凝土强度等级	
	≥C30	<C30
含泥量(冲洗法)(以质量计)(%)	≤3.0	≤5.0
泥块含量(以质量计)(%)	≤1.0	≤2.0
云母含量(以质量计)(%)	<2.0	
轻物质含量(以质量计)(%)	<1.0	
硫化物及硫酸盐含量(折算成 SO_3,以质量计)(%)	<1.0	
有机物含量(用比色法试验)	颜色不应深于标准色,如深于标准色,则应进行水泥胶砂强度对比试验,加以复核	

注:1. 对有抗冻、抗渗或其他特殊要求的混凝土用砂,总含泥量应不大于 3%,其中泥块含量应不大于 1.0%,云母含量不应超过 1%。

2. 对有机物含量进行复核时,用原状砂配制的水泥砂浆抗压强度不低于用洗除有机物的砂所配制的砂浆抗压强度的 95% 时为合格。

3. 砂中如含有颗粒状的硫酸盐或硫化物,则要进行混凝土耐久性试验,满足要求时方能使用。

表 1-56　砂的坚固性指标

混凝土所处的环境条件	循环后的质量损失(%)
在寒冷地区室外使用,并经常处于潮湿或干湿交替状态下的混凝土	≤8
其他条件下使用的混凝土	≤12

注:1. 寒冷地区是指最冷月的月平均温度为 0 ~ -10 ℃且平均温度不大于 5 ℃不超过 145 d 的地区。

2. 当同一产源的砂在类似的气候条件下使用已有可靠经验时,可不作坚固性检验。

3. 对于有抗疲劳、耐磨、抗冲击要求的混凝土用砂,或有腐蚀介质作用或经常处于水位变化区的地下结构混凝土用砂,其循环后的质量损失率应小于 8%。

表 1-57　外加剂匀质性指标

试验项目	指标
含固量或含水量	对液体外加剂,应在生产厂控制值的相对量的 3% 之内; 对固体外加剂,应在生产厂控制值的相对量的 5% 之内
密度	对液体外加剂,应在生产厂控制值 ±0.02 g/cm^3 之内
氯离子含量	应在生产厂控制值相对量的 5% 之内
水泥净浆流动度	应不小于生产控制值的 95%
细度	0.315 mm 筛筛余应小于 15%
pH 值	应在生产厂控制值 ±1 之内
表面张力	应在生产厂控制值 ±1.5 之内
还原糖	应在生产厂控制值 ±3% 之内
总碱量(Na_2O+0.658K_2O)	应在生产厂控制值的相对量的 5% 之内
硫酸钠	应在生产厂控制值的相对量的 5% 之内
泡沫性能	应在生产厂控制值的相对量的 5% 之内
砂浆减水率	应在生产厂控制值 ±1.5% 之内

混凝土外加剂试验项目及所需要数量详见表 1-58。

表 1-58　混凝土外加剂试验项目及所需数量

试验项目	外加剂类别	试验类别	试验所需数量			
			混凝土拌和批数	每批取样数目	掺外加剂混凝土总取样数目	基准混凝土总取样数目
减水率	除早强剂、缓凝剂外各种外加剂	混凝土拌和物	3	1 次	3 次	3 次
泌水率比	各种外加剂		3	1 个	3 个	3 个
含气量			3	1 个	3 个	3 个
凝结时间差			3	1 个	3 个	3 个
抗压强度比		硬化混凝土	3	9 或 12 块	27 或 36 块	27 或 36 块
收缩比率			3	1 块	3 块	3 块
相对耐久性指标	引气剂、引气减水剂	硬化混凝土	3	1 块	3 块	3 块
			3	1 块	3 块	3 块
钢筋锈蚀	各种外加剂	新拌或硬化砂浆				

注：1. 试验时，检验一种外加剂的三批混凝土要在同一天内完成。

2. 试验龄期指标参考表 1-60 试验项目栏（1 d，3 d，7 d，28 d）。

1. 取样及编号

（1）试样分点样和混合样。点样是在一次生产的产品中所得试样，混合样是三个或更多的点样等量均匀混合而取得的试样。

（2）生产厂应根据产量和生产设备条件，将产品分批编号，掺量大于 1%（含 1%）同品种的外加剂每一编号为 100 t，掺量小于 1% 的外加剂每一编号为 50 t，不足 100 t 或 50 t 的也可按一个批量计，同一编号的产品必须混合均匀。

（3）每一编号取样量不少于 0.2 t 水泥所需用的外加剂量。

2. 试样及留样

每一编号取得的试样应充分混匀，分为两等份，一份按规定项目进行试验。另一份要密封保存半年，以备有疑问时提交国家指定的检测机构进行复验或仲裁。

3. 出厂检验

每编号外加剂检验项目，根据其品种不同按表 1-59 项目进行检验。

4. 判定规则

监理工程师现场抽检时，外加剂的匀质性、各种类型的减水剂的减水率、缓凝型外加剂的凝结时间差、引气型外加剂的含气量及硬化混凝土的各项性能符合表 1-60 要求，则判定该编号外加剂为相应等级的产品，如不符合上述要求，则判该编号外加剂不合格。其余项目作为参考指标。

表 1-59　外加剂测定项目

测定项目	外加剂品种									
	普通减水剂	高效减水剂	早强减水剂	缓凝高效减水剂	缓凝减水剂	引气减水剂	早强剂	缓凝剂	引气剂	备注
固体含量	√	√	√	√	√	√	√	√	√	
密度										液体外加剂必测
细度										粉状外加剂必测
pH 值	√	√	√	√	√	√				
表面张力		√		√		√			√	
泡沫性能						√			√	
氯离子含量	√	√	√	√	√	√	√	√	√	
硫酸钠含量										含有硫酸钠的早强减水剂或早强剂必测
总碱量	√	√	√	√	√	√	√	√	√	每年至少一次
还原糖分	√			√	√			√		木质素磺酸钙减水剂必测
水泥净浆流动度	√	√	√	√	√	√				两种任选一种
水泥砂浆流动度	√	√	√	√	√	√	√	√		

(四)粗集料

混凝土粗集料的技术要求见表 1-61。

(五)氯离子含量及碱含量

一、二、三类环境中,设计使用年限为 50 年的结构混凝土最大氯离子含量及最大碱含量应符合表 1-62 的要求,氯离子的含量是指其占水泥用量的百分率。预应力构件混凝土中的最大氯离子含量为 0.06%。

当使用非碱活性集料时,对混凝土中的碱含量可不作限制。一类环境中,设计使用年限为 100 年的结构混凝土最大氯离子含量为 0.06%,宜使用非碱活性材料;当使用碱活性材料时,混凝土中的最大碱含量为 3.0 kg/m^3。二、三类环境中,设计使用年限为 100 年的混凝土结构,应采取专门有效措施。

混凝土拌和物中氯化物总含量(以氯离子量计)应符合下列规定:

(1)对素混凝土,不应超过水泥含量的 2%。

(2)对处于干燥环境中或有防潮措施的钢筋混凝土,不得超过水泥含量的 1.0%。

(3)对处于潮湿而不含氯离子环境中的钢筋混凝土,不得超过水泥含量的 0.3%。

(4)对在潮湿并含有氯离子环境中的钢筋混凝土,不得超过水泥含量的 0.1%。

(5)预应力混凝土及处于易腐蚀环境中的钢筋混凝土,不得超过水泥含量的 0.06%。

混凝土中氯化物、碱的总含量过高,可能引起钢筋锈蚀和碱集料反应,严重影响结构构件受力性能和耐久性。

表 1-60　掺外加剂混凝土性能指标

试验项目		外加剂品种																	
		普通减水剂		高效减水剂		早强减水剂		缓凝高效减水剂		缓凝减水剂		引气减水剂		早强剂		缓凝剂		引气剂	
		一等品	合格品	一等品	合格品	一等品	合格品	一等品	合格品	一等品	合格品	一等品	合格品	一等品	合格品	一等品	合格品	一等品	合格品
减水率不小于(%)		8	5	12	10	8	5	12	10	8	5	10	10	—	—	—	—	6	6
泌水率不大于(%)		95	100	90	95	95	100	100		100		70	80	100		100	110	70	80
含气量(%)		≤3.0	≤4.0	≤3.0	≤4.0	≤3.0	≤4.0	<4.5		<5.5		>3.0		—		—		>3.0	
凝结时间之差(min)	初凝	-90 ~ +120		-90 ~ +120		-90 ~ +90		> +90		> +90		-90 ~ +120		-90 ~ +90		> +90		-90 ~ +120	
	终凝							—		—						—			
抗压强度比不小于(%)	1 d	—	—	140	130	140	130	—		—		—		135	125	—		—	
	3 d	115	110	130	120	130	120	125	120	100		115	110	130	120	100	90	95	80
	7 d	115	110	125	115	115	110	125	115	110		110		110	105	100	90	95	80
	28 d	110	105	120	110	105	100	120	110	110	105	100		100	95	100	90	90	80
收缩率比不大于(%)	28 d	135		135		135		135		135		135		135		135		135	
相对耐久性指标，200 次，不小于(%)		—		—		—		—		—		80	60	—		—		80	60
对钢筋锈蚀作用		应说明对钢筋有无锈蚀危害																	

注：1. 除含气量外，表中所列数据为掺外加剂混凝土与基准混凝土的差值或比值。

2. 凝结时间指标，“-”号表示提前，“+”号表示延缓。

3. 相对耐久性指标一栏中，“200 次，≥80 和≥60”表示将 28 d 龄期的掺外加剂混凝土试件冻融循环 200 次后，动弹性模量保留值≥80%或≥60%。

4. 对于可以用高频振捣排除的，由外加剂所引入的产品，允许用高频振捣，达到某类型性能指标要求的外加剂，可按本表进行命名和分类，但须在产品说明书和包装上注明“用于高频振捣的××剂”。

表 1-61　混凝土粗集料的技术要求

指标	混凝土强度等级			
	C55 ~ C40	≤C35	C35 ~ C30	< C30
压碎指标值不大于(%)	12	16	—	—
针片状颗粒含量不大于(%)	—	—	15	25
含泥量(<0.08 mm,以质量计)不大于(%)	—	—	1.0	2.0
泥块含量(以质量计)不大于(%)	—	—	0.5	0.7
小于2.5 mm 颗粒含量(以质量计)不大于(%)	5	5	5	5

注:1. 混凝土强度等级为 C60 及以上时应进行岩石抗压强度检验,其他情况下,如有必要时也可进行岩石的抗压强度检验。岩石的抗压强度与混凝土强度等级之比,对于大于或等于 C30 的混凝土,不应小于 2,其他不应小于 1.5,且火成岩强度不宜低于 80 MPa,变质岩不宜低于 60 MPa,沉积岩不宜低于 30 MPa。

2. 混凝土强度在 C10 及以下时,其针片状颗粒含量可放宽到 40%。

表 1-62　结构混凝土氯离子含量及碱含量限值

环境类别		最大氯离子含量(%)	最大碱含量(kg/m^3)
一		1.0	不限制
二	a	0.3	3.0
	b	0.2	3.0
三		0.1	3.0

三、混凝土拌和物的和易性

混凝土拌和物的和易性包括流动性、黏聚性和保水性。公路桥涵用混凝土拌和物的流动性指标见表 1-63,同时要求黏聚性良好,不析水或有少量析水。

表 1-63　公路桥涵用混凝土拌和物的坍落度指标

项次	结构类型	坍落度(振捣器振捣)(mm)
1	小型预制块及便于浇筑振捣的结构	0 ~ 20
2	桥涵基础、墩台等无筋或少筋的结构	10 ~ 30
3	普通配筋率的钢筋混凝土结构	30 ~ 50
4	配筋较密、断面较小的钢筋混凝土结构	50 ~ 70
5	配筋极密、断面高而窄的钢筋混凝土结构	70 ~ 90

注:1. 水下混凝土、泵送混凝土的坍落度指标另见 JTJ 041—2000 有关规定。

2. 用人工捣实时,坍落度增加 20 ~ 30 mm。

四、混凝土材料的检测频率

混凝土材料的检测频率见表1-64。

表1-64　混凝土材料的检测频率

种类	检测频率
桥梁建筑混凝土	每一工作班至少做两组试块,必要时随时抽样试验,其和易性每工作班至少检查两次
水泥混凝土路面	每天铺筑200 m^3 混凝土(机场400 m^3),应制作两组试件,每铺筑1 000~2 000 m^3混凝土应增做一组试件
房屋建筑混凝土	每100盘但不超过100 m^3 的同配合比的混凝土取样次数不少于一次,或每一工作班拌制的同配合比的混凝土不足100盘时取样次数不得少于一次
水工混凝土	连续浇筑厚大结构的混凝土每80 m^3 取试块一组,不足80 m^3 也取一组。 浇筑预制构件混凝土,构件体积小于40 m^3 者,每20 m^3 或每一工作班取一组试块,大于40 m^3 者,按上项要求留置。 现浇混凝土,每30 m^3 取一组试块,每工作班不足30 m^3 者,也取一组

五、混凝土施工质量监理检验项目

混凝土施工质量监理检验项目见表1-65。

表1-65　混凝土施工质量监理检验项目

时段	检验项目
施工准备阶段	(1)施工准备:场地及安全设施。 (2)混凝土组成及配合比(含外加剂、掺合料)。 (3)混凝土凝结速度等性能。 (4)基础钢筋、预埋件等隐蔽工程及支架和模板的稳定性
拌制和浇筑阶段	(1)混凝土拌制,每一工作班至少2次,必要时随时抽样试验。 (2)混凝土的和易性(坍落度等),每一工作班至少2次。 (3)砂石材料含水量,每日开工前一次,气候有较大变化时随时检测,当含水量变化较大时,应及时调整配合比。 (4)混凝土的运输、浇筑方法和质量。 (5)外加剂使用效果。 (6)制取混凝土试件
养生阶段	(1)养护情况。 (2)混凝土强度。 (3)混凝土外露面或装饰质量。 (4)结构外形尺寸、位置、变形和沉降

续表 1-65

时段	检验项目
拆模阶段	(1)表面应密实、平整。 (2)如有蜂窝、麻面,其面积不超过结构同侧面的1%。 (3)如有裂缝,其宽度和长度不大于设计规范有关规定。 (4)桩顶、桩尖等主要部位无蜂窝、麻面或缺边掉角。 (5)小型构件无翘曲现象。 (6)对蜂窝、麻面、掉角等缺陷,应凿除松弱层,清除浮灰,用水冲洗、湿润,再用较高标号水泥砂浆或混凝土填补抹平,覆盖养护;用环氧树脂等胶凝材料修补时,应先试验后补。 (7)如有严重缺陷,影响结构性能时,应由有关方面共同分析情况,研究处理,不留隐患

第五节　商品混凝土的质量监理

一、商品混凝土使用前期监理内容

在建设单位或施工单位与商品混凝土生产厂(站)签订合同前,商品混凝土生产厂(站),必须将生产资质、工艺过程、实验室的等级以及计量装置近期经过国家计量部门检定的资料,报监理审查认可。

混凝土生产厂(站)所用的原材料来源、规格、品种、生产厂家、测试资料,在正式生产前,必须报监理审核。同时在监理与施工双方共同在场的情况下,随机取样送检测中心测试,在取得测试合格报告后,方可投入生产。

二、商品混凝土原材料的技术要求

(一)商品混凝土的配合比

路用商品混凝土的配合比应以抗折强度为设计的主要指标,同时应有相应的抗压强度要求,以保证水泥混凝土路面的耐久性。其设计指标见表1-66。

表1-66　路用商品混凝土的设计指标

混凝土强度	龄期(d)	对应抗压强度的要求(MPa)			
设计抗折强度	28	4.0	4.5	5.0	5.5
应达到抗压强度	28	25.0	30.0	35.0	40.0

注:因为抗压强度的设计公式比较成熟,设计混凝土配合比时可用抗压强度设计公式,实测其抗折强度,并对照上表进行修正。

(二)商品混凝土的质量指标

商品混凝土的质量指标同水泥混凝土的质量指标。

三、商品混凝土的监理检验

商品混凝土的监理检验见表1-67。

表 1-67　商品混凝土的监理检验

时段	检验规定
出厂阶段	(1)商品混凝土生产厂(站)负责试件取样和试验工作,将测试报告及时送交驻厂(站)监理人员。 (2)每组试件(三块)取样应随机从搅拌机的同盘中抽取,并在卸出料达 1/4 ~ 3/4 时采样。每次抽取试样量不少于 0.03 m^3。 (3)取样频率为:混凝土的坍落度和强度的检验每 100 m^3 取样试验不得少于 1 次;每台班(批)拌制的混凝土不足 100 m^3 时,取样试验亦应保证 1 次。 (4)特殊工程应加做含气量试验
到场阶段	(1)商品混凝土到达工地交货检验的取样、试验工作,由施工单位承担。 (2)混凝土搅拌车到达浇筑地点 30 min 内,从出料口由现场监理人员见证取样,制作试件,并在 30 min 内完成。 (3)取样频率与出厂检验的取样频率相同。 (4)在交货地点测得的混凝土坍落度值与合同规定的坍落度值之差,应符合表 1-68 的要求

表 1-68　混凝土坍落度允许偏差

合同规定的坍落度值(mm)	允许偏差(mm)
≤40	±10
50 ~ 90	±20
≥100	±30

第六节　沥青及沥青混合料的质量监理

沥青是一种有机胶结材料,由于具有良好的黏性、塑性和防水性,因而被广泛用于道路、防水、防潮和水利工程,是土建工程中的一项重要材料。

在城市道路工程中,沥青材料主要用于与矿料及其他外掺剂按要求的比例混合拌和后,铺筑成各种沥青路面。沥青路面的性能好坏和使用年限的长短与选用沥青的质量好坏、混合料的质量好坏、外掺剂的质量好坏有直接的关系。因此,必须对沥青及其他原材料进行严格的质量监理。

一、沥青材料及沥青混合料质量监理的内容

沥青材料及沥青混合料质量监理的内容见表 1-69。

表 1-69 沥青材料及沥青混合料质量监理的内容

材料品种	监理内容
石油沥青	针入度、延度、软化点、含蜡量、薄膜加热试验(或蒸发损失试验)
煤沥青	黏度
乳化沥青	黏度、沥青含量
改性沥青	针入度、软化点、低温延度、弹性恢复、显微镜观察、胶孔含量测定
粗集料	外观(石料品种、扁平细长颗粒、含泥量等)、颗粒组成、压碎值、磨光值、洛杉矶磨耗值、含水量、松方单位重
细集料	颗粒组成、含水量、松方单位重
矿粉	外观、小于 0.075 mm 颗粒含量、含水量

二、沥青材料及沥青混合料质量监理工作流程

沥青材料质量监理工作流程见图 1-5。

沥青混合料质量监理工作流程见图 1-6。

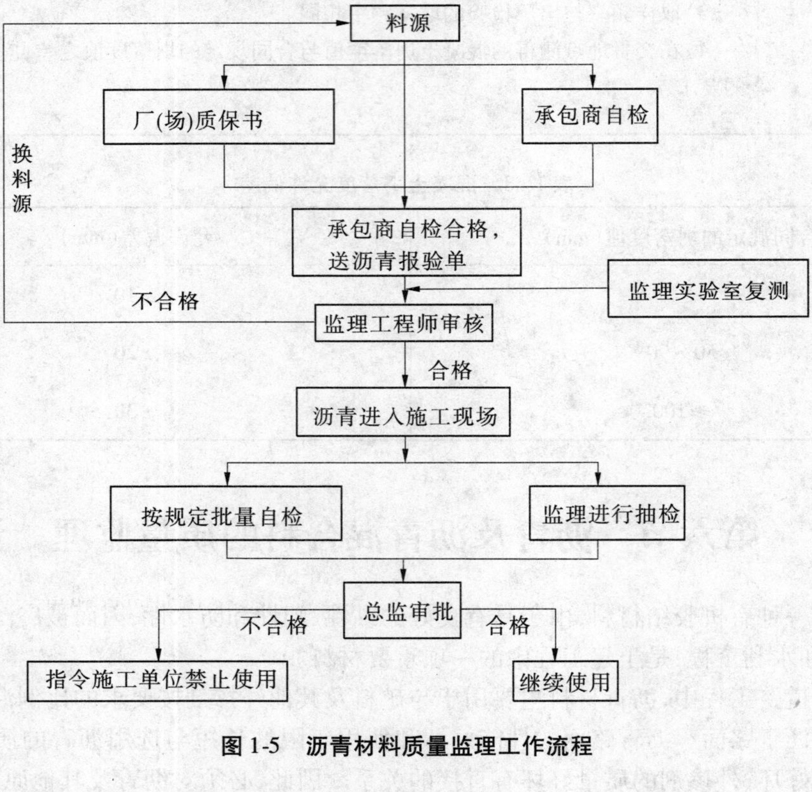

图 1-5 沥青材料质量监理工作流程

三、沥青材料及沥青混合料质量控制标准

(一)沥青材料

沥青是一种有机胶凝材料，在常温下为黑褐色或黑色固体、半固体或黏性液体。具有良好的黏结性、塑性、不透水性和不导电性，并能抗御一般酸、碱及盐类的侵蚀作用，在工业与

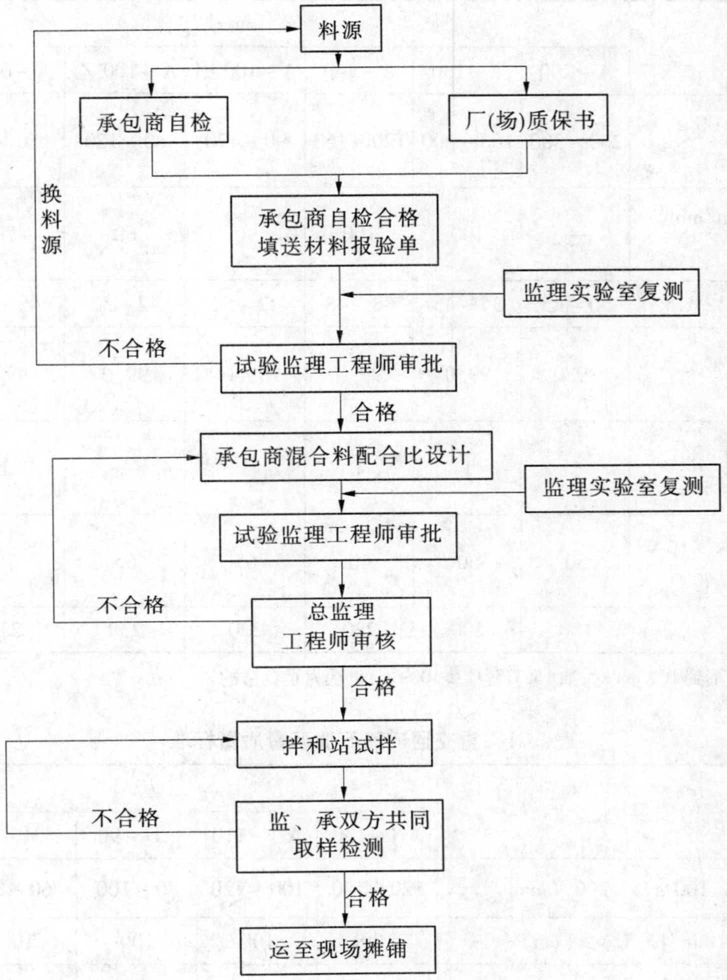

图 1-6　沥青混合料质量监理工作流程

民用建筑、道路桥梁和水利工程中得到广泛的应用。

用于道路工程的石油沥青黏性稍低,可分为中、轻交通道路石油沥青和重交通道路石油沥青及道路用液体石油沥青几种。

(1)中、轻交通道路石油沥青质量应符合表 1-70 的规定。

(2)重交通道路石油沥青质量应符合表 1-71 的规定。

(3)道路用液体石油沥青按其凝固速度分为快凝、中凝、慢凝三类,分为六个牌号,其技术标准见表 1-72。

(二)沥青混合料

沥青混合料用于道路面层的材料,根据用料和作用不同,可分为沥青混凝土混合料、沥青碎石混合料、沥青抗滑层混合料三类。按所用集料粒径不同,又分为粗粒式、中粒式、砂粒式和特细式。

表 1-70　中、轻交通道路石油沥青质量标准

试验项目		标号						
		A－200	A－180	A－140	A－100 甲	A－100 乙	A－60 甲	A－60 乙
针入度(25 ℃,100 g,5 s)(0.1 mm)		200～300	160～200	120～160	90～120	80～120	50～80	40～80
延度(25 ℃,5 cm/min)≥(cm)		—	100	100	90	60	70	40
软化点(环球法)(℃)		30～45	35～45	38～48	42～52	42～52	45～55	45～55
溶解度(三氯乙烯)≥(%)		99.0	99.0	99.0	99.0	99.0	99.0	99.0
蒸发损失试验 163 ℃,5 h	质量损失≥(%)	1	1	1	1	1	1	1
	针入度比≤(%)	50	60	60	65	65	70	70
闪点(COC)≥(℃)		180	200	230	230	230	230	230

注:当25 ℃延度达不到100 cm时,如15 ℃延度≥100 cm,也认为是合格的。

表 1-71　重交通道路石油沥青质量标准

试验项目		标号				
		AH－130	AH－110	AH－90	AH－70	AH－50
针入度(25 ℃,100 g,5 s)(0.1 mm)		120～140	100～120	80～100	60～80	40～60
延度(5 cm/min,15 ℃)≥(cm)		100	100	100	100	80
软化点(环球法)(℃)		40～50	41～51	42～52	44～54	45～55
闪点(COC)≥(℃)		230				
含蜡量(蒸馏法)≤(%)		3				
密度(15 ℃)(g/cm³)		实测记录				
溶解度(三氯乙烯)≤(%)		99.0				
薄膜加热试验 163 ℃,5 h	质量损失≥(%)	1.3	1.2	1.0	0.8	0.6
	针入度比≥(%)	45	48	50	55	58
	延度(25 ℃)不小于(cm)	75	75	75	50	40
	延度(15 ℃)(cm)	实测记录				

注:1.有条件时,应测定沥青60 ℃时的动力黏度(Pa·s)及135 ℃时的运动黏度(mm^2/s),并在检验报告中注明。

2.对高速公路、一级公路和城市快速路、主干路的沥青路面,如有需要,用户可就薄膜加热试验后的15 ℃延度、黏度等指标向供方提出要求。

表 1-72　道路用液体石油沥青质量要求

试验项目		快凝		中凝						慢凝					
		AL(R)-1	AL(R)-2	AL(M)-1	AL(M)-2	AL(M)-3	AL(M)-4	AL(M)-5	AL(M)-6	AL(S)-1	AL(S)-2	AL(S)-3	AL(S)-4	Al(S)-5	AL(S)-6
黏度(s)	$C_{25.5}$	<20													
黏度(s)	$C_{60.5}$	5~15		5~15	16~25	26~40	41~100	101~200	200 以上	5~15	16~25	26~40	41~100	101~200	
蒸馏体积(%)	225 ℃前	>20	>15	<10	<7	<3	<2	0	0						
蒸馏体积(%)	315 ℃前	>35	>30	<35	<25	<17	<14	<8	<5	<40	<35	<25	<20	<15	<5
蒸馏体积(%)	360 ℃前	>45	>35	<50	<35	<30	<25	<20	<15						
蒸馏后残留物	针入度(25 ℃,100 g,5 s)(0.1 mm)	60~200	60~200	100~300	100~300	100~300	100~300	100~300	100~300						
蒸馏后残留物	延度(25 ℃,5 cm/min)(cm)	>60	>60	>60	>60	>60	>60	>60	>60						
蒸馏后残留物	浮漂度(50 ℃)(s)									<20	>20	>30	>40	>45	>50
闪点(TOC 法)(℃)		>30	>30	>65	>65	>65	>65	>65	>65	>70	>70	>100	>100	>120	>120
含水量不大于(%)		0.2		0.2						2.0					

注:黏度使用道路沥青黏度计测定,C 脚标第 1 个数字代表测试温度(℃),第 2 个数字代表黏度计孔径(mm)。

(1)沥青混合料路用粗集料质量要求见表1-73。

表1-73　沥青路用粗集料(碎石)质量要求

检验项目		用途：快速路,主干路及重交通沥青混合料	用途：一般道路及普通沥青混合料	用途：抗滑层用粗集料	说明
石料压碎值(%)		石灰石≤28, 其他≤25	≤30	≤25	(1)碎石应清洁、干燥、无风化、无杂质。 (2)碎石颗粒应具有足够的强度和耐磨性。 (3)碎石与沥青材料应有良好的黏聚力
洛杉矶磨耗损失(%)		≤30	≤40	≤30	
沥青黏附性,剥落度(剥落百分比)(%)		≤10	≤30	加活化剂达到≤10	
细长扁平颗粒含量(%)		≤15	≤20	≤15	
泥土含量(%)		≤1	≤1	≤1	
软石含量(%)		≤5	≤5	≤5	
视密度(t/m³)		≥2.50	≥2.45	≥2.50	
吸收率(%)		≤3.0	≤3.0	≤3.0	
石料磨光值		—	—	按抗滑层要求	
安定性(%)	根据需要测	≤12	—	≤12	
道路磨耗损耗率(%)		—	—	≤14	
石料冲击值(%)		—	—	≤28	

注:含泥量用比重计法测定小于等于0.002 mm颗粒含量。

(2)沥青混合料路用细集料质量要求见表1-74。

表1-74　沥青混合料路用细集料质量要求

检验项目		用途：快速路、主干路及重交通沥青混合料、抗滑层	用途：一般道路及普通沥青混合料	说明
泥土含量(%)	砂	≤3	≤3	(1)宜用洁净、干燥、坚硬、无风化、无杂质的黄砂或轧碎的石灰石。 (2)石屑粒径宜小于8 mm,应有适当的级配。 (3)石屑的压碎值、磨耗损失剥落度要求同粗集料。 (4)含泥量指小于等于0.002 mm的颗粒,用比重计法测定
	0~5 mm石屑	≤1	≤1	
塑性(<0.4 mm部分)		无	无	
视密度(t/m³)		≥2.50	≥2.45	
安定性(>0.3 mm部分)(%)		≤12	—	

(3)沥青混合料中矿粉质量要求见表1-75。

表 1-75　沥青混合料中矿粉质量要求

检验项目		用途：快速路、主干路及重交通沥青混合料抗滑层	用途：一般道路及普通沥青混合料	说明
亲水系数		<0.9	<0.9	(1)矿粉应为石灰石且不应含泥土、杂质和团粒，小于0.074 mm 部分的重量比宜大于80%，亲水系数应小于1.00，含水量应小于1%。 (2)拌制普通混合料时允许掺量不超过矿粉总量的50%，且不超过矿料总量的3%
粒度范围(%)	<0.6 mm	100	100	
	<0.15 mm	100	90~100	
	<0.075 mm	85~100	20~100	
水分(%)		≤0.5	≤0.5	
外观		无团粒状	无团粒状	
视密度(t/m³)		≥2.60	≥2.50	

(4)沥青混凝土混合料的技术标准应符合表 1-76 的规定。

表 1-76　密级配沥青混凝土混合料马歇尔试验技术标准

（本表适用于公称最大粒径≤26.5 mm 的密级配沥青混凝土混合料）

试验指标		单位	高速公路、一级公路：夏炎热区(1-1、1-2、1-3、1-4 区) 中轻交通	高速公路、一级公路：夏炎热区(1-1、1-2、1-3、1-4 区) 重载交通	高速公路、一级公路：夏炎热区及夏凉区(2-1、2-2、2-3、2-4、3-2 区) 中轻交通	高速公路、一级公路：夏炎热区及夏凉区(2-1、2-2、2-3、2-4、3-2 区) 重载交通	其他等级公路	行人道路
击实次数(双面)		次	75				50	50
试件尺寸		mm	ϕ101.6 mm×63.5 mm					
空隙率 *VV*	深约 90 mm 以内	%	3~5	4~6	2~4	3~5	3~6	2~4
	深约 90 mm 以外	%	3~6		2~4	3~6	3~6	—
稳定度 *MS* 不小于		kN	8				5	3
流值 *FL*		mm	2~4	1.5~4	2~4.5	2~4	2~4.5	2~5

	设计空隙率(%)	相应于以下公称最大粒径(mm)的最小 *VMA* 及 *VFA* 技术要求(%)：26.5	19	16	13.2	9.5	4.75
矿料间隙率 *VMA*(%) 不小于	2	10	11	11.5	12	13	15
	3	11	12	12.5	13	14	16
	4	12	13	13.5	14	15	17
	5	13	14	14.5	15	16	18
	6	14	15	15.5	16	17	19
沥青饱和度 *VFA*(%)		55~70	65~75			70~85	

注：1. 对空隙率大于5%的夏炎热区重载交通路段，施工时应至少提高压实度 1 个百分点。

2. 当设计的空隙率不是整数时，由内插确定要求的 *VMA* 最小值。

3. 对改性沥青混合料，马歇尔试验的流值可适当放宽。

(三)沥青混合料级配

(1)密级配沥青混凝土混合料矿料级配范围宜符合表 1-77 的规定。

表 1-77　密级配沥青混凝土混合料矿料级配范围

级配类型		通过下列筛孔(mm)的质量百分率(%)												
		31.5	26.5	19	16	13.2	9.5	4.75	2.36	1.18	0.6	0.3	0.15	0.075
粗粒式	AC-25	100	90~100	75~90	65~83	57~76	45~65	24~52	16~42	12~33	8~24	5~17	4~13	3~7
中粒式	AC-20		100	90~100	78~92	62~80	50~72	26~56	16~44	12~33	8~24	5~17	4~13	3~7
	AC-16			100	90~100	76~92	60~80	34~62	20~48	13~36	9~26	7~18	5~14	4~8
细粒式	AC-13				100	90~100	68~85	38~68	24~50	15~38	10~28	7~20	5~15	4~8
	AC-10					100	90~100	45~75	30~58	20~44	13~32	9~23	6~16	4~8
砂粒式	AC-5						100	90~100	55~75	35~55	20~40	12~28	7~18	5~10

(2)沥青碎石混合料矿料级配范围应符合表 1-78 的规定。

表 1-78　半开级配沥青碎石混合料矿料级配范围

级配类型		通过下列筛孔(mm)的质量百分率(%)											
		26.5	19	16	13.2	9.5	4.75	2.36	1.18	0.6	0.3	0.15	0.075
中粒式	AM-20	100	90~100	60~85	50~75	40~65	15~40	5~22	2~16	1~12	0~10	0~8	0~5
	AC-16		100	90~100	60~85	45~68	18~40	6~25	3~18	1~14	0~10	0~8	0~5
细粒式	AC-13			100	90~100	50~80	20~45	8~28	4~20	2~16	0~10	0~8	0~6
	AC-10				100	90~100	35~65	10~35	5~22	2~16	0~12	0~9	0~6

四、沥青材料及沥青混合料质量监理的检测频率

沥青材料及沥青混合料质量监理的检测频率参见表 1-79。

表 1-79　沥青材料及沥青混合料质量监理的检测频率

材料	项目	检测频率	说明
沥青材料	材料质量	每批货检验一次	在监理人员见证下,由施工单位取样做试验,并填报验单,且应得到试验监理工程师的认可
沥青混合料原材料	石料等级	顶面层石料每年每个料场检测两次	在施工过程中发现有疑问增加检测次数
	粗集料含水量、含泥量、针片状	每 500 t 检查一次	平时若发现质量有问题增加抽检次数
	细集料级配	每 100 m³ 检测一次	平时发现有疑问时增加检测次数
	细集料含泥量	每 1 000 m³ 检测一次	
	矿粉	每 500 t 检验一次	

续表 1-79

材料	项目	检测频率	说明
沥青混合料	工地配合比	在沥青摊铺之前和原材料改变时都要进行工地配合比的检查	
	厂拌	每日测定两次油石比，每 10 min 测定温度 1 次	以认可的工地配合比为标准，重点检测其集料的级配
	摊铺	每车道，每 300 m 检测其厚度和压实度一次	

第七节　钢材的质量监理

钢材是工程建设中常用的材料，在公路路桥工程中有着广泛应用。钢材在桥梁构筑物中往往承受着主要的或较大的（设计）荷载。钢材质量直接影响到桥梁和构筑物的安全与正常运行，影响到桥梁的使用年限。因此，在选材和性能检查时，必须严肃认真，把好质量关。

一、钢材质量监理的主要内容

钢材质量监理的内容主要有普通碳素结构钢的机械性能和化学成分、低合金结构钢的机械性能和化学成分、热轧钢筋的机械性能、预应力混凝土用钢丝（包括钢绞线）的机械性能等。

二、钢材质量监理工作流程

钢材质量监理工作流程见图 1-7。

三、钢材质量控制标准

（一）热轧钢筋

（1）热轧钢筋的牌号和化学成分见表 1-80。

（2）热轧钢筋的力学性能见表 1-81。

（3）热轧钢筋的工艺性能。①弯曲性能：按表 1-81 规定的弯心直径弯曲 180°，钢筋受弯曲部位表面不得产生裂纹。②反向弯曲性能：根据需方要求，钢筋可进行反向弯曲性能试验。反向弯曲试验的弯心直径比弯曲试验相应增加一个钢筋直径。先正向弯曲 45°，再反向弯曲 23°。经反向弯曲试验后，钢筋受弯曲部位表面不得产生裂纹。

（4）热轧钢筋的外观质量要求。钢筋表面不得有裂纹、结疤和折叠。钢筋表面允许有凸块，但不得超过横肋的高度，钢筋表面上其他缺陷的深度和高度不得大于所在部位尺寸的允许偏差。

（5）每批钢筋的检验项目、取样方法和试验方法应符合表 1-82 的规定。

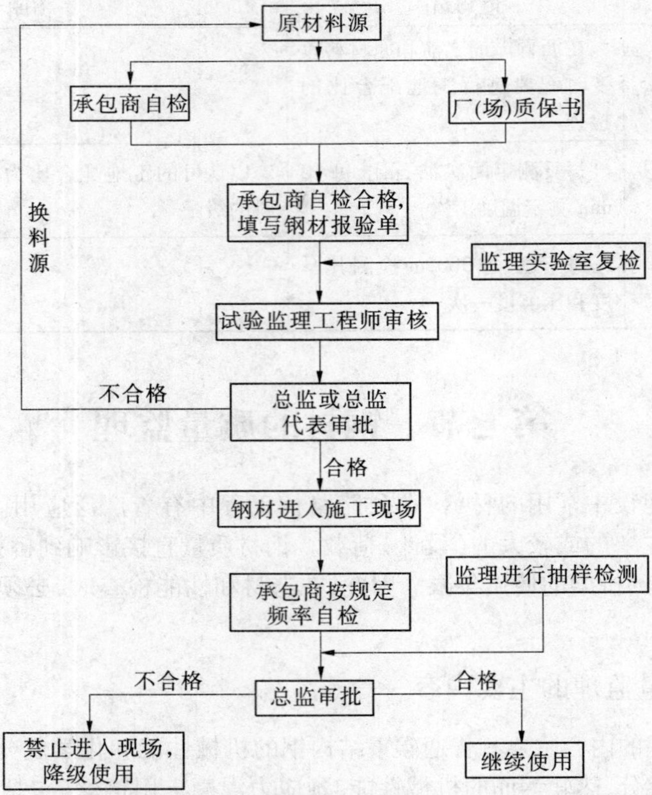

图 1-7　钢材质量监理工作流程

表 1-80　热轧钢筋的牌号和化学成分

表面形状	牌号	化学成分(%)				
		C	Si	Mn	P	S
光圆	R235	0.14～0.22	0.12～0.30	0.12～0.30	0.045	0.050
月牙肋	HRB335	0.25	0.80	1.60	0.045	0.045
	HRB400	0.25	0.80	1.60	0.045	0.045
	HRB500	0.25	0.80	1.60	0.045	0.045

表 1-81　热轧钢筋的力学性能

表面形状	牌号	公称直径(mm)	$\delta_s(\delta_{p0.2})$(MPa)	δ_b(MPa)	δ_s(%)	180°弯曲试验 d=弯心直径, a=钢筋公称直径
			不小于			
光圆	R235	8～20	235	370	25	$d=a$
月牙肋	HRB335	6～25	335	490	16	$d=3a$
		28～50	335	490	16	$d=4a$
	HRB400	6～25	400	570	14	$d=4a$
		28～50	400	570	14	$d=5a$
	HRB500	6～25	500	630	12	$d=6a$
		28～50	500	630	12	$d=7a$

(6)试样长度。试样夹具之间的最小自由长度应符合下列要求：

当 $d \leqslant 25$ mm 时，取为 350 mm；当 25 mm $< d \leqslant 32$ mm 时，取为 400 mm；当 32 mm $< d \leqslant$ 50 mm 时，取为 500 mm。

表 1-82　热轧钢筋检验取样各项指标

序号	检验项目	取样数量	取样方法	试验方法
1	化学成分（熔炼分析）	1	GB/T 222	GB/T 223 GB/T 4336
2	力学	2	任选两根钢筋切取	GB/T 228、 GB 1499—1998 第 7.2 条
3	弯曲	2	任选两根钢筋切取	GB/T 232、 GB 1499—1998 第 7.2 条
4	反向弯曲	1		GB/T 5126、 GB 1499—1998 第 7.2 条
5	尺寸	逐支		GB 1499—1998 第 7.3 条
6	表面	逐支		目视
7	重量偏差	GB 1499—1998 第 7.4 条		GB 1499—1998 第 7.4 条

注：对化学分析和拉伸试验结果有争议时，仲裁试验分别按 GB/T 223、GB/T 228 进行。

夹具夹持钢筋所需钢筋的长度，视夹具而定，一般两端约需 200 mm。试样的最小长度应为试样夹具之间的最小自由长度加夹具夹持长度。

拉伸、弯曲、反向弯曲试验试样不允许进行车削加工。

计算钢筋强度用截面面积采用公称横截面面积。

(7)尺寸测量。

带肋钢筋内径的测量应精确到 0.1 mm。

带肋钢筋肋高度的测量采用测量同一截面两侧肋高度取平均值的方法，即测取钢筋的最大外径，减去该处内径，所得数值的一半为该处肋高度，应精确到 0.1 mm。

带肋钢筋横肋间距采用测量平均肋距的方法进行测量，即测取钢筋一面上第 1 个与第 11 个横肋的中心距离，该数值除以 10，即为横肋间距，应精确到 0.1 mm。

(8)化学分析取样要求。

①分析用试屑，可采用刨取或钻取的方法。采用试屑以前将表面氧化铁皮清除掉。

②试样可利用力学试验的余料钻取。如单项化学分析，可取 $L = 20$ cm 的试样。

(二)冷轧带肋钢筋

(1)冷轧带肋钢筋的力学性能和工艺性能应符合表 1-83 的规定。

表 1-83　冷轧带肋钢筋力学性能和工艺性能

牌号	δ_b（MPa）不小于	伸长率(%)		弯曲试验 180°	反复弯曲次数	松弛率 初始应力 $\delta_{con}=0.70\delta_b$	
		δ_{10}	δ_{100}			1 000 h(%) 不小于	10 h(%) 不大于
CRB550	550	8.0	—	$D=3d$	—	—	—
CRB650	650	—	4.0	—	3	8	5
CRB800	800	—	4.0	—	3	8	5
CRB970	970	—	4.0	—	3	8	5
CRB1170	1 170	—	4.0	—	3	8	5

注：表中 D 为弯心直径，d 为钢筋公称直径。

(2)冷轧带肋钢盘条的参考牌号和化学成分。CRB500、CRB650、CRB800、CRB970、CRB1170 钢筋用盘条的参考牌号及化学成分(熔炼分析)见表 1-84，60 钢、70 钢的 Ni、Cr、Cu 含量均不大于 0.25%。

表 1-84　冷轧带肋钢筋用盘条的参考牌号和化学成分

钢筋牌号	盘条牌号	化学成分(%)					
		C	Si	Mn	V、Ti	S	P
CRB550	Q215	0.09～0.15	≤0.30	0.25～0.55	—	≤0.050	≤0.045
CRB650	Q235	0.14～0.22	≤0.30	0.30～0.65	—	≤0.050	≤0.045
CRB800	24MnTi	0.19～0.27	0.17～0.37	1.20～1.60	Ti:0.01～0.05	≤0.045	≤0.045
	20MnSi	0.17～0.25	0.40～0.80	1.20～1.60	—	≤0.045	≤0.045
CRB970	41MnSiV	0.37～0.45	0.60～1.10	1.00～1.40	V:0.05～0.12	≤0.045	≤0.045
	60	0.57～0.25	0.17～0.37	0.50～0.80	—	≤0.035	≤0.035
CRB1170	70Ti	0.66～0.70	0.17～0.37	0.60～1.00	Ti:0.01～0.05	≤0.045	≤0.045
	70	0.67～0.75	0.17～0.37	0.50～0.80	—	≤0.035	≤0.035

(3)钢筋出厂检验的试验项目、取样方法、试验方法应符合表 1-85 的规定。

(4)冷轧带肋钢筋的尺寸、重量及允许偏差见表 1-86。

(三)冷轧扭钢筋

(1)冷轧扭钢筋进场验收。冷轧扭钢筋成品应有出厂合格证书或试验合格报告单。进入现场时应分批分规格捆扎，并在下部垫木块架空码放，采取防雨措施。每捆均应挂标牌，注明钢筋的规格、数量、生产日期、生产厂家，并应对标签标牌进行核查，分批验收。

表 1-85　冷轧带肋钢筋的试验项目、取样方法及试验方法

序号	试验项目	试验数量	取样方法	试验方法
1	拉伸试验	每盘 1 个	在每(任)盘中随机切取	GB/T 228 GB/T 6397
2	弯曲试验	每批 2 个		GB/T 232
3	反复弯曲试验	每批 2 个		GB/T 228
4	应力松弛试验	定期 1 个		GB/T 10120 GB 13788—2000 第 7.3 条
5	尺寸	逐盘		GB 13788—2000 第 7.4 条
6	表面	逐盘		目视
7	重量偏差	每盘 1 个		GB 13788—2000 第 7.5 条

注: 1. 供方在保证 $\delta_{p0.2}$ 合格的条件下,可不逐盘进行 $\delta_{p0.2}$ 的试验。

2. 表中试验数量栏中的“盘”指生产钢筋原料盘。

表 1-86　三面肋和二面肋钢筋的尺寸、重量及允许偏差

公称直径 d (mm)	公称横截面积 (mm²)	重量		横肋中点高		横肋 1/4 处高 $h/4$ (mm)	横肋顶宽 b(mm)	横肋间距		相结肋面积 f,不小于
		理论重量 (kg/m)	允许偏差 (%)	(mm)	允许偏差 (mm)			l (mm)	允许偏差 (%)	
4.0	12.6	0.099		0.30		0.24		4.0		0.036
4.5	15.9	0.125		0.32		0.26		4.0		0.039
5.0	19.6	0.154		0.32		0.26		4.0		0.039
5.5	23.7	0.186		0.40		0.32		5.0		0.039
6.0	28.3	0.222		0.40		0.32		5.0		0.039
6.5	33.2	0.261		0.46	+0.10 −0.05	0.37	−0.2d	5.0	±15	0.045
7.0	38.5	0.302	±4	0.46		0.37		5.0		0.045
7.5	44.2	0.347		0.55		0.44		6.0		0.045
8.0	50.3	0.395		0.55		0.44		6.0		0.045
8.5	56.7	0.445		0.75		0.44		7.0		0.045
9.0	63.6	0.499		0.75		0.60		7.0		0.052
9.5	70.8	0.556		0.75		0.60		7.0		0.052
10.0	78.5	0.617		0.75		0.60		7.0		0.052
10.5	86.5	0.679		0.75		0.60		7.4		0.052
11.0	95.0	0.746		0.85		0.68		7.4		0.056
11.5	103.8	0.815		0.95		0.76		8.4		0.056
12.0	113.1	0.888		0.95		0.76		8.4		0.056

注: 1. 横肋 1/4 处高,横肋顶宽供孔型设计用。

2. 二面肋钢筋允许有高度不大于 $0.5h$ 的纵肋。

(2)冷轧扭钢筋取样。冷轧扭钢筋的试样从验收批钢筋中随机抽取。取样部位应距钢筋端部不小于500 mm。试样长度宜取偶数倍节距,且不应小于4倍节距,同时不小于500 mm。应注意的是冷轧扭钢筋验收批应由同一牌号、同一规格尺寸、同一台轧机、同一台班的钢筋组成,且每批不大于10 t,不足10 t按一批计。

(3)冷轧扭钢筋检验。冷轧扭钢筋检验项目、取样数量和试验方法应符合表1-87的规定。

(4)冷轧扭钢筋外观质量。冷轧扭钢筋表面不应有影响钢筋力学性能的裂纹、折叠、结疤、压痕、机械损伤或其他影响使用的缺陷。

表1-87 冷轧扭钢筋检验项目、取样数量和试验方法

序号	检验项目	取样数量		试验方法
		出厂检验	型式检验	
1	外观质量	逐根	逐根	目测
2	轧扁厚度	每批三个	每批三个	GB 3046—98 第6.1.1条
3	节距	每批三个	每批三个	GB 3046—98 第6.1.2条
4	定尺长度	—	每批三个	GB 3046—98 第6.1.3条
5	重量	每批三个	每批三个	GB 3046—98 第6.2条
6	化学成分	—	每批三个	GB 3046—98 第6.3条
7	拉伸试验	每批二个	每批三个	GB 3046—98 第6.4条
8	冷弯试验	每批一个	每批三个	GB 3046—98 第6.5条

注:拉伸试验中伸长率测定的原始标距为10*d*(*d*为冷轧钢筋标志直径)。

(5)冷轧扭钢筋力学性能。冷轧扭钢筋的力学性能应符合表1-88的规定。

表1-88 冷轧扭钢筋的力学性能

抗拉强度(N/mm²)	伸长率δ_{10}(%)	冷弯180°(弯心直径=3*d*)
≥580	≥4.5	受弯曲部位表面不得产生裂纹

注:1. *d*为冷轧扭钢筋标志直径。

2. δ_{10}为以标距为10倍标志直径的试样拉断伸长率。

(6)冷轧扭钢筋的轧扁厚度、节距、公称横截面面积、公称重量和允许偏差。

①冷轧扭钢筋的轧扁厚度、节距应符合表1-89的规定。

表1-89 冷轧扭钢筋的轧扁厚度、节距

类型	标志直径*d*(mm)	轧扁厚度*t*(mm)不小于	节距*l*(mm)不大于
Ⅰ型	6.5	3.7	75
	8	4.2	95
	10	5.3	110
	12	6.2	150
	14	8.0	170
Ⅱ型	12	8.0	145

②冷轧扭钢筋的公称横截面面积和公称重量应符合表 1-90 的规定。

表 1-90　冷轧扭钢筋的公称横截面面积和公称重量

类型	标志直径 d（mm）	公称横截面面积 A_s（mm^2）	公称重量 G（kg/m）
Ⅰ型	6.5	29.5	0.232
	8	45.3	0.356
	10	68.3	0.536
	12	93.3	0.733
	14	132.7	1.042
Ⅱ型	12	97.8	0.768

③冷轧扭钢筋定尺长度允许偏差：单根长度大于 8 m 时为 ±15 mm，单根长度不大于 8 m 时为 ±10 mm。

④重量偏差。冷轧扭钢筋实际重量和公称重量的负偏差不应大于 5%。

（四）预应力混凝土用钢丝

（1）力学性能。

①消除应力钢丝：消除应力钢丝的力学性能应符合表 1-91 的规定。

②冷拉钢丝的力学性能：冷拉钢丝的力学性能应符合表 1-92 的规定。

③刻痕钢丝的力学性能：刻痕钢丝的力学性能应符合表 1-93 的规定。

表 1-91　消除应力钢丝的力学性能

<table>
<tr><th rowspan="3">公称直径（mm）</th><th rowspan="3">抗拉强度 δ_b 不小于（MPa）</th><th rowspan="3">规定非比例伸长应力 δ_p 不小于（MPa）</th><th rowspan="3">伸长率（%）（L_0 = 100 mm）不小于</th><th colspan="3">弯曲次数</th><th colspan="2">松弛</th></tr>
<tr><th rowspan="2">次数/180 不小于</th><th rowspan="2">弯曲半径（mm）</th><th rowspan="2">初始应力相当于公称抗拉强度的百分数（%）</th><th colspan="2">1 000 h 应力损失不大于（%）</th></tr>
<tr><th>Ⅰ级松弛</th><th>Ⅱ级松弛</th></tr>
<tr><td>4.00</td><td>1 470
1 570</td><td>1 250
1 330</td><td rowspan="4">4</td><td>3
3</td><td>10
10</td><td rowspan="2">60</td><td rowspan="2">4.5</td><td rowspan="2">1.0</td></tr>
<tr><td>5.00</td><td>1 670
1 770</td><td>1 410
1 500</td><td rowspan="3">4</td><td rowspan="2">15</td></tr>
<tr><td>6.00</td><td>1 570
1 670</td><td>1 330
1 420</td><td rowspan="2">70</td><td rowspan="2">8</td><td rowspan="2">2.5</td></tr>
<tr><td>7.00</td><td></td><td></td><td></td></tr>
<tr><td>8.00</td><td>1 470</td><td>1 250</td><td rowspan="2"></td><td rowspan="2"></td><td>20</td><td rowspan="2">80</td><td rowspan="2">12</td><td rowspan="2">4.5</td></tr>
<tr><td>9.00</td><td>1 570</td><td>1 330</td><td>25</td></tr>
</table>

注：1. Ⅰ级松弛即普通松弛，Ⅱ级松弛即低松弛，它们分别适用于所有钢丝。

2. 屈服强度 $\delta_{p0.2}$ 值不小于公称抗拉强度的 85%。

表 1-92　冷拉钢丝的尺寸和力学性能

公称直径（mm）	抗拉强度 δ_b 不小于（MPa）	规定非比例伸长应力 δ_p 不小于（MPa）	伸长率（%）（$L_0=100$ mm）不小于	弯曲次数	
				次数/180° 不小于	弯曲半径（mm）
3.00	1 470 1 570	1 100 1 180	2	4	7.5
4.00	1 670	1 250	3	4	10
5.00	1 470 1 570 1 670	1 100 1 180 1 250	3	5	15

注：规定非比例伸长应力 $\delta_{p0.2}$ 值不小于公称抗拉强度的 75%。

表 1-93　刻痕钢丝的力学性能

公称直径（mm）	抗拉强度 δ_b 不小于（MPa）	规定非比例伸长应力 $\delta_{p0.2}$ 不小于（MPa）	伸长率（%）（$L_0=100$ mm）不小于	弯曲次数		松弛	
				次数/180° 不小于	弯曲半径（mm）	1 000 h 松弛率不大于（%）	
						Ⅰ级松弛	Ⅱ级松弛
≤5.00	1 470 1 570	1 250 1 340	4	3	15	8	2.5
>5.00	1 470 1 570	1 250 1 340			20		

注：1. 规定非比例伸长应力 $\delta_{p0.2}$ 值不大于公称抗拉强度的 85%。

2. 松弛试验时，初始应力相当于公称抗拉强度的 70%。

（2）外观质量。钢丝表面不得有裂纹、小刺、机械损伤、氧化铁皮和油污，回火成品表面允许有回火颜色。除非另有协议，表面允许有浮锈，但不得锈蚀成肉眼可见的麻坑。

（3）钢丝的伸直性检验。取 1 m 的钢丝，其弦与弧的最大自然矢高，光面钢丝不大于 20 mm，刻痕钢丝不大于 30 mm。

四、钢材质量监理要点

（一）钢材进场监理

钢材进场监理要点可参见表 1-94。

（二）钢材的代用

在通常情况下，钢材的材质、品种、规格必须符合设计要求，才能下料使用，但在供货方无法满足设计要求，又无其他货源的情况下，经原设计单位同意，并经监理工程师认可后，方可代用。

表 1-94 钢材进场监理要点

项目	监理要点
进场准备	钢材在进场前，一般都应对钢厂的质保书、批号、炉号、化学成分和机械性能逐项核查，钢材的品种规格应符合国家标准的规定或订货合同中的技术规定要求进口的钢材，必须具有海关商检证，并有制造厂有关质量、尺寸、炉号、日期的标签以及出厂的试验报告单
进场抽检与复核	进场后的钢材应根据具体情况，按施工监理规定的抽检频率进行抽检。目前碳素钢的质量在我国定点生产的厂家已经比较稳定，如果供应资料完整，且批量不大时，可以不再抽检；如果批量较大时，则仍应按规定抽检。对合金结构钢等钢材，特别对一些新的合金钢种，就必须做复核试验
外观检查	钢材材质必须均匀，不得有夹层、裂缝、非金属夹杂物和严重锈蚀（鳞片、锈斑）等缺陷。钢材表面不得有肉眼可见的气孔、结疤、折叠、压入的氧化铁皮以及其他的缺陷
检测项目	对钢材质量的主要检测项目为屈服强度、极限强度、延伸率、冷弯、反复弯曲和化学分析等

（1）代用钢材的化学成分和机械性能应与原设计一致。当钢号能满足设计要求，但材质保证中缺少设计单位提出的部分性能要求时，则应做补充试验，合格后方能使用。各种型号规格、试件数量，一般不能少于 3 件。

（2）钢号能满足设计要求，但钢材材质优于设计要求时，要经过验算，用量较大时，要注意节约。

（3）钢号能满足设计要求，但钢材材质低于设计要求时，一般严禁代用。

（4）钢号和材质都与设计要求不符时，应重新改变设计。

（5）当采用代用钢材而引起构件强度、稳定性和刚度变化较大，并产生较大偏心影响时，要重新进行设计。

五、钢材质量监理的检测频率

（1）钢筋混凝土用钢筋，每批由同一截面尺寸和同一炉罐号的钢筋重量以 60 t 为检查批，检查其出厂质量保证书和试验报告，并抽样检验，在使用过程中，发现有可疑时再进行抽样检验。

（2）预应力钢筋混凝土用钢材。

①钢筋盘条（Φ 8 mm 以下）：每批取两根抗伸、两根弯曲（不同盘）。

②预应力钢绞线的力学性能：同钢号、同规格每批≤10 t 中，从每批盘数中选 15% 取样试验。

③预应力热处理钢筋的力学性能：每批钢筋不少于 25 盘选 10% 取样检验。

（3）碳素结构钢每批同一截面尺寸、同一炉罐号≥60 t 取样检验。

第二章　公路工程质量监理

第一节　施工测量放样监理

一、施工测量放样工序流程

城市道路工程施工测量放样工序流程见图 2-1。

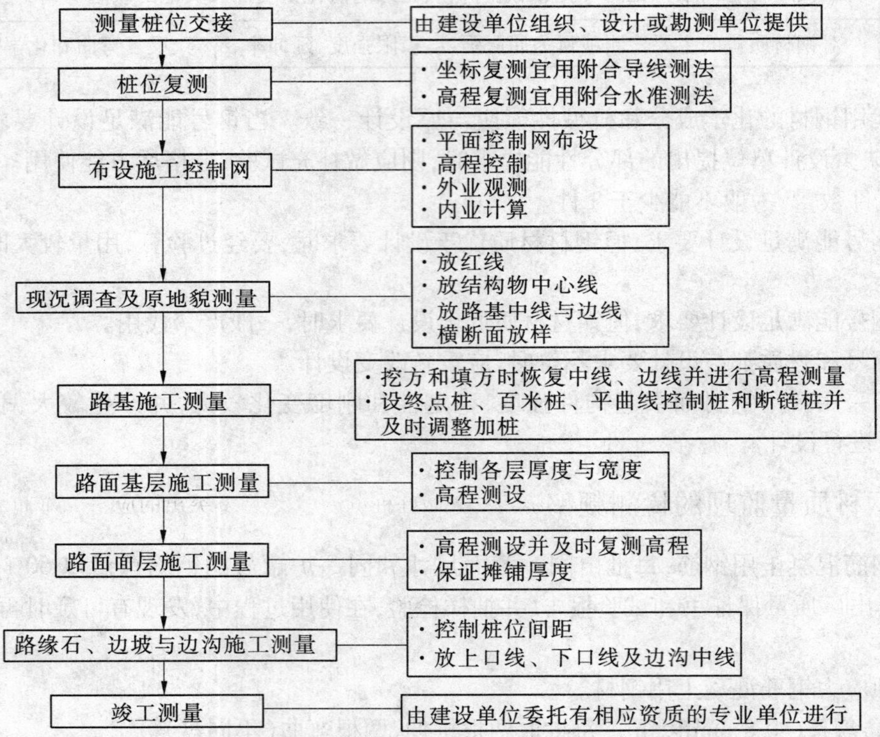

图 2-1　城市道路工程施工测量放样工序流程

二、施工测量放样监理工作流程

公路工程施工测量放样监理工作流程见图 2-2。

三、施工测量放样技术要求

(1)公路工程施工测量放样技术要求见表 2-1。

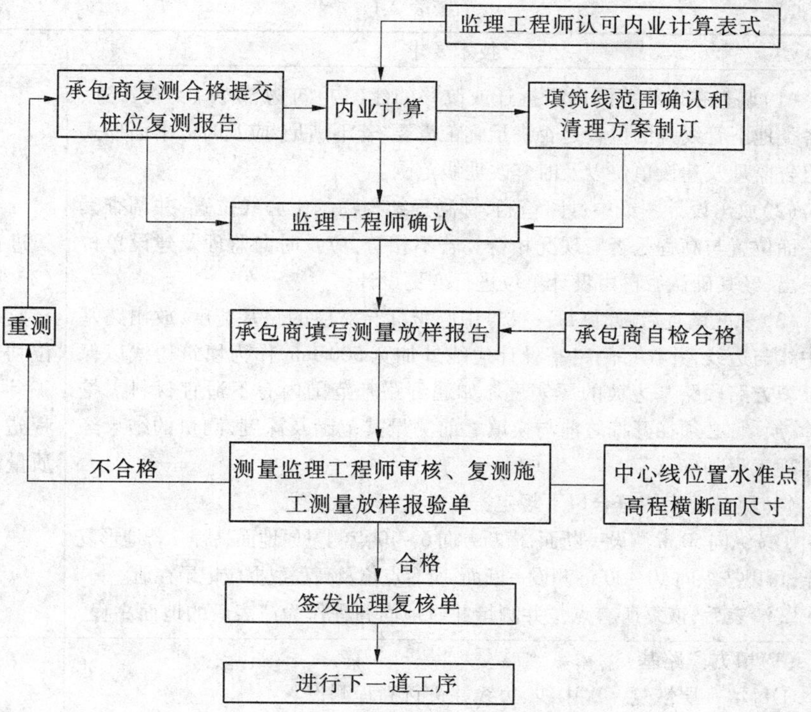

图 2-2　公路工程施工测量放样监理工作流程

表 2-1　公路工程施工测量放样技术要求

工序	技术要求	备注
测量桩位交接	(1)接桩时应察看点位是否松动或被移动,若已松动或被移动,应及时向勘测单位提出补桩的申请。 (2)施工单位应逐一记录现场点位,并做好桩位标记,桩标不突出的应用钢尺拴桩,做好标记,便于寻找复测。 (3)接桩后应及时进行标桩保护,采取混凝土加固、砌保护井和钉设标志牌等措施,容易被车撞轧的控制点应钉设防护栏杆	交桩要有桩位平面布置图,桩位交接后办理交接手续
桩位复测	(1)接桩后依据设计图纸和交桩资料进行内业校核,检查成果表中的各项计算是否正确。 (2)桩位的坐标复测宜采用附合导线测法进行,高程复测宜采用附合水准测法	
施工控制网布设	(1)外业观测应选在能见度高、无风的清晨或傍晚进行,以减小大气折光及气压、温度的变化对观测的影响。 (2)水准测量可采用一组往返或两组单程进行,往返测或两组单程测高差不符值在限差以内时采用平均值。 (3)水准点电磁波三角高程测量可与平面控制测量同时进行。当采用电磁波三角高程测量时应满足相应测量等级的技术要求,观测时采取相应的技术措施。 (4)业内计算步骤应清晰、有条理,成果合格后必须报监理工程师确认	业内计算必须使用监理工程师认可的表式,控制桩必须有保护措施

续表 2-1

工序	技术要求	备注
现况调查	(1)调查在地线范围内需拆迁或改移的建(构)筑物、树木、文物古迹、各类地下管线等的位置是否满足施工需要,若不满足,应及时以书面形式报告监理及建设单位以及时修改地线范围。 (2)放出设计图纸中过路箱涵、管涵等结构物的中心线位置,并调查其平面位置与高程是否与现况相符。若不相符,应及时向监理及建设单位提出,经其确认后再由设计单位进行变更设计。 (3)现况调查后,计算每一桩号中心坐标与对应的路基宽度,放出路基中线与边线,并在每侧路基设计边线外加宽 500 mm 作为填筑边线以保证填方路段路基边坡的压实度。如遇到路基范围内有不适宜材料需挖除、换填,必须在开挖之前与换填之前测量其范围及深度,测量的结果经监理工程师确认。 (4)路基清表应符合以下规定: ①按纵向 50 m 测设一断面,横断方向 6 ~ 10 点测量原地面高程。若地形复杂,可以按纵向 10 ~ 20 m 测设一断面,所有点位及高程数据应记录在册。 ②清表后,恢复所有点位并测量此时地面高程作为清表后的地面高程	进行(1)、(2)、(3)项时应及时与监理及建设单位协调,以免误工、误时,影响工程进度,并遗留质量和安全隐患
路基施工测量	(1)填方段路基: ①每填一层恢复一次中线、边线并进行高程测设。 ②在距路床顶 1.5 m 内,应按设计纵、横断面数据控制。 ③达到路床设计高程后应准确放样路基中心线及两侧边线,并将路基顶设计高程准确测设到中心及两侧桩位上。 ④按设计中线、宽度、坡度、高程进行控制并自检,自检合格并报监理工程师确认,合格后方可进行下道工序施工。否则,重测。 (2)路基挖方段: ①按设计高程及边坡坡度计算,依此计算结果放出上口开槽线。 ②每挖深一步恢复一次中线、边线并进行高程测设。 ③高程点应布设在两侧护壁处或其他稳定可靠的部位。 ④挖至路床顶 1 m 左右时,高程点应与附近的高级水准点联测。 (3)中桩测设间距应符合以下规定: ①直线上中桩测设间距≤50 m。 ②平曲线上中桩测设间距宜为 20 m。 ③当地势平坦且曲线半径 >800 m 时,其中桩测设间距可为 40 m。 ④当公路曲线半径为 30 ~ 60 m、缓和曲线长度为 30 ~ 50 m 时,其中桩测设间距≤10 m。 ⑤当公路曲线半径和缓和曲线长度小于 30 m 或采用回头曲线时,中桩测站间距≤5 m。 (4)管涵等构筑物: ①测设其开槽中心线及边线,在其达到槽底高程后,检测高程并恢复中心线。 ②管基础完成后,检测管基顶面高程,在管基顶面精确测设并弹出中心线或结构边线	中桩测设间距的规定是为了保证测量准确度,并减小测量误差,同时应根据工程需要和竖曲线变化情况加桩

续表 2-1

工序	技术要求	备注
路面基层施工测量放样	(1)实测所有路面铺装层高程,并将实测结果与设计高程对比核对。若相差较大,应向监理及建设、设计单位提出,以确定高程调整量。 (2)平面测设: ①定出该层的中心与边线桩位。 ②边线桩位放样时应比该层设计宽度大 100 mm,以保证压实后该层的设计宽度。 (3)高程测设: ①将设计高程按一定下反数测设到中线与边线高程控制桩上。 ②摊铺机作业,可采用可调式托盘作为高程控制桩,且桩位间距≤10 m,在匝道处可加密至 5 m	(1)分段施工时,放样进入相邻施工段 50 ~ 100 m,以保证分段衔接处线形平顺美观。 (2)不规则地段,高程放样应根据设计提供的方格网操作
路面面层施工测量放样	(1)、(2)、(3)要求同路面基层施工测量放样;(4)摊铺压实后及时复测高程,以保证摊铺厚度	同路面基层施工测量放样
路缘石、边坡与边沟施工测量	(1)路缘石放样桩位间距: ①直线上桩位测设的间距≤10 m。 ②平曲线上宜为 5 m。 ③当公路曲线半径和缓和曲线长度小于 30 m 或采用回头曲线时,桩位间距不应大于 3 m。 (2)边坡放样: 每隔 20 m 在上口线定一点位,计算并放出相应桩号下口线位置,两者之间用细线绷紧。 (3)边沟放样: 每隔 20 ~ 40 m 放出边沟中线及上口线,至沟底时每隔 10 m 测设一高程桩	路缘石放样,如采用高程测量,其位间距亦可参照(1)所列数值
竣工测量	竣工测量由建设单位委托有相应资质的专业单位进行	

(2)导线测量的主要技术要求应符合表 2-2 的规定。

表 2-2　导线测量的主要技术要求

等级	导线长度(km)	平均边长(km)	测角中误差(″)	测距中误差(mm)	测回数			主位角闭合差(″)	相对闭合差
					DJ_1	DJ_2	DJ_6		
一级	4	0.5	5	15		2	4	$10\sqrt{N}$	≤1/15 000
二级	2.4	0.25	8	15		1	3	$16\sqrt{N}$	≤1/10 000
三级	1.2	0.1	12	15		1	2	$24\sqrt{N}$	≤1/5 000

注:N 为测站数。

(3)水准测量的主要技术要求应符合表 2-3 的规定。

表 2-3　水准测量的主要技术要求

等级	每千米高差中误差(mm)	路线长度(km)	水准仪型号	水准尺	观测次数		高差闭合(mm)	
					与高级点联测	附合或环线	平地	山地
四等	10	≤16	DS_3	双面	往返测	往测一次	$20\sqrt{L}$	$6\sqrt{N}$
五等	15	—	DS_3	单面	往返测	往测一次	$30\sqrt{L}$	—

注:*L* 为水准路线长度,*N* 为测站数。

四、质量标准与检查频率

(一)测量限差

(1)光电测距三角高程测量限差的要求应符合表 2-4 的规定。

表 2-4　光电测距三角高程测量限差的要求

测回数	竖直角					边长范围(m)
	测回数		最大角值(°)	测回间(三丝法为半测回间)较差(″)	指标差互差(″)	
	中丝法	三丝法				
往返各一测回	往返各两测回	往返各一测回	20	8	15	200 ~ 600

(2)中桩桩位测量限差的要求应符合表 2-5 的规定。

表 2-5　中桩桩位测量限差的要求

线路名称	纵向误差(cm)	横向误差(cm)
高等级公路	$s/2\,000 + 0.1$	10
一般公路	$s/1\,000 + 0.1$	10

注:*s* 为控制点到中桩的距离(m)。

(二)水准点闭合差

(1)质量标准:临时水准点与设计水准点复测允许闭合差,快速路,主、次干路为 $\pm 12\sqrt{L}$ mm;支路为 $\pm 20\sqrt{L}$ mm(*L* 为水准线长度千米数)。

(2)检测频率:沿路线往返各 1 次。

(3)检测方法:用水准仪具测量。

(三)导线方位角闭合差

(1)质量标准:允许偏差为 $\pm 40\sqrt{N}$,*N* 为测站数,单位为(″)。

(2)检测频率:1 个测回。

(3)检测方法:用 J_6 经纬仪。

(四)控制点

控制点包括直线上的转点、曲线上的交点、直缓、缓曲等控制桩的坐标闭合差。

(1)质量标准:里程方向的纵坐标差≤10 cm,垂直中线的横向坐标差≤5 cm。

(2)检验频率:道路结构层每道工序进行检测一次。

(3)检测方法:用全站仪或DS_6经纬仪配以钢尺测量。

(五)道路中心线桩恢复

(1)质量标准:桩距在直线段宜为15~20 m,曲线地段为10 m。平、竖曲线起止点和地形变化点必须加桩。量距允许误差,小于200 m为$\pm\frac{1}{5\,000}$,200~500 m为$\frac{1}{10\,000}$,大于500 m为$\frac{1}{20\,000}$。

(2)检验频率:丈量不少于2次。

(3)检测方法:用光电测距仪或用钢尺丈量。

(六)中线桩高程测量

(1)检验频率:结构层每道工序测量一次。

(2)检测方法:用水准仪测量,视线长度不大于100 m。

第二节　公路路基工程施工监理

一、土石方路基

(一)施工作业条件

(1)在路基用地和取土坑范围内,应清除地表植被、杂物、积水、淤泥和表土,处理坑塘,并按规范和设计要求对基底进行压实。

(2)路基填料应符合规范和设计的规定,经认真调查、试验后合理选用。

(3)填方路基须分层填筑压实,每层表面平整,路拱合适,排水良好。

(4)施工临时排水系统应与设计排水系统结合,避免冲刷边坡,勿使路基附近积水。

(5)在设定取土区内合理取土,不得滥开滥挖。完工后应按要求对取土坑和弃土场进行修整,保持合理的几何外形。

(6)石方路堑的开挖宜采用光面爆破法,并在爆破后及时清理险石、松石,确保边坡安全、稳定。

(7)修筑填石路堤时,应进行地表清理,逐层水平填筑石块,摆放平稳,码砌边部。填筑层厚度及石块尺寸应符合设计和施工规范规定。填石空隙用石渣、石屑嵌压稳定。上、下路床填料和石料最大尺寸应符合规范规定。采用振动压路机分层碾压,压至填筑层顶面石块稳定,20 t以上压路机振压两遍无明显标高差异。路基表面应整修平整。

(二)施工要点

1. 施工材料要求

(1)公路路基施工的主要材料为土、石方、土石混合料。淤泥、沼泽土、冻土、有机土,含草皮、树根、垃圾和腐朽物质的土不得用于路基施工。

(2)填方材料应尽可能地利用路基开挖中挖出的可做填方的土、石等适用材料,也可使用经监理工程师同意的从借土场(取土坑)取得的适用材料。承包人使用新材料(如粉煤灰、工业废渣等)填筑路堤时,应先进行试验,并将试验报告及其施工方案提交监理工程师批准后才可使用。填方材料最小强度和最大粒径应符合表2-6的规定。

表 2-6　填方材料最小强度和最大粒径

项目	路面底面以下深度（mm）	填料最小强度（CBR）（%）		填料最大粒径（mm）
		高速公路及一级公路	二级及二级以下公路	
路堤	0～300	8.0	6.0	100
	300～800	5.0	4.0	100
	800～1 500	4.0	3.0	150
	>1 500	3.0	2.0	150
零填及路堑路床	0～300	8.0	6.0	100

注：1. 表列强度按《公路土工试验规程》（JTJ 051—93），对试样浸水 96 h 运用 CBR 试验方法测定。

2. 黄土、膨胀土及盐渍土的填料强度，分别按各章的规定办理。

（3）钢渣、粉煤灰等材料，可用做路堤填料。粉煤灰烧失量宜小于 12%，粒径应在 0.001～2 mm。为便于压实，小于 0.075 mm 的颗粒含量宜大于45%。其他工业废渣在使用前应进行有害物质的含量试验，避免有害物质超标、污染环境。

2. 土方路基施工

（1）填方路基施工前首先要清理原有地面，对潮湿的原地面，应尽可能排水疏干，对原有地面以下洞穴、坑槽必须回填夯实。原地面要按设计或监理工程师意见进行压实。

（2）压实。填方路堤一般来说应在全宽范围内分层摊铺、整平并充分碾压。碾压压实度必须在承包人自检合格后报请监理工程师复查验收。

填方路基铺筑应充分估计运输力量和碾压设备，当天运土最好在当天碾压完成。施工路段的最佳长度应根据试验路段的经验来确定。

施工路段不宜过长，以免在未碾压前遭受雨淋而增加土内水分。

（3）各施工层表面不应有积水，填土路堤应根据土质情况和施工时气候状况，做成 2%～4%的排水横坡。

3. 填石路堤施工

（1）承包人在开工前应进行路堤施工试验，其长度不宜小于 100 m。

（2）路堤应分层填筑，分层压实，细料嵌缝，并用重型振动压路机或 25 t 以上的轮胎压路机碾压，使石块相互嵌挤稳定。分层松铺厚度不宜大于 50 cm。石料强度不应小于 15 MPa，石料最大粒径不宜超过层厚的 2/3。

（3）压实度控制标准：填石路堤的紧密程度在规定深度范围内，以通过 12 t 以上振动压路机进行压实试验。当压实层顶面稳定，不再下沉（无轮迹）时，可判断为密实状态，并通过铺筑试验路来确定其压实度检测方法与标准。

（4）填石路堤的各层压实均应使用重型或振动压路机分层进行，每层铺填厚度和碾压遍数均应通过压实试验确定。

（5）路床顶面以下 80 cm 范围内应填筑符合路床要求的土，并分层压实，填料最大粒径不得大于 10 cm，并按设计图纸要求铺设土工布。

土工布应符合的技术标准：径向抗拉强度不小于 2 500 N/5 cm，延伸率小于 25%，顶破强度不小于 2 500 N。

4. 土石混填路基施工

（1）路堤应分层填筑，分层压实。分层松铺厚度以 300～400 mm 为宜。

(2)土石混填路基的压实工作依石块的含量不等而定。

(3)土石混合材料中所含石块强度大于 20 MPa 时,石块的最大粒径不得超过压实层厚的 2/3,超过的应清除或打碎。当所含石块强度小于 15 MPa(软质岩)或强度小于 5 MPa(极软质岩)时,石块最大粒径不得超过压实层厚,超过的应打碎。

(4)宜采用振动压路机或 35 ~ 50 t 轮胎压路机进行碾压。碾压数遍直至使土达到要求的密实度,使各石块之间松散接触状态变为紧密咬合状态,具体的碾压遍数及压实标准需按现场试验确定。

(5)路床顶面以下 80 cm 范围内应填筑符合路床要求的土,并分层压实,填料最大粒径不大于 10 cm。

(三)监理巡视与检查

(1)路基填筑必须在监理工程师已验收过的地面上进行。

(2)填方路基开始施工前宜做 100 ~ 200 m 试验段以确定在所用土质条件下机具设备的合理组合和最佳碾压遍数。

(3)填方路基是公路的关键部位之一,监理工程师应一丝不苟,严格监理。应禁止不同土料的混用,并不得采用设计或规范规定的不适用土料作为路基填料。

(4)当使用透水性差的材料填筑时,应使土料的含水量均匀,在接近最佳含水量时摊铺碾压。透水性好的可不受含水量限制。

(5)路基填筑松铺厚度宜控制为 30 cm。若承包人使用大功能压路机碾压时,可申请加大松铺厚度,并在试验路段中验证,经监理工程师同意,方可实施。

(6)路基填筑宽度宜考虑有足够的余宽,以保证路基有效的压实宽度,使之经削坡整修后能满足设计宽度的要求。其计量支付由设计或合同文件规定。

(7)每两段路基新、老填土的结合部和构造物台背填土的结合部,均是路基填土中的薄弱环节,填土时应在原填土的端部按 1:1的坡度分层挖出台阶并检验其密实度已达到设计要求时,方可填筑。不可将薄层新填土粘贴在原有土层上。

(8)修筑填石路基应逐层水平填筑,石块应摆放平稳。填筑层厚度及石块尺寸应符合设计和施工规范的规定。填石空隙用小石或石屑填满铺平,采用振动压路机分层碾压至填筑层顶面石块稳定。土石混合时,应尽量把土石分开填筑。

(9)摊铺的松土在未经碾压前切忌被雨水淋湿。对未及时碾压而被雨水淋湿的土在雨后必须翻晒晾干后才能重新摊铺碾压,若雨水过大,监理工程师应视具体情况决定是否要对下层土重新检测压实度。

(10)对于厚度大于 15 cm 但小于 30 cm 的材料层,用 50 t 压路机压 4 遍,再用 10 t 压路机压 16 遍。

(四)工程质量验评标准

1. 实测项目

土石方路基施工实测项目见表 2-7 和表 2-8。

表 2-7　土方路基施工实测项目

检查项目			规定值或允许偏差			检查方法和频率
			高速公路、一级公路	其他公路		
				二级公路	三、四级公路	
压实度（%）	零填及挖方（m）	0～0.30	—	—	94	按 JTG F80/1—2004 附录 B 检查，密度法：每 200 m 每压实层测 4 处
		0～0.80	≥96	≥95	—	
	填方（m）	0～0.80	≥96	≥95	≥94	
		0.80～1.50	≥94	≥94	≥93	
		>1.50	≥93	≥92	≥90	
弯沉（0.01 mm）			不大于设计要求值			按 JTG F80/1—2004 附录 1 检查
纵断面高程（mm）			+10，-15	+10，-20		水准仪：每 200 m 测 4 断面
中线偏位（mm）			50	100		经纬仪：每 200 m 测 4 点，弯道加 HY、YH 两点
宽度（mm）			符合设计要求			米尺：每 200 m 测 4 处
平整度（mm）			15	20		3 m 直尺：每 200 m 测 2 处×10 尺
横坡（%）			±0.3	±0.5		水准仪：每 200 m 测 4 个断面
边坡			符合设计要求			尺量：每 200 m 测 4 处

注：1. 表列压实度以重型击实试验法为准，评定路段内的压实度平均值下置信界限不得小于规定标准，单个测定值不得小于极值（表列规定值减 5 个百分点）。小于表列规定值 2 个百分点的测点，按其数量占总检查点的百分率计算减分值。

2. 采用核子仪检验压实度时应进行标定试验，确认其可靠性。

3. 特殊干旱、特殊潮湿地区或过湿土路基，可按交通部颁发的路基设计、施工规范所规定的压实度标准进行评定。

4. 三、四级公路铺筑沥青混凝土或水泥混凝土路面时，其路基压实度应采用二级公路标准。

表 2-8　石方路基施工实测项目

检查项目		规定值或允许偏差		检查方法和频率
		高速公路、一级公路	其他公路	
压实		层厚和碾压遍数符合要求		查施工记录
纵断面高程（mm）		+10，-20	+10，-30	水准仪：每 200 m 测 4 断面
中线偏位（mm）		50	100	经纬仪：每 200 m 测 4 点，弯道加 HY、YH 两点
宽度（mm）		符合设计要求		米尺：每 200 m 测 4 处
平整度（mm）		20	30	3 m 直尺：每 200 m 测 2 处×10 尺
横坡（%）		±0.3	±0.5	水准仪：每 200 m 测 4 断面
边坡	坡度	符合设计要求		每 200 m 抽查 4 处
	平顺度	符合设计要求		

注：土石混填路基压实度或固体体积率可根据实际可能进行检验，其他检测项目与石方路基相同。

2. 外观鉴定

(1)上边坡不得有松石。不符合要求时,每次减1~2分。

(2)路基表面平整,边线直顺,曲线圆滑。不符合要求时,单向累计长度每50 m减1~2分。

(3)路基边坡坡面平顺、稳定,不得亏坡,曲线圆滑。不符合要求时,单向累计长度每50 m减1~2分。

(4)取土坑、弃土堆、护坡道、碎落台的位置适当,外形整齐、美观,防止水土流失。不符合要求时,每处减1~2分。

二、路基排水

(一)管节预制

1. 施工作业条件

(1)所用水泥、砂、石、水、外加剂及掺合料的质量和规格应符合有关规范的要求,按规定的配合比施工。

(2)混凝土应符合耐久性(抗冻、抗渗、抗腐蚀)等设计要求。

(3)不得出现露筋和空洞现象。

2. 施工质量监理

管节预制质量监理一览见表2-9。

表2-9 管节预制质量监理一览

检查项目	规定值或允许偏差	检查方法和频率
混凝土强度(MPa)	在合格标准内	按水泥混凝土抗压强度评定检查
内径(mm)	不小于设计数值	尺量:2个断面
壁厚(mm)	小于设计壁厚不超过3	尺量:2个断面
顺直度	矢度不大于0.2%管节长	沿管节拉线量,取最大矢高
长度(mm)	+5,0	尺量

3. 外观鉴定

(1)蜂窝、麻面面积不得超过该面面积的1%。深度超过10 mm的必须处理。

(2)混凝土表面平整。

(二)管道基础及管节安装

1. 施工作业条件

(1)管材必须逐节检查,不得有裂缝、破损。

(2)基础混凝土强度达到5 MPa以上时,方可进行管节铺设。

(3)管节铺设应平顺、稳固,管底坡度不得出现反坡,管节接头处流水面高差不得大于5 mm。管内不得有泥土、砖石、砂浆等杂物。

(4)管道内的管口缝,当管径大于750 mm时,应在管内作整圈勾缝。

(5)管口内缝砂浆平整密实,不得有裂缝、空鼓现象。

(6)抹带前,管口必须洗刷干净,管口表面应平整密实,无裂缝现象。抹带后应及时覆盖养护。

(7)设计中要求防渗漏的排水管须做渗漏试验,渗漏量应符合要求。

2. 施工质量监理

管道基础及管节安装质量监理一览见表2-10。

表2-10 管道基础及管节安装质量监理一览

检查项目		规定值或允许偏差	检查方法和频率
混凝土抗压强度或砂浆强度(MPa)		在合格标准内	按JTG F80/1—2004附录D、F检查
管轴线偏位(mm)		15	经纬仪或拉线:每两井间测3处
管内底高程(mm)		±10	水准仪:每两井间测2处
基础厚度(mm)		不小于设计数值	尺量:每两井间测3处
管座	肩宽(mm)	+10,-5	尺量、挂边线:每两井间测2处
	肩高(mm)	±10	
抹带	宽度	不小于设计数值	尺量:按10%抽查
	厚度	不小于设计数值	

3. 外观鉴定

(1)管道基础混凝土表面平整密实,侧面蜂窝不得超过该表面积的1%,深度不超过10 mm。

(2)管节铺设直顺,管口缝带圈平整密实,无开裂脱皮现象。

(3)抹带接口表面应密实光洁,不得有间断和裂缝、空隙。

(三)排水沟

1. 施工作业条件

(1)当地下水水位较高,潜水层埋藏不深时,可采用排水沟截流地下水,降低地下水水位。排水沟沟底应低于地下水水位或潜水层标高,并应埋入不透水层。排水沟应沿路线走向布置,可兼排地面水。在寒冷地区不宜用于排除地下水。

(2)排水沟采用圬工砌筑时应在沟壁与含水层接触的高度设置单排或多排渗水孔,渗水孔的沟壁外侧应填筑反滤层,沿沟长每15~20 m设一道沉降缝。

(3)砌体砂浆配合比准确,砌缝内砂浆均匀饱满,勾缝密实。

(4)浆砌片(块)石、混凝土预制块的质量和规格应符合设计要求。

(5)基础中缩缝应与墙身缩缝对齐。

(6)砌体抹面应平整、压光、直顺,不得有裂缝、空鼓现象。

2. 施工质量监理

浆砌排水沟质量监理一览见表2-11。

3. 外观鉴定

(1)砌体内侧及沟底应平顺。

(2)沟底不得有杂物。

表 2-11　浆砌排水沟质量监理一览

检查项目	规定值或允许偏差	检查方法和频率
砂浆强度(MPa)	在合格标准内	按水泥混凝土抗压强度评定检查
轴线偏位(mm)	50	经纬仪或尺量:每 200 m 测 5 处
沟底高程(mm)	±15	水准仪:每 200 m 测 5 点
墙面直顺度(mm)或坡度	30 或符合设计要求	20 m 拉线、坡度尺:每 200 m 测 2 处
断面尺寸(mm)	±30	尺量:每 200 m 测 2 处
铺砌厚度(mm)	不小于设计数值	尺量:每 200 m 测 2 处
基础垫层宽、厚(mm)	不小于设计数值	尺量:每 200 m 测 2 处

(四)盲沟

1. 施工作业条件

施工作业条件见表 2-12。

表 2-12　盲沟施工基本要求

项目	基本要求
平面布置	除设置在路基边沟下或边沟旁的渗沟按路线走向布置外,用于拦截地下水的渗沟的轴线宜布置成与渗流方向垂直
断面尺寸	当深度为 2 m 时,宽度为 0.6 ~ 0.8 m,渗沟的纵坡不宜小于 1%,管式渗沟不小于 0.5%,沟底应埋入不透水层,沟底视条件可做成浆砌片石或水泥混凝土基础。当用于拦截地下水时,渗沟一侧做反滤层汇集水流,另一侧做成不透水层
填充材料	(1)渗沟内填充的料石可采用碎石、卵石,使用前应经筛选和清洗,其外包反滤层选用一层砾石、一层砂,层厚不小于 15 cm,分层界面应清楚。严格控制施工质量。 (2)也可选用土工合成材料代替反滤层,使用土工织物包裹渗沟,起到过滤作用。选用的土工织物单位面积质量宜为 300 ~ 500 g/m^2,其强度应符合表 2-13 要求。 (3)排水层应采用石质坚硬的较大粒料填筑,以保证排水孔隙度
设计技巧	(1)渗沟的出水口应设端墙,端墙下部留出与渗沟排水通道大小一致的排水孔。其高程应高出与之相接的排水沟 0.2 m。出口处的排水沟应加固,以防冲刷。 (2)为便于维修,每隔 40 ~ 50 m 或在平面转折点、坡度变化点设置检查井。检查井一般为圆形,内径不小于 1.0 m,井底为混凝土基础,渗沟底高出井底 30 cm,井口应高出附近地面并设井盖

表 2-13　土工织物强度基本要求

测试项目	伸长率					
	Ⅰ级		Ⅱ级		Ⅲ级	
	<50%	≥50%	<50%	≥50%	<50%	≥50%
握持强度	≥1 400	≥900	≥1 100	≥700	≥800	≥500
撕裂强度	≥500	≥350	≥400*	≥250	≥300	≥175
刺破强度	≥500	≥350	≥400	≥250	≥300	≥175
CBR 顶破强度	≥3 500	≥1 750	≥2 750	≥1 350	≥1 000	≥950

注:1. 表中 * 指对机织单丝织物,采用 250 N。

2. 表列数值指卷材沿强度最弱方向测试的最低平均值。

2. 施工质量监理

盲沟施工质量监理一览见表 2-14。

表 2-14 盲沟施工质量监理一览

检查项目	规定值或允许偏差	检查方法和频率
沟底高程(mm)	±15	水准仪:每 10 ~ 20 m 测 1 处
断面尺寸(mm)	不小于设计数值	尺量:每 20 m 测 1 处

3. 外观鉴定

(1)反滤层应层次分明。

(2)进、出水口应排水通畅。

(五)排水泵站

1. 施工作业条件

(1)地基应具有足够的承载能力,不应扰动基底土壤。

(2)井壁混凝土应密实,混凝土强度达到合格标准后方可进行下沉。

(3)沉井下沉过程中,应随时注意正位,发现偏位及倾斜时须及时纠正。

(4)沉井封底应密实不漏水。

(5)水泵、管及管件应安装牢固,位置正确。

2. 施工质量监理

排水泵站(沉井)质量监理一览见表 2-15。

表 2-15 排水泵站(沉井)施工质量监理一览

检查项目	规定值或允许偏差	检查方法和频率
混凝土强度(MPa)	在合格标准内	按水泥混凝土抗压强度评定检查
轴线平面偏位(mm)	1%井深	经纬仪:纵、横向各 2 处
垂直度(mm)	1%井深	用垂线检查:纵、横向各 1 处
底板高程(mm)	±50	水准仪:测 4 处

3. 外观鉴定

泵站轮廓线条清晰,表面平整。

三、特殊地区路基

(一)砂垫层

1. 材料要求

(1)砂、砂石垫层的材料,宜采用级配良好、质地坚硬的粒料,其颗粒的不均匀系数最好不小于 10,宜采用洁净、透水性良好的中、粗砂,含泥量不应大于 5%,并将其中植物、杂质除尽。如用做排水固结地基的砂、石材料,含泥量不宜超过 3%,渗透系数 $K \geqslant 5 \times 10^{-3}$ cm/s。

(2)也可采用天然级配砂砾料,其最大粒径不应大于 5 cm,砾石强度不低于四级(即洛杉矶法磨耗率小于 60%)。

2. 施工要求

(1)将砂料运送到准备摊铺的土基上,用平地机或小型推土机摊铺、整平,摊铺后适当洒水,分层压实,压实厚度宜为 15 ~ 20 cm。如采用砂砾石,应无粗细粒料分离现象。

(2)砂垫层宽度应宽出路基边脚 0.5 ~ 1.0 m,两侧端以片石护砌或采用其他方式防护,以免砂料流失。

(3)砂垫层的压实度,按照技术规范采用重型击实法,须达到相对密实度的 90% 以上。因此,要调整并控制最佳含水量(一般为 8% ~12%)。道路工程砂垫层均采用碾压法施工,找平后,先用推土机排压,然后用 100 kN 以上压路机往复碾压。人工配合找平和修理边坡。

3. 监理巡视与检查

(1)环刀取样法。用容积不小于 200 cm^3 的环刀压入垫层中取样,测定其干密度,以不小于砂料在中密状态时的干密度数值为合格,如中砂一般为 15.5 ~16 kN/m^3。

(2)钢筋贯入测定法。检查时应先将表面的砂刮去 3 cm 左右,并用贯入仪、钢筋等以贯入度大小检查砂垫层的质量。钢筋的插入深度,可根据砂的控制干密度预先进行小型试验确定。

4. 工程质量验评标准

(1)砂垫层实测项目见表 2-16。

(2)砂垫层进行外观鉴定,其表面坑洼不平时,每处减 1 ~2 分。

表 2-16　砂垫层实测项目

检查项目	规定值或允许偏差	检查方法和频率
砂垫层厚度	不小于设计数值	每 200 m 检查 4 处
砂垫层宽度	不小于设计数值	每 200 m 检查 4 处
反滤层设置	符合设计要求	每 200 m 检查 4 处
压实度(%)	90	每 200 m 检查 4 处

(二)袋装砂井、塑料排水板

1. 材料要求

袋装砂井、塑料排水板施工材料质量监理见表 2-17,SPB –1 塑料排水板材料要求见表 2-18。

2. 施工要求

(1)砂袋入井,应用桩架吊起垂直下井,并防止砂袋发生扭结、缩颈、断裂和磨损。沉入砂袋应用桩架将砂袋垂直吊起,当袋装砂井长度超过桩架高度时,可采用两节套管,砂袋沉入时以人工输入,管口装设滚轮。

(2)每段施工前所需砂袋长度应经试验确定,另加埋入砂垫层的长度。

(3)编织袋的直径,由于聚丙烯材料有约 20% 的伸长率,应提前试装以确定合适的砂袋直径。

(4)砂料应用经风干后的材料,含水量应控制在 1% 以下,装足后用麻绳将袋口绑扎牢固。

(5)拔管时应注意垂直起吊,以防止带出或损坏砂袋。施工中若发现上述现象,应在原孔边缘重打;连续两次将砂袋带出时,应停止施工,待查明原因后再施工。

表 2-17　施工材料质量监理

项目	监理要点
袋装砂井	(1)砂料采用渗水率较高的中、粗砂,粒径大于 0.5 mm 的砂的含量宜占总重的 50% 以上,含泥量不应大于 3%,渗透系数不应小于 5×10^{-3} cm/s。 (2)砂袋为聚丙烯或其他适用的编织料缝合而成。要求具有良好的透水性,装砂后砂袋的渗透系数应不小于砂的渗透系数,良好的耐水性、韧性及抗拉强度能保证承受砂袋自重,其物理力学指标符合规范要求
塑料排水板	(1)塑料排水板应具有耐腐蚀性和足够的柔性,保证塑料排水板在地下的耐久性并在土体固结变形时不会被折断或破裂。 (2)塑料排水板桩的塑料板材料要求应符合表 2-18 的质量要求;打入深度必须符合设计要求,回带高度不得大于 50 cm(或按设计要求)。 (3)当周围土体压力在 15 m 深度范围内不大于 250 kPa 或在大于 15 m 深度范围内不大于 350 kPa 条件下,其排水能力应不低于 30 cm^3/s
进场检查、验收	(1)袋应选用聚丙烯或其他适用的编织料制成,抗拉强度应能保证承受砂袋自重。 (2)采用渗水率较高的中、粗砂,大于 0.5 mm 的砂的含量宜占总质量的 50% 以上,含泥量不应大于 3%,渗透系数不应小于 5×10^{-3} cm/s。 (3)装袋前的砂应保持干燥,不宜采用潮湿填料,以免袋内填料干燥后体积减少,造成短井;装砂后砂袋的渗透系数应不小于砂的渗透系数。 (4)生产厂家和规格品牌初定了的材料均应进行验证试验,以决定能否进场,并批复进场前原材料报检单。 (5)同意进场的塑料排水板每次进场后,均应试验检验、核对产品质保书或出厂合格证,并抽样开包检查外观质量。合格后批复进场原材料报检单。 (6)进场塑料排水板的现场堆放应加以适当覆盖,以防暴露在阳光下容易老化

表 2-18　SPB－1 塑料排水板材料要求

项目	质量标准及允许误差	检验及认可
截面厚度	>0.35 mm	监理、承包人共同取样,由监理工程师试验或送指定单位试验,由总监代表批准后才能使用
截面宽度	(100±2) mm	
纵向通水量	>15 cm^3/s(侧压力 350 MPa)	
复合体抗拉强度	>1.0 kN/10 cm(延伸率为 10% 时)	
滤膜透水系数	$>5\times10^{-6}$ m/s	
滤膜抗拉强度	湿态 10 N/cm(延伸率为 15% 时)	
	干态 15 N/cm(延伸率为 10% 时)	
滤膜隔土性	<0.074 mm	
外观	完好,无松散	

(6)除非在设计深度范围内遇到硬层,一般应打到设计深度,要做好施工原始记录。

(7)每完成一根桩后拔出套管,须保持垂直吊起。为避免拔管时带出砂袋,可采用向管内注水的办法。

(8)施工中要经常检查桩尖与导管口的密封情况,避免导管内进泥过多,影响加固深度。

(9)导轨应垂直,钢套管不得弯曲,沉管时应用经纬仪或线锤控制垂直度。

(10)砂袋留出孔口长度应保证伸入砂垫层至少 30 cm,并不得卧倒。

(11)袋装砂井灌砂率及施工允许偏差应符合规范要求。

3. 监理巡视与检查

(1)每批塑料排水板到场后生产厂必须提供出厂质量检验合格单,经承包商抽样复测,达到要求的质量标准。

(2)施工现场堆放的塑料排水板盘带应加以适当覆盖,以防暴露在空气中老化。

(3)插板过程中塑料板严禁出现扭结、断裂、滤膜破碎等现象,要留足长度,不允许塑料排水板在桩中接长。

(4)排水板底部应有可靠的锚固措施,以免拔出套管时将芯板带出。

(5)除非在设计深度范围内遇到硬层,一般应打到设计深度。要做好施工原始记录。插入深度要考虑回带长度,回带长度超过 50 cm 时必须在原位附近重新打设,确保塑料排水板处理深度满足设计要求。

(6)塑料板留出孔口长度应保证伸入砂垫层不小于 50 cm,使其与砂垫层贯通,并将其保护好,以防机械、车辆进出时受损,影响排水效果。

(7)塑料排水板搭接应用滤套内平接的方法,芯板对扣,凹凸对齐,搭接长度不小于 20 cm;滤套包裹,用可靠措施固定。

(8)施工中应防止泥土等杂物进入套管内,一旦发现须及时清除。

(9)塑料排水板施工允许偏差应符合规范规定。

4. 工程质量验评标准

袋装砂井、塑料排水板实测项目见表 2-19。

表 2-19　袋装砂井、塑料排水板实测项目

检查项目	规定值或允许偏差	检查方法和频率
井(板)间距(m)	±150	抽查 2%
井(板)长度	不小于设计数值	查施工记录
竖直度(%)	1.5	查施工记录

(三)碎石桩

1. 材料要求

应使用未风化的干净砾石或轧制符合级配的碎石。粒径面为 20 ~ 50 mm,不得混有有机质及杂物,含泥量不应大于 10%,渗透系数不得小于 1×10^{-1} cm/s。

2. 施工要求

(1)施工机械:可选用振动沉管打桩机械施工,要求导杆必须满足高度要求,最少应富余 1 ~ 1.5 m;按设计桩径选择厚壁空心钢管;桩尖为三片活瓣,能自由开启。

(2)每段施工前应绘制布桩图并编号,按布桩图放线,用木桩定位。

(3)按照规范要求,开工前施工单位要先做 5 根试验桩,考查设备能力、沉入桩管速度、成桩直径及碎石桩密实度情况。符合质量标准后,方可正式施工。

(4)施工时应保证套管竖直,以免成桩倾斜。

(5)碎石桩施工允许偏差应符合规范要求。

(6)碎石桩密实度检验，一般情况下抽查5%，要求用重Ⅱ型动力触探测试，贯入量10 cm时，击数不小于5次。

3. 监理巡视与检查

(1)抽样检查填料的粒径、含泥量等指标是否符合设计要求。审核桩位布置图，复测桩位放样。

(2)认真记录成桩时间、工作电流，严格控制填料总利用量和充盈系数，作为现场施工和旁站监理的控制标准。

(3)严格控制桩身不同部位的投石量与充盈系数，确保桩身密实和均匀程度，防止出现"断桩"和"颈缩桩"等质量缺陷。充盈系数的控制和桩的均匀程度与桩管的反插深度、反插次数有较为密切的关系，即为达到设计的充盈系数和桩身均匀的要求，应严格控制其反插深度和反插次数。

反插深度应通过数次的反插完成，反插次数一般为3~6次/m。反插深度正确与否直接影响打桩质量。

(4)检验不合格时应及时补料振密或责令承包人补打。

4. 工程质量验评标准

碎石桩(砂桩)实测项目见表2-20。

表2-20　碎石桩(砂桩)实测项目

检查项目	规定值或允许偏差	检查方法和频率
桩距(mm)	±150	抽查2%
桩径(mm)	不小于设计数值	抽查2%
桩长(m)	不小于设计数值	查施工记录
竖直度(%)	1.5	查施工记录
灌石(砂)量	不小于设计数值	查施工记录

(四)粉喷桩

1. 粉喷桩施工材料、设备要求

粉喷桩施工材料、设备要求见表2-21。

表2-21　粉喷桩施工材料、设备质量监理

项目	监理要点
粉喷桩机检查	(1)粉喷桩机及配套机械系统的型号、生产厂家、功能、额定指标与实际保养、使用状态、动力系统及其应急系统应可靠。 (2)对符合使用条件的粉喷桩机应由国家计量鉴定部门对其水泥用量的电子计量系统和计算机施工控制设备逐机进行鉴定，并应逐机获得鉴定证书，关键设备上计量部门的签封应完整。 (3)取得监理批准的进场许可证的桩机，应在开工前沿钻杆自下而上方向标画米尺刻画线，并特别注意在与设计处理深度相应的刻画处要明显标示以便于直观检查打入深度。 (4)工序开工前检查钻头直径应满足设计桩径，并定期检查，其磨耗量不得大于20 mm

续表 2-21

项目	监理要点
进场许可证的审批	(1)对合格的施工机械发放进场许可证,一机一证,其副本在机架上挂牌公布,随时备查,定期复查。复查不合格或施工违规、屡教不改者应吊销许可证,或视整改情况重报批,或清退出场。 (2)进场许可证宜统一内容和规格。 (3)未获得进场许可证的桩机不得进行施工。已获得进场许可证的桩机如有违规施工,可按问题的大小或对工程的影响程度考虑停工。超过 3 次停工应摘牌,不得继续投入使用
原材料抽查试验	(1)首先应审查该进场批次的质保书和出厂试验报告,审查承包人试验合格。监理抽检试验 28 d 强度合格,可签认进场材料报验单、批准使用。 (2)通常情况下施工用量大,试验周期长,水泥在场地内存放不便,对于质量较可靠、稳定的品牌,可以用 7 d 强度经推算 28 d 强度合格为依据,批准使用。 (3)批准的进场材料报验单应注明批号、数量、存放地点、拟用施工段落,并建立与完成工程量对应的统计台账

2. 施工要点

(1)调正导轨垂直度,钻头对准桩位,启动电机,放松起吊钢丝绳,空压机送气,使钻头沿导轨下沉钻进至设计深度。注意工作电流不应大于额定电流。

(2)粉体发送器送灰至喷灰口,按规定的提升速度,边喷、边搅拌、边提升直至桩顶。一般表层 500 cm 土层侧向约束软弱,成桩不利,因此停灰面宜在离地面 500 cm 处。

(3)关闭粉体发送器,为保证软土与水泥搅拌均匀,再次将钻杆下沉至设计要求深度,再搅拌提升至地面。

3. 监理巡视与检查

粉喷桩施工应全过程旁站监理,做好现场监理记录,并且应检查承包人施工管理人员和施工质量自检人员是否也能跟班管理和及时处理问题。若未能落实质保措施,应责令整改直至下令停止该工班的施工。

(1)粉喷桩施工应根据成桩试验确定的技术参数进行;由专职施工技术人员跟班检查并做好详细原始记录,主要记录压力、喷粉量、钻进速度、提升速度等有关参数的变化。

(2)严格控制喷粉标高和停粉标高,不得中断喷粉,确保桩体长度;严禁在尚未喷粉的情况下进行钻杆提升作业。

(3)通过标定钻杆长度和在钻杆上标记设计处理深度,旁站检查钻杆下钻深度并进行控制。

(4)桩位、倾斜度、复搅长度、桩径等的质量控制。除复搅长度有电脑记录外,其他均应由自检人员现场跟班检查并记录,包括各桩的施工时间、桩的编号、钻杆倾斜度、钻杆下部定位时的桩位偏差等。桩径由每工班检查钻头直径是否满足要求进行控制。随着施工进展,应随时复核桩位放样位置,以防由于人为、机械移动震动等因素造成桩位发生偏移。

(5)桩身根据设计要求在一定深度即在地面以下 1/2 ~1/3 桩长并不小于 5 m 的范围

内必须进行重复搅拌，使固化料与地基土均匀拌和。

(6)施工中，发现喷粉量不足时，应整桩复拌，复拌的喷粉量应不小于设计用量。复拌重叠孔段应大于1 m。

(7)施工机具设备的粉体发送器必须配置粉料计量装置，并记录水泥的瞬时喷入量和累计喷入量。严禁无粉料喷入计量装置的粉体发送器投入使用。

(8)储灰缸容积应不小于一根桩的用灰量加50 kg；当储量不足时，不得对下一根桩开钻施工。钻头直径的磨损量不得大于1 cm。

为保证桩的完整性，应严格控制喷粉时间和停粉时间。每根桩开钻应连续作业，严禁在尚未喷粉的情况下进行钻杆提升作业。

(9)粉喷搅拌桩施工完成后，必须对地基进行静载测试和抽芯取样测试，用以检验粉喷搅拌桩施工质量。检验频率按设计及规范要求执行。

4. 工程质量验评标准

粉喷桩实测项目见表2-22。

表2-22 粉喷桩实测项目

检查项目	规定值或允许偏差	检查方法和频率
桩距(mm)	±100	抽查20%
桩径(mm)	不小于设计数值	抽查2%
桩长(m)	不小于设计数值	查施工记录
竖直度(%)	1.5	查施工记录
单桩喷粉量	符合设计要求	查施工记录
强度(kPa)	不小于设计数值	抽查5%

(五)土工合成材料处治层

1. 施工作业条件

(1)土工合成材料质量应符合设计要求，无老化，外观无破损，无污染。

(2)土工合成材料应紧贴下承层，按设计和施工要求铺设、张拉、固定。

(3)土工合成材料的接缝搭接、黏结强度和长度应符合设计要求，上、下层土工合成材料搭接缝应交替错开。

2. 施工要点

1)施工材料要求

(1)土工合成材料应具有质量轻、整体连续性好、抗拉强度较高、耐腐蚀和抗微生物侵蚀性好、施工方便等优点；非织造型的土工纤维应具备当量孔隙直径小、渗透性好、质地柔软能与土很好结合的性质。

(2)应根据出厂单位提供的幅宽、质量、厚度、抗拉强度、顶破强度和渗透系数等测试数据，选用满足设计和规范要求的土工合成材料。

(3)批准进场的土工合成材料每批次进场后，均应抽样检验试验、核对产品质保书或出厂合格证，并抽样开包检查外观质量。合格后批复进场原材料报检单，该报检单应申明拟用路段。

(4)试验检测应包括原材料品质、力学特性参数、水力特性参数、耐久性和抗老化特性、抗化学和生物腐蚀性等。

(5)检查土工合成材料的外观品质，发现有折损、刺破、撕裂等瑕疵的，应立即要求更换或修补范围不超过30 cm。必要时，应对该段原材料抽样试验。

(6)进场的土工合成材料的现场堆放应加以适当覆盖，以防暴露在阳光下加快老化。

(7)建立土工合成材料进场的批次、数量、检验批复文件的编号、现场存放地点以及相应使用施工路段的原材料台账制度，以保证用于工程的原材料均系经监理批准的合格品，满足可追溯性的要求。

2)施工技术要求

(1)铺设施工前，将基土表面修理平整，清除上面的杂物，清除表面的浮土，露出坚硬地表。

(2)满铺土工合成材料。土工合成材料按照垂直于道路方向铺设，当采用搭接法连接时，搭接长度宜为30～90 cm；采用缝接法时，接缝宽度应不小于5 cm；采用黏结法时，黏结宽度不应小于5 cm，黏合强度应不低于土工合成材料的抗拉强度。

(3)应保证土工合成材料的整体性，采用搭接法时，按照间距1 m梅花形布置楔入锚钉，锚钉要尽可能打在两道土工合成材料的相搭接的部位，以增强其整体性能。

(4)现场施工发现有土工格栅断裂、损坏的，必须在其上重新铺设一层，双层土工合成材料上、下层接缝应交替错开，错开长度不应小于0.5 m。

3. 监理巡视与检查

(1)随时检查土工合成材料的外观品质，发现有折损、刺破、撕裂等瑕疵时，应立即要求进行修补或更换，修补范围应超过裂口至少30 cm。必要时，应对该段原材料抽样试验检查，确定土工合成材料是否符合质量标准。

(2)土工合成材料应在平整的下承层上按设计要求的宽度铺设，用合成材料的上、下层施工的填料均不得有刺破土工合成材料的尖石、树根等物。

(3)铺设方向应满足设计要求。

(4)铺设时必须绷紧、拉挺，不得有褶皱、扭曲或坑洼。设计有要求时，应按设计要求对铺设的土工合成材料进行张拉，结合锚固端的施工土工合成材料应具有的应力进行设计。

(5)铺设时靠路基边沿(包括路基边坡和桥头锥坡前沿)处反折包裹的锚固宽度应按设计要求处理，一般不小于2 m。

(6)不同层面的连接位置应相互错开，以增强其整体效应，最小距离不小于50 cm。

(7)为避免已铺好的土工合成材料长期被暴晒，铺设后与填筑其上的第一层施工之间的间隔时间不应超过一周。若因故必须延长间歇时间，土工合成材料的表面应覆盖保护，厚度不小于20 cm。禁止一切施工车辆和施工机械行驶或停留在已铺好的土工合成材料上。

4. 工程质量验评标准

1)实测项目

加筋工程土工合成材料实测项目见表2-23～表2-26。

表 2-23　加筋工程土工合成材料实测项目

检查项目	规定值或允许偏差	检查方法和频率
下承层平整度、拱度	符合设计、施工要求	每 200 m 检查 4 处
搭接宽度(mm)	+50,0	抽查 2%
搭接缝错开距离(mm)	符合设计、施工要求	抽查 2%
锚固长度(mm)	符合设计、施工要求	抽查 2%

表 2-24　隔离工程土工合成材料实测项目

检查项目	规定值或允许偏差	检查方法和频率
下承层平整度、拱度	符合设计、施工要求	每 200 m 检查 4 处
搭接宽度(mm)	+50,0	抽查 2%
搭接缝错开距离(mm)	符合设计、施工要求	抽查 2%
搭接处透水点	不多于 1 个	每缝

表 2-25　过滤排水工程土工合成材料实测项目

检查项目	规定值或允许偏差	检查方法和频率
下承层平整度、拱度	符合设计、施工要求	每 200 m 检查 4 处
搭接宽度(mm)	+50,0	抽查 2%
搭接缝错开距离(mm)	符合设计、施工要求	抽查 2%

表 2-26　防裂工程土工合成材料实测项目

检查项目	规定值或允许偏差	检查方法和频率
下承层平整度、拱度	符合设计、施工要求	每 200 m 检查 4 处
搭接宽度(mm)	≥50(横向) ≥150(纵向)	抽查 2%
黏聚力(N)	≥20	抽查 2%

2)外观鉴定

(1)土工合成材料重叠、皱褶、不平顺,每处减 1 ~ 2 分。

(2)土工合成材料固定处松动,每处减 1 ~ 2 分。

四、路基防护与加固

为防止水流、雨水、风力及其他因素对路基的危害、保证路基稳定、改善环境,应对路基进行防护和加固(见表 2-27)。

表 2-27 路基防护要求

项目	防护方法	防护要求
植物防护	人工种草	施工前应清理整平坡面、铺设土工网格,要求平顺、相接处不重叠,用插钉固定于坡面上,撒草种后,定期浇水,保持土体潮湿、草籽生根发芽形成植被层,达到护坡、固坡目的。 对新种草籽、灌木和草皮的边坡,应经常浇水
	铺草皮	草皮可分成块状和带状两种,厚度一般为 6 ~ 10 cm,草皮尺寸应不小于 20 ~ 40 cm。铺设前应整平坡面,由坡脚向上铺设,草皮应与坡面密贴,用 ϕ2 cm × 20 cm 竹钉固定于坡面上
	抹面和捶面	适用于不宜草木生长的较陡坡面或风化尚不严重的岩石坡面。施工前应将坡面杂质、风化松动岩体清除干净。抹面材料可选用水泥砂浆,分两层进行,第一层打底,第二层抹成光面。捶面材料可选用三合土等,厚 10 ~ 15 cm,经拍(捶)打密实与坡面紧贴,较大面积的抹、捶面应每隔 5 ~ 10 m 设伸缩缝,缝宽 1 ~ 2 cm。缝内填沥青麻丝
	喷浆、喷射混凝土	用于易风化的岩石坡面或高而陡的边坡及需大面积防治的坡面等。黏土坡面不宜采用。施工前对坡面较大裂缝、凹坑应用水泥砂浆嵌补,将岩体表面冲洗干净,灌浆锚杆孔应冲洗干净,铁丝网与锚杆连接牢固并与坡面保持设计间距,喷层分 2 ~ 3 次进行,层厚均匀,养护 7 ~ 10 d
冲刷防护	砌石护坡	干砌片石用于周期性浸水路堤,浆砌片石用于经常浸水或受河道主流冲刷、波浪作用的地段。砌石要铺设在密实不易发生沉降的坡面上。干砌片石要交错嵌紧不松动。浆砌要坐浆砌筑、砂浆饱满。每隔 10 ~ 15 m 设伸缩缝,缝宽 2 ~ 3 cm,用沥青麻丝填塞。坡面每隔 2 ~ 3 m 交错设置泄水孔
	混凝土板护坡	施工采用预制混凝土板和现浇混凝土板两种。预制混凝土板一般制成方块板拼铺,边长 1 m 以内,厚度大于 6 cm,板底应铺 100 cm 砂垫层。就地浇筑混凝土板应做好分块且每隔 10 ~ 15 m 设伸缩缝,缝宽 2 cm
	导流构筑物	丁坝的设置应经设计和稳定计算并应考虑对河、岸的影响,注重施工质量。 顺坝用于河床断面窄小、地质条件不宜修筑丁坝的地段,受力较丁坝小。要注意坝根部与相接地层和其他防护设施的嵌接,也可与格坝联系使用以加固坝体和河岸

(一)砌体挡土墙

1. 施工作业条件

(1)石料或混凝土预制块的质量和规格应符合有关规范和设计要求。

(2)砂浆所用的水泥、砂、水的质量应符合有关规范的要求,按规定的配合比施工。

(3)地基承载力必须满足设计要求。

(4)砌筑应分层错缝。浆砌时坐浆挤紧，嵌填饱满密实，不得有空洞；干砌时不得松动、叠砌和浮塞。

(5)沉降缝、泄水孔、反滤层的设置位置、质量和数量应符合设计要求。

2. 施工要点

1)施工材料要求

施工材料质量监理要点见表2-28。

表2-28 施工材料质量监理要点

项目	监理要点
石料	(1)石质应坚硬、密实、坚固与耐久，色泽均匀，无风化和水流的侵蚀。 (2)用于挡墙的石料，其抗压强度不得低于25 MPa。 (3)石料不得带有泥土、油渍或其他有害物质。 (4)块石应大致方正，上、下面大致平行，厚度20~30 cm，宽度为厚度的1.0~1.5倍，长度为厚度的1.5~3.0倍。石料的尖锐边角应凿去
砂浆	(1)砂浆所用水泥、砂和水应符合质量标准。砂应采用中粗砂。砌筑块石时，最大粒径应不大于2.5 mm。 (2)砂浆的配合比应通过试验决定，使其抗压强度达到相应的要求。 (3)砂浆抗压强度的试验，每250 m^3 的砌体至少应取一组试件做抗压试验。 (4)经拌和的砂浆应具有良好的和易性，且砂浆应随拌随用，一般应在3 h内使用完毕；气温超过30 ℃时，应在2 h内使用完毕

2)施工技术要求

(1)石料或预制块在使用前必须浇水湿润，表面如有泥土、水锈，应清除干净。

(2)所有石块均须坐在新拌的砂浆上，砂浆缝必须饱满，石块不得直接连接。竖缝较宽时，可在砂浆中塞以小石块，但不得在底座或石块的下面用高于砂浆层的小石块支垫。用细石混凝土填塞竖缝时，应捣实。

(3)砌体较长应分层分段砌筑。两相邻工作段的高差应不大于1~2 m。分段位置应设在沉降缝或伸缩缝处。砌体分层砌筑时，每层应大致找平。

(4)石块应长短相间，交错排列，上下层石块的竖缝不得重合。

(5)勾缝工作不得在石料及砂浆受冻的情况下进行，勾缝前应认真清理缝槽并用水冲洗、湿润，采用勾缝工具进行勾缝。

(6)勾缝砂浆强度不应低于砌体砂浆强度。除设计图纸规定外，勾缝砂浆的强度一般应比砌体砂浆高一级。

(7)不论是凸缝、凹缝还是平缝，勾缝砂浆均应嵌入砌缝内2 cm深。如缝槽深度不足或砌体外露面未留缝槽，均应先开槽后再勾缝。

(8)当勾缝工作完成和砂浆初凝后，砌体表面应刷洗干净，并用浸湿的草帘、草袋、麻袋等加以覆盖并养生至少7 d。在养护期间应经常洒水，使砌体始终保持全湿状态，并尽量避免碰撞或震动。

3. 监理巡视与检查

(1)检查砌筑是否平整，块石的竖缝是否重合。

(2)检查沉降缝、泄水孔是否符合设计要求。

(3)控制勾缝是否先勾槽,进行勾缝刮平,做到勾缝美观。

4. 工程质量验评标准

1)实测项目

砌体挡土墙实测项目见表2-29及表2-30。

表2-29 砌体挡土墙实测项目

检查项目		规定值或允许偏差	检查方法和频率
砂浆强度(MPa)		在合格标准内	按水泥砂浆强度评定检查
平面位置(mm)		50	经纬仪:每20 m检查墙顶外边线3点
顶面高程(mm)		±20	水准仪:每20 m检查1点
竖直度或坡度(%)		0.5	吊垂线:每20 m检查2点
断面尺寸(mm)		不小于设计数据	尺量:每20 m量2个断面
底面高程(mm)		±50	水准仪:每20 m检查1点
表面平整度(mm)	块石	20	2 m直尺:每20 m检查3处,每处检查竖直和墙长两个方向
	片石	30	
	混凝土块、料石	10	

表2-30 砌体挡土墙实测项目

检查项目	规定值或允许偏差	检查方法和频率
平面位置(mm)	50	经纬仪:每20 m检查3点
顶面高程(mm)	±30	水准仪:每20 m测3点
竖直度或坡度(%)	0.5	尺量:每20 m吊垂线检查3点
断面尺寸(mm)	不小于设计数据	尺量:每20 m检查2处
底面高程(mm)	±50	水准仪:每20 m测1点
表面平整度(mm)	50	2 m直尺:每20 m检查3处,每处检查竖直和墙长两个方向

2)外观鉴定

(1)砌体表面平整,砌缝完好、无开裂现象,勾缝平顺、无脱落现象。不符合要求时减1~3分。

(2)泄水孔坡度向外,无堵塞现象。不符合要求时必须进行处理,并减1~3分。

(3)沉降缝整齐垂直,上下贯通。不符合要求时必须进行处理,并减1~3分。

(二)悬臂式和扶臂式挡土墙

1. 施工作业条件

(1)混凝土所用的水泥、石、砂、水和外掺剂的质量和规格应符合有关规范的要求,按规定的配合比施工。

(2)地基强度必须满足设计要求。

(3)不得有露筋和空洞现象。

(4)沉降缝、泄水孔的设置位置、质量和数量应符合设计要求。

2. 监理巡视与检查

1)钢筋工程

(1)钢筋应按类型、钢号直径分别挂牌堆放,宜架空地面30 cm以上,并妥善遮盖,避免锈蚀和污染。

(2)冷拉钢筋的机械性能必须符合规范要求,钢筋顺直、无局部弯折、表面不应有裂皮和油污。

(3)弯曲某种型号第一根钢筋时,应按设计尺寸、技术标准进行核实,确认无误后,以此为样板,进行成批加工。钢筋应平直,无局部弯折,成盘的钢筋和弯曲的钢筋均应调直。冷拉调直时,Ⅰ级钢筋冷拉率不宜大于2%,Ⅱ、Ⅲ级钢筋不宜大于1%。

(4)钢筋的接头一般采取焊接,螺纹钢筋可采用挤压套管接头,纵向焊接应采用闪光对焊,当无条件时,也可采用电弧焊。

2)模板工程

(1)制作木模板时,事先应熟悉图纸,核对各部尺寸,其类型应尽量统一,以便于重复使用,但始终须保持表面平整、形状规范,有足够强度和刚度。

(2)安装模板时,须考虑浇筑混凝土的工作特点与钢筋安装绑扎和混凝土浇筑方法相适应,在必要的地方可以设置活板或天窗,以便于混凝土的浇筑、振捣及模板内杂物的清扫。

(3)墙模施工时,为保证墙体混凝土厚度,一般情况下,均加撑头或内撑,为便于拆模和保持混凝土表面平整光洁,应在模板上涂刷隔离剂。施工中搭设的脚手架与模板不应发生联系。当墙模较高时,可用对拉螺栓固定或与斜撑结合使用,但斜撑与模板挡水平交角不宜大于45°。

(4)挡墙的模板,须待墙体混凝土抗压强度达到2.5 MPa以上时方可拆除,以免造成混凝土表面及棱角因拆模而损坏。

3)混凝土工程

(1)所用的水泥、砂石、水及添加剂的质量规格必须符合有关规范的要求,并按规定的配合比施工。

(2)宜在墙模侧面设置不小于30 cm高的门或洞做浇筑口,以便装溜槽浇筑,门或洞的上下间距不宜超过2.0 m,采用输送泵时可另做考虑。扶壁的浇筑与墙身同步进行,分层浇筑振捣。为防止混凝土发生离析,从高处向模板内卸混凝土时,自由倾落高度不宜超过2.0 m,如超过2.0 m,应使用分节导管或串筒。

(3)浇筑混凝土时,一般采用振捣器振实,振捣时间应适当,一般的标准是达到混凝土不再下沉、无显著气泡上升、顶面平坦一致,并开始浮现灰浆为止。当发现表面浮现水层时,应立即设法排除,并检查发生的原因,或调整混凝土配合比。

(4)混凝土运输须与浇筑进度相适应,做到相互配合不致因脱节而影响进度和质量,如发现有离析、泌水或坍落度损失过大,必须进行二次搅拌或调整外加剂掺量及其掺加方法等。

(5)立壁顶面混凝土应严格控制高程,并进行二次抹面,以防松顶。

(6)不得有露筋和空洞现象。

3. 工程质量验评标准

1)实测项目

悬臂式和扶壁式挡土墙实测项目见表2-31。

表2-31　悬臂式和扶臂式挡土墙实测项目

检查项目	规定值或允许偏差	检查方法和频率
混凝土强度(MPa)	在合格标准内	按水泥混凝土抗压强度评定检查
平面位置(mm)	30	经纬仪:每20 m检查3点
顶面高程(mm)	±20	水准仪:每20 m检查1点
竖直度或坡度(%)	0.3	吊垂线:每20 m检查2点
断面尺寸(mm)	不小于设计规定值	尺量:每20 m检查2个断面,抽查扶壁2个
底面高程(mm)	±30	水准仪:每20 m检查1点
表面平整度(mm)	5	2 m直尺:每20 m检查2处,每处检查竖直和墙长两个方向

2)外观鉴定

(1)混凝土施工缝平顺。不符合要求时减1~2分。

(2)蜂窝、麻面面积不得超过该面面积的0.5%。不符合要求时,每超过0.5%减3分;深度超过10 mm的必须处理。

(3)混凝土表面出现非受力裂缝,减1~3分。裂缝宽度超过设计规定或设计未规定时超过0.15 mm必须处理。

(4)泄水孔坡度向外,无堵塞现象。不符合要求时必须进行处理,并减1~3分。

(5)沉降缝整齐垂直,上下贯通。不符合要求时应进行处理,并减1~3分。

(三)锚杆、锚碇板和加筋土挡土墙

1. 材料要求

施工材料质量监理要点见表2-32。

2. 施工要求

1)筋带

(1)施工基本要求:

①筋带可采用钢带(或钢筋带)、钢筋混凝土带、聚丙烯土工带等。

②筋带除应满足设计要求外,筋带或拉筋要顺直,连接牢固,且有抗腐蚀工艺处理,表面压纹清晰,色泽均匀,无开裂、损伤、穿孔等缺陷,断面一致。

(2)施工监理重点:

①审查筋带的出厂合格证、生产资质等资料。

②对筋带进行抽检试验,并审批投入使用。

(3)工程质量验评标准见表2-33。

表 2-32　施工材料质量监理要点

项目	监理要点
填料	(1)加筋土填料的选用除应符合设计及规范要求外,还必须易于压实,具有良好的水稳定性,与筋带之间具有足够的摩擦力。 (2)填料不得含有冻块、有机料及垃圾。填料粒径不宜大于填料压实厚度的2/3,且最大粒径不得大于150 mm。 (3)当建设和设计单位需核定加筋体填料与筋带的摩擦系数是否与设计相符时,摩擦系数可在现场做拉拔试验
筋带	(1)进厂材料应有出厂质量证明书和出厂试验报告,进厂后应取样进行技术指标测定,其质量应符合国家现行标准《公路加筋土工程施工技术规范》(JTJ 035)的规定。 (2)要求筋带具有足够的抗拉强度,不易脆断。延伸率低,同时具有抗老化、防腐蚀性能。 (3)表面压纹清晰,色泽均匀,无开裂、损伤、穿孔等缺陷,断面一致。带宽不小于18 mm,带厚不小于0.8 mm,其允许误差宽为±1 mm,厚为±0.1 mm。在25 ℃时断裂拉应力不小于220 MPa,断裂伸长率不宜大于10%,偏斜度不大于20 mm/m
墙面预制混凝土块	(1)墙面预制混凝土块所用水泥、砂、石料等材料的质量规格,应符合国家现行标准《公路桥涵施工技术规范》(JTJ 041)的有关规定。 (2)混凝土墙面预制混凝土块应表面平整,外光内实,外形轮廓清晰,企口分明,线条直顺,不得有露筋、翘曲、掉角、啃边、蜂窝,麻面面积之和不得超过面板面积的1%
面板填缝材料	(1)沉降缝用沥青木板、沥青甘蔗板、沥青麻絮等填塞。 (2)面板间的水平接缝处的混凝土局部承压强度不能满足要求时,可采用低强度砂浆砌筑或用沥青软木板衬垫
水	宜采用饮用水。当采用其他水源时,其水质应符合国家现行标准《混凝土拌和用水标准》(JGJ 63)的规定

表 2-33　筋带实测项目

检查项目	规定值或允许偏差	检查方法和频率
筋带长度	不小于设计规定值	尺量:每20 m检查5根(束)
筋带与面板连接	符合设计要求	目测:每20 m检查5处
筋带与筋带连接	符合设计要求	目测:每20 m检查5处
筋带铺设	符合设计要求	目测:每20 m检查5处

2)面板预制

(1)施工基本要求:

①预制面板混凝土应控制为外光内实、企口分明、线条顺直,尺寸应符合设计要求。

②预制墙面板采用专用钢模板,模板要求有足够的刚度和强度,几何尺寸误差应控制在0~2 mm,组装拆模方便,并具有一模多用特点,预制时要求混凝土配合比准确、振捣密实、无裂纹、墙板外侧平整、墙板内侧要粗糙。养护28 d其强度应达到设计要求。

(2)工程质量验评标准见表2-34、表2-35。

表 2-34　锚杆、拉杆实测项目

检查项目	规定值或允许偏差	检查方法和频率
锚杆、拉杆长度	符合设计要求	尺量:每 20 m 检查 5 根
锚杆、拉杆间距(m)	±20	尺量:每 20 m 检查 5 根
锚杆、拉杆与面板连接	符合设计要求	目测:每 20 m 检查 5 处
锚杆、拉杆防护	符合设计要求	目测:每 20 m 检查 10 处
锚杆抗拔力	抗拔力平均值≥设计值,最小抗拔力≥0.9 倍设计值	拔力试验:抽查锚杆数的 1%,且不少于 3 根

表 2-35　面板预制实测项目

检查项目	规定值或允许偏差	检查方法和频率
混凝土强度(MPa)	在合格标准内	按水泥混凝土抗压强度评定检查
边长(mm)	±5 或 0.5% 边长	尺量:长宽各量 1 次,每批抽查 10%
两对角线差(mm)	10 或 0.7% 最大对角线长	尺量:每批抽查 10%
厚度(mm)	+5,-3	尺量:检查 2 处,每批抽查 10%
表面平整度(mm)	4 或 0.3% 边长	2 m 直尺:长、宽方向各测 1 次,每批抽查 10%
预埋件位置(mm)	5	尺量:检查每件,每批抽查 10%

3)面板安装

(1)施工基本要求:

①在清洁的条形基础顶面上,准确画出面板外缘线并进行水平测量。曲线部位应加密控制点。

②安装时用砂浆调平,同层相邻面板水平误差不大于 10 mm;轴线偏差每 20 延米不大于 10 mm。同时用主线控制内倾度,内倾度一般在 1/100 ~ 1/200,作为预留填料压实时面板外倾出现的水平位移,具体数值应综合面板高度、填料性质和压实机械而定,为防止相邻面板错位,宜用夹木螺栓或斜撑固定。

③按要求的垂直度、坡度挂线安装,安装缝宽宜小于 10 mm。

④安装时应防止角隅碰坏和插销孔破裂及插销变形。

(2)工程质量验评标准见表 2-36。

表 2-36　面板安装实测项目

检查项目	规定值或允许偏差	检查方法和频率
每层面板顶高程(mm)	±10	水准仪:每 20 m 抽查 3 组板
轴线偏位(mm)	10	挂线、尺量:每 20 m 量 3 处
面板竖直度或坡度	0,-0.5%	吊垂线或坡度板:每 20 m 检查 3 处
相邻面板错台(mm)	5	尺量:每 20 m 检测面板交界处,查 3 处

注:面板安装以同层相邻两板为一组。

4）填料的摊铺、碾压

（1）填料应根据筋带竖向间距进行分层等厚摊铺和压实，卸料时机具与面板的距离不应小于1.5 m，摊铺机具作业时距离面板不应小于1.5 m，距离面板1.5 m范围内，应用人工摊铺。填筑时，距离面板1.5 m范围内先不填筑，摊土机应平行面板按作业幅宽由远及近顺次作业，填筑的进度应为近墙面处快于远墙面处。

（2）碾压前应进行压实试验。用以确定填料分层摊铺厚度、碾压遍数。每层虚铺土不宜大于250 mm，压实度应符合设计规定，并应大于95%（重型击实）。

（3）距加筋土面墙1 m范围外，填料采用大中型振动压实机械压实，距加筋土面墙1 m范围内，采用小型压实机械压实，或人工夯实。填料压实度应符合表2-37的规定。

表2-37　加筋土工程填料压实度

填土范围	路槽底面以下深度（cm）	压实度（%）	
		三、四级公路	高速一、二级公路
距面板1.0 m范围以外	0～80	>93	>95
	80以上	>90	>90
距面板1.0 m范围以内	全部墙高	≥90	≥90

3. 监理巡视与检查

（1）铺设拉筋时务必拉紧。填土时，距离墙板1 m处可用12～15 t压路机进行碾压，装运填土时，重型自卸汽车要经常在距离墙板2～4 m内操作，机械的压力和振动对墙板向外推移影响较大，如拉筋未拉紧，墙板向外位移势必偏大。在施工中，一经检查发现墙板超出设计位置，应责令立即返工。

（2）严格控制填料的分层摊铺、分层压实。碾压程序要符合工艺规定，既要保证墙体稳定，又要达到填料的压实标准。

（3）加筋挡墙的模板一定要用钢模板，尺寸一定要准确，这样预制成的面板拼装时纵、横缝才能符合标准，使面板间接缝受力均匀，拼出的挡墙使用寿命长且美观。

（4）加筋挡墙的成败的决定因素是筋带的强度与耐久性，因此一定要严把质量关，加强进货质量检验，择优选用。施工中，一定要精心组织施工，加强施工现场指导，严格把守工序质量关，才能使这种安全、经济、实用、美观的工程设计得以完美地实现。

4. 工程质量验评标准

1）实测项目

锚杆、锚碇板和加筋土挡土墙总体实测项目见表2-38。

2）外观鉴定

（1）预制面板表面平整光洁，线条顺直美观，不得有破损、翘曲、掉角、啃边等现象。不符合要求时减1～2分。

（2）蜂窝、麻面面积不得超过该面面积的0.5%。不符合要求时，每超过0.5%减2分；深度超过10 mm的必须处理。

（3）混凝土表面出现非受力裂缝减1～3分。裂缝宽度超过设计规定或设计未规定时超过0.15 mm必须进行处理。

(4)墙面顺直,线形顺适,板缝均匀,伸缩缝贯通垂直。不符合要求时减1~3分。

(5)露在面板外的锚头应封闭密实、牢固,整齐美观。不符合要求时减1~5分。

表2-38 锚杆、锚碇板和加筋土挡土墙总体实测项目

检查项目		规定值或允许偏差	检查方法和频率
墙顶和肋柱平面位置(mm)	路堤式	+50,-100	经纬仪:每20 m检查3处
	路肩式	±50	
墙顶和柱顶高程(mm)	路堤式	±50	水准仪:每20 m测3点
	路肩式	±30	
肋柱间距(mm)		±15	尺量:每柱间
墙面倾斜度(mm)		+0.5% H 且不大于+50,-1% H 且不小于-100	吊垂线或坡度板:每20 m测2处
面板缝宽(mm)		10	尺量:每20 m至少检查5条
墙面平整度(mm)		15	2 m直尺:每20 m测3处,每处检查竖直和墙长两个方向

注:1. 平面位置和倾斜度"+"指向外,"-"指向内。

2. H 为墙高。

(四)墙背填土

1. 施工作业条件

(1)墙背填土应采用透水性材料或设计规定的填料,严禁采用膨胀土、高液限黏土、腐殖土、盐渍土、淤泥和冻土块等不良填料。填料中不应含有机物、冰块、草皮、树根等杂物或生活垃圾。

(2)墙背填土必须和挖方路基、填方路基有效搭接,纵向接缝必须设台阶。

(3)必须分层填筑压实,每层表面平整,路拱合适。

(4)墙身强度达到设计强度75%以上时方可开始填土。

2. 施工要点

1)填筑

(1)涵洞、管道缺口填筑应在两侧对称均匀回填。

(2)填料前对台背基底清理、与路基连接的台阶、填料、松铺厚度的刻度线进行检查。

(3)涵顶填土的厚度小于50~100 cm时,不得通过重型车辆或施工机械;靠近构造物100 cm范围内不得有较大的振动施工,以免对构造物产生破坏。

(4)回填较高的桥台、通道,特别是轻型桥台,要根据构造物的进度进行,填筑一半或不到一半时,应安装构造物的梁板,以免台背的侧压力使背墙产生位移。

2)碾压

(1)用于填筑的材料应在最佳含水量的±1%状态下分层压实。每层松铺厚度不超过20 cm,密实度应达到95%以上。与路基连接处要挖好台阶,台阶高度不超过50 cm,且必须密实,不得松软。

(2)碾压结束后,对压实度进行检测。

3. 监理巡视与检查

(1)填料是否达到要求。

(2)施工中的摊铺是否均匀,厚度是否得到严格控制,压实是否到位,人工夯实是否彻底。

4. 工程质量验评标准

1)实测项目

锚杆、锚碇板和加筋土挡土墙墙背回填实测项目见表2-39。

表2-39　墙背回填实测项目

检查项目	规定值或允许偏差	检查方法和频率
距面板1 m范围以内压实度(%)	90	按路基、路间压实度评定检查,每100 m每压实层测1处,并不得少于1处

2)外观鉴定

(1)填土表面应平整,边线直顺。不符合要求时减1~3分。

(2)边坡坡面平顺稳定,不得亏坡,曲线圆滑。不符合要求时减1~3分。

(五)锚喷防护

1. 施工作业条件

(1)锚杆、钢筋和土工格栅的强度、数量、质量和规格,必须符合设计和有关规范的要求。

(2)混凝土及砂浆所用的水泥、砂、石、水和外掺剂,必须符合有关规范的要求,按规定的配合比施工。

(3)边坡坡度、坡面应符合设计要求。岩面应无风化、无浮石,喷射前应用水冲洗干净。

(4)钢筋应清除污锈,钢筋网与锚杆或其他锚固装置连接牢固,喷射时钢筋不得晃动。

(5)锚杆插入锚孔深度不得小于设计长度的95%,孔内砂浆应密实、饱满。

(6)喷射前应做好排水设施,对漏水的空洞、缝隙应采用堵水等措施,确保支护质量。

(7)钢筋、土工格栅或锚杆不得外露,混凝土不得开裂脱落。

2. 施工要点

(1)喷射施工前,清除开挖面的浮石和坡脚的岩渣、堆积物,并用高压水冲洗受喷面,对遇水易潮解、泥化的岩层,则应用风清扫岩面。对坡面凹凸起伏较大的地方,应进行坡面修整。

(2)喷射混凝土防护及喷浆防护的厚度应符合图纸规定。当受喷坡面不甚平整时,喷射混凝土中的钢筋网宜在喷射一层混凝土后铺设,钢筋与坡面的间隙宜为3 cm。

(3)喷浆防护中,砂浆可采用高强度聚合物土工格栅挂网,并通过锚杆固定于边坡上。

(4)施工中应将锚杆孔清除干净后方可注浆放置锚杆,并在孔内砂浆充分凝固后才能挂网,挂网后喷射混凝土时应分层施工。

(5)喷浆和喷射混凝土前,应先试喷,确定合适配合比及施工方法,经监理工程师认可后,才能大面积施工。

(6)喷浆及喷射混凝土施工中，应严格按图纸规定或监理工程师指示设置泄水孔和反滤层。

3. 监理巡视与检查

(1)应采用坚硬耐久的集料，集料最大粒径不宜超过15 mm。

(2)速凝剂及其他外加剂的掺量应通过试验确定。

(3)防护层表面平顺，无脱落现象。锚杆杆体埋入防护层内。

(4)设置的伸缩缝整齐垂直，上下贯通。

(5)泄水孔坡向外面，无堵塞现象。

4. 工程质量验评标准

1)实测项目

挖方边坡锚喷防护实测项目见表2-40。

表2-40 锚喷防护实测项目

检查项目	规定值或允许偏差	检查方法和频率
混凝土强度(MPa)	在合格标准内	按喷射混凝土抗压强度评定检查
砂浆强度(MPa)	在合格标准内	按水泥砂浆强度评定检查
锚孔深度(mm)	不小于设计规定值	尺量：抽查10%
锚杆(索)间距(mm)	±100	尺量：抽查10%
锚杆拔力(kN)	拔力平均值≥设计值，最小拔力≥0.9倍设计值	拔力试验：抽查锚杆数的1%，且不少于3根
喷层厚度(mm)	平均厚度≥设计厚度；60%检查点的厚度≥设计厚度；最小厚度≥0.5倍设计厚度，且不小于设计规定	尺量(凿孔)或雷达断面仪：每10 m检查1个断面，每3 m检查1点
锚索张拉应力(MPa)	符合设计要求	油压表：每索由读数反算
张拉伸长率(%)	符合设计规定；设计未规定时采用±6	尺量：每索
断丝、滑丝数	每束1根，且每断面不超过钢丝总数的1%	目测：逐根(束)检查

注：实际工程中未涉及的项目不参与评定。

2)外观鉴定

混凝土表面密实，不得有突变；与原表面结合紧密，不应起鼓。不符合要求时减1~3分。

(六)砌石工程

1. 施工作业条件

(1)石料的质量和规格及砂浆所用材料的质量和规格应符合设计要求，按规定的配合比施工。

(2)砌块应错缝砌筑、相互咬紧；浆砌时砌块应坐浆挤紧，嵌缝后砂浆饱满，无空洞现象；干砌时不松动、无叠砌和浮塞。

2. 施工要点

1) 施工材料要求

施工材料质量监理要点见表 2-41。

表 2-41　施工材料质量监理要点

项目	监理要点
石料	(1)石质应均匀,不易风化,无裂纹。 (2)石料强度、试件规格及换算应符合设计要求,石料强度测定应按《公路工程石料试验规程》(JTJ 054—1994)执行
水泥	(1)水泥进场应有产品合格证和出厂检验报告,进场后应对强度、安定性及其他必要的性能指标进行取样复试。其质量必须符合设计要求。 (2)当对水泥质量有怀疑或水泥出厂超过 3 个月时,在使用前必须进行复试,并按复试结果使用。不同品种的水泥不得混合使用
砂	(1)砂宜采用中砂或粗砂并应过筛,当缺少中粗砂时,也可用细砂。砂的质量标准应符合混凝土工程相应材料的质量标准。 (2)砂的最大粒径:用于砌筑片石时不宜超过 5 mm;用于砌筑块石、粗料石时,不宜超过 2.5 m。 (3)砂的含泥量:当砂浆强度等级小于 M5 时,含泥量应不大于 7%;当砂浆强度等级大于 M5 时,含泥量应不大于 5%
水	宜采用饮用水。当采用其他水源时,应按有关标准对其进行化验,确认合格后使用
砂浆	(1)砂浆的类别和强度等级应符合设计规定。 (2)砂浆的配合比应通过试验确定,可采用质量比或体积比,并应满足国家现行标准《公路桥涵施工技术规范》(JTJ 041)中 13.2.3 的砂浆技术要求。 (3)砂浆应有良好的和易性,圆锥体沉入度 50 ~ 70 mm,气温较高时可适当增大

2) 墙体砌筑

(1)分段砌筑时,各段水平砌缝应一致。相邻砌筑高差不宜超过 1.2 m。缝板安装应位置准确、牢固,缝板材料应符合设计规定。

(2)相邻挡土墙体设计高差较大时应先砌筑高墙段。挡土墙每天连续砌筑高度不宜超过 1.2 m。砌筑中墙体不得移位变形。

(3)预埋管、预埋件及砌筑预留口应位置准确。

(4)砌石底面应卧浆铺砌,立缝填浆捣实,不得有空缝和贯通立缝。砌筑中断时,应将砌好的石层空隙用砂浆填满。再砌筑时石层表面应清扫干净,洒水湿润。工作缝应留斜茬。

3) 墙体片石砌筑

(1)砌筑外露面应选择平面面积的石块,使砌体表面整齐,不得使用小石块镶垫。

(2)砌体中的石块应大小搭配、相互错叠、咬接牢固,较大石块应宽面朝下,石块之间应用砂浆填灌密实,不得干砌。

(3)较大空隙灌缝后,应用挤浆法填缝,挤浆时,可用小锤将小石块轻轻敲入较大空隙中。

4) 墙体块石砌筑

(1)每层块石应高度一致,每砌高 0.7 ~ 1.2 m,找平一次。

(2)砌筑块石,错缝应按规定排列,同一层中用一丁一顺或用一层丁石一层顺石。灰缝宽度宜为20~30 mm。

(3)砌筑填心石,灰缝应彼此错开,水平灰缝不得大于30 mm,垂直灰缝不得大于40 mm。

3. 监理巡视与检查

(1)浆砌片石框格护坡表面整齐,线条直顺,勾缝平顺,无脱落现象。草坪与骨架顶面齐平。

(2)泄水孔排水通畅,无淤塞及流泥浆现象。

(3)基底必须由承包人填报隐蔽工程验收单,经监理工程师验收签认后才有效。

(4)干砌片石必须镶嵌密实,任何一处均不应有活动石料。

(5)浆砌片石必须砂浆饱满,表面平整,各处几何尺寸均须符合设计要求。砌体外观达到直线段顺直,曲线段圆滑。

4. 工程质量验评标准

1)实测项目

砌石工程实测项目见表2-42及表2-43。

表2-42 浆砌砌体实测项目

检查项目		规定值或允许偏差	检查方法和频率
砂浆强度(MPa)		在合格标准内	按水泥砂浆强度评定检查
顶面高程(mm)	料石、块石	±15	水准仪:每20 m检查3点
	片石	±20	
竖直度或坡度	料石、块石	0.3%	吊垂线:每20 m检查3点
	片石	0.5%	
断面尺寸(mm)	料石	±20	尺量:每20 m检查2处
	块石	±30	
	片石	±50	
表面平整度(mm)	料石	10	2 m直尺:每20 m检查5处×3尺
	块石	20	
	片石	30	

表2-43 干砌片石实测项目

检查项目	规定值或允许偏差	检查方法和频率
顶面高程(mm)	±30	水准仪:每20 m测3点
外形尺寸(mm)	±100	尺量:每20 m或自然段,长宽各3处
厚度(mm)	±50	尺量:每20 m检查3处
表面平整度(mm)	50	2 m直尺:每20 m检查5处×3尺

2)外观鉴定

(1)砌体边缘直顺,外露表面平整。不符合要求时减1~3分。

(2)勾缝平顺,缝宽均匀,无脱落现象。不符合要求时减1~3分。

(七)其他加固工程

1. 抗滑桩

1)施工作业条件

(1)混凝土所用的水泥、砂、石、水和外掺剂的质量和规格,必须符合设计和有关规范的要求,按规定的配合比施工。

(2)施工中应核对滑动面位置,如图纸与实际位置有出入,应变更抗滑桩的深度。

(3)做好桩区地面截、排水及防渗,孔口地面上应加筑适当高度的围埂。

2)实测项目

抗滑桩实测项目见表2-44。

表2-44 抗滑桩实测项目

检查项目		规定值或允许偏差	检查方法和频率
混凝土强度(MPa)		在合格标准内	按水泥混凝土抗压强度评定检查
桩长(m)		不小于设计规定值	测绳量:每桩测量
孔径或断面尺寸(mm)		不小于设计规定值	探孔器:每桩测量
桩位(mm)		100	经纬仪:每桩测量
竖直度(mm)	钻孔桩	1%桩长,且不大于500	测壁仪或吊垂线:每桩检查
	挖孔桩	0.5%桩长,且不大于200	吊垂线:每桩检查
钢筋骨架底面高程(mm)		±50	水准仪:测每桩骨架顶面高程后反算

3)外观鉴定

无破损检测桩的质量有缺陷,但经设计单位确认仍可采用时减3分。

2. 锥、护坡

1)施工作业条件

(1)石料的质量和规格应符合有关规定。砂浆所用的水泥、砂、水的质量应符合有关规范的要求,按规定的配合比施工。

(2)锥、护坡基础埋置深度及地基承载力应符合设计要求。

(3)砌体应咬扣紧密,嵌缝饱满密实。

(4)锥、护坡填土密实度应达到设计要求,对坡面刷坡整平后方可铺砌。

2)实测项目

锥、护坡实测项目见表2-45。

3)外观鉴定

(1)表面平整,无垂直通缝。不符合要求时减1~3分。

(2)勾缝平顺,无脱落现象。不符合要求时减1~3分。

表2-45　锥、护坡实测项目

检查项目	规定值或允许偏差	检查方法和频率
砂浆强度(MPa)	在合格标准内	按水泥砂浆强度评定检查
顶面高程(mm)	±50	水准仪:每50 m检查3点,不足50 m时至少2点
表面平整度(mm)	30	2 m直尺:锥坡检查3处,护坡每50 m检查3处
坡度	不陡于设计规定值	坡度尺量:每50 m量3处
厚度(mm)	不小于设计规定值	尺量:每100 m检查3处
底面高程(mm)	±50	水准仪:每50 m检查3点

3. 导流工程

1)施工作业条件

(1)所用材料的质量和规格应符合有关规定。

(2)导流堤(坝)的基础埋置深度及地基承载力应符合设计要求。

2)实测项目

导流工程实测项目见表2-46。

表2-46　导流工程实测项目

检查项目		规定值或允许偏差	检查方法和频率
砂浆强度(MPa)		在合格标准内	按水泥砂浆强度评定检查
平面位置(mm)		30	经纬仪:按设计图控制坐标检查
长度(mm)		不小于设计长度-100	尺量:每个检查
断面尺寸(mm)		不小于设计规定值	尺量:检查5处
高程(mm)	基底	不大于设计规定值	水准仪:检查5点
	顶面	±30	

3)外观鉴定

表面规整,线条直顺,曲线圆滑。不符合要求时减1~3分。

4. 石笼防护

1)施工作业条件

(1)所用材料的质量和规格应符合有关规定。

(2)铁丝笼的网眼尺寸应符合设计要求。

(3)石笼的坐码或平铺应符合设计要求。

2)实测项目

石笼防护实测项目见表2-47。

表 2-47　石笼防护实测项目

检查项目	规定值或允许偏差	检查方法和频率
平面位置(mm)	符合设计要求	经纬仪:按设计图控制坐标检查
长度(mm)	不小于设计长度 -300	尺量:每个(段)检查
宽度(mm)	不小于设计宽度 -200	尺量:每个(段)量 5 处
高度(mm)	不小于设计规定值	水准仪或尺量:每个(段)检查 5 处
底面高程(mm)	不高于设计规定值	水准仪:每个(段)检查 5 点

3)外观鉴定

表面整齐,线条直顺,曲线圆滑。不符合要求时减 1 ~2 分。

五、路基横断面及其特殊处理

(一)路基横断面设计

路基横断面设计的主要任务,是在绘出横向地面线后,根据纵断面设计所确定的路基填挖高度、路基宽度、边坡坡度、边沟尺寸,绘出路基的外廓线。

三、四级公路山岭重丘地段,若交通组成以轴距加前悬为 5 m 的车辆为主,采用第 1 类路面加宽值,其他各级公路采用第 3 类路面加宽值,当不经常通行集装箱运输的半挂车时,路基横断面设计一般按下述步骤进行:

(1)点绘各桩位的横向地面线。

(2)按《公路工程技术标准》(JTG GB01—2003)规定拟定路基宽度,按地质、水文调查情况拟定路基边坡合理坡度值并同时拟定边沟形式、尺寸等。

(3)拟定弯道不同半径的超高加宽值,并逐桩计算超高加宽数值(见表 2-48)。

表 2-48　路基设计表(桩号 K2 +500.16(ZY))

		左	右
路基宽(m)		3.75	5.55
超高(m)		+0.43	-0.13
边坡			1∶0.5
边沟深度(m)			0.40
面积(m^2)		填	挖
	土		41.0
	石	0.4	
	砌石	1.4	

(4)根据路基设计表提供的路基填挖高、路基宽度、超高加宽值,再结合边坡取值,即可用透明胶片制成的模板绘出路基设计轮廓线。

横断面设计图比例尺一般采用 1∶100 ~1∶200,一般在方格纸上按桩号由下至上由左至右绘制，每个横断面上需注明桩号、填挖高度、超高加宽值、填挖面积等内容。

横断面设计图一般如图 2-3 所示。

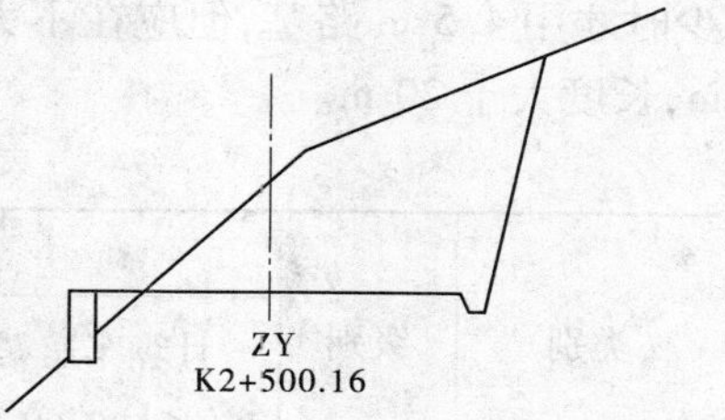

图 2-3　横断面设计图

（二）路基横断面组成

路基横断面的几何尺寸由宽度、高度和边坡坡度所构成。

1. 路基宽度

高速公路、一级公路的横断面分为整体式和分离式两类，其路基宽度由行车道、中间带、路肩以及紧急停车带、爬坡车道、变速车道等组成。二、三、四级公路的路基宽度由行车道、路肩及错车道等组成。各级公路的横断面见图 2-4。

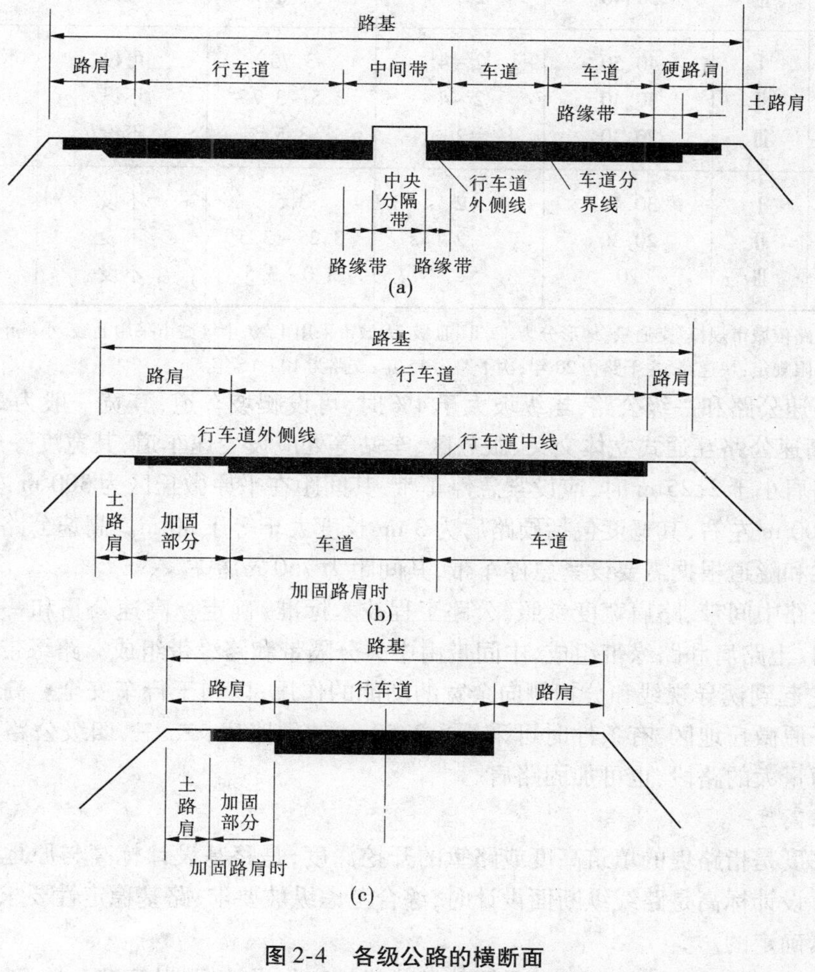

图 2-4　各级公路的横断面

路基宽度与行车道宽度见表 2-49。高速公路、一级公路有条件时可适当增加硬路肩宽度并相应增加路基宽度，当受地形及其他特殊情况限制时，局部地段可采用变化值，但不得在很长路段上采用变化值。

四级公路交通量大时，可用 6.0 m 的行车道和 7.0 m 的路基，工程特别艰巨或交通量很少时才用4.5 m路基,但应在不大于300 m距离内设置一处错车道,错车道处路基宽6.5 m,长度大于20 m。

表2-49　路基宽度与行车道宽度

类别	级别	项目				
		计算车速(<km/h)	双向机动车车道数(条)	机动车道宽度(m)	分隔带设置	横断面采用型式
快速路		60、80	≥4	3.75	必须设	双、四幅路
主干路	Ⅰ	50、60	≥4	3.75	应设	单、双、三、四
	Ⅱ	40、50	3~4	3.75	应设	单、双、三
	Ⅲ	30、40	2~4	3.5~3.75	可设	单、双、三
次干路	Ⅰ	40、50	2~4	3.75	可设	单、双、三
	Ⅱ	30、40	2~4	3.5~3.75	不设	单
	Ⅲ	20、30	2	3.5	不设	单
支路	Ⅰ	30、40	2	3.5	不设	单
	Ⅱ	20、30	2	3.25~3.5	不设	单
	Ⅲ	20	2	3.0~3.5	不设	单

注:1.各类道路依城市规模、交通量、地形分为Ⅰ、Ⅱ、Ⅲ级,大城市采用Ⅰ级,中等城市采用Ⅱ级,小城市采用Ⅲ级。

2.设计年限规定:快速路、主干路为20年;次干路为15年;支路为10~15年。

对于高速公路和一级公路,当纵坡大于4%时,可设爬坡车道,其宽一般为3.5 m,过渡长45 m。高速公路互通式立体交叉、服务区、车站等处应设变速车道,其宽度一般为3.5 m。当右侧硬路肩小于2.25 m时,应设紧急停车带,其间距在平原微丘区为300 m左右,在山岭重丘区为500 m左右,其宽度包括硬路肩为3 m,长度大于等于30 m。高速公路和一级公路的特长桥梁和隧道根据需要设紧急停车带,其间距为750 m左右。

各级公路中间带、路肩宽度参照《公路工程技术标准》确定。高速公路和一级公路的路肩由硬路肩、土路肩和路缘带组成,中间带由中央分隔带和路缘带组成。路缘带设置的位置见图2-4,它起到诱导视线和分担侧向余宽的动能的作用,以利于行车安全。高速公路和一级公路的平原微丘地区,有条件时可采用≥2.50 m的硬路肩,二、三、四级公路在城镇附近及混合交通量大的路段,也可加固路肩。

2.路基高度

路基高度是指路堤的填筑高度或路堑的开挖深度,是路基设计标高与原地面中心桩号标高之差。设计标高是路线纵断面设计时,综合考虑纵坡要求、路基稳定性要求和工程经济要求等因素确定的。

一般二级公路及二级以下公路采用路基边缘标高作设计标高,高速公路和一、二级汽车专用公路采用中央分隔带边缘标高作设计标高,而城市道路则采用路中线标高。

由于原地面横向上往往有倾斜,因此路基的中心高度与边坡高度常常不同。《公路工程技术标准》规定,在正常条件下,根据土质类别的不同,将大于18 m(土质)或20 m(石质)的填方视为高路堤,而将大于20 m的挖方视为深路堑。

根据路基强度和稳定性的要求,路基高度还应结合公路沿线具体水文气候条件和排水及防护措施,以确保大于最小填土高。沿河地区路基高度应保证不受洪水的影响。

3. 路基边沟与边坡

1)边沟

路基边沟的作用是排除边坡和路面汇集起来的地面水,以保证路基稳定,一般在路堑地段和低路堤路段均应设置边沟。

边沟主要有三角形和梯形两种形式,其尺寸取决于道路等级和当地水流量大小,如图 2-5 所示。

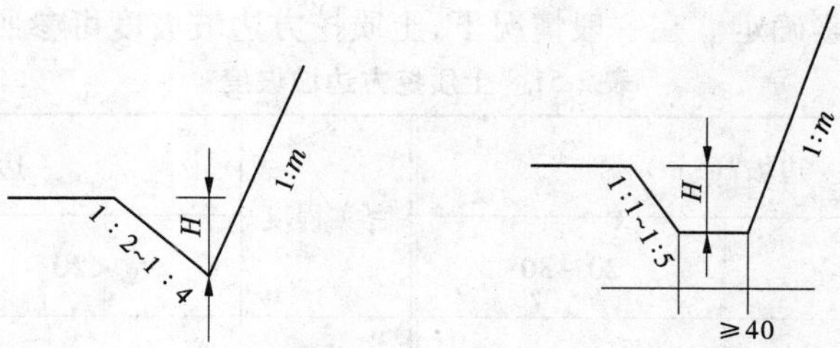

(a)三角形　　(b)梯形

图 2-5　边沟　(单位:cm)

边沟的尺寸通常不小于 40 cm×40 cm,边沟纵坡坡度值不小于 0.5%,特殊情况下可减至 0.2%,梯形边沟内侧坡度一般为 1∶1 ~1∶1.5,外侧坡度同挖方边坡度;三角形边沟内侧边坡为 1∶2 ~1∶4,外侧一般为 1∶1 ~1∶2;边沟连续长以不超过 500 m 为宜,三角形边沟宜不超过 200 m 设排水出口,或引入涵洞。

2)边坡

a. 填方边坡

边坡是路基的重要组成部分,边坡值的确定是路基设计的重要任务,通常路基边坡值与填料土质、气候、边坡高度、水文等密切相关,合理的坡值是确保边坡稳定的重要条件。

路堤边坡坡度依土质和边坡高度而定,如表 2-50 所示。若边坡高度超过表中值,应按高路堤设计,即通过边坡稳定性验算确定其合理坡值。

表 2-50　路堤边坡取值

填料种类	边坡最大高度(m)			边坡坡度		
	全部高度	上部高度	下部高度	全部坡度	上部坡度	下部坡度
黏性土、粉性土、砂性土	20	8	12		1∶1.5	1∶1.75
砾石土、粗砂、中砂	12			1∶1.5		
卵石土 漂(块)石碎石土 砾石土	20	12	8		1∶1.5	1∶1.75
不易风化的石块	20	8	12		1∶1.3	1∶1.5

注:粉土边坡根据具体情况适当放缓。

为保证路基的稳定性，对于受水浸淹的路基填方边坡坡度，在设计水位以下部分视填料情况可采用1∶1.75～1∶2.0，在常水位以下部分可采用1∶2～1∶3。如用渗水性好的土填筑，可采用较陡的边坡。

填石路堤，应采用不易风化的较大石块填筑，边坡坡度可采用1∶1，其边坡坡面应用大于25 cm的石块进行台阶式码砌，码砌厚度为1.0～2.0 m。填石路堤的高度一般不宜超过20 m。

b. 挖方边坡

土质挖方边坡应根据边坡高度、土的湿度、密实程度、地下水及地面水的情况、土的成因类型及生成时代等因素确定。在一般情况下，土质挖方边坡坡度可参照表2-51确定。

表2-51　土质挖方边坡坡度

密实程度	边坡高(m)		密实程度	边坡高(m)	
	<20	20～30		<20	20～30
胶结	1∶0.3～1∶0.5	1∶0.5～1∶0.75	中密	1∶0.75～1∶1.0	1∶1.0～1∶1.5
密实	1∶0.5～1∶0.75	1∶0.75～1∶1.0	松散	1∶1.0～1∶1.5	1∶1.5～1∶1.75

边坡较矮或土质比较干燥密实路段，可采用较陡的边坡，边坡较高或土质比较潮湿的路段，可采用较缓边坡。高速公路、一级公路挖方边坡应采用较缓的边坡，一般土质挖方边坡高度不宜超过30 m，当超过表列高度时，应进行边坡稳定性的验算。

土的密实程度划分见表2-52。

表2-52　土的密实程度划分

分级	试坑开挖情况
较松	铁锹很容易铲入土中，试坑坑壁很容易坍塌
中密	天然坡面不易陡立，试坑坑壁有掉块现象。部分需用镐开挖
密实	试坑坑壁稳定，开挖困难，土块用手使力才能破碎，从坑壁取出大颗粒处能保持凹面形状
胶结	细粒土密实度很高，粗颗粒之间呈弱胶结。试坑用镐开挖很困难，天然坡面可以陡立

岩石挖方边坡坡度应根据岩性、地质构造、岩石的风化破碎程度、边坡高度、地下水及地面水等因素综合分析确定。岩石挖方边坡应注意岩体构造面的情况。当岩层倾向路基时，应避免高的挖方边坡。

在一般情况下，岩石挖方边坡坡度可参照表2-53确定。

4. 路拱

为了迅速地排除路面上的积水需将路面做成具有一定的横向坡度，称为路拱横坡。路拱横坡度的确定既要保证排水通畅又要保证行车安全，一般依路面类型和当地自然条件而定，一般情况下，路拱横坡的取值可参照表2-54确定。

表 2-53　岩石挖方边坡坡度

岩石种类	风化破碎程度	边坡高度(m)	
		<20	20~30
各种岩浆岩,厚层灰岩或硅、钙质砂砾岩,片麻、石英、大理岩	轻度	1∶0.1~1∶0.2	1∶0.1~1∶0.2
	中等	1∶0.1~1∶0.3	1∶0.2~1∶0.4
	严重	1∶0.2~1∶0.4	1∶0.3~1∶0.5
	极重	1∶0.3~1∶0.75	1∶0.5~1∶1.0
中薄层砂、砾岩,中薄层灰岩,较硬的板岩、千枚岩	轻度	1∶0.1~1∶0.3	1∶0.2~1∶0.4
	中等	1∶0.2~1∶0.4	1∶0.3~1∶0.5
	严重	1∶0.3~1∶0.5	1∶0.5~1∶0.75
	极重	1∶0.5~1∶1.0	1∶0.75~1∶1.25
薄层砂、页岩,千枚岩,云母、绿泥、滑石片岩及炭质页岩	轻度	1∶0.2~1∶0.4	1∶0.3~1∶0.5
	中等	1∶0.3~1∶0.5	1∶0.5~1∶0.75
	严重	1∶0.5~1∶1.0	1∶0.75~1∶1.25
	极重	1∶0.75~1∶1.25	1∶1.0~1∶1.5

表 2-54　路拱横坡取值

路面类型	路拱横坡度(%)
沥青混凝土、水泥混凝土	1~2
其他黑色路面、整齐石块	1.5~2.5
半整齐石块、不整齐石块	2~3
碎、砾石等粒料路面	2.5~3.5
低级路面	3~4

路拱的型式应根据路面宽度、路拱坡度及施工便利等因素来决定。一般来讲,低等级公路多采用直线形。城市道路及高等级道路、路面比较宽的公路则多采用抛物线形或双曲线形。

(三)公路弯道横断面的加宽处理

在平曲线上行驶的汽车,因为每一车轮沿着各自独立的轨迹运动,汽车在路上占据的宽度就比直线段大,因而曲线段的路面必须加宽,如图 2-6 所示,R 为圆曲线半径,L_0 为汽车后轴至车身前沿的长度,b 为一个车道的宽度,e_1 为一个车道路面的加宽值。

由三角形 COD 得

$$L_0^2 + (R - e_1)^2 = R^2$$

所以

$$e_1 = R - \sqrt{R^2 - L_0^2}$$

若为双车道,取路面加宽值 $e = 2e_1$,则

$$e = 2(R - \sqrt{R^2 - L_0^2})$$

即

$$R^2 - L_0^2 = (R - \frac{e}{2})^2 = R^2 - Re + \frac{e^2}{4}$$

因为$\frac{e^2}{4}$值与 e 相比甚小,可略去不计。因此

$$e = \frac{L_0^2}{R} \quad (2\text{-}1)$$

考虑到车速的影响,曲线上双车道路面的加宽值按式(2-2)计算,即

$$e = \frac{L_0^2}{R} + \frac{0.1v}{\sqrt{R}} \quad (2\text{-}2)$$

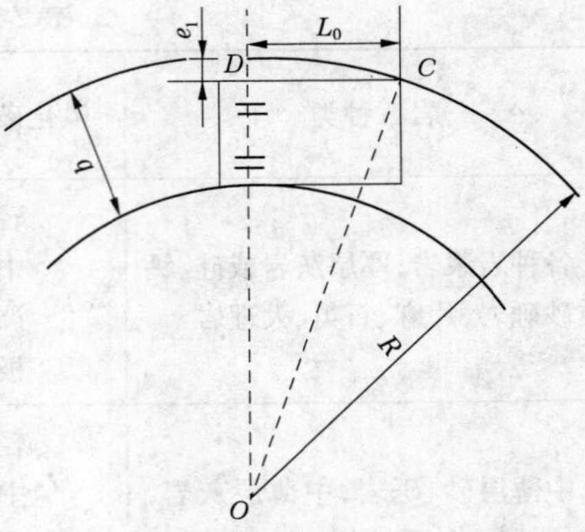

图 2-6 平曲线上的路面加宽

当平曲线半径等于或小于 250 m 时,应在平曲线内侧加宽。公路和城市道路的加宽(双车道路面)值可参照表 2-55、表 2-56 的规定采用,单车道公路路面加宽值则按表列值折半。

表 2-55 公路曲线加宽值

加宽类别	汽车轴距加前悬(m)	圆曲线半径(m)								
		250 < R < 200	150 < R < 200	100 < R < 150	70 < R < 100	50 < R < 70	30 < R < 50	25 < R < 30	20 < R < 25	15 < R < 20
1	5	0.40	0.60	0.8	1.0	1.2	1.4	1.8	2.2	2.5
2	8	0.60	0.70	0.9	1.2	1.5	2.0			
3	5.2 + 8.8	0.80	1.0	1.5	2.0	2.5				

表 2-56 城市道路曲线加宽值

车型	圆曲线半径(m)								
	200 < R≤250	150 < R≤200	100 < R≤150	60 < R≤100	50 < R≤60	40 < R≤50	30 < R≤40	20 < R≤30	15 < R≤20
小型车	0.28	0.30	0.32	0.35	0.39	0.40	0.45	0.60	0.70
普通汽车	0.40	0.45	0.60	0.70	0.90	1.00	1.30	1.80	2.40
铰接车	0.45	0.55	0.75	0.95	1.25	1.50	1.90	2.80	3.50

加宽过渡的方式根据道路等级不同有两种方式:

(1)二、三、四级公路及一般城市道路采用在相应的加宽缓和段内按直线比例完成由直线上加宽值零加宽过渡到圆曲线上的全加宽值,如图 2-7 所示。

$$e_x = Ke \quad (2\text{-}3)$$

式中 e——圆曲线部分的路面加宽值;

K——缓和曲线上任一点到缓和曲线起点距离 L_x 同加宽缓和段全长 L 之比$\frac{L_x}{L}$;

e_x——加宽缓和段上任一点的加宽值。

(2)汽车专用公路及快速路设置加宽缓和段时，采用高次抛物线过渡，按式(2-4)计算，如图2-7所示。

$$e_x = (4K^3 - 3K^4)e \tag{2-4}$$

当圆曲线路段需设置回旋线、加宽、超高时，超高、加宽缓和段长度应与回旋线长度一致，并取三者计算值之大者作为设计值。

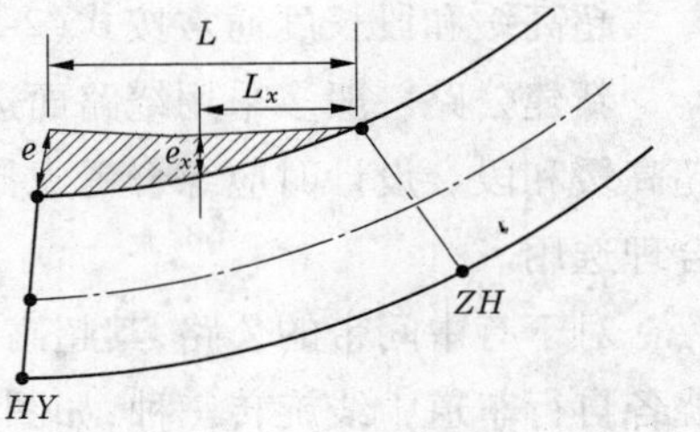

图2-7　曲线路面加宽过渡方法

对于绕路面内侧边缘旋转情形，外侧抬高值 h 为

$$h = Bi_B$$

所以

$$L_C = \frac{Bi_B}{P} \tag{2-5}$$

对于绕路面中心旋转情形，外侧抬高值 h 为

$$h = \frac{B}{2}(i_0 + i_B)$$

所以

$$L_C = \frac{B}{2}\frac{(i_0 + i_B)}{P} \tag{2-6}$$

式中　B——加宽前路面宽度，m；

i_B——最大超高度(%)；

i_0——路拱横坡(%)；

L_C——超高缓和段长度，m；

P——公路超高渐变率。公路及城市道路超高渐变率参照表2-57、表2-58采用。

表2-57　公路超高渐变率

计算行车速度(km/h)	超高旋转轴位置	
	绕中线旋转	绕边缘旋转
120	1/250	1/200
100	1/225	1/175
80	1/200	1/200
60	1/175	1/125
40	1/125	1/100
30	1/100	1/75
20	1/75	1/50

表2-58　城市道路超高渐变率

计算行车速度(km/h)	超高渐变率
80	1/85
60	1/45
50	1/40
40	1/20
30	1/15

超高缓和段长度通常按式(2-5)和式(2-6)计算,并将结果取为 5 m 的倍数。

新建公路一般多采用绕路面边缘旋转方式,旧路改建多采用绕路中线旋转方式来设置超高缓和段。设计时应综合考虑排水和保证最小填土高度及便于控制构造物标高等因素,合理选用。

对于有中间带的公路,其超高方式有绕中间带的中心线旋转、绕中央分隔带边缘旋转、绕各自行车道中线旋转三种,如图 2-8 所示。

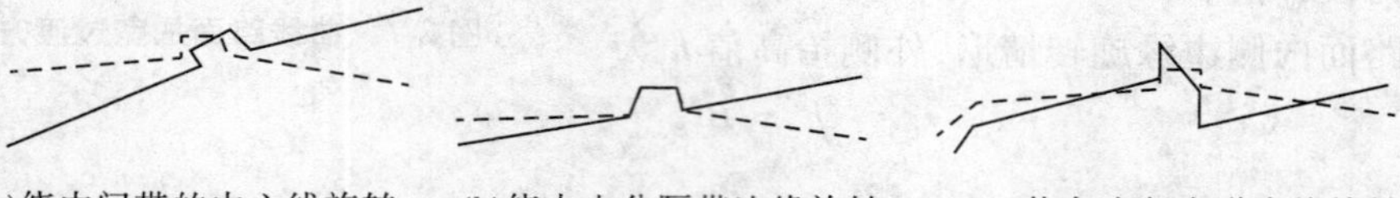

(a)绕中间带的中心线旋转　(b)绕中央分隔带边缘旋转　(c)绕各自行车道中线旋转

图 2-8　设中间带公路的超高过渡方式

(四)公路弯道横断面的超高处理

行驶在弯道外侧的汽车,会受到方向相同的离心力与汽车水平分力的联合作用,这种作用会增加行车的不稳定性,因此在弯道的路基横断面设计中,当圆曲线半径介于极限最小半径与不设超高最小半径时,需将外侧车道抬高,构成与内侧车道同坡的单坡横断面,这种设置称为超高。

各级公路和城市道路在圆曲线部分的最大超高值通常按表 2-59、表 2-60 的规定采用。

表 2-59　各级公路最大超高值

公路等级	高速公路	一级	二级	三级	四级
一般地区	10%		8%		
积雪寒冷地区	6%				

表 2-60　城市道路最大超高值

计算行车速度(km/h)	80	60、50	40、30、20
最大超高值(%)	6	4	2

从直线上双向路拱断面过渡到圆曲线上具有单一超高坡度的断面,需有一逐渐变化的渐变区段,此渐变段称为超高缓和段。如图 2-9 所示,图中 L_C 为超高缓和段(直线)的长度,i_0 是路拱横坡度,i_B 为超高横坡度,A 为缓和段起始断面,E 为缓和段终止断面。在 A 点处,路面保持直线上双向路拱坡度,到达 C 断面时路拱双坡外侧提高而与内侧成单侧横坡面,坡度仍为路拱横坡 i_0,从 C 断面到 E 断面,路面由单坡 i_0 变为超高横坡 i_B。

对于无中间带的公路,其超高缓和段的形成有两种形式(见图 2-10),即绕路面内侧边缘旋转和绕路面中心线旋转。

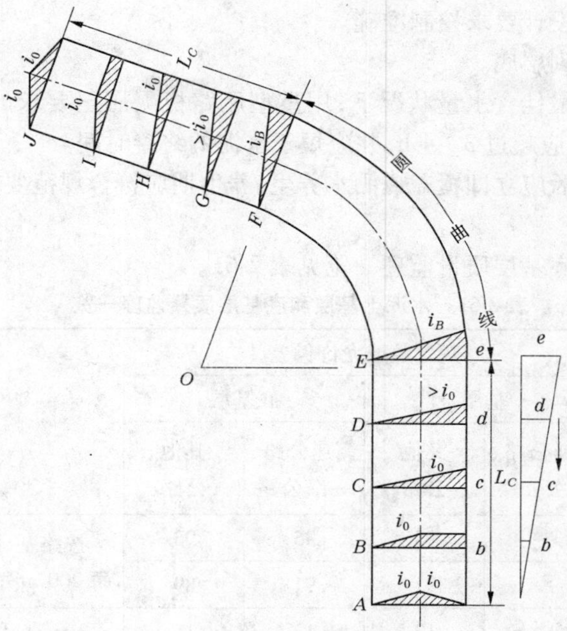

图 2-9　曲线的超高

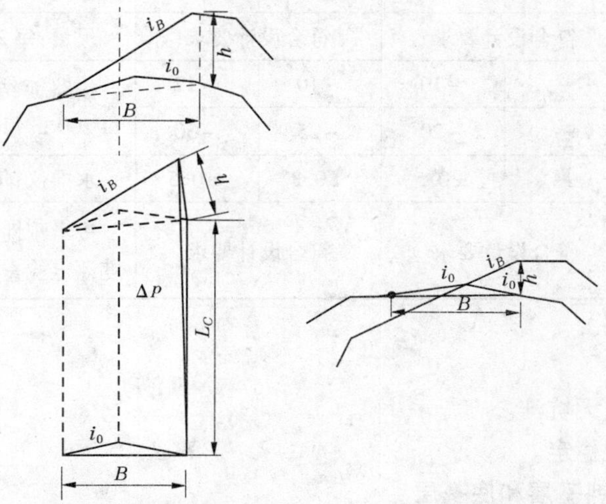

(a)绕路面内侧边缘旋转　　(b)绕路面中心线旋转

图 2-10　曲线超高的形式

第三节　公路路面基层施工监理

一、水泥稳定土

(一)水泥土基层和底基层

1. 施工作业条件

(1)土质应符合设计要求,土块应经粉碎。

(2)水泥用量应按设计要求控制准确。

(3)路拌深度应达到层底。

(4)混合料应处于最佳含水量状况下,用重型压路机碾压至要求的压实度。从加水拌和到碾压终了的时间不应超过 3 ~4 h,并应短于水泥的终凝时间。

(5)碾压检查合格后应立即覆盖或洒水养生,养生期应符合规范要求。

2. 施工质量监理

(1)水泥土基层和底基层质量监理一览见表 2-61。

表 2-61　水泥土基层和底基层质量监理一览

检查项目		规定值或允许偏差				检查方法和频率
		基层		底基层		
		高速公路、一级公路	其他公路	高速公路、一级公路	其他公路	
压实度(%)	代表值	—	95	95	93	按路基、路面压实度评定检查,每 200 m 每车道 2 处
	极值	—	91	91	89	
平整度(mm)		—	12	12	15	3 m 直尺;每 200 m 测 2 处×10 尺
纵断面高程(mm)		—	+5,-15	+5,-15	+5,-20	水准仪:每 200 m 测 4 个断面
宽度(mm)		符合设计要求		符合设计要求		尺量:每 200 m 测 4 个断面
厚度(mm)	代表值	—	-10	-10	-12	按路面结构层厚度评定检查,每 200 m 每车道 1 点
	合格值	—	-20	-25	-30	
横坡坡度(%)		—	±0.5	±0.3	±0.5	水准仪:每 200 m 测 4 个断面
强度(MPa)		符合设计要求		符合设计要求		按半刚性基层和底基层材料强度评定检查

(2)外观鉴定:

①表面平整密实、无坑洼。

②施工接茬平整、稳定。

(二)水泥稳定粒料基层和底基层

1. 施工作业条件

(1)粒料应符合设计和施工规范要求,并应根据当地料源选择质地坚硬的粒料;矿渣应分解稳定,未分解渣块应予剔除。

(2)水泥用量和矿料级配应按设计要求控制准确。

(3)路拌深度应达到层底。

(4)摊铺时应注意消除离析现象。

(5)混合料应处于最佳含水量状况下,用重型压路机碾压至要求的压实度。从加水拌和到碾压终了的时间不应超过 3 ~4 h,并应短于水泥的终凝时间。

(6)碾压检查合格后应立即覆盖或洒水养生,养生期应符合规范要求。

2. 施工要点

1) 施工材料要求

施工材料质量监理要点见表 2-62。

表 2-62　施工材料质量监理要点

项目		监理要点
水泥稳定土	二级和二级以下公路	(1)用做底基层时,颗粒最大粒径不应超过 53 mm(方孔筛),土的均匀系数应大于 5,细粒土的液限不应超过 40,塑性指数不得超过 17。在实际施工监理中,一般采用均匀系数大于 10、塑性指数小于 12 的土。塑性指数大于 17 的土,宜采用石灰稳定,或用水泥和石灰综合稳定。 (2)用做基层时,土的最大粒径不应超过 37.5 mm(集料中不宜含有塑性指数小的土)
	高速公路和一级公路	(1)用做底基层时,颗粒的最大粒径不应超过 37.5 mm,土的均匀系数应大于 5,细粒土的液限不应超过 40%,塑性指数不应超过 17。实际施工中,宜选用均匀系数大于 10、塑性指数小于 12 的土。 (2)水泥稳定土用做基层时,单个颗粒的最大粒径不应超过 31.5 mm。对所有的碎石或砾石,应预先筛分成 3 ~ 4 个不同粒级,然后配合
水泥稳定砂		水泥稳定砂为粒径较均匀的砂时,宜在砂中添加少部分塑性指数小于 10 的黏性土或石灰土,也可添加部分粉煤灰。加入比例可按使混合料的标准干密度接近最大值确定,一般为 20% ~40%
压碎值	二级及二级以下公路	(1)作为基层:不大于 35%; (2)作为底基层:不大于 40%
	高速公路及一级公路	(1)作为基层:不大于 30%; (2)作为底基层:不大于 30%
水泥和水		普通硅酸盐水泥、矿渣硅酸盐水泥和火山灰硅酸盐水泥都可用于稳定土,但应选用初凝时间在 3 h 以上和终凝时间较长(宜在 6 h 以上)的水泥。不应使用快硬水泥、早强水泥以及受潮变质的水泥。宜采用强度等级为 32.5 级或 42.5 级的水泥。 凡人或牲畜的饮用水均可用于水泥稳定土的施工

2) 路拌法施工监理

(1)检查各种入场材料,不合格的不得入场。

(2)拌和过程中,监理工程师应随时检查拌和深度,重点检查拌和层底部是否有“素土”夹层。混合料拌和应均匀、色泽一致,对混合料的含水量进行测定,决定是否对混合料洒水或翻拌晾晒。

(3)摊铺土过程中,检查承包人摊铺的均匀性、厚度、平整度是否符合路拱规定要求,并要求有专人负责拣除土块、超尺寸颗粒及其他杂物。

(4)视土的含水量情况,决定是否进行洒水闷料。

(5)人工摊铺的土层整平后,应用 6 ~ 8 t 两轮压路机碾压 1 ~ 2 遍,使其表面平整,并有一定的压实度。

(6)水泥稳定土整型后,检查坡度和路拱。看接缝是否顺适平整。在整型过程中应无明显的粗细集料离析现象。

(7)监督承包人按试验段的压实方案进行碾压密实,碾压后应没有明显的轮迹,无"弹松"、起皮现象。

3)厂拌法施工监理

(1)根据调试好的参数进行稳定土拌和。拌好的稳定土要进行石灰(水泥)剂量、含水量、7 d无侧限抗压强度和均匀度等项目检测,以确定拌和机的各项参数是否合理。

(2)摊铺机摊铺混合料时,因故中断时间超过2 h,应要求设置横向接缝。一台摊铺机摊铺宽度不够时,宜采用两台摊铺机一前一后相隔5~10 m同步向前摊铺,避免出现纵向接缝。在不能避免纵向接缝的情况下,纵缝必须垂直相接,严禁承包人采用斜接方法。

(3)水泥稳定级配碎石(或砾石)基层分两层用摊铺机铺筑时,下层在不采用重型振动压路机碾压时,宜立即摊铺上层,否则下层顶面撒少量水泥或水泥浆。

3. 监理巡视与检查

(1)下承层表面应平整、坚实,在监理抽检合格的基础上,方可进行水泥稳定土基层和底基层的施工。

(2)水泥稳定粒料材料应符合前述有关要求,方可允许入场。

(3)混合料的拌和无论是路拌法施工还是厂拌法施工,必须控制水泥剂量符合设计要求,拌和一定要均匀,保证水泥稳定土强度的均匀性。

(4)对混合料的摊铺应严格控制,摊铺后不应有离析和粗集料窝状等不良现象,必要时应及时处理。厚度、宽度、摊铺后的平整度,应达到施工规范的规定与设计文件要求。

(5)严格控制水泥稳定土从拌和到碾压成型的时间,严禁在水泥终凝后,再进行碾压。

(6)碾压结束后,应始终保持表面潮湿,严禁忽干忽湿,影响强度的增加,要避免收缩裂缝的产生。

4. 工程质量验评标准

1)实测项目

水泥稳定粒料基层和底基层实测项目见表2-63。

2)外观鉴定

(1)表面平整密实、无坑洼、无明显离析。不符合要求时,每处减1~2分。

(2)施工接茬平整、稳定。不符合要求时,每处减1~2分。

二、石灰稳定土

(一)石灰土基层和底基层

1. 施工作业条件

(1)土质应符合设计要求,土块应经粉碎。

(2)石灰质量应符合设计要求,块灰须经充分消解才能使用。

(3)石灰和土的用量应按设计要求控制准确,未消解的生石灰块必须剔除。

(4)路拌深度应达到层底。

(5)混合料应处于最佳含水量状况下,用重型压路机碾压至要求的压实度。

(6)保湿养生,养生期应符合规范要求。

表 2-63　水泥稳定粒料基层和底基层实测项目

检查项目		规定值或允许偏差				检查方法和频率
		基层		底基层		
		高速公路、一级公路	其他公路	高速公路、一级公路	其他公路	
压实度(%)	代表值	98	97	96	95	按路基、路面压实度评定检查，每 200 m 每车道 2 处
	极值	94	93	92	91	
平整度(mm)		8	12	12	15	3 m 直尺:每 200 m 测 2 处×10 尺
纵断面高程(mm)		+5，-10	+5，-15	+5，-15	+5，-20	水准仪:每 200 m 测 4 个断面
宽度(mm)		符合设计要求		符合设计要求		尺量:每 200 m 测 4 处
厚度(mm)	代表值	-8	-10	-10	-12	按路面结构层厚度评定检查，每 200 m 每车道 1 点
	合格值	-15	-20	-25	-30	
横坡坡度(%)		±0.3	±0.5	±0.3	±0.5	水准仪:每 200 m 测 4 个断面
强度(MPa)		符合设计要求		符合设计要求		按半刚性基层和底基层、材料强度评定检查

2. 施工要点

1)施工材料要求

施工材料质量监理要点见表 2-64。

表 2-64　施工材料质量监理要点

项目	监理要点
土	(1)稍具黏性的土壤(塑性指数大于 4)、砂性土、粉砂土、黏性土均可使用;以塑性指数为 10～20 的黏性土为宜;用石灰稳定无塑性指数的级配砂砾、级配碎石、未筛分碎石时,应添加 15% 左右的黏性土;使用塑性指数偏大的黏性土时,应进行粉碎,粉碎后土块的最大尺寸不应大于 15 mm。 (2)土的有机含量超过 10%,硫酸盐含量超过 0.8% 时不宜用石灰稳定。 (3)使用特殊类型的土壤如级配砾石、砂石、杂填土等应经试验决定。 碎石或砾石的压碎值应符合以下要求:用于城市快速路及主干道基层时,应不大于 30%;用于次干道基层时,应不大于 35%
石灰	石灰宜用 1～3 级的新灰。对储存较久或经过雨期的消解石灰应经过试验,根据活性氧化物的含量,决定使用办法。生石灰的技术指标见表 2-65
水	凡饮用水(含牲畜饮用水)均可用于石灰土施工
掺合料	利用级配砾石、砂石等材料时,其最大粒径不宜超过 0.6 倍分层厚度,且不大于 100 mm,掺入量根据试验确定

表 2-65　生石灰的技术指标

项目	材料					
	钙质生石灰			镁质生石灰		
	一级	二级	三级	一级	二级	三级
灰渣(%)不大于	7	11	17	10	14	20
活性氧化物(%)大于	85	80	70	80	75	65
氧化镁含量(%)	≤5			>5		

注:灰渣是未消解残渣含量(5 mm 圆孔筛筛余)。

2)路拌法施工监理

(1)将土料、石灰粉料运到作业面,按配合比采用方格法进行布料。

(2)将过筛的土和石灰粉料先翻拌 1 ~ 2 遍,检测并调整含水量,然后采用路拌机翻拌 2 ~ 3 遍。

(3)摊铺:摊铺前人工按虚铺厚度用白灰撒出高程点,用推土机、平地机进行摊铺作业,必要时用装载机配合。卸料堆放时宜按照梅花桩形布置,以便于摊铺使用。

(4)整型:先用推土机进行粗平 1 ~ 2 遍,粗平后宜用推土机在路基全宽范围内进行排压 1 ~ 2 遍,以暴露潜在的不平整,其后用人工通过拉线法用白灰再次撒出高程点(预留松铺厚度),根据大面的平整情况,在局部高程相差不大时(一般指 ±30 mm 以内时),再用平地机整型。为达到更佳效果,可人工再次拉线用白灰撒出高程点,平地机进行精平 1 ~ 2 次,并及时检测高程、横坡度、平整度。对局部出现粗细集料集中的现象,及时进行人工处理。对局部高程稍低的灰土面严禁直接采取薄层找补,应先用人工或机械耕松 100 mm 左右后再进行找补。

(5)碾压:石灰土摊铺长度约 50 m 时宜进行试碾压,在最佳含水量为 -1% ~ +2% 时进行碾压,试压后及时进行高程复核。压路机的碾压速度头两遍以 1.5 ~ 1.7 km/h 为最佳,后面的碾压过程宜采用 2 ~ 2.51 km/h。

(6)接缝处理:工作间断或分段施工时,应在石灰土接茬处预留 300 ~ 500 mm 不予压实,与新铺石灰土衔接,碾压时应洒水湿润;宜避免纵向接茬缝,当需纵向接茬时,茬缝宜设在路中线附近;接茬应做成梯级形,梯级宽约 500 mm。

3)厂拌法施工监理

(1)石灰土拌和:原材料进场检验合格后,按照生产配合比生产石灰土,当原材料发生变化时,必须重新调试灰土配比。

(2)石灰土运输:采用有覆盖装置的车辆进行运输,按照需求量、运距和生产能力合理配置车辆的数量,运输车按既定的路线进出现场,禁止在作业面上急刹车、急转弯、掉头、超速行驶。

(3)摊铺、整型、碾压及接缝处理方法大体与路拌法施工相同。

3. 监理巡视与检查

(1)石灰土基层和底基层施工不宜选择在冬季。

(2)石灰应于使用前进行检验,如低于要求,应适当增加石灰用量。施工中应对混合料的石灰含量严加控制,消解后的石灰含水量要均匀,以保证灰堆内消石灰干松容重的一致性。根据要求的强度标准，通过试验选取最适宜稳定的土，确定必需的或最佳的石灰剂量。

(3)路拌法施工应控制好石灰与土的分层松铺厚度，并于铺灰后切茬检查，以确保混合料有足够的石灰含量，并宜在碾压工作开始之前检测混合料的石灰剂量，如发现问题，立即补足用灰量。

(4)混合料应拌和均匀，土块破碎合乎要求，拌和深度达到拌和层底部，无夹灰层和夹土层现象，且水分合适和均匀。

(5)厂拌法施工，应配料准确，土块过筛后最大尺寸不大于15 mm，并尽量避免纵向接缝，如必须分两幅施工，纵缝亦需垂直相接，平整密实。

(6)碾压过程中，如有"弹簧"、松散、起皮现象，应及时进行处理，使其达到质量要求。

4. 工程质量验评标准

1)实测项目

石灰土基层和底基层实测项目见表2-66。

表2-66 石灰土基层和底基层实测项目

检查项目		规定值或允许偏差				检查方法和频率
		基层		底基层		
		高速公路、一级公路	其他公路	高速公路、一级公路	其他公路	
压实度（%）	代表值		95	95	93	按路基、路面压实度评定检查，每200 m每车道2处
	极值		91	91	89	
平整度(mm)			12	12	15	3 m直尺：每200 m测2处×10尺
纵断面高程(mm)			+5，-15	+5，-15	+5，-20	水准仪：每200 m测4个断面
宽度(mm)		符合设计要求		符合设计要求		尺量：每200 m测4处
厚度(mm)	代表值		-10	-10	-12	按路面结构层厚度评定检查，每200 m每车道1点
	合格值		-20	-25	-30	
横坡坡度(%)			±0.5	±0.3	±0.5	水准仪：每200 m测4个断面
强度(MPa)		符合设计要求		符合设计要求		按半刚性基层和底基层材料强度评定检查

2)外观鉴定

(1)表面平整密实、无坑洼。不符合要求时，每处减1~2分。

(2)施工接茬平整、稳定。不符合要求时，每处减1~2分。

(二)石灰稳定粒料基层和底基层

1. 施工作业条件

(1)粒料应符合设计和施工规范要求，矿渣应分解稳定后才能使用。

(2)石灰质量应符合设计要求，块灰须经充分消解才能使用。

(3)石灰的用量应按设计要求控制准确,未消解的生石灰块必须剔除。

(4)路拌深度应达到层底。

(5)混合料应处于最佳含水量状况下,用重型压路机碾压至要求的压实度。

(6)保湿养生,养生期应符合规范要求。

2. 施工要点

1)路拌法施工监理

(1)摊铺土过程中,检查承包人摊铺的均匀性,表面力求平整,在具有符合要求的路拱,厚度应严格按试验段的松铺厚度摊铺,并经常挖坑量测。对土块超尺寸颗粒及其他杂物应由专人负责拣出施工现场。

(2)整平和轻压。在人工摊铺的集料层(含粉碎的老路面)上,整平后用6~8 t三轮压路机碾压1~2遍,使其表面平整,并有一定密实度。

(3)按预定的距离及标记的地点卸置石灰,卸放石灰并均匀摊开,表面应没有空白位置,量测石灰松铺厚度,根据石灰的含水量和松密度,计算复核石灰用量是否达到要求。

(4)检查承包人整型后坡度和路拱是否符合要求。接缝处应整平,使接缝顺适平整,对粗细集料窝应指令承包人及时用人工清除。

(5)监督承包人按试验段的压实方案进行碾压密实。碾压后应没有明显的轮迹,无"弹簧"、松散、起皮等现象。终平后,应使纵向顺适,路拱和超高符合要求,若有不符合要求的地方,监理工程师必须指令承包人将高出部分刮除并扫出路外。对于局部低洼之处,严禁贴补,留待铺筑沥青面层时处理。

(6)对二级以下公路的小工程可以采用人工沿路拌和法施工。

2)厂拌法施工监理

同水泥稳定粒料基层和底基层中相应内容。

3. 监理巡视与检查

(1)采集原材料时不应分层,不应将不合格的集料采集起来,应在预定的深度范围内采集集料,对于塑性指数小于15的黏性土,机械拌和时,可视土质和机械性能确定土是否需要过筛。人工拌和时,应筛除15 mm以上的土块。

(2)监理工程师必须对进场材料按频率进行抽检,严把材料关。符合前述要求的材料方可使用。石灰在使用前7~10 d充分消解,并过1.0 cm筛,筛除超尺寸颗粒,并尽快使用。石灰质量必须在Ⅲ级以上。

(3)石灰土摊铺应当天摊铺当天碾压完,最迟不应超过3 d,对封闭交通路段可提前一天摊铺集料,提高效率。在雨季施工期,尽量做到当天铺,当天拌和,当天碾压完成。监理工程师应控制摊铺的松铺厚度、平整度和宽度。

(4)路拌法石灰土施工监理应控制石灰剂量、含水量。对于塑性指数大的黏性土,可采用二次布灰法。路拌法应拌和到颜色均匀一致。监理工程师应随时检查拌和深度,严禁底部留有"素土"夹层。

(5)采用厂拌法时,监理工程师应检查土块颗粒的粉碎是否符合要求,配料是否准确,并适时抽查含水量和石灰剂量。拌和料外观颜色应均匀一致。

(6)石灰稳定土碾压时,含水量宜掌握在最佳含水量的1%~2%;对低塑性指数的砂土,宜采取初稳、终压两个阶段碾压,应严格检查是否有起皮松散情况,若有此种情况应责令承包人洒水碾压到规定的压实度要求。

4. 工程质量验评标准

1）实测项目

石灰稳定粒料（碎石、砂砾、矿渣等）基层和底基层实测项目见表2-67。

表2-67　石灰稳定粒料基层和底基层实测项目

检查项目		规定值或允许偏差				检查方法和频率
		基层		底基层		
		高速公路、一级公路	其他公路	高速公路、一级公路	其他公路	
压实度（%）	代表值	—	97	96	95	按路基、路面压实度评定检查，每200 m每车道2处
	极值	—	93	92	91	
平整度（mm）		—	12	12	15	3 m直尺：每200 m测2处×10尺
纵断面高程（mm）		—	+5，−15	+5，−15	+5，−20	水准仪：每200 m测4个断面
宽度（mm）		符合设计要求		符合设计要求		尺量：每200 m测4处
厚度（mm）	代表值	—	−10	−10	−12	按路面结构层厚度评定检查，每200 m每车道1点
	合格值	—	−20	−25	−30	
横坡坡度（%）		—	±0.5	±0.3	±0.5	水准仪：每200 m测4个断面
强度（MPa）		符合设计要求		符合设计要求		按半刚性基层和底基层材料强度评定检查

2）外观鉴定

（1）表面平整密实、无坑洼。不符合要求时，每处减1～2分。

（2）施工接茬平整、稳定。不符合要求时，每处减1～2分。

三、石灰工业废渣稳定土

（一）石灰、粉煤灰土基层和底基层

1. 施工作业条件

（1）土质应符合设计要求，土块应经粉碎。

（2）石灰和粉煤灰质量应符合设计要求，石灰须经充分消解才能使用。

（3）混合料配合比应准确，不得含有灰团和生石灰块。

（4）碾压时应先用轻型压路机稳压，后用重型压路机碾压至要求的压实度。

（5）保湿养生，养生期应符合规范要求。

2. 施工要点

1）施工材料要求

施工材料质量监理要点见表2-68。

表 2-68　施工材料质量监理要点

项目	监理要点
土	塑性指数为 12 ~ 20 的黏性土，易于粉碎，便于碾压成型。有机质含量超过 10% 的土不宜选用。含有硫酸盐 0.8% 的土不宜选用。塑性指数偏大的黏性土，应加强粉碎，粉碎后的土块最大尺寸不应大于 15 mm
石灰	(1)石灰应在施工前备齐或在不影响使用的情况下陆续准备，备灰一般采用在路外选择临近水源、地势较高而宽敞的场地堆放。 (2)生石灰在施工前，一般多采用水消解的方法，在场外集中堆放时可采用花管射水法，或小堆洒水粉化。无论采取哪种方法都要在开工前 7 ~ 10 d 消解完毕。消解石灰应严格控制用水量并保持一定湿度，但不得扬尘，不能过湿成团。经消解的石灰应为粉状，不应有残留的生石灰块。每吨生石灰一般用水量为 600 ~ 800 kg。 (3)消解石灰宜过孔径 10 mm 的筛，磨细的生石灰可直接使用，应尽量缩短石灰的存放时间，如存放时间较长，应采取覆盖封存措施，妥善保管
粉煤灰	一般采取大堆存放的方法，粉煤灰含水量大，可提前堆存沥水，降低含水量，使用时的含水量在 20% ~ 25% 为宜，在干燥和多风季节粉煤灰材料含水量小(或过干)时向其表面喷水或覆盖以免遇风扬尘
水	凡饮用水(含牲畜饮用水)均可使用，如遇可疑水源，须经化验合格后方可使用

2)施工技术要求

a. 场地预拌法施工

(1)选择一处平坦、坚实的场地。

(2)检查各项材料是否符合要求，并应先通过试验和计算确定各种材料及混合料的松铺系数。

(3)用层铺法摊铺材料。首先将运到场地的土用推土机在预定的宽度内摊铺，经压路机排压 1 遍，平地机整平。对于塑性指数偏大的黏性土，因难以粉碎，可先用拖拉机带铧犁和重耙或用稳定土拌和机拌和把土块打碎，使土颗粒最大尺寸接近 15 mm 或小于 15 mm。在摊平的土上运卸粉煤灰，同样经排压、整平。然后在粉煤灰层上打格运卸石灰，人工将石灰铺匀。

(4)拌和自场地边缘向场地的另一侧进行拌和，每幅拌和要重叠 30 cm 以上宽度，专用稳定土拌和机拌和深度直到稳定层底。第一遍拌和速度要慢约 7 m/min，第二遍以后采用拌和速度 15 m/min。拌和 3 遍以上，拌和均匀为止。混合料应色泽一致，没有灰条、灰团和花面。拌和过程中及时检测混合料的含水量，用洒水车洒水调整。

(5)场地预拌堆存的混合料应及时使用，不宜堆存过久，做到先拌的先用。

(6)用装载机将混合料装入自卸汽车，运至施工地段按试验段确定的虚铺厚度(机械松铺系数为 1.2 ~ 1.3)，用推土机摊铺。

(7)整型：用平地机或压路机快速碾压 1 遍，此时留虚高 2 cm。再一次量高为平地机找平，留 1 cm 虚高。找平阶段出现局部低洼时，用平地机镐齿或齿耙将表面豁松，用新拌混合料找补平整。在找平整型过程中力争只刮不垫，严禁在底基层低洼处贴补。

(8)碾压:

①当混合料处于最佳含水量的+1%时开始碾压,用振动压路机、轮胎压路机进行组合碾压。振动压路机在前、轮胎压路机在后,由路边一侧向路中压实,碾压时后轮重叠$\frac{1}{2}$轮宽,一般压2~3遍。轮胎压路机紧跟碾压,应重叠一个轮胎宽,碾压3~4遍。碾压速度头两遍采用一档,以后用二档碾压至规定的压实度。

②底基层路边两侧要多碾压两遍,但严禁压路机在已完成的或正在碾压的路段上调头或急刹车,以保证石灰粉煤灰层不被破坏。

(9)每天收工时,在二灰土碾压的末端压成一斜坡状,第二天开始摊铺新混合料之前,将末端斜坡挖除,并挖成横向与路中心线垂直向下的断面。在挖除时人工配合用直尺反复量测,让末端符合平整度要求,并测量其高程,符合设计高程后可以继续加工。

b. 路拌法施工

(1)粉煤灰运到路上,应按事先通过试验段确定的粉煤灰的松铺系数,用推土机摊平在预定的宽度上,并摊铺均匀,表面力求平整,具有规定的横坡坡度。

(2)设计厚度为15 cm时机铺厚度为17~19 cm(视材料的含水量而定),此时机铺系数在1.2~1.4。

(3)用人工按桩号挂线量高,每个断面量5~7点,撒上石灰作为找平标志,平地机依此控制高程进行刮平,刮平后每40 m检查一个断面,用尺量不够要求厚度时应立即补足。

(4)检查各种材料的摊铺厚度、宽度等是否符合要求。

(5)如果使用生石灰粉先用拖拉机带铧犁翻拌一遍,将生石灰粉翻扣于粉煤灰内,拖拉机(或轻碾)排压,用洒水车将水均匀地喷洒在混合料上,调整含水量后静闷8~12 h,使生石灰粉得到充分消解。如果使用专用稳定土拌和机自路边向路中心拌和,每幅拌和宽度2.2 m;幅与幅之间拌和要重叠30 cm以上,以免产生漏拌现象;拌和深度直到路基面;司机严格按所定标尺拌和,防止拌和过深而过多地破坏路基表面,拌和时破坏路基面小于1 cm为宜。

(6)拌和过程中和拌和终了时要检查混合料的含水量,并每隔40 m按拌和段全宽挖坑检查拌和质量,看有无夹层,严禁在底基层和路基面之间残留夹层。为防止局部出现夹层,最后用多铧犁再翻拌一遍,以杜绝夹层的出现。

c. 厂拌法施工

(1)石灰粉煤灰土混合料可以在中心站用多种机械进行集中拌和。对于快速路和主干路,应采用专用稳定土集中厂拌机械拌制混合料。

(2)土块材料应先过筛以满足土颗粒不大于15 mm的技术规范要求。可采用在场地上运卸、摊铺土料,含水量小、土块硬时加水闷料排压后用专用稳定土拌和机拌和或用拖拉机带铧犁、重耙打碎土块。土进入料斗前通过振动筛将不合格颗粒筛除。合格的土料同粉煤灰、石灰材料一起进入拌和机拌和。

3. 监理巡视与检查

(1)施工前应对路槽进行复验,路基质量必须符合验收标准的要求。

(2)应用12 t以上的压路机碾压。用12~15 t三轮压路机碾压时,每层的压实厚度不应超过15 cm;用18~20 t三轮压路机和振动压路机碾压时,每层的压实厚度不应超过20

cm,大于 20 cm 时应分层施工,在下层压实后再摊铺上层;采用振动羊足碾与三轮压路机配合碾压时,每层的压实厚度可以根据试验适当增加。压实厚度超过上述规定时应分层铺筑,每层的最小压实厚度为 10 cm,下层宜稍厚。应采用先轻型、后重型压路机碾压。

(3)铺筑层时,应先摊铺粉煤灰,中间为熟石灰,上层为土。拌和具可采用灰土搅拌机或由拖拉机多爬犁和旋转犁牵引。松铺系数一般为 1.4~1.6,应做到随摊铺随平整随碾压,堆放时间不得超过 2 d。

(4)石灰粉煤灰土底基层施工时,严禁用薄层贴补的方法进行找平作业。

(5)石灰粉煤灰底基层应在春末和夏季组织施工。施工期的日最低气温应在 5 ℃以上,并在第一次重冰冻(-3~-5 ℃)到来之前一个月到一个半月完成。稳定土层宜经历半月以上温暖和热的气候养生。多雨地区,应避免在雨季进行二灰土结构层的施工。

(6)施工完毕,及时检查石灰土的压实度、平整度、厚度、宽度、中线高程及纵横坡度,并对外观做出评定。

(7)施工后,监理人员要督促施工单位派专人尽心养护。压实成型并经检验合格的二灰土垫层,必须在潮湿状态下养生。夏季应每天洒水养生,但禁止用水管直接冲水,以免发生缩裂和松散现象。其余季节视需要而定。表面发白时,需及时洒水养护,养护期不得少于 7 d,并严禁开放交通。

4. 工程质量验评标准

1)实测项目

石灰、粉煤灰土基层和底基层实测项目见表 2-69。

表 2-69 石灰、粉煤灰土基层和底基层实测项目

检查项目		规定值或允许偏差				检查方法和频率
		基层		底基层		
		高速公路、一级公路	其他公路	高速公路、一级公路	其他公路	
压实度(%)	代表值	—	95	95	93	按路基、路面压实度评定检查,每 200 m 每车道 2 处
	极值	—	91	91	89	
平整度(mm)		—	12	12	15	3 m 直尺:每 200 m 测 2 处×10 尺
纵断面高程(mm)		—	+5,-15	+5,-15	+5,-20	水准仪:每 200 m 测 4 个断面
宽度(mm)		符合设计要求		符合设计要求		尺量:每 200 m 测 4 处
厚度(mm)	代表值	—	-10	-10	-12	按路面结构层厚度评定检查,每 200 m 每车道 1 点
	合格值	—	-20	-25	-30	
横坡坡度(%)		—	±0.5	±0.3	±0.5	水准仪:每 200 m 测 4 个断面
强度(MPa)		符合设计要求		符合设计要求		按半刚性基层和底基层材料强度评定检查

2）外观鉴定

（1）表面平整密实、无坑洼。不符合要求时，每处减1～2分。

（2）施工接茬平整、稳定。不符合要求时，每处减1～2分。

（二）石灰、粉煤灰稳定粒料基层和底基层

1. 施工作业条件

（1）粒料应符合设计和施工规范要求，并应根据当地料源选择质地坚硬、干净的粒料。矿渣应分解稳定，未分解渣块应予剔除。

（2）石灰和粉煤灰质量应符合设计要求，石灰须经充分消解才能使用。

（3）混合料配合比应准确，不得含有灰团和生石灰块。

（4）摊铺时应注意消除离析现象。

（5）碾压时应先用轻型压路机稳压，后用重型压路机碾压至要求的压实度。

（6）保湿养生，养生期应符合规范要求。

2. 施工要点

1）施工材料要求

施工材料质量监理要点见表2-70。

表2-70　施工材料质量监理要点

项目	监理要点
石灰	应采用经磨细的生石灰粉或消石灰，消石灰应过筛去掉大于5 mm的灰块，石灰等级为Ⅲ级以上，含水量不得超过4%。石灰的其他技术指标应符合国家现行标准《公路路面基层施工技术规范》（JTJ 034）的规定
粉煤灰	二灰混合料应配比准确，不得含有灰团和生石灰块。应采用二级以上的粉煤灰，粉煤灰中SiO_2、Al_2O_3和Fe_2O_3总的含量应大于70%，烧失量不超过20%；粉煤灰的比表面积宜大于2 500 cm^2/g或通过0.075 mm筛孔总量不少于70%、通过0.3 mm筛孔总量不少于90%；使用湿粉煤灰时含水量不宜超过35%
砂砾	压碎值应小于30%（底基层小于35%），最大粒径不应大于37.5 mm。级配砂砾中集料的颗粒组成范围应符合国家现行标准《公路路面基层施工技术规范》（JTJ 034）的规定
水	凡饮用水（含牲畜饮用水）均可使用

2）施工技术要求

a. 摊铺

（1）当采用摊铺机作业时，摊铺作业宜一次整幅完成，当路面宽度较大时，可同时用两台以上摊铺机成梯队联合作业。靠内侧摊铺机凸前行驶，前后相距宜为5～15 m。摊铺机应搭接50～100 mm摊铺宽度。

（2）摊铺时混合料的含水量应大于最佳含水量的1%～2%，以补偿摊铺及碾压过程中的水分损失。

（3）用摊铺机摊铺混合料时，每天的工作缝应做成横向接缝，先将摊铺机附近未经压实的混合料铲除，再将已碾压密实且高程等符合要求的末端挖成一横向、与路中心线垂直向下的断面，然后再摊铺新的混合料。

(4)当采用推土机和平地机配合作业时，推土机将混合料均匀摊开并用履带板对全幅排压1遍或采用压路机稳压1遍。平地机随后进行刮平作业，每刮完1遍，恢复一次，直至刮平到规定的虚铺高程和设计横坡坡度。

(5)稳压过后，测量人员应检测此时高程，并在边桩上做标记，随后根据稳压后的混合料虚铺厚度，挂线打白灰点指示平地机进行刮平作业。

(6)平地机按规定的坡度和路拱初步整平后，施工人员应对表面有集料离析现象的位置进行翻起，搅拌处理后，用压路机碾压1~2遍，以暴露潜在的不平整。

b. 碾压

(1)在混合料含水量合适的情况下进行碾压，碾压分初压、复压、终压三个阶段。

(2)初压、复压、终压均采用钢轮振动压路机进行，压路机吨位应在12 t以上。

(3)压实后表面应平整，无轮迹或隆起、裂纹搓板及起皮松散等现象，压实度达到规定要求。碾压过程中，混合料的表面层应保持湿润。集料含水量控制在最佳含水量的1%~2%之内。

(4)碾压作业中应注意：正常路段作业时由路边缘向路中心排压，超高段由内侧向外侧进行碾压；每道碾压带应与上一道碾压带重叠100~300 mm，并确保均匀压实全幅；作业期间出现“弹簧”、松散、起皮等现象，应及时进行处理，待处理后方可进行压实。

3. 监理巡视与检查

(1)拌和时将石灰、粉煤灰、碎石(砂砾)按重量比送入拌和机中，加水拌和。在略大于最佳含水量的1%以上拌和均匀，拌和好的混合料中不得含有粉煤灰和石灰团粒。

(2)配料要准确，拌和要均匀，要严格控制混合料的拌和数量和施工现场铺筑能力相配合，拌和好的混合料应及时用自卸汽车运至铺筑地段。

(3)混合料堆放时间不宜超过24 h，应及时使用。

(4)二灰碎石(砂砾)混合料采用两台稳定土摊铺机(或沥青混凝土摊铺机)进行摊铺。摊铺机一前一后相隔5~10 m进行梯队摊铺。前一台摊铺机一侧传感器搭在基准线上并沿着基准线，另一侧根据要求的横坡坡度进行自动摊铺，后一台摊铺机利用小滑橇依据第一幅松铺面走滑橇，另一侧传感器沿基准线控制高程进行施工。

(5)摊铺机就位启动，摊铺速度按2~4 m/min，施工中摊铺机前方应有2辆以上运料车处于等待卸料状态，做到均匀、连续不间断地摊铺混合料。

(6)摊铺机就位时的松铺系数为1.2~1.3，根据试铺段的实际情况，确定该工程的松铺系数以便控制高程在允许偏差以内。操作者在开始摊铺后立即用水准仪测量实铺高程，再根据初铺后的混合料的实际高程偏差进行调整，摊铺工作逐渐进入正常施工过程。

(7)设专人对混合料在摊铺过程中的石料集中、离析现象进行局部点补工作，使混合料表面均匀一致。

4. 工程质量验评标准

1)实测项目

石灰、粉煤灰稳定粒料基层和底基层实测项目见表2-71。

表 2-71　石灰、粉煤灰稳定粒料基层和底基层实测项目

检查项目		规定值或允许偏差				检查方法和频率
		基层		底基层		
		高速公路、一级公路	其他公路	高速公路、一级公路	其他公路	
压实度（%）	代表值	98	97	96	95	按路基、路面压实度评定检查，每 200 m 每车道 2 处
	极值	94	93	92	91	
平整度（mm）		8	12	12	15	3 m 直尺：每 200 m 测 2 处×10 尺
纵断面高程（mm）		+5，-10	+5，-15	+5，-15	+5，-20	水准仪：每 200 m 测 4 个断面
宽度（mm）		符合设计要求		符合设计要求		尺量：每 200 m 测 4 处
厚度（mm）	代表值	-8	-10	-10	-12	按路面结构层厚度评定检查，每 200 m 每车道 1 点
	合格值	-15	-20	-25	-30	
横坡坡度（%）		±0.3	±0.3	±0.3	±0.5	水准仪：每 200 m 测 4 个断面
强度（MPa）		符合设计要求		符合设计要求		按半刚性基层和底基层材料强度评定检查

2）外观鉴定

（1）表面平整密实、无坑洼、无明显离析。不符合要求时，每处减 1～2 分。

（2）施工接茬平整、稳定。不符合要求时，每处减 1～2 分。

四、级配碎（砾）石基层和底基层

（一）施工作业条件

（1）应选用质地坚韧、无杂质的碎石、砂砾、石屑或砂，级配应符合要求。

（2）配料必须准确，塑性指数必须符合规定。

（3）混合料应拌和均匀，无明显离析现象。

（4）碾压应遵循先轻后重的原则，洒水碾压至要求的密实度。

（二）施工要点

1. 施工材料要求

施工材料质量监理要点见表 2-72。

2. 摊铺

（1）摊铺前要事先通过试验段确定集料的松铺系数，并确定松铺厚度。人工摊铺时，其松铺系数为 1.40～1.50；平地机摊铺时，松铺系数宜为 1.25～1.35，并检查松铺层厚度是否符合设计要求。

（2）卸料后及时用推土机将混合料均匀摊铺，表面应力求平整。

（3）用摊铺机作业时，路宽大于 8 m 时宜采用双机作业，两台摊铺机组成摊铺作业梯队，其前后间距为 10～15 m。摊铺机内、外侧用铝合金导梁控制高程。摊铺机起步后，测量、质检人员要立即检测高程、横坡坡度和厚度，并及时进行调试。施工过程中摊铺机不得

随意变速、停机，以保持摊铺的连续性和匀速性。

表 2-72　施工材料质量监理要点

项目	监理要点
碎石	(1)轧制碎石的材料可以是各种类型的坚硬岩石、圆石或矿渣。圆石的粒径应是碎石最大粒径的 3 倍以上；矿渣应是已崩解稳定的，其干密度和质量应比较均匀，干密度不小于 960 kg/m^3。 (2)碎石中的针片状颗粒的总含量应不超过 20%；碎石中不应有黏土块、植物等有害物质
石屑	石屑或其他细集料可以使用一般碎石场的细筛余料，也可以利用轧制沥青表面处治和贯入式用生产石料时的细筛余料或专门轧制的细碎石集料，还可以使用天然砂砾或粗砂代替石屑。天然砂砾的颗粒尺寸应合适，必要时应筛除其中的超尺寸颗粒。天然砂砾或粗砂应有较好的级配
级配碎石基层	级配碎石基层的强度主要由碎石颗粒间的密实、填充作用形成，对碎石颗粒的强度要求很高。碎石的压碎值应符合以下要求：高速公路和一级公路基层，不大于26%；高速公路和一级公路底基层、二级公路基层，不大于30%；二级公路底基层及二级以下公路基层，不大于35%；二级以下公路底基层，不大于40%。石屑和其他细集料可以用碎石场的筛余细料、专门轧制的细碎石集料、天然砂砾等。在塑性指数偏大的情况下，塑性指数与 0.5 mm 以下细土含量的乘积应符合下列规定： (1)在年降雨量小于 600 mm 的中干和干旱地区，地下水水位对土基没有影响时，乘积不应大于 120。 (2)在潮湿多雨地区，乘积不应大于 100
级配砾石基层	(1)级配砾石用做基层时，砾石的最大粒径不应超过 37.5 mm。用做底基层时，不应超过 53 mm。 (2)砾石颗粒中细长及扁平颗粒含量不应超过 20%。 (3)级配砾石基层的颗粒组成和塑性指数应满足规定，同时级配曲线应为圆滑曲线。砾石的压碎值要求同级配碎石基层

(4)用平地机将拌和均匀的混合料按规定的路拱进行整平和整型，在整型过程中，应注意消除粗细集料离析现象。

(5)用压路机在已初平的路段上快速碾压一遍，以暴露潜在的不平整，并采用平地机进行精平。

3. 拌和及整型

(1)平地机的作业长度一般为 300 ~ 500 m。一般需拌和 5 ~ 6 遍，在拌和过程中，用洒水车洒足所需的水分。

(2)使用级配符合规定的一种天然砂砾时，可视摊铺后混合料的具体情况(有无粗细颗粒离析现象)，用平地机进行补充拌和。

(3)用稳定土拌和机拌和 2 遍以上，拌和深度应直到级配碎砾石层底。在进行最后一遍拌和之前，必要时要先用多铧犁紧贴底面翻拌一遍。

4. 碾压

(1)整型后,当混合料的含水量等于或略大于最佳含水量时,立即用12 t以上三轮压路机、振动压路机或轮胎压路机进行碾压。碾压的顺序及速度应符合施工规范的要求,路面的两侧应多压2~3遍。

(2)凡含土的级配碎石、砾石基层,都应进行滚浆碾压,一直压到碎石、砾石层中无多余细土泛到表面为止。滚到表面的浆(或事后变干的薄土层)应清除干净。

(3)碾压过程均应随碾压随洒水,使其保持最佳含水量。

(4)两作业段的衔接处,应搭接拌和。第一段拌和后,留5~8 m不进行碾压;第二段施工时,将前段留下未压部分重新拌和,并与第二段一起碾压。

(5)严禁压路机在已完成的或正在碾压的路段上调头和急刹车。

5. 接缝的处理

(1)每天的工作缝做成横向接缝。下次施工前先将未经压实的混合料铲除,再将已碾压密实且高程符合要求的末端挖成一横向(与路面垂直)向下的断面,然后再摊铺新的混合料。

(2)为消除纵向接缝,采用两台摊铺机双机联合摊铺作业,两台摊铺机前后相距10~15 m同时行进。

(三)监理巡视与检查

(1)监理工程师应根据进场原材料的数量、批次等,按规定频率进行抽检,以评定原材料的质量是否符合要求。

(2)级配碎(砾)石施工时应注意检查以下内容:

①颗粒级配应符合规定;

②配料必须准确;

③塑性指数必须符合规定;

④混合料必须拌和均匀,没有粗细颗粒离析现象;

⑤在最佳含水量时进行碾压,直到达到下列按重型击实试验法确定的要求压实度:基层为98%,底基层为96%;

⑥用重型振动压路机和轮胎压路机碾压时,每层压实厚度控制在20 cm左右。

(四)工程质量验评标准

1. 实测项目

级配碎(砾)石基层和底基层实测项目见表2-73。

2. 外观鉴定

表面平整密实,边线整齐,无松散。不符合要求时,每处减1~2分。

五、填隙碎石(矿渣)基层和底基层

(一)施工作业条件

(1)粗粒料应为质坚、无杂质的轧制石料或分解稳定的轧制矿渣,填缝料为5 mm以下的轧制细料或粗砂。

(2)应用振动压路机碾压,使填缝料填满粗粒料空隙。

表 2-73　级配碎(砾)石基层和底基层实测项目

检查项目		规定值或允许偏差				检查方法和频率
		基层		底基层		
		高速公路、一级公路	其他公路	高速公路、一级公路	其他公路	
压实度(%)	代表值	98	98	96	96	按路基、路面压实度评定检查，每 200 m 每车道 2 处
	极值	94	94	92	92	
弯沉值(0.01 mm)		符合设计要求		符合设计要求		按路基、柔性基层、沥青路面弯沉值评定检查
平整度(mm)		8	12	12	15	3 m 直尺:每 200 m 测 2 处 ×10 尺
纵断面高程(mm)		+5，-10	+5，-15	+5，-15	+5，-20	水准仪:每 200 m 测 4 个断面
宽度(mm)		符合设计要求		符合设计要求		尺量:每 200 m 测 4 处
厚度(mm)	代表值	-8	-10	-10	-12	按路面结构层厚度评定检查，每 200 m 每车道 1 点
	合格值	-15	-20	-25	-30	
横坡坡度(%)		±0.3	±0.5	±0.3	±0.5	水准仪:每 200 m 测 4 个断面

(二)施工要点

1. 施工材料要求

(1)填隙碎石用做基层时，碎石的最大粒径不应超过 53 mm；用做底基层时，碎石的最大粒径不应超过 63 mm。

(2)粗碎石宜采用石灰岩或漂石轧制，漂石的粒径应为粗碎石最大粒径的 3 倍以上；也可以用稳定的矿渣轧制，矿渣的干密度和重量应比较均匀，且其干密度不小于 960 kg/m^3。材料中的扁平、长条和软弱颗粒的含量不应超过 15%。

(3)粗碎石的压碎值:在用做基层时不大于 26%；在用做底基层时不大于 30%。若抗压碎能力不能满足上述要求，则填隙碎石基层的整体强度将难以得到保证。

2. 摊铺

(1)先用推土机将粗碎石均匀摊铺，再用平地机或其他合适的机具辅以人工将初平后的粗碎石料进行精平，表面应力求平整，并有规定的路拱。应同时摊铺路肩用料。

(2)监理工程师应重点检查松铺材料层的厚度是否符合设计要求，必要时，责令承包人进行减料或补料工作。

3. 撒铺填隙料和碾压

撒铺填隙料和碾压见表 2-74。

表 2-74 撒铺填隙料和碾压

施工方法	施工程序	施工质量监理
干法施工	初压	用6～8 t两轮压路机碾压3～4遍,使粗碎石稳定就位。在直线和不设超高的平曲线上,碾压从两侧路肩开始,逐渐错轮向路中心进行;在设超高的平曲线段上,碾压从内侧路肩开始,逐渐错轮向外侧路肩进行,错轮时,每次重叠1/3轮宽。在第一遍碾压后,监理工程师应要求再次找平。初压终了时,表面应平整,并具有要求的路拱和纵坡
	撒铺填隙料	用石屑撒布机或类似的设备将干填隙料均匀地撒铺在已压稳的粗碎石层上,松铺厚度25～30 mm。必要时,用人工或机械扫匀,主要控制好撒铺填隙料的厚度和均匀性
	碾压	用振动压路机慢速碾压,碾压速度宜控制在2.0 km/h以内,将全部填隙料振入粗碎石的孔隙中,路面两侧应多压2～3遍
	再次撒铺填隙料	按撒铺填隙料的要求予以控制
	最终碾压	用振动压路机进行碾压。在碾压过程中,对局部填隙料不足之处,人工进行找补。局部多余的填隙料应扫除
	碾压结束	(1)碾压结束后,监理工程师应检查表面是否能见粗碎石。如填隙碎石层上为薄沥青面层,应要求粗碎石的棱角外露3～5 mm。填隙料不应在粗碎石表面局部自成一层。 (2)如果设计厚度超过一层铺筑厚度,需在上面再铺一层时,承包人应将已压成的填隙碎石层表面的填隙料扫除一些,使表面粗碎石外露5～10 mm,再在上摊铺第二层粗碎石
湿法施工	初压、最终碾压	按干法施工质量进行监理
	碾压结束	(1)粗碎石层表面孔隙全部填满后,应立即用洒水车洒水,直到饱和,但应注意避免多余水浸泡下承层。监理工程师应随时检查洒水量。 (2)用12～15 t压路机跟在洒水车后进行碾压。在碾压过程中,将湿填隙料继续人工扫入所出现的孔隙中。需要时再添加新的填隙料。洒水和碾压应一直进行到填隙料和水形成粉砂浆为止。粉砂浆应填塞全部孔隙,并在压路机轮前形成微波纹状。 (3)碾压完成的路段应让水分蒸发一段时间。结构层变干后,表面多余的细料以及细料覆盖层都应扫除干净。 (4)当需分层铺筑时,要求与程序同干法施工中相应内容

(三)监理巡视与检查

(1)填隙碎石(砾石)基层材料必须经过监理试验合格后,方可进入施工现场。

(2)粗碎石摊铺的均匀性和松铺厚度监理工程师应严格控制。必要时可要求进行人工或机械扫匀。

(3)粗碎石经过初压后,必须达到稳定就位、表面平整,路拱和纵坡符合设计要求。

(4)粗碎石间的孔隙,必须全部被填隙料填满。对未填满的孔隙、局部多余的填隙料,应进行有效处理。

(5)填隙料不应在粗碎石表面局部自成一层,必须能见到粗碎石。

(6)干法施工碾压过程中,不应有任何蠕动现象。

(7)湿法施工质量监理中,应控制洒水,经碾压使填隙料和水形成粉砂浆,并且应有足够数量的填隙料填满所有孔隙,在压路机轮前形成微纹状。

(四)工程质量验评标准

1. 实测项目

填隙碎石(矿渣)基层和底基层实测项目见表2-75。

表2-75 填隙碎石(矿渣)基层和底基层实测项目

检查项目		规定值或允许偏差				检查方法和频率
		基层		底基层		
		高速公路、一级公路	其他公路	高速公路、一级公路	其他公路	
固体体积率(%)	代表值	—	85	85	83	灌砂法:每200 m每车道2处
	极值	—	82	82	80	
弯沉值(0.01 mm)		符合设计要求		符合设计要求		按路基、柔性基层、沥青路面弯沉值评定检查
平整度(mm)		—	12	12	15	3 m直尺:每200 m测2处×10尺
纵断面高程(mm)		—	+5,-15	+5,-15	+5,-20	水准仪:每200 m测4个断面
宽度(mm)		符合设计要求		符合设计要求		尺量:每200 m测4处
厚度(mm)	代表值	—	-10	-10	-12	按路面结构层厚度评定检查,每200 m每车道1点
	合格值	—	-20	-25	-30	
横坡坡度(%)		—	±0.5	±0.3	±0.5	水准仪:每200 m测4个断面

2. 外观鉴定

表面平整密实,边线整齐,无松散现象。不符合要求时,每处减1~2分。

第四节 公路面层施工监理

一、水泥混凝土面层

(一)施工作业条件

(1)基层质量必须符合规定要求,并应进行弯沉测定,验算的基层整体模量应满足设计要求。

(2)水泥强度、物理性能和化学成分应符合国家标准及有关规范的规定。

(3)粗细集料、水、外掺剂及接缝填缝料应符合设计和施工规范要求。

(4)施工配合比应根据现场测定水泥的实际强度进行计算,并经试验,选择采用最佳配合比。

(5)接缝的位置、规格、尺寸及传力杆、拉力杆的设置应符合设计要求。

(6)路面拉毛或机具压槽等抗滑措施,其构造深度应符合施工规范要求。

(7)面层与其他构造物相接应平顺,检查井井盖顶面高程应高于周边路面 1 ~ 3 mm。雨水口标高按设计比路面低 5 ~ 8 mm,路面边缘无积水现象。

(8)混凝土路面铺筑后按施工规范要求养生。

(二)施工要点

1. 施工材料要求

施工材料质量监理要点见表 2-76。

表 2-76　施工材料质量监理要点

项目	监理要点
水泥	(1)应采用强度高、收缩性小、耐磨性强、抗冻性好的水泥。其物理性能和化学成分应符合国家有关标准的规定。 (2)水泥进场时,应有产品合格证及试验单,并应对品种、标号、进场数量、出厂日期等进行检查验收,分堆架高、苫盖堆存,以免混杂受潮,使用时按出厂日期择先使用。 (3)不同等级、厂牌、品种、出厂日期的水泥,不得混合堆放,严禁混合使用。出厂期超过 3 个月或受潮的水泥,必须经过试验,按其试验结果决定正常使用或降级使用。已经结块变质的水泥不得使用
砂	(1)应采用洁净、坚硬、符合规定级配、细度模数在 2.5 以上的粗、中砂。 (2)砂的技术要求应符合表 2-77 的规定。 (3)不同料源的砂应分别堆放、分别使用
粗集料	粗集料应为干净、干燥、坚韧、坚固的碎石或砾石,有良好的级配,无粉尘、泥土、污物和有害物质,最大粒径不超过 4 cm,其物理力学指标与级配符合规范要求
细集料	细集料应干净、坚硬、坚韧、坚固,不含泥土、粉土和有害物质,细度模数宜在 2.5 以上。细集料一般由天然砂或石屑组成
水	混凝土搅拌养护用水应清洁,宜采用饮用水,使用非饮用水时,应经过化验
钢筋	(1)钢筋的品种、规格应符合设计要求。 (2)钢筋应顺直,表面洁净,无严重锈蚀、裂纹、断伤和刻痕,表面油污和颗粒状或片状锈蚀应清除。 (3)传力杆钢筋断口毛茬必须磨平
滑动套	(1)可用镀锌铁皮制作或采用有足够强度的硬塑料管及多层油毡管,规格及尺寸应符合设计要求。 (2)套管使用中不得变形,端头应灌入熔化混匀的黄油锯末混合物
填缝材料	(1)使用常温和加热施工式灌注型填缝材料填缝时,宜使用背衬垫条控制填缝形状系数。背衬垫条材料有聚(氨)酯橡胶或塑料微孔泡沫等,其形状应为圆柱形,直径应比接缝宽度大 2 ~ 3 mm。 (2)用于制造预制橡胶嵌缝条的胶料性能应满足设计要求

表 2-77　砂的技术要求

项目			技术要求					
颗粒级配	筛孔尺寸(mm)		方孔					圆孔
			0.16	0.315	0.63	1.25	2.50	5.0
	累计筛余量(%)	Ⅰ区	100～90	95～80	85～71	65～35	35～5	10～0
		Ⅱ区	100～90	92～70	70～41	50～10	25～9	10～0
		Ⅲ区	100～90	85～55	40～16	25～10	15～0	10～0
泥土杂物含量(冲洗法)(%)			≤3					
硫化物和硫酸盐含量(折算为 SO_3)(%)			≤1					
有机物质含量(比色法)			颜色不应深于标准溶液的颜色					
其他杂物			不得混有石灰、煤渣、草根等其他杂物					

注:1. Ⅰ区砂基本属于粗砂。Ⅱ区砂属于中砂和一部分偏粗的细砂,颗粒适中,级配最好。Ⅲ区砂属于细砂和一部分偏细的中砂。

2. 有机物质含量标准溶液的配制方法:取 2 g 鞣酸粉溶解于 98 mL 的 10% 酒精溶液中即得所需的鞣酸溶液,然后取该溶液 2.5 mL 注入 97.5 mL。浓度为 3% 的氢氧化钠溶液中,加塞后剧烈摇动,静置 24 h 即得标准溶液。

2. 拌和

(1)每台搅拌机在投入生产之前,必须通过法定计量部门标定,并进行试拌。

(2)混凝土拌和物应采用机械搅拌施工,其搅拌站宜根据施工顺序和运输工具设置,搅拌机的容量应根据工程量大小和施工进度配置。施工工地宜有备用的搅拌机和发电机组。

(3)投入搅拌机每盘的拌和物数量,应按混凝土施工配合比和搅拌机容量计算确定。

(4)在搅拌过程中应打印出每盘或连续称料的配料数据和误差,以备监理人员随时查阅。

(5)混凝土拌和物每盘的搅拌时间,应根据搅拌机的性能和拌和物的黏聚性、均质性及强度稳定性确定其最短搅拌时间,自材料全部进入搅拌鼓起至拌和物开始出料止的连续搅拌时间,应符合表 2-78 的规定。搅拌最长时间不得超过最短时间的 2 倍。

表 2-78　混凝土拌和物最短搅拌时间

搅拌机容量(L)		转速(r/min)	搅拌时间(s)	
			低流动性混凝土	干硬性混凝土
自由式	400	18	105	120
	800	14	165	210
强制式	375	38	90	100
	1 500	20	180	240

(6)混凝土拌和物应均匀一致,不得有未加水的干料、未拌匀的生料和离析等现象。

3. 摊铺和振捣

(1)混凝土拌和物摊铺前,应对模板的间隔、高度、润滑、支撑稳定情况和基层的平整润湿情况，以及钢筋的位置和传力杆装置等进行全面检查。

(2)混凝土的厚度不大于22 cm时，可一次摊铺；大于22 cm时，可分二次摊铺，下部厚度宜为总厚的3/5。摊铺厚度应考虑振实预留高度。

(3)振捣器在每一位置振捣的持续时间，应以拌和物停止下沉、不再冒气泡并泛出水泥浆为准，并不宜过振。用平板式振捣器振捣时，不宜少于15 s；水灰比小于0.45时，不宜少于30 s。用插入式振捣器时不宜少于20 s。

(4)混凝土板的摊铺振实工作应连续进行，不得中途间断，若遇特殊原因，被迫临时停工，中断施工的那块混凝土板应用湿布覆盖，在初凝时间内恢复施工时，应将此处混凝土耙松补浆后再继续浇筑。若停工超过混凝土初凝时间，应作施工缝处理，施工缝应设在缩缝处，若无法设在缩缝处，其位置应设在板的正中部位。

现场监理应随时关注所摊铺的路面效果，并随时提醒施工人员和机手注意调整和控制摊铺速度、振捣频率，夯实杆、振动搓平梁和抹平板位置、速度和频率。

4.表面修整与压槽

(1)做面前，应做好清边整缝，清除黏浆，修补掉边、缺角。

(2)做面时严禁在面板混凝土上洒水、撒水泥粉。

(3)抹面时需注意以下事项：板块表面如仍有凹坑，要及时铲毛补浆。补浆须用原浆，边角修饰宜用手工操作。采用真空吸水作业，板面一般不易产生裂纹；如果有收缩裂纹，须先铲毛抹压3～4遍，再用抹面机抹平。

(4)如遇个别脱水不足过于湿软的表面，要待混凝土晾干到一定程度（即行走有轻微脚印又不下陷）方能抹面；如遇过于干硬的表面，可用喷壶均匀喷洒少量水，迅速抹面补救。

(5)抹平后沿横坡方向拉毛或采用纹理制作机具压槽。城市道路、厂矿道路的拉毛和压槽深度应为1～2 mm。民航机场跑道表面拉毛的平均纹理深度（填砂法）：跑道高速出口滑行道不得小于0.8 mm，滑行道停机坪不得小于0.4 mm。

5.接缝施工

(1)施工缝的位置宜与胀缝或缩缝设计位置吻合。施工缝应与路面中心线垂直，多车道路面及民航机场跑道的施工缝应避免设在同一横断面上。施工缝传力杆长度的一半锚固于混凝土中，另一半应涂沥青，允许滑动。传力杆必须与缝壁垂直。

(2)纵缝施工应按纵缝设计要求确定纵向缩缝，可全部采用贯通缝，最长时间不宜超过48 h。

(3)横向缩缝、施工缝上部的槽口，应采用切缝法施工。

(4)填缝：混凝土板养护期满后，缝槽应及时填缝。在填缝前必须保持缝内清洁，防止砂石等杂物掉入缝内。

(5)灌入式填缝的施工，要点如下：

①灌筑填缝料必须在缝槽干燥状态下进行，填缝料应与混凝土缝壁黏附紧密，不渗水。

②填缝料的灌筑深度宜为3～4 cm。当缝槽大于3～4 cm时，可填入多孔柔性衬底材料。

③热灌填缝料加热时，应不断搅拌均匀，直至规定温度。当气温较低时，应用喷灯加热缝壁。施工完毕，应仔细检查填缝料与缝壁黏结情况，在有脱开处，应用喷灯小火烘烤，使其黏结紧密。

(6)预制嵌缝条的施工，要点如下：

①预制胀缝板嵌入前，缝壁应干燥，并应清除缝内杂物，使嵌缝条与缝壁紧密结合。

②缩缝、纵缝、施工缝的预制嵌缝条,可在缝槽形成时嵌入。嵌缝条应顺直整齐。

(三)监理巡视与检查

1. 施工监理程序

水泥混凝土面层施工监理程序如图 2-11 所示。

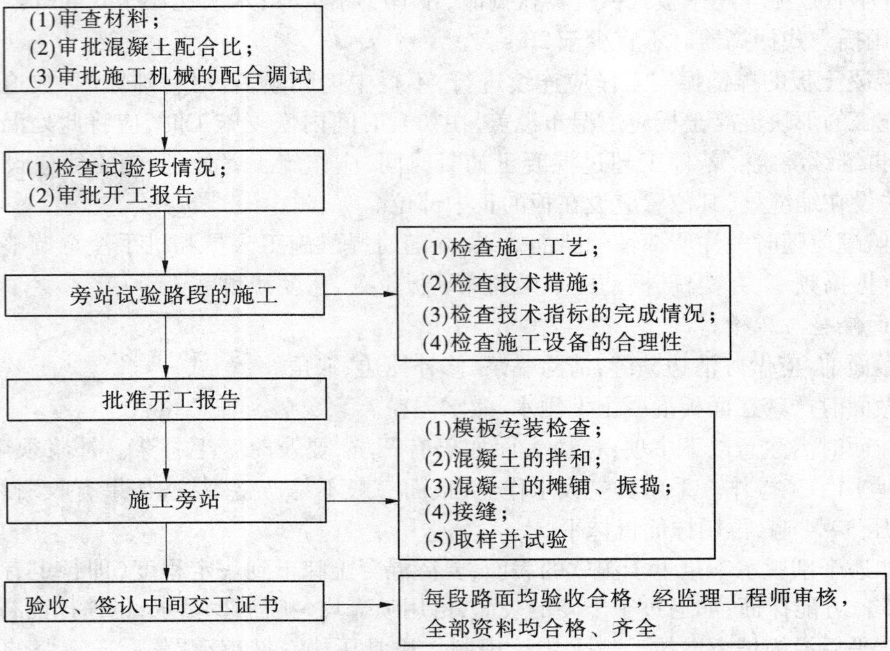

图 2-11　水泥混凝土面层施工监理程序

2. 监理要点

(1)严格控制原材料质量,对混凝土所用的几种原材料,如碎石、粗砂、水泥等都要严格按技术标准控制。不符合要求的材料绝对不允许使用,对水泥做到批批抽检。

(2)钢模板高度与混凝土板厚度一致,木模板应由质地坚实、变形小及无腐朽、扭曲、裂纹的木材制成。高度允许误差为 ±2 mm。企口舌部或凹槽的长度允许误差钢模板为 ±1 mm,木模板为 ±2 mm。

(3)混凝土板厚度在 24 cm 以下可一次摊铺,在 24 cm 以上时应分两次摊铺。下层厚度宜为总厚度的 3/5。振捣必须密实,先用插入式振捣器振捣,再用平板式振捣器振捣。振捣时应辅以人工找平(禁止用砂浆补平),振捣时防止模板变形、位移,随时检查,随时纠正。

(4)混凝土抹面时应注意:

①当有烈日暴晒或干旱、风吹时,宜快速抹面。

②抹面宜分两次进行,先找平抹平,等表面无泌水时,再作第二次抹平。

③抹面后沿着横板方向拉毛或采用机具压槽。

④压槽深度一般为 1 ~2 mm。

(5)接缝施工监理控制要点:

①胀缝必须与路中心线垂直,缝壁自身应垂直,缝宽必须一致。传力杆必须平行于板面及路面中心线,其误差≤5 mm。

②采用切缝法施工时,混凝土的强度必须达到30%以上时,方能进行切割或锯切。

③严格按照图纸和技术规范处理施工胀缝,拉杆、传力杆保持水平。

(四)工程质量验评标准

1. 实测项目

水泥混凝土面层实测项目见表2-79。

表2-79 水泥混凝土面层实测项目

<table>
<tr><th colspan="2" rowspan="2">检查项目</th><th colspan="2">规定值或允许偏差</th><th rowspan="2">检查方法和频率</th></tr>
<tr><th>高速公路、一级公路</th><th>其他公路</th></tr>
<tr><td colspan="2">弯拉强度(MPa)</td><td colspan="2">在合格标准之内</td><td>按水泥混凝土弯拉强度评定检查</td></tr>
<tr><td rowspan="2">板厚度(mm)</td><td>代表值</td><td colspan="2">-5</td><td rowspan="2">按规范附录H检查(此处略),每200 m每车道2处</td></tr>
<tr><td>合格值</td><td colspan="2">-10</td></tr>
<tr><td rowspan="3">平整度</td><td>δ(mm)</td><td>1.2</td><td>2.0</td><td rowspan="2">平整度仪:全线每车道连续检测。每100 m计算δ、IRI</td></tr>
<tr><td>IRI(m/km)</td><td>2.0</td><td>3.2</td></tr>
<tr><td>最大间隙h(mm)</td><td></td><td>5</td><td>3 m直尺:半幅车道板带每200 m测2处×10尺</td></tr>
<tr><td colspan="2">抗滑构造深度(mm)</td><td>一般路段不小于0.7且不大于1.0;特殊路段不小于0.8且不大于1.2</td><td>一般路段不小于0.5且不大于1.0;特殊路段不小于0.6且不大于1.1</td><td>铺砂法:每200 m测1处</td></tr>
<tr><td colspan="2">相邻板高差(mm)</td><td>2</td><td>3</td><td>抽量:每条胀缝2点;每200 m抽纵、横缝各2条,每条2点</td></tr>
<tr><td colspan="2">纵、横缝顺直度(mm)</td><td colspan="2">10</td><td>纵缝20 m拉线,每200 m 4处;横缝沿板宽拉线,每200 m 4条</td></tr>
<tr><td colspan="2">中线平面偏位(mm)</td><td colspan="2">20</td><td>经纬仪:每200 m测4点</td></tr>
<tr><td colspan="2">路面宽度(mm)</td><td colspan="2">±20</td><td>抽量:每200 m测4处</td></tr>
<tr><td colspan="2">纵断面高程(mm)</td><td>±10</td><td>±15</td><td>水准仪:每200 m测4断面</td></tr>
<tr><td colspan="2">横坡坡度(%)</td><td>±0.15</td><td>±0.25</td><td>水准仪:每200 m测4断面</td></tr>
</table>

注:表中δ为平整度仪测定的标准差;IRI为国际平整度指数;h为3 m直尺与面层的最大间隙。

2. 外观鉴定

(1)混凝土板的断裂块数,高速公路和一级公路不得超过评定路段混凝土板总块数的0.2%,其他公路不得超过0.4%。不符合要求时,每超过0.1%减2分。对于断裂板应采取适当措施予以处理。

(2)混凝土板表面的脱皮、印痕、裂纹和缺边掉角等病害现象，对于高速公路和一级公路，有上述缺陷的面积不得超过受检面积的0.2%，其他公路不得超过0.3%。不符合要求时，每超过0.1%减2分。对于连续配筋的混凝土路面和钢筋混凝土路面，因干缩、温缩产生的裂缝，可不减分。

(3)路面侧石直顺、曲线圆滑，越位20 mm以上者，每处减1～2分。

(4)接缝填筑饱满密实，不污染路面。不符合要求时，累计长度每100 m减2分。

(5)胀缝有明显缺陷时，每条减1～2分。

二、沥青混凝土面层和沥青碎(砾)石面层

(一)施工作业条件

(1)沥青混合料的矿料质量及矿料级配应符合设计要求和施工规范的规定。

(2)严格控制各种矿料和沥青用量及各种材料和沥青混合料的加热温度，沥青材料及混合料的各项指标应符合设计和施工规范要求。沥青混合料的生产，每日应做抽提试验、马歇尔稳定度试验。矿料级配、沥青含量、马歇尔稳定度等结果的合格率应不小于90%。

(3)拌和后的沥青混合料应均匀一致，无花白、无粗细料分离和结团成块现象。

(4)基层必须碾压密实，表面干燥、清洁、无浮土，其平整度和路拱度应符合要求。

(5)摊铺时应严格控制摊铺厚度和平整度，避免离析，注意控制摊铺和碾压温度，碾压至要求的密实度。

(二)施工要点

1. 摊铺

(1)对选定的摊铺机在作业前要全面试车检查，在整个施工过程中，应尽量做到全部施工设备机械性能处于良好状态，以保证工程的施工质量。

(2)铺筑沥青混合料前，应检查确认下层的质量。当下层质量不符合要求，或未按规定洒布透层、黏层、铺筑下封层时，不得铺筑沥青混凝土面层。

(3)摊铺前根据虚铺厚度(虚铺系数)垫好垫木，调整好摊铺机，并对烫平板进行充分加热。为保证烫平板不变形，应采用多次加热，温度不宜低于80 ℃。

(4)摊铺过程中两侧螺旋送料器应不停地匀速旋转，使两侧混合料高度始终保持熨平板的2/3高度，使全断面不发生离析现象，并尽量避免停机待料。如停机时间过长，混合料冷却时应抬起熨平板，来料后重新开始施工，上下两层摊铺施工纵缝要错开15 cm以上。

(5)摊铺过程中设专人检测摊铺温度、虚铺厚度，发现问题及时调整解决，并做好记录。

(6)用机械摊铺的混合料，不应用人工反复修整。必须采用人工修整时，要由技术主管人员指导，缺陷严重时，应予以铲除更换新料，工人不宜站在热混合料面层上操作。

2. 碾压

(1)初压应紧跟在混合料摊铺后较高温度下进行，前进时不挂振，后退时挂振。初压温度不宜低于120 ℃，碾压速度为1.5～2 km/h，碾压重叠宽度宜为200～300 mm，并使压路机驱动轮始终朝向摊铺机。

(2)复压应紧接在初压后进行，宜采用6～14 t高频、低振幅振动压路机振压1～2遍，

然后采用 16 ~ 26 t 轮胎压路机碾压 2 ~ 4 遍,直至达到要求压实度。复压温度不宜低于 100 ℃,速度控制在 4 ~ 5 km/h。

(3)终压紧接在复压后进行,采用 6 ~ 14 t 的振动压路机静压 2 ~ 3 遍,至表面无轮迹。终压温度不宜低于 80 ℃,碾压速度为 3 ~ 4 km/h。

(4)当采用轮胎压路机时,总质量不宜小于 15 t;当采用振动压路机时,振动频率宜为 35 ~ 50 Hz,振幅宜为 0.3 ~ 0.8 mm,并根据混合料的种类、温度和厚度选用,层厚较大时选用较大的频率和振幅。

3. 接缝处理

(1)每天施工缝接缝应采用直茬直接缝,用 3 m 靠尺检测平整度,将端部平整度不好、厚度不足的部分用人工凿除,预留立茬横接,以便下次摊铺使用。

(2)将接缝清理干净后,涂刷黏结沥青油。下次接缝继续摊铺时应重叠在已铺层上 5 ~ 10 mm,摊铺完后用人工将已摊铺在前半幅上的混合料铲走。

(3)碾压横缝一般先横压、后纵压,在施工中常采用纵向碾压后再横向碾压。碾压时在已成型路幅上横向行走,碾压新层 100 ~ 150 mm,然后每碾压一遍,向新铺混合料移动 150 ~ 200 mm,直至全部在新铺层上为止,再改为纵向碾压,充分将接缝压实紧密。

(4)用两台摊铺机施工时纵缝应全部采用热接,前面摊铺机铺筑部分应留下 10 ~ 20 cm 暂不碾压,作为后面摊铺机摊铺高程和厚度的控制基准,双幅摊铺后一起碾压。

(5)对已施工的车道,当其边缘部分由于行车或其他原因已发生变形污染时,应加以修理。对塌落部分或未充分压实的部分,应采用铣刨机或切割机切除并凿齐,缝边要垂直,线形成直线,涂刷黏结沥青油后再摊铺新沥青混合料。碾压时应紧跟在摊铺机后立即碾压。

(三)监理巡视与检查

(1)把好混合料配合比的审批关,要求承包商混合料配合比必须在技术规范中级配曲线的范围之内,同时监理也要用平行试验进行对比,要符合标书技术规范的要求。审核施工中机械设备的配备情况,必须满足技术规范中规定的施工工况和技术标准要求。

(2)经试验确定的标准配合比,在生产施工过程中不能随意改变。若进场原材料发生变化,并经检测沥青混合料的矿料级配、马歇尔指标有偏差或不符合要求,应及时调整配合比,必要时重新进行配合比设计。

(3)摊铺现场的监理人员要检查控制卸料、摊铺及压实的初压、复压和终压等各阶段的混合料的温度。一旦发现温度过低,则要及时停工处理。发现混合料质量有问题时,立即通知拌和场进行检查、校验。

(4)路面施工时,应尽量做到中下面层在不被污染情况下连续施工。若不能连续施工或下承层表面已被污染,在继续施工时应喷洒适量的沥青乳液黏层,并组织好上面层的统一施工。

(5)凡遇到接缝用无齿锯切割的剖面立茬,施工前必须涂抹一层沥青黏结剂。

(6)日平均气温高于 5 ℃时,可以进行沥青混凝土路面施工。

(四)工程质量验评标准

1. 实测项目

沥青混凝土面层和沥青碎(砾)石面层实测项目见表 2-80。

表 2-80　沥青混凝土面层和沥青碎(砾)石面层实测项目

检查项目		规定值或允许偏差		检查方法和频率
		高速公路、一级公路	其他公路	
压实度(%)		实验室标准密度的96%(*98%); 最大理论密度的92%(*94%); 试验段密度的98%(*99%)		按 JTG F80/1—2004 附录 B 检查,每 200 m 测 1 处
平整度	δ(mm)	1.2	2.5	平整度仪:全线每车道连续按每 100 m 计算 *IRI* 或 δ
	IRI(m/km)	2.0	4.2	
	最大间隙 *h*(mm)		5	3 m 直尺:每 200 m 测 2 处×10 尺
弯沉值(0.01 mm)		符合设计要求		按路基、柔性基层、沥青路面弯沉值评定检查
渗水系数		SMA 路面 200 mL/min;其他沥青混凝土路面 300 mL/min		渗水试验仪:每 200 m 测 1 处
抗滑值	摩擦系数	符合设计要求		摆式仪:每 200 m 测 1 处;横向力系数测定车:全线连续,按本规范附录 K(此处略)评定
	构造深度			铺砂法:每 200 m 测 1 处
厚度(mm)	代表值	总厚度:设计值的 -5%;上面层:设计值的 -10%	-8% *H*	按路面结构层厚度评定检查,双车道每 200 m 测 1 处
	合格值	总厚度:设计值的 -10%;上面层:设计值的 -20%	-15% *H*	
中线平面偏位(mm)		20	30	经纬仪:每 200 m 测 4 点
纵断面高程(mm)		±15	±20	水准仪:每 200 m 测 4 断面
宽度(mm)	有侧石	±20	±30	尺量:每 200 m 测 4 断面
	无侧石	不小于设计规定值		
横坡坡度(%)		±0.3	±0.5	水准仪:每 200 m 测 4 处

注:1. 表内压实度可选用其中的 1 个或 2 个标准评定,选用两个标准时,以合格率低的作为评定结果。带 * 号指 SMA 路面,其他为普通沥青混凝土路面。

2. 表列厚度仅规定负允许偏差。其他公路的厚度代表值和合格值允许偏差按总厚度计,当总厚度≤60 mm 时,允许偏差分别为 -5 mm 和 -10 mm;总厚度 >60 mm 时,允许偏差分别为 -8% 和 -15%,*H* 为总厚度(mm)。

2. 外观鉴定

(1)表面应平整密实,不应有泛油、松散、裂缝和明显离析等现象。对于高速公路和一级公路,有上述缺陷的面积(凡属单条的裂缝,则按其实际长度乘以 0.2 m 宽度,折算成面积)之和不得超过受检面积的 0.03%,其他公路不得超过 0.05%。不符合要求时,每超过 0.03%或 0.05%减 2 分。

半刚性基层的反射裂缝可不计做施工缺陷,但应及时进行灌缝处理。

(2)搭接处应紧密、平顺,烫缝不应枯焦。不符合要求时,累计每 10 m 长减 1 分。

(3)面层与路缘石及其他构筑物应密贴接顺,不得有积水或漏水现象。不符合要求时,每处减 1 ~ 2 分。

三、沥青透层、黏层与封层

(一)工艺流程

(1)沥青透层施工工艺流程见图 2-12。

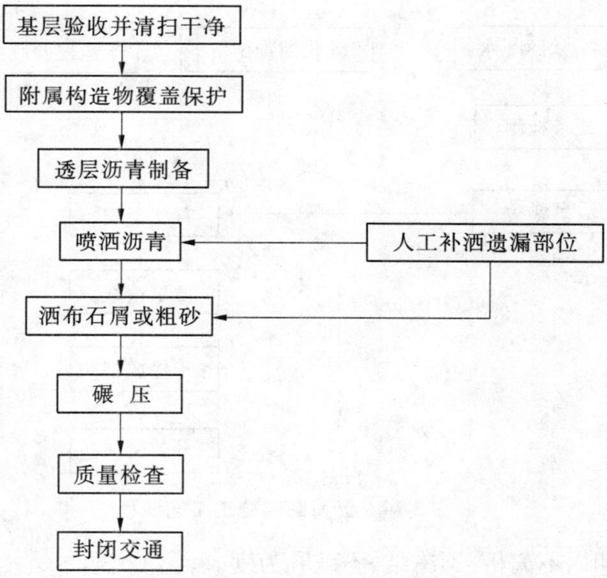

图 2-12 沥青透层施工工艺流程

(2)沥青黏层施工工艺流程见图 2-13。

(3)沥青封层施工工艺流程见图 2-14。

(二)施工要点

1. 材料要求

(1)乳化石油沥青、液体石油沥青、集料的质量应符合《公路沥青路面施工技术规范》(JTJ 032—94)的有关规定。

(2)乳化石油沥青可利用胶体磨或匀油机等乳化机械在沥青拌和厂制备,乳化剂用量(按有效含量计)宜为沥青用量的 0.3% ~ 0.8%。制备乳化石油沥青的温度应通过试验确定,乳化剂水溶液的温度宜为 40 ~ 70 ℃,石油沥青宜加热至 120 ~ 160 ℃,乳化沥青制成后

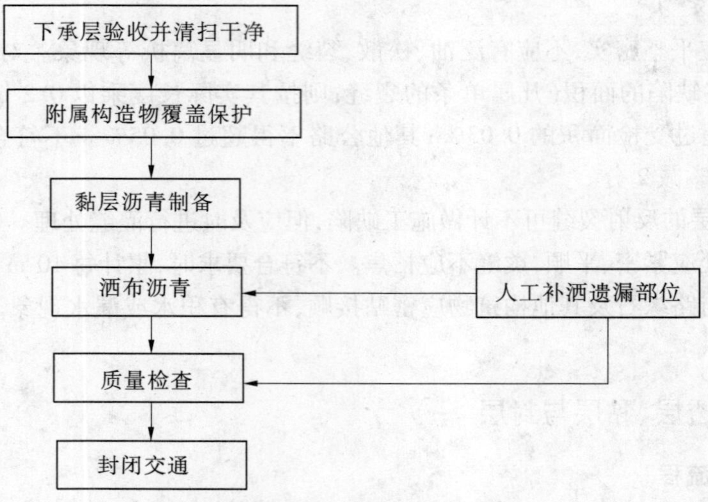

图 2-13　沥青黏层施工工艺流程

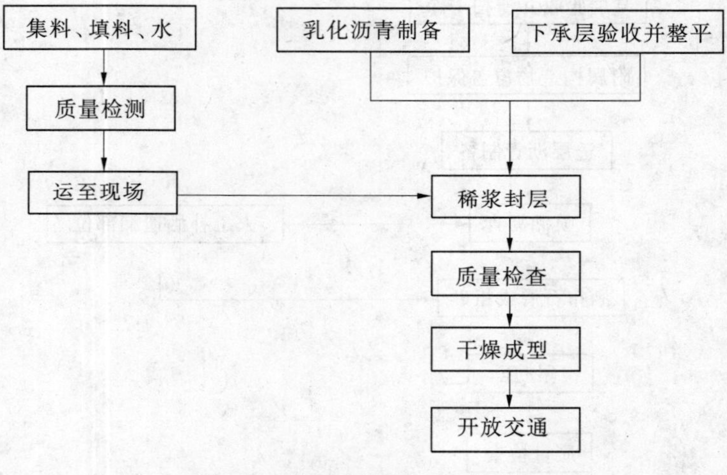

图 2-14　沥青封层施工工艺流程

应及时使用,存放期以不离析、不冻结、不破乳为度。

(3)煤沥青使用期间在储油池或沥青罐中储存温度宜为 70 ~ 90 ℃,并应避免长期储存。经较长时间存放的煤沥青在使用前应抽样检测,质量不合格时不得使用。

(4)颗粒状集料(大于 1 mm)应选用强度高、硬度大、耐磨耗的砂石集料。

(5)稀浆封层所需集料适宜用矿渣、碎石,不适宜用轻质材料、页岩及泥岩等。

(6)沥青路面透层及黏层材料规格和用量见表 2-81。

(7)煤沥青。道路用煤沥青可用于透层、黏层。选用煤沥青的质量应符合表 2-82 的规定。

(8)液体石油沥青。用于透层、黏层及拌制常温下施工的沥青混合料可选用液体石油沥青,液体石油沥青在使用前应通过试验确定掺配比例,配置的液体石油沥青的类型与质量应符合表 2-83 规定。

表 2-81　沥青路面透层及黏层材料规格和用量

用途		乳化沥青		液体石油沥青		煤沥青	
		规格	用量（L/m²）	规格	用量（L/m²）	规格	用量（L/m²）
透层	粒料基层	PC－2 PA－2	1.1～1.6	AL(M)－1 或 2 AL(S)－1 或 2	0.9～1.2	T－1 T－2	1.0～1.3
透层	半刚性基层	PC－2 PA－2	0.7～1.1	AL(M)－1 或 2 AL(S)－1 或 2	0.6～1.0	T－1 T－2	0.7～1.0
黏层	沥青层	PC－3 PA－3	0.3～0.6	AL(R)－1 或 2 AL(M)－1 或 2	0.3～0.5	T－3、T－4 T－5	0.3～0.6
黏层	水泥混凝土	PC－3 PA－3	0.3～0.5	AL(R)－1 或 2 AL(M)－1 或 2	0.2～0.4	T－3、T－4 T－5	0.3～0.5

表 2-82　道路用煤沥青技术要求

试验项目		T－1	T－2	T－3	T－4	T－5	T－6	T－7	T－8	T－9
黏度(s)	C30.5 C30.10 C60.10	5～25	26～70	21～50	51～120	121～200	10～75	76～200	35～65	
蒸馏试验馏出量（%）	170 ℃前不大于	3	3	3	2	1.5	1.5	1.0	1.0	1.0
	270 ℃前不大于	20	20	20	15	15	15	10	10	10
	300 ℃前不大于	15～35	15～35	30	30	25	25	20	20	15
300 ℃蒸馏残渣软化点（环球法）(℃)		30～45	30～45	35～65	35～65	35～65	35～65	40～70	40～70	40～70
水份不大于(%)		1.0	1.0	1.0	1.0	1.0	0.5	0.5	0.5	0.5
苯不溶物不大于(%)		20	20	20	20	20	20	20	20	20
含苯量不大于(%)		5	5	5	4	4	3.5	3	2	2
焦油酸含量不大于(%)		4	4	3	3	2.5	2.5	1.5	1.5	1.5

表 2-83　面层道路用液体石油沥青技术要求

检验项目		快凝		中凝						慢凝					
		AL(R)-1	AL(R)-2	AL(M)-1	AL(M)-2	AL(M)-3	AL(M)-4	AL(M)-5	AL(M)-6	AL(S)-1	AL(S)-2	AL(S)-3	AL(S)-4	AL(S)-5	AL(S)-6
黏度(s)	C25.5 C60.5	<20	5～15	<20	5～15	16～25	26～40	41～100	101～200	<20	5～15	16～25	26～40	41～100	101～200
蒸馏体积(%)	225 ℃前	>20	>15	<10	<7	<3	<2	0	0						
	315 ℃前	>35	>30	<35	<25	<17	<14	<8	<5						
	360 ℃前	>40	>35	<50	<35	<30	<25	<20	<15	<40	<35	<25	<20	<15	<5
蒸馏后残留物	针入度(25℃、100g、5 s)(0.01 mm)	60～200	60～200	100～300	100～300	100～300	100～300	100～300	100～300						
	延度(25 ℃、50 cm/min)(cm)	>60	>60	>60	>60	>60	>60	>60	>60						
	浮漂度(50 ℃)(s)									<20	>20	>30	>40	>45	>50
闪点(TOC 法)(℃)		>30	>30	>65	>65	>65	>65	>65	>65	>70	>70	>100	>100	>120	>120
含水量不大于(%)		0.2		0.2						0.2					

2. 施工要求

1）透层

（1）透层前应对基层进行清扫，在基层表面少量洒水，并对附属构造物覆盖保护，待表面稍干后浇洒透层沥青。

（2）透层大面积施工前应经试洒确定喷洒速度及洒油量，施工时采用沥青洒布车按设计沥青用量一次喷洒均匀，当有遗漏及路边缘喷洒不到部位，应采用人工洒布机补洒，应做到外观检查不露白、不缺边。

（3）在无机结合料稳定半刚性基层上浇洒透层沥青后，宜立即撒布用量为 2～3 m^2/1 000 m^2的石屑。在无机结合料粒料基层上浇洒透层沥青后，当不能及时铺筑面层，并需开放施工车辆通行时，也应撒铺适量的石屑或粗砂，此种情况下透层沥青用量宜增加10%。撒布石屑或粗砂后，应用6～8 t 双钢轮压路机稳压1～2 遍。在铺筑沥青面层前如发现局部地方透层沥青剥落应予修补；当有多余的浮动石屑或粗砂时，应予以扫除。

（4）透层洒布后应尽早铺筑沥青面层。当用乳化沥青作透层时，洒布后应待其破乳且洒布时间不宜少于 24 h 之后，方可铺筑沥青面层。

（5）在铺筑沥青面层前，若局部地方尚有多余的透层沥青未渗入基层，应予以清除。

2）黏层

（1）黏层沥青宜采用沥青洒布车喷洒，洒布时应保持稳定的速度和喷洒量。沥青洒布车在整个洒布宽度内必须喷洒均匀。

在路缘石、雨水口、检查井等局部应用刷子人工涂刷。

（2）黏层沥青应均匀洒布或涂刷，浇洒过量处应予以刮除，洒布不到部分，采用人工进行补洒。

（3）黏层沥青洒布后应紧接着铺筑沥青面层，但乳化沥青应待破乳、水分蒸发完后铺筑。

3）封层

（1）上封层及下封层可采用拌和法或层铺法施工的单层式沥青表面处置，也可采用乳化沥青稀浆封层。新建的高速公路、一级公路的沥青路面上不宜采用稀浆封层铺筑上封层。

（2）稀浆封层施工应采用稀浆封层铺筑机进行。铺筑机应具有储料、送料、拌和、摊铺和计量控制等功能。摊铺时应控制好集料、填料、水、乳液的配合比例。当铺筑过程中发现有一种材料用完时，必须立即停止铺筑，重新装料后再继续进行。

（3）稀浆封层铺筑机工作时应匀速前进，达到厚度均匀、表面平整的要求。

（4）稀浆封层混合料的湿轮磨耗试验的磨耗损失不宜大于800 g/m^2；轮荷压砂试验的砂吸收量不宜大于600 g/m^2。稀浆封层混合料的加水量应根据施工摊铺和易性的程度由稠度试验确定，要求的稠度应为20～30 mm。

（5）稀浆封层铺筑后，必须待乳液破乳、水分蒸发、干燥成型后方可开放交通。

4）雨期、冬期施工

（1）雨期施工：透层施工如遇阴雨天，可在雨停后，基层表面无积水时进行施工。黏层、封层施工，应在下承层干燥后再进行施工，对局部潮湿的路段，可采用喷灯进行烘干。

（2）冬期施工：当气温低于10 ℃时，不得进行透层、黏层和封层施工。

（三）监理巡视与检查

1. 透层施工

（1）浇洒透层前，对路缘石及人工构造物等应适当防护，以防污染。

（2）透层沥青洒布后应不致流淌，要渗透入基层一定深度，并不得在表面形成油膜。在铺筑沥青面层前，若局部有多余的透层沥青渗入基层，应予以清除，对遗漏处应人工补洒。

（3）透层沥青的浇洒要求按设计用量一次均匀洒布。

（4）透层洒布后，应尽早铺筑沥青面层。当用乳化沥青作透层时，应待其充分渗透、水分蒸发后方可铺筑沥青面层，等待时间不宜少于24 h。

（5）如遇大风或即将降雨，不得浇洒透层沥青。气温低于10 ℃时，不宜浇洒透层沥青。

2. 黏层施工

（1）黏层沥青应均匀洒布或涂刷，浇洒过量处应予以刮除。

（2）路面有脏物尘土时应清除干净。必要时应用水冲刷，待表面干燥后浇洒。

（3）当气温低于10 ℃或路面潮湿时不得浇洒黏层沥青。

（4）浇洒黏层沥青后，严禁车辆、行人通过。

（5）黏层沥青洒布后应紧接着铺筑沥青层，但乳化沥青应待破乳、水分蒸发完后铺筑。

3. 封层施工

(1)稀浆封层的厚度宜为3～6 mm。

(2)稀浆封层可采用慢裂或中裂的拌和型乳化沥青铺筑。当需要减缓破乳速度时,可掺加适量的氯化钙作外加剂。当需要加快破乳速度时,可采用一定数量的水泥或消石灰粉作填料。

(3)稀浆封层混合料中沥青乳液的合理用量宜按表2-84的规定范围并通过试验确定。要求混合料的湿轮磨耗试验的磨耗损失不宜大于800 g/m^2;轮荷压砂试验的砂吸收量不宜大于600 g/m^2。稀浆封层的加水量应根据施工摊铺和易性的程度由稠度试验确定,要求稠度为2～3 cm。

表2-84　乳化沥青稀浆封层的矿料级配及沥青用量范围

项目	筛孔(mm)		级配类型		
	方孔筛	圆孔筛	ES-1	ES-2	ES-3
通过筛孔的质量百分比(%)	9.5	10	100	100	100
	4.75	5	90～100	90～100	70～90
	2.36	2.5	65～90	65～90	45～70
	1.16	1.2	40～60	45～70	28～50
	0.6		25～42	30～50	19～34
	0.3		15～30	18～30	12～25
	0.15		10～20	10～21	7～18
	0.075		—	5～15	5～15
沥青用量(油石比)(%)			10～16	7.5～13.5	6.5～12
适宜的稀浆封层厚度(mm)			2～3	3～5	4～6
稀浆混合料用量(kg/m^2)			3～5.5	5.5～8	>8

注:1. 表中沥青用量指乳化沥青中水分蒸发后的沥青数量,乳化沥青用量可按其浓度计算。

2. ES-1型适用于较大裂缝的封缝或中、轻交通道路的薄层罩面处理;ES-2型是铺筑中等粗糙度磨耗层最常用的级配,也可适用于旧路修复罩面;ES-3型适用于高速公路、一级公路和城市快速路、主干路的表层抗滑处理、高粗糙度的磨耗层。

(4)稀浆封层施工应在干燥情况下进行,用稀浆封层铺筑机施工。铺筑机应具有储料、送料、拌和、摊铺和计量控制等功能。摊铺时应控制好集料、填料、水、乳液的配合比例。铺筑时应匀速前进,达到厚度均匀、表面平整的要求。

(5)稀浆封层铺筑后,必须待乳液破乳、水分蒸发、干燥成型后,方可开放交通。

(6)稀浆封层的施工气温不得低于10 ℃。

(四)工程质量验评标准

1. 实测项目质量标准及检验频率

实测项目质量标准及检验频率见表2-85。

表 2-85　实测项目质量标准及检验频率

检查项目	允许偏差	检查方法及频率
沥青用量(kg/m^2)	±10%	每工作日每层洒布沥青按《公路路基路面现场测试规程》中T0982的方法检查一次

2. 外观鉴定

(1)沥青材料的各项指标和石料的质量规格及用量应符合设计要求。

(2)沥青浇洒应均匀、无露白,不得污染其他构筑物。

四、改性沥青混凝土路面

(一)施工作业条件

(1)铺筑改性沥青混合料前,应检查下承层的质量,下承层表面平整、清洁、无松散部位,并按规定喷洒透层油或黏层油。路缘石与沥青混合料接触面应涂刷黏结油。

(2)在旧沥青路面或水泥混凝土路面上加铺改性沥青面层时,应修补破损的路面、填补坑洞、封填裂缝或失效的水泥路面接缝;松动的水泥混凝土板应清除或进行稳定处理;表面应整平,摊铺前应清扫干净,喷洒黏层油。

(3)夜间施工时,必须有充足良好的照明条件。

(4)施工前对各种施工机具做全面检查,经调试证明处于性能良好状态,机械设备数量应足够,施工能力应配套,关键设备宜有备用设备或应急方案。

(5)改性沥青混合料的正常施工温度范围见表2-86,否则,当气温低于10 ℃时,不得进行改性沥青混合料路面施工。

表 2-86　改性沥青混合料的正常施工温度范围　（单位:℃）

工序	SBS 类	SBR 乳胶类	EVA、PE 类	测量部位
沥青加热温度	160～165	160～165	150～160	沥青加热罐
改性沥青现场制作温度	165～170		160～165	改性沥青车
改性沥青加工最高温度	175		175	改性沥青车
集料加热温度	190～200	200～210	180～190	热料提升斗
混合料出厂温度	175～185	175～185	170～190	运料车
混合料最高温度（废弃温度）	不高于195			运料车
混合料贮存温度	降低不超过10			贮存罐及运料车
摊铺温度	不低于160			摊铺机
初压开始温度	不低于150			摊铺层内部
复压最低温度	不低于130			碾压层内部
碾压终了温度	不低于120			碾压层内部
开放交通温度	不高于60			路面内部或路表

(二)施工要点

1. 摊铺

(1)铺筑前应清扫干净、正确放样,安装好路缘石、浇洒透层油。若洒布透层油后由于行车需要洒布石屑或砂等物质,均需在铺筑沥青混凝土前将松散颗粒清扫干净,以免造成松散夹层。

(2)摊铺时应尽量减少人工处理,防止破坏表面纹理,但混合料出现离析现象时必须采取人工筛料处理,筛孔不宜小于 10 mm。

(3)沥青混合料宜选用能在全幅宽度上一次完成的摊铺机械。摊铺混合料时宜保证纵向连续性,间隙或停顿越多,造成路面纵向不平整的可能性就越大。

(4)摊铺时,一定要保证混合料的温度不低于 160 ℃。

(5)设专人对摊铺后的路面进行检测,每 10~20 m,至少检测左、中、右三点的虚铺厚度,以备发现问题时能及时调整。

2. 碾压

(1)改性沥青混合料压实应在摊铺以后紧接着进行,初压压路机与摊铺机间最大未摊铺距离应在 30 m 以内。在初压和复压过程中,宜采用同类压路机并列呈梯队压实,初压时温度不应低于 150 ℃,复压时温度不应低于 130 ℃,保持碾压终了时温度不低于 120 ℃。

(2)压路机碾压的速度选择应根据压路机本身的能力、压实厚度、碾压位置等确定。采用振动压路机时,压路机的振频、振幅大小应与路面铺筑厚度协调,厚度较薄时应采用高频低振幅。

(3)碾压段落长度随摊铺面温度下降情况和摊铺的速度确定,压路机每完成一个来回的碾压,应追随着向摊铺机靠近,形成阶梯形碾压。对于碾压不到的部位应及时用板夯等小型碾压器及时补压。

(4)压路机不得在未成型冷却的工作面上停车、急转向、急刹车、起步和加油、加水。振动压路机不得原地起振,必须行进起来后加振或停止行进前减振。如在碾压过程中出现粘轮现象,对于自动喷雾的压路机,向水箱中加入洗涤剂,以减轻粘轮,严禁洒水。

(5)设专人在压实过程中对厚度、压实度、平整度和外观情况等进行跟踪检测。应重点对摊铺前后的混合料温度、摊铺后虚铺厚度、复压一遍后的平整度等情况进行跟踪检测。

3. 施工缝处理

沥青混凝土面层的施工缝处理。沥青混凝土面层施工缝直接影响路面的平整度,必须严格控制。一般为纵向缝采用热接缝时碾压温度不低于 70 ℃,或按施工规范接缝处理。接缝施工一般在接缝处设挡板,使端部整齐。双层或三层式路面,上下层接缝位置应错开 30 cm 以上。在横向接缝处摊铺混合料后先清缝,然后检查新摊铺的混合料松铺厚度是否合适。接缝处不得转向。

4. 冷却运行

(1)当路面经碾压合格,温度适合、摊铺层完全自然冷却后,方可开放交通。

(2)遇雨不得摊铺改性沥青混合料。

(3)四级及以上大风天气,摊铺后的改性沥青混合料表层温度会急剧下降,不宜进行改性沥青混合料施工。

(三)监理巡视与检查

改性沥青混凝土路面施工旁站监理要点见表2-87。

表2-87 施工旁站监理要点

序号	监理项目	监理要点
1	拌制	(1)控制混合料加热温度、出厂温度。 (2)控制进料计量。 (3)抽查拌和料的集料级配及沥青含量。 (4)外观要求拌和均匀,无粗细粒料分离,无花白石子,无成团结块
2	运输	(1)运输车辆要覆盖,防止污染及降温。 (2)控制混合料运达工地温度。 (3)运输车辆料斗中应无积水,为便于卸料,只能涂刷经监理工程师同意的涂料
3	摊铺	(1)正确放样。 (2)清扫表面,透层油符合要求,保持连续铺筑,减少中间间歇次数。 (3)随铺随拉线检查平整度、横坡度、标高、厚度
4	碾压	(1)控制初、复、终压沥青混合料温度。 (2)按顺序碾压,控制适合的碾压遍数,检测压实度。 (3)外观检查,使表面平整,无轮迹、松散、裂缝推挤、啃边、粗细料集中、拉沟等现象

(四)工程质量验评标准

1. 实测项目

改性沥青混凝土路面实测项目见表2-88。

表2-88 改性沥青混凝土路面实测项目

检查项目		规定值或允许偏差		检查方法和频率
		高速公路、一级公路	其他公路	
压实度(%)		95	94	灌砂、核子仪:每100 m 2~5点
纵断面高程(mm)		±15	±20	水准仪:每100 m 4点
平整度(mm)	标准偏差δ	1.8	2.5	平整度仪:全线连续,按每100 m计算δ
	最大间隙h	3.0	5.0	3 m直尺:每200 m 2处×10尺
弯沉值(0.01 mm)		≤设计允许值		弯沉仪:每1双车道(不超过1 km)检查80~100个点

续表 2-88

检查项目		规定值或允许偏差		检查方法和频率
		高速公路、一级公路	其他公路	
抗滑性能	摩擦系数	符合设计要求		摆式仪或摩擦系数测定车
	构造深度			砂铺法:每 200 m 1 处
厚度(mm)	代表值	总厚度 -8 上面层 -4	≤60 时为 -5 >60 时为 -8%	挖验、钻芯取样每 200 m 每车道 1 点
	极值	总厚度 -15 上面层 -8	≤60 时为 -10 >60 时为 -15%	
中线平面偏位(mm)		20		经纬仪:每 200 m 4 点
宽度(mm)	有侧石	±20	±30	尺量:每 200 m 4 处
	无侧石	不小于设计值		
横坡坡度(%)		±0.3	±0.5	水准仪:每 200 m 4 断面

注:δ 为平整度仪测定的标准偏差;h 为 3 m 直尺与路面的最大间隙。

2. 外观鉴定

(1)表面平整密实,不应有泛油、松散、裂缝、粗细料明显离析等现象。

(2)搭接处应紧密、平顺。

(3)面层与路缘石及其他构筑物应接顺,不得有积水现象。

五、沥青贯入式面层

(一)施工作业条件

(1)沥青材料的各项指标应符合设计要求和施工规范。

(2)各种材料的规格和用量应符合设计要求和施工规范,上拌沥青混凝土混合料每日应做抽提试验和马歇尔稳定度试验。

(3)碎石层必须平整坚实,嵌挤稳定,沥青贯入应深透,浇洒应均匀,不得污染其他构筑物。

(4)嵌缝料必须趁热撒铺,扫料均匀,不应有重叠现象。

(5)上层采用拌和料时,混合料应均匀一致,无花白和粗细分离现象,摊铺平整,接茬平顺,及时碾压密实。

(6)沥青贯入式面层施工前,应先做好路面结构层与路肩的排水。

①检查基层是否清扫干净,如有缺陷应认真处理。当有路缘石时,应在安装好路缘石后再施工。

②乳化沥青贯入式路面必须浇洒透层或黏层沥青。当沥青贯入式路面厚度小于或等于 5 cm 时,也应浇洒透层或黏层沥青。

③沥青浇洒时要求用量准确、浇洒均匀。沥青的浇洒温度应根据沥青标号及施工时气温的情况选择。

④当采用乳化沥青贯入时,为防止乳液下漏过多,可在主层集料碾压稳定后,先撒布一部分上一层的嵌缝料,再浇洒主层沥青。

⑤嵌缝料撒布要均匀,辅以人工扫匀,不足处应找补。

⑥碾压时应随压随扫,使嵌缝料均匀嵌入,当气温过高,碾压中出现较大推移现象时,应立即停止碾压。

(二)监理巡视与检查

(1)检查本工程所用石料、嵌缝料及沥青的规格、用量和有关性能试验报告。

(2)当乳化沥青贯入式路面铺筑在半刚性基层上时,应铺筑下封层。

(3)主层集料撒布时,应避免颗粒大小不均。检查松铺厚度、平整度,确保层厚符合要求,不得有重叠现象,个别不均匀之处,应及时找补。

(4)浇洒沥青时,应检查沥青洒布温度,其温度控制标准与层铺法沥青表面处治路面相同。

(5)沥青贯入式路面各层次沥青用量应根据施工气温、沥青标号等在规定范围内选用。

(6)贯入层做好时不撒布封层料,应紧跟贯入层后加铺沥青混合料,使上、下层结合为整体。

(7)贯入层采用乳化沥青时,应待其破乳,水分蒸发且成型稳定后方可铺筑拌和层。

(8)沥青贯入式路面应选择在干燥和较热季节施工,并应在雨季前及月最高温度低于15 ℃的天气到来以前半个月结束,使贯入式结构层通过开放交通碾压成型。

(9)碾压成型后,及时对外观及外形尺寸进行检查。

(三)工程质量验评标准

1. 实测项目

沥青贯入式面层(或上拌下贯式面层)实测项目见表2-89。

表2-89　沥青贯入式面层实测项目

检查项目		规定值或允许偏差	检查方法和频率
平整度	δ(mm)	3.5	平整度仪:全线每车道连续按每100 m计算*IRI*或δ
	IRI(m/km)	5.8	
	最大间隙*h*(mm)	8	3 m直尺:每200 m测2处×10尺
弯沉值(0.01 mm)		符合设计要求	按路基、柔性基层、沥青路面弯沉值评定检查
厚度(mm)	代表值	-8%*H*或-5 mm	按路面结构层厚度评定检查,每200 m每车道1点
	合格值	-15%*H*或-10 mm	
沥青用量(kg/m²)		±0.5%	每工作日每层洒布检查1次
中线平面偏位(mm)		30	经纬仪:每200 m测4点
纵断面高程(mm)		±20	水准仪:每200 m测4断面
宽度(mm)	有侧石	±30	尺量:每200 m测4处
	无侧石	不小于设计规定值	
横坡坡度(%)		±0.5	水准仪:每200 m测4断面

注:1. 当设计厚度≥60 m时,按厚度百分率控制;当设计厚度<60 mm时,按厚度不足的毫米数控制。*H*为厚度,mm。

2. 沥青总用量按《公路路基路面现场测试规程》中T0892的方法,每工作日每层洒布沥青检查一次,并计算同一路段的单位面积的总沥青用量。

2. 外观鉴定

(1)表面应平整密实,不应有松散、裂缝、油包、油丁、波浪、泛油等现象,有上述缺陷的面积之和不超过受检面积的0.2%。不符合要求时,每超过0.2%减2分。

(2)表面无明显碾压轮迹。不符合要求时,每处减1~2分。

(3)面层与路缘石及其他构筑物应密贴接顺,无积水现象。不符合要求时,每处减1~2分。

六、SMA路面

SMA(沥青玛琋脂碎石混合料)是由沥青、纤维稳定剂、矿粉及少量的细集料组成的沥青玛琋脂填充间断级配的粗集料骨架间隙而成的沥青混合料。SMA路面具有高温抗车辙性、低温抗裂性、抗疲劳性、水稳性及较高的路面耐久性等多种优良的路面使用功能。

(一)工艺流程

(1)SMA路面施工工艺流程见图2-15。

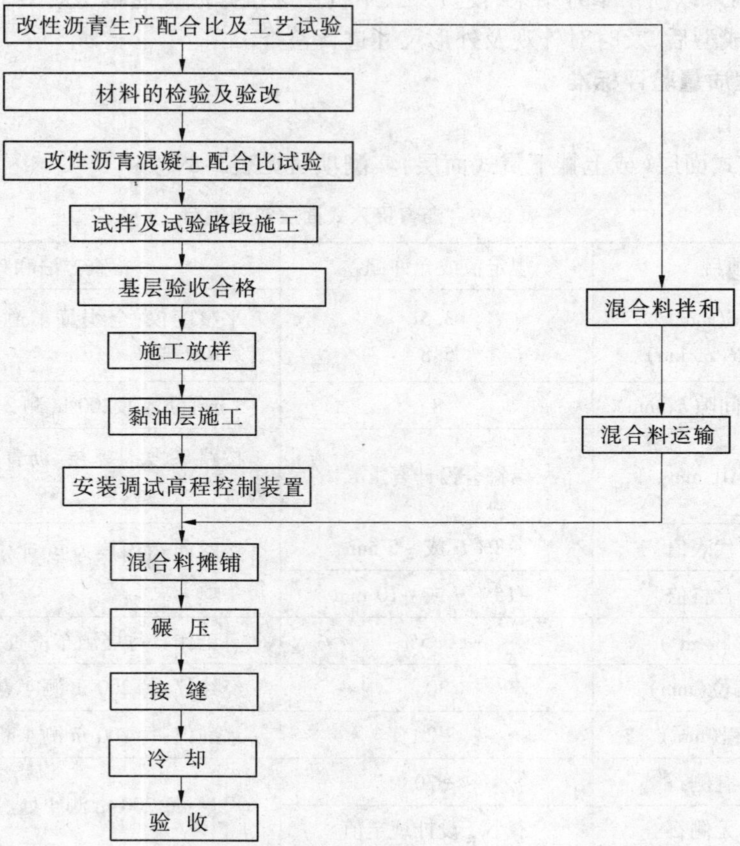

图2-15　路面施工工艺流程

(2)SMA路面施工质量监理工作流程见图2-16。

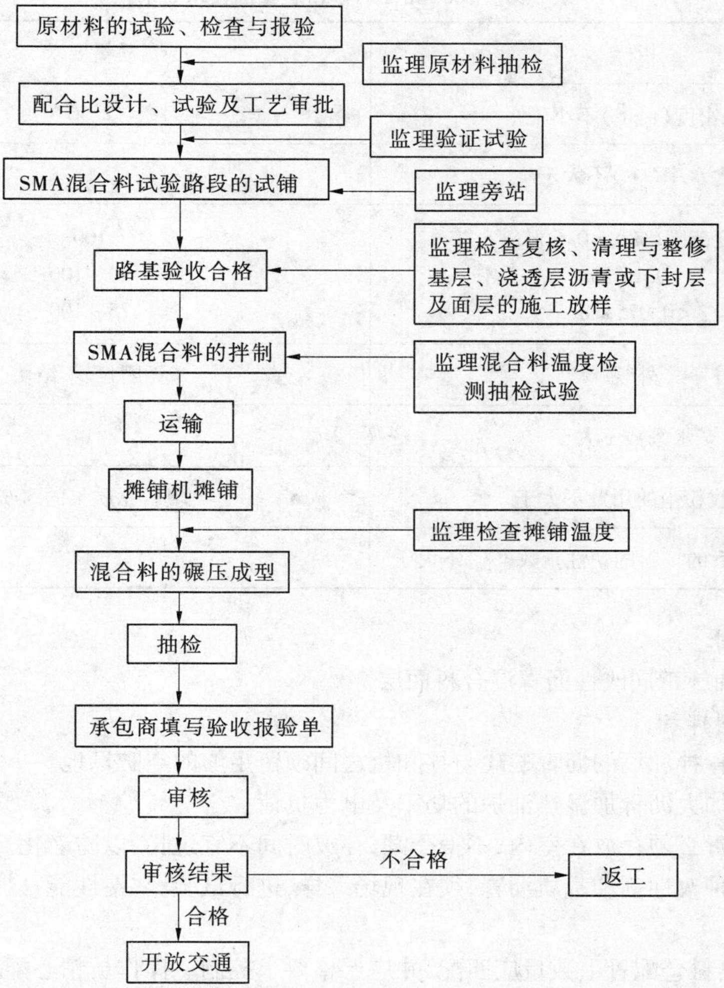

图 2-16　SMA 路面施工质量监理工作流程

(二)施工要点

1. 材料要求

(1)SMA 混合料应有出厂合格证和试验报告,其技术指标应符合国家现行标准《公路工程沥青及沥青混合料试验规程》(JTJ 052)的规定,并满足设计要求。

(2)SMA 混合料按公称最大料径分为 SMA－16、SMA－13、SMA－10、SMA－5 等四种类型。

(3)SMA 必须具有互相嵌挤紧密的粗集料骨架,形成石－石嵌结构。

(4)SMA 路面对细集料和矿粉质量的技术要求见表 2-90、表 2-91。

表 2-90　SMA 路面对细集料的质量技术要求

指标	技术指标	指标	技术指标
视密度(t/m^3)不小于	2.50	砂当量(%)不小于	60
坚固性(小于 3.0 mm)(%)不大于	12	棱角性(%)不小于	45

表 2-91 SMA 路面对矿粉质量的技术要求

指标	质量要求
视密度(t/m^3)不小于	2.50
含水率(%)不大于	1
粒度范围(%) <0.6 mm <0.15 mm <0.075 mm	100 90~100 75~100
外观	无团粒、不结块
亲水系数不大于	1
回收粉尘的用量不大于	填料总质量的50%
掺加回收粉以后的填料的塑性指数(%)不大于	4

2. 施工要求

(1)黏层油施工同改性沥青混合料面层。

(2)混合料拌和:

①改性沥青拌和厂的沥青贮罐与拌和机之间须留足够的空旷场地。

②应考虑加大沥青加温热油炉的功率及电力负荷。

③改性沥青必须存放在室内,不得受潮,存放时间不宜过长,以防老化。

④对每一种改性剂和基质沥青,须在现场采样,进行试验,掌握性能,以达到最佳的改性效果。

⑤在冷、热料仓配置上数量应匹配,并应严格要求控制室操作员精心配料,及时调整,做到粗料仓不亏料,细集料不溢仓。

⑥SMA 混合料所需的细集料用量很少,为保证细集料配料数量准确,要求细集料在存放期间,保证干燥、清洁,不能露天堆放,否则宜加盖篷布。

⑦SMA 混合料矿粉用量大,比热拌沥青混合料需增加 2 倍,因此要求配置的螺旋升送器数量足够,以保证供料正常。

⑧SMA 必须使用纤维,增加了拌和时的供料口,由于使用纤维类型的不同,拌和时必须考虑上纤维的方法不同,而且应保证上料及时,用量准确。

(3)混合料运输:

①运输时应防止 SMA 混合料与车厢板的黏结,车厢底板和侧板喷涂一薄层油水混合液(柴油和水的比例为 1:3),无余液积聚在车厢底部。运料车上应加盖保温篷布,并检查车后挡板密封情况。

②运输车辆进场前应采取防污染措施,可在进场处设置一定长度的麻袋、碎石等材料,并配合人工清除夹杂的污物等。

③运料车在卸料前检测混合料温度和外观质量。

(4)摊铺：

①摊铺高程控制宜采用浮动基准梁或非接触式基准平衡梁。

②摊铺过程中，相邻两台摊铺机前后相距宜为10～20 m，摊铺面重叠30～60 mm。

③在混合料摊铺前，熨平板应预热足够长的时间，保证开始摊铺时熨平板温度不低于85 ℃。在熨平板预热完成后，应采用人工拉小线的方式校核、调整熨平板的直顺度、平整度。

④摊铺温度控制应符合表2-92的规定。

⑤在摊铺过程中保证摊铺机连续、均匀行驶，中间不应有停机待料现象，施工过程中摊铺机前方要有足够的运料车处于等待卸料状态，摊铺机料斗内应保持1/2～2/3以上的混合料。

⑥在摊铺时，摊铺机振捣参数应依据摊铺速度、混合料厚度选定。

⑦摊铺过程中混合料不应有离析、拥包等现象，摊铺后的面层未经压实严禁上人行走。

表2-92　SMA路面的正常施工温度范围　　（单位：℃）

工序	不使用改性沥青	使用改性沥青		
		SBS类	SBR类	EVA、PE类
混合料出厂温度	160～170	175～185	175～185	170～180
混合料最高温度	195	不高于195		
摊铺温度	不低于150	不低于160		
初压开始温度	不低于140	不低于150		
复压最低温度	不低于120	不低于130		
碾压终了温度	不低于110	不低于120		
开放交通温度	不高于50	不高于60		

(5)碾压：

①初压应紧跟摊铺机进行，初压时应以不产生混合料的推挤、拥包为标准。当采用改性沥青时，初压压路机与摊铺机间最大未摊铺距离应在30 m以内。初压采用静压方式，当采用改性沥青时，初压可采用低频振动方式。初压速度应控制在1.5～2.0 km/h。初压一般为1～2遍。初压温度应符合表2-93的规定。

②复压应紧随初压进行，复压应根据摊铺机速度配置足够的压路机数量。复压应采用高频低振碾压方式。复压速度宜为2.0～4.0 km/h。初压后检查平整度和横坡，如发现问题，及时在复压阶段调度压路机横向或斜向45°碾压。复压温度控制在表2-93的规定范围内。

③终压在复压之后，采用静压方式。碾压速度为4～6 km/h，到最后赶光阶段碾压速度

可以适当加快，直至消除轮迹，碾压终了温度应符合表 2-93 的规定。

表 2-93　SMA 路面实测项目

检查项目			规定值或允许偏差		检验频率		检验方法
			国标、行标	企标	范围	点数	
压实度(%)			≥95	≥95	200 m	1	蜡封法
平整度 δ(mm)			≤1.2	≤1.0	全线每车道连续按每 100 m 计算		平整度仪
弯沉值(0.01 mm)			≤竣工验收弯沉值	≤竣工验收弯沉值	按《公路工程质量检验评定标准》(JTJ 071)附录Ⅰ		弯沉仪
抗滑性能	摩擦系数		符合设计要求	符合设计要求	200 m	1	摆式仪
	构造深度				200 m	1	砂铺法
厚度(mm)	代表值	总厚度	-8	-8	200 m	1	钻孔
		上面层	-4	-4			
	极值	总厚度	-15	-15			
		上面层	-8	-8			
中线平面偏位(mm)			20	15	200 m	4	全站仪
纵断面高程(mm)			±10	±10	200 m	4 断面	水准仪
宽度(mm)			±20	±20	200 m	4	钢尺
横坡坡度(%)			±0.3	±0.3	200 m	4	水准仪

(6)接缝处理：

①纵向接缝应采用热接缝，接缝应平行于主路中线。

②多台联合摊铺、碾压时应将新铺混合料留下 100～200 mm 宽暂不碾压，作为后面摊铺机的高程基准面，最后做跨缝碾压以消除缝迹，并达到密实度要求。

③横向接缝应做成垂直缝。在终压完成后，及时测高程及平整度，同时用 3 m 直尺检查摊铺面端部的凸凹情况，并及时采用人工将凸起和凹陷大于 2 mm 的部分清除，清除长度范围按最不利部位控制。在下次接续摊铺前应在横缝端面刷少量黏结油或采用喷灯烘烤，碾压时应压旧油边 500 mm，充分预热后进行摊铺。待摊铺开始后，应及时用人工进行处理。

(三)监理巡视与检查

1. 结合料

(1)沥青宜贮存在可加热与保温的贮藏罐中，根据不同沥青类型和等级采用不同的贮存温度，使用前应加热到适宜的加工温度。

(2)改性沥青应按规定的技术要求进行生产，宜随配随用，不符合要求的不得使用。

(3)对购置的成品改性沥青，在使用前应按相关的技术要求进行质量检验，不符合要求的不得使用。

(4)混合料应重点检查以下几项内容：

①拌和温度：改性沥青的原材料和成品的温度、集料烘干加热温度、混合料拌和温度及

混合料出厂温度，应严格按照施工技术规范的有关规定，及时检查，并做好记录。

②矿料级配：应随施工阶段随机计算出矿料级配与标准配合比进行比较对照。

③沥青用量（油石比）：要求每天每一台拌和机取混合料进行抽检试验及筛分试验，不少于一次。要求油石比的误差不能超过 ±0.3%。

④抽样进行马歇尔试验。其目的是检测混合料试件的密度和空隙率、VMA、VCA、VFA等四大体积指标。同时检查马歇尔稳定度和流值。

2. 试验路段

（1）确定拌和温度、拌和时间，验证矿料级配和沥青用量。

（2）确定摊铺温度、摊铺速度。

（3）确定压实温度、压路机类型、压实工艺及压实遍数。

（4）检测试验路段施工质量，不符合要求时应找出原因，采取纠正措施，重新铺筑试验路，直到满足要求为止。

3. 实测项目

SMA 路面实测项目见表 2-93。

4. 外观要求

（1）表面应平整密实，无泛油、松散、裂缝、粗细料明显离析现象。

（2）搭接处紧密、平顺，烫缝不应有枯焦现象。

（3）面层与路缘石及其他构造物应接顺，不得有积水现象。

七、沥青表面处治面层

（一）施工作业条件

（1）在新建或旧路的表层进行表面处治时，应将表面的泥砂及一切杂物清除干净，底层必须坚实、稳定、平整，保持干燥后才可施工。

（2）沥青材料的各项指标和石料的质量、规格、用量应符合设计要求和施工规范的规定。

（3）沥青浇洒应均匀，无露白，不得污染其他构筑物。

（4）嵌缝料必须趁热撒铺，扫布均匀，不得有重叠现象，压实平整。

（二）监理巡视与检查

（1）审核开工报告、施工方案、工艺流程的质量标准。

（2）检验石料规格及技术指标，并对沥青针入度、延度、软化点等技术性能进行抽检。

（3）检查施工机具设备是否齐备并处于良好状态。

（4）检查基层整修是否平整完好，杂物浮土是否清除干净，路面（路基）及石料是否干燥。当有路缘石时，应在安装好路缘石后施工。

（5）检查对下承层洒布透层或黏层的质量。

（6）严格控制洒油、撒料、扫匀和碾压各道工序，紧密衔接，不能中断，当天施工路段必须当天完成。

(7)沥青浇洒时，监理工程师必须旁站监督，随时检查沥青浇洒温度，控制沥青用量及喷洒均匀，不得有花白、油包、油丁、泛油现象。

(8)集料撒布的厚度应均匀一致，不重叠、不漏撒。当使用乳化沥青时，集料撒布必须在乳液破乳之前完成。且第三层撒布 S12(5 ~ 10 mm)碎石作嵌缝料后尚应增加一层封层料，其规格为 S14(3 ~ 5 mm)，用量为 3.5 ~ 5.5 $m^3/1\ 000\ m^2$。

(9)检查碾压质量。在撒布一段集料后(不用等全段铺完)，立即用 6 ~ 8 t 钢筒双轮压路机碾压，碾压速度开始不宜超过 2 km/h，以后适当增加。碾压轮迹重叠约 30 cm，压 3 ~ 4 遍，压至表面平整、稳定、无明显轮迹为度，注意防止过碾。

(三)工程质量验评标准

1. 实测项目

沥青表面处治面层实测项目见表 2-94。

表 2-94　沥青表面处治面层实测项目

检查项目		规定值或允许偏差	检查方法和频率
平整度	δ(mm)	4.5	平整度仪：全线每车道连续按每 100 m 计算 *IRI* 或 δ
	IRI(m/km)	7.5	
	最大间隙(mm)	10	3 m 直尺：每 200 m 测 2 处 × 10 尺
弯沉值(0.01 mm)		符合设计要求	按路基、柔性基层、沥青路面弯沉值评定检查
厚度(mm)	代表值	−5	按路面结构层厚度评定检查，每 200 m 每车道 1 点
	合格值	−10	
沥青总用量(kg/m^2)		±0.5%	每工作日每层洒布检查 1 次
中线平面偏位(mm)		30	经纬仪：每 200 m 测 4 点
纵断面高程(mm)		+20	水准仪：每 200 m 测 4 断面
宽度(mm)	有侧石	±30	尺量：每 200 m 测 4 处
	无侧石	不小于设计规定值	
横坡坡度(%)		±0.5	水准仪：每 200 m 测 4 断面

注：沥青总用量按《公路路基路面现场测试规程》中 T0892 的方法，每工作日每层撒布沥青检查 1 次，另计算同一路段的单位面积的总沥青总量。

2. 外观鉴定

(1)表面平整密实，不应有松散、油包、油丁、波浪、泛油、封面料明显散失等现象，有上述缺陷的面积之和不超过受检面积的 0.2%。不符合要求时，每超过 0.2% 减 2 分。

(2)无明显碾压轮迹。不符合要求时，每处减 1 ~ 2 分。

(3)面层与路缘石及其他构筑物应密贴接顺，不得有积水现象。不符合要求时，每处减 1 ~ 2 分。

第五节　道路附属构筑物

一、侧石和缘石

侧石是位于城市道路两侧或分隔带、中心岛四周、高出路面和分隔车行道与人行道、车行道与分隔带、车行道与中心岛、车行道与安全岛等设施以维护交通安全的设施。侧石通常设置在沥青类路面边缘。

缘石是位于道路车行道与路肩之间,高级路面与低级路面之间或预留路口的沥青路面接头处,顶面与路面齐平,以维护路面边缘不被损坏的设施。

(一)工艺流程

(1)侧石、缘石施工工艺流程见图2-17。

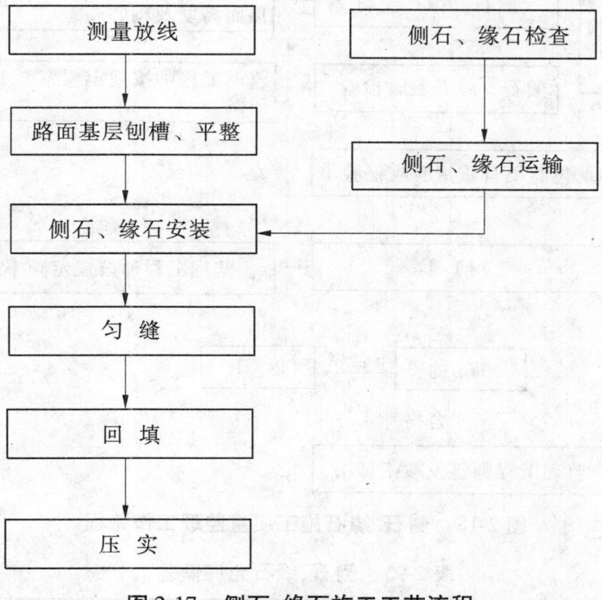

图2-17　侧石、缘石施工工艺流程

(2)侧石、缘石施工质量监理工作流程见图2-18。

(二)施工要点

1. 材料要求

(1)侧石、缘石宜用石材或混凝土制作,应有出厂合格证。施工前应根据设计图纸要求,选择符合规定的石材或预制混凝土路缘石。安装前应按产品质量标准进行现场检验,合格后方可使用。侧石、缘石的允许偏差见表2-95,水泥混凝土路缘石规格见表2-96。

预制混凝土路缘石的强度等级不小于C30,路缘石表面不得有蜂窝、露石、脱皮、裂缝等现象。

(2)水泥宜采用强度等级不小于32.5级的硅酸盐水泥或普通硅酸盐水泥。水泥应有产品合格证和出厂检验报告,进场后应对强度、安定性及其他必要的性能指标进行取样复试。其质量必须符合现行国家标准《硅酸盐水泥、普通硅酸盐水泥》(GB 175)等的规定。

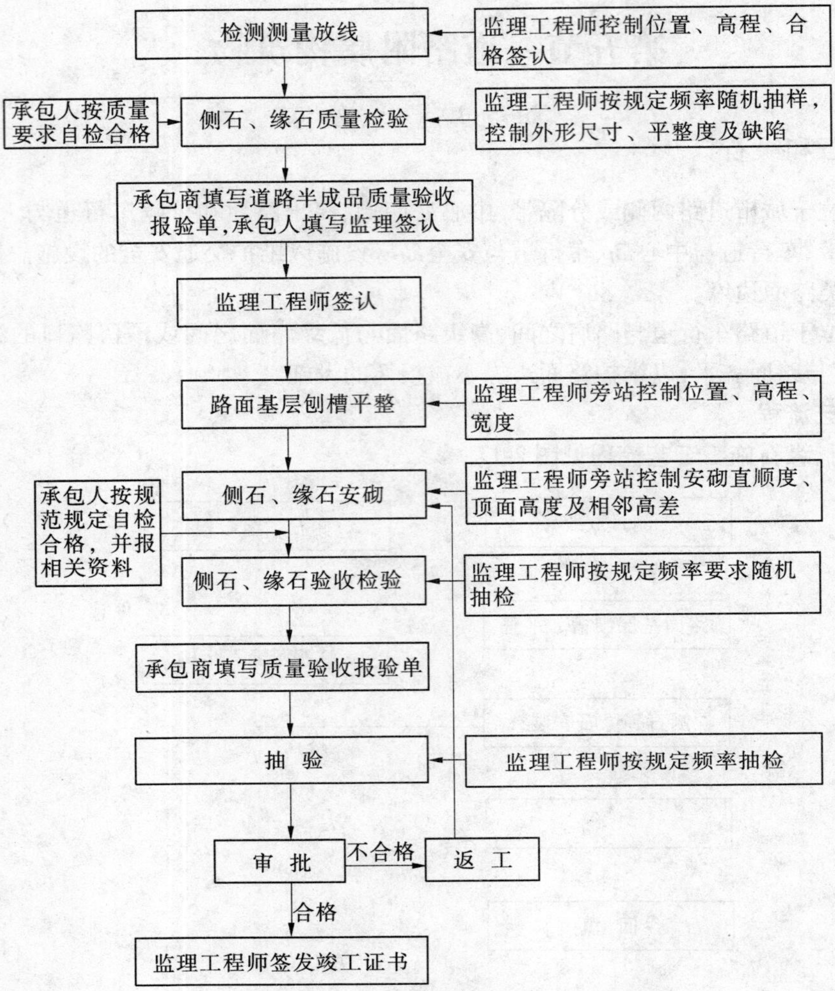

图 2-18　侧石、缘石施工质量监理工作流程

表 2-95　侧石、缘石允许偏差

材质	项目	允许偏差
石质侧石、缘石	外形尺寸	长 ±5 mm,宽、厚 ±3 mm
	细剁斧石面平整度	≤3 mm
	对角线(大面长边相对差)	≤5 mm
	剁斧纹路	应直顺、无死坑
预制混凝土侧石、缘石	混凝土 28 d 强度	符合设计规定。设计无要求时,抗压强度≥30 MPa;抗折标准试验荷载≥26 kN
	外形尺寸(长、宽、高)	±5 mm
	外露面缺边掉角长度	≤20 mm 且不多于 1 处
	外露面平整度	≤3 mm

当对水泥质量有怀疑或水泥出厂超过三个月时，在使用前必须进行复试，并按复试结果使用。不同品种的水泥不得混合使用。

表 2-96　水泥混凝土路缘石规格

<table>
<tr><th>品种</th><th colspan="2">长×高×厚</th><th>水泥混凝土强度等级</th><th>用途</th></tr>
<tr><td rowspan="4">直缘石</td><td colspan="2">8(上端)
50×30×10(下端)</td><td>C28</td><td>立缘石</td></tr>
<tr><td colspan="2">10(上端)
50×30×12(下端)</td><td>C28</td><td>立缘石、平缘石</td></tr>
<tr><td colspan="2">50×30×12</td><td>C23</td><td>平缘石</td></tr>
<tr><td colspan="2">50×22×10</td><td>C23</td><td>混凝土路平缘石</td></tr>
<tr><td rowspan="3">弯缘石</td><td>半径 = 3 m</td><td rowspan="3">断面要求与
直道牙相适合</td><td>C28</td><td>用于半径为 2～4 m</td></tr>
<tr><td>半径 = 6 m</td><td>C28</td><td>用于半径为 5～8 m</td></tr>
<tr><td>半径 = 15 m</td><td>C28</td><td>用于半径为 9～24 m</td></tr>
</table>

(3)砂的含泥量不大于 3%，砂进场后应有试验报告。砂的质量应符合国家现行标准《普通混凝土用砂质量标准及检验方法》(JGJ 52)的规定。

(4)石灰宜采用Ⅰ～Ⅲ级石灰，石灰应有出厂合格证和质量证明书。进场后抽样试验，其技术指标应符合国家现行标准《公路路面基层施工技术规范》(JTJ 034)的规定。

(5)砂浆拌和用水宜采用饮用水，当采用其他水源时，其水质应符合国家现行标准《混凝土拌和用水标准》(JGJ 63)的规定。

2. 施工要求

(1)侧平石结构底面低于路面结构底面标高时，要根据设计图放线开挖基槽，整平夯实槽底，摊铺好基础；侧平石结构底面高于路面结构底面标高时，路床施工宽度应包括侧平石基础宽度，侧平石基础可用相应的路面结构替代；当老路升高较多，侧平石结构底面标高要高出原有路面时，混凝土基座底面以下部分应用合适的筑路材料填高，整平夯实。

(2)道路改建翻排侧平石时，应按新的排砌要求进行精确测量放样，做好原有雨水口标高的调整，并与原有侧平石衔接和顺。

(3)路缘石基础与路床同时填挖和碾压，以保证有整体的均匀密实度，灰土基础施工应先将槽底夯实。

(4)立缘石、平缘石的垫层用 1∶3 石灰砂浆，勾缝用 M10 水泥砂浆。

(5)拌和后的砂浆均匀铺在基础上，虚铺厚度约为 2 cm，按放线位置安砌路缘石。

(6)事先计算好每段路口路缘石块数，路缘石调整块应用机械切割成型或以现浇同强度等级混凝土制作，不得用砖砌抹面方式做路缘石调整块，雨水口处的路缘石应与雨水口配合施工。相邻路缘石缝隙用 8 mm 厚木条或塑料条控制，缝隙宽不应大于 10 mm。

(7)路缘石安装后，必须再挂线，调整路缘石至顺直、圆滑、平整，对路缘石进行平面及高程检测，每 20 m 检测一点，当平面及高程超过本标准时应进行调整。无障碍路缘石、盲道口路缘石应按设计要求安装。

(8)路缘石背后还土时路缘石背后宜用水泥混凝土浇筑三角支撑,还土应用素土或石灰土夯实,夯实宽度不应小于500 mm,每层厚度不应大于150 mm。

(三)监理巡视与检查

(1)检测侧石、缘石等预制件的半成品规格及外观质量。

(2)检查施工放样及高程。

(3)检验基底的平整度、整体均匀密实度。

(4)检查预制件安砌的水泥砂浆规格。

(5)检查现浇水泥混凝土所用水泥、集料、砂的规格及用量,并对现场浇筑的水泥混凝土或沥青混合料的强度、配合比等进行试验。

(6)安砌(或铺筑)完成后,应及时对侧石、缘石外观、外形尺寸等进行检测,发现缺陷,及时通知承包人进行修整完善。

(四)工程质量验评标准

(1)缘石安装实测项目见表2-97。

表2-97　缘石安装实测项目

项目	允许偏差(mm)	检验频率		检验方法
		范围(m)	点数	
直顺度	≤10	100延米	1	拉20 m小线取最大值
相邻高差	≤3	20	1	用塞尺量取最大值
缝宽	±3	20	1	用尺量取最大值
立缘石顶面高程	±10	20	1	用尺量取最大值
立缘石外露尺寸	±10	20	1	用尺量取最大值

(2)外观鉴定:线直、弯顺、无折角,顶面应平整无错台,勾缝应饱满严密,整洁坚实。

二、人行步道

人行步道为城市道路两侧、里弄及居住区、广场、步行街供行人使用的市政设施。在人行步道中设一定宽度可指引盲人行走的道路为盲道。

道路两侧的人行步道为城市道路的组成部分,人行步道与绿化带相连时应按设计要求埋设路缘石、侧石或水泥砖。

(一)工艺流程

(1)人行步道砖施工工艺流程见图2-19。

(2)人行步道砖铺设质量监理工作流程见图2-20。

(二)施工要点

1. 材料要求

人行步道砖表面应颜色一致,纹理清晰,无蜂窝、露石、脱皮、裂缝等现象,表面应平整,宜有倒角,应有必要的防滑功能,以保证行人安全。出厂应有合格证,其规格尺寸、外观质量、尺寸允许偏差分别符合表2-98～表2-100的规定。

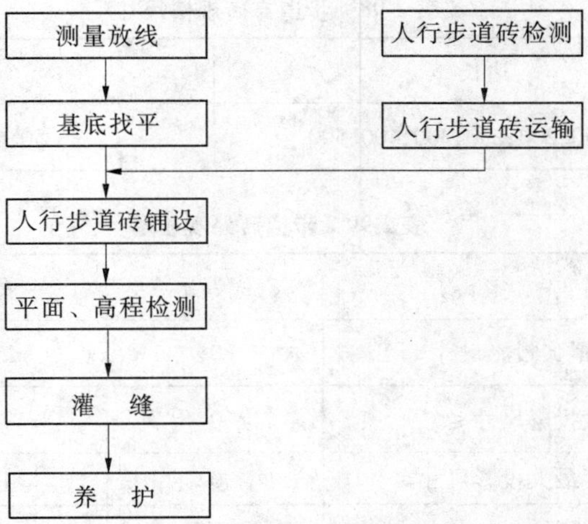

图 2-19　人行步道砖施工工艺流程

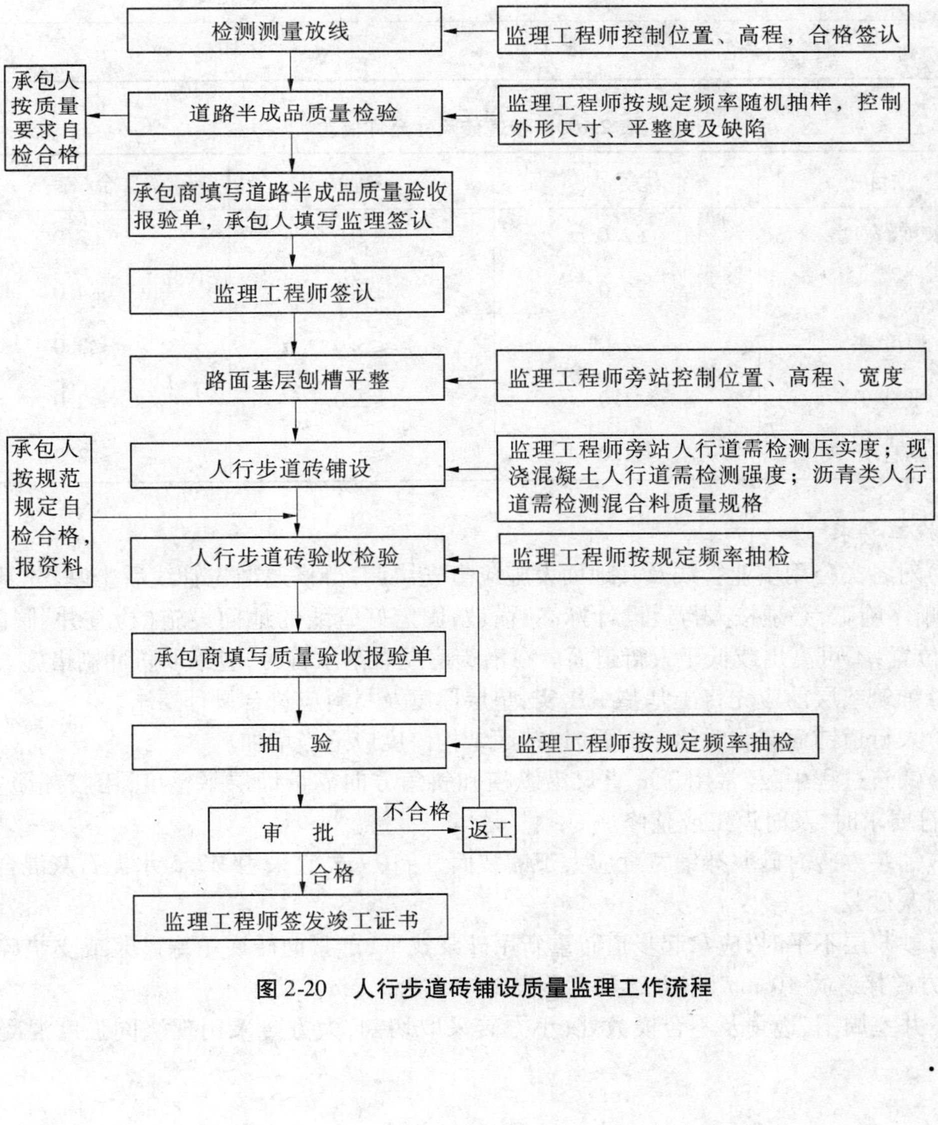

图 2-20　人行步道砖铺设质量监理工作流程

表 2-98　步道方砖规格尺寸　（单位:mm）

项目	边长	厚度
尺寸	100,150,200,250,300,400,500	50,60,80,100,120

表 2-99　步道砖外观质量　（单位:mm）

项目		优等品	一等品	合格品
正面粘皮及缺损的最大投影尺寸≤		0	5	10
缺棱掉角的最大投影尺寸≤		0	10	20
裂纹	非贯穿裂纹长度最大投影尺寸≤	0	10	20
	贯穿裂纹	不允许		
分层		不允许		
色差、杂色		不明显		

表 2-100　步道砖尺寸允许偏差　（单位:mm）

项目	优等品	一等品	合格品
长度、宽度	±2.0	±2.0	±2.0
厚度	±2.0	±3.0	±4.0
厚度差	≤2.0	≤3.0	≤3.0
平整度	≤1.0	≤2.0	≤2.0
垂直度	≤1.0	≤2.0	≤2.0

2.施工要求

（1）对各类公用事业管线及其地面设施应事先协调，严格遵循先管线后土基、先基础后铺面的顺序施工，必须按人行道设计标高、横坡，固定好管线的地面设施（检查井、阀门）等构筑物位置，不可高出或低于人行道面。在沿街房屋有落水管时，应采取防冲刷措施。

（2）铺筑垫层前应先将土基整平压实，垫层厚度及材料应符合设计要求。

（3）人行道铺面有临时停车需要时，铺面结构厚度应适当增加。

（4）铺筑过程中，经常用 3 m 直尺沿纵横和斜角方向靠量面层平整度，用胶锤敲实后，发现不符要求时，及时返工或整修。

（5）铺装方砖时砂浆摊铺宽度应大于铺装面 5～10 cm，宜采用 M2.5 水泥石灰混合砂浆或 1∶3石灰砂浆。

（6）砂浆层不平时，应拿起步道砖重新用砂浆找平，严禁向砖底填塞砂浆或支垫碎砖块等。大方砖接缝宽 10 mm，小方砖及盲道方砖接缝宽 3 mm。

（7）井室周围、边角及不合模数处，小方砖采取切割，大方砖采用现浇同强度混凝土补齐。铺盲道砖,应将导向行走砖与止步砖严格区分,不得混用。

(8)当水泥混凝土人行道面层抹面后,必须及时分块。施工滚花压线,滚花应清晰,花眼深度要一致,一般为 2 ~3 mm。铺筑、振实、抹面、分块压线、滚花等工序应连续施工,间隔时间不宜过长,不可中断施工时间 30 min 以上。当面层成型后应遮盖洒水养生,养生期不少于 7 d,其强度按设计要求。面层不得有大于 0.3 mm 的裂缝,不可有石子外露、脱皮等现象,不得有积水现象。

沥青类人行道基层和面层施工,可参考沥青类路面的基层和面层施工。沥青类人行道经碾压后应平整,不可有裂缝、推挤、粗细集料离析集中等现象。接茬应平顺,与其他构筑物表面应接顺,道面不可有积水现象。

(9)砖铺砌完成后,经检查合格,进行灌缝,灌缝宜采用干砂或水泥: 砂为 1:10 的干拌混合料;砖缝灌注后应在砖面上泼水,使灌缝料下沉,再灌缝补足。养生 3 d 后方可通行。大方砖铺好后,用过筛干砂掺水泥(设计无要求时按 1:5)拌和均匀将砖缝灌满,并在砖面洒水使砂灰下沉,表面用符合设计要求的水泥砂浆勾缝(设计无要求时水泥砂浆强度不低于 M7.5),勾缝必须勾实勾满,并在表面压成凹缝;待砂浆凝固后,洒水养生 7 d 方可通行。

(10)进出口斜坡。

①城市道路沿线的工厂、单位、街坊里弄的出入口与新建道路衔接时,由于标高的不同,必须做进出口斜坡。

②进出口斜坡面层通常为水泥混凝土或沥青混凝土。

③进出口斜坡的基层和面层的施工,可参照道路的基层和面层的有关规定执行。

④斜坡与车行道、人行道、街坊里弄道路连接应平顺,尤其是斜坡与人行道连接的过渡段的坡度,不宜大于 20%,超过此限应经设计后采取相应措施。

⑤斜坡与车行道、里弄道路、人行道连接处不得有积水、阻水现象发生。

⑥斜坡的外观质量要求参照道路面层施工的有关规定。

(三)监理巡视与检查

(1)检查混凝土预制砖块生产厂家的质量保证单、砖块的强度及试验报告单,检查砖块的外观质量及外形尺寸。

(2)检查施工放样、高程、基底的平整度、基层的密实度,检查砂浆的配合比状态。

(3)检查现浇水泥混凝土人行道所用原材料及掺合料的规格及用量。

(4)检查彩色预制人行道板铺筑时所用的水泥砂浆级配。

(5)检查现浇水泥混凝土人行道所用水泥、粗、细集料及掺合料的规格及用量。

(6)检查人行道与相邻构筑物的衔接高差。

(7)检查人行道外观、勾缝、平整度及其外观线形。

(8)对上述检查,若不合格,监理人员应及时通知施工单位人员进行修整。

(四)工程质量验评标准

(1)预制块人行步道砖实测项目见表 2-101。现场浇筑水泥混凝土人行道实测项目见表 2-102,沥青类人行道实测项目见表 2-103。

(2)设有基层时,增加检验强度不低于设计要求,其他材料应增加检验压实度。

(3)外观要求:铺面平整稳定,纵、横缝顺直,排列整齐,缝隙均匀,灌缝饱满,无积水翘动现象,与其他构筑物应接顺。

表 2-101　预制块人行步道砖实测项目

顺序	项目	单位	标准值或允许偏差	检验频率		检验方法
				范围	点数	
1	压实度	%	路床 >90 基层 >95	100 m	2	用环刀法或灌砂法
2	平整度	mm	彩板 3,普通板 5	20 m	1	用 3 m 直尺和塞尺量取最大值
3	相邻块高差	mm	3	20 m	1	用 3 m 直尺和塞尺量取最大值
4	横坡坡度	%	±0.3	20 m	1	用水准仪测量
5	与侧石顶面高差	mm	+5,0	20 m	1	用尺量
6	道面与井框高差	mm	3	每座	1	用尺量
7	纵缝顺直	mm	10	40 m	1	拉 20 m 细线量取最大值
8	横缝顺直	mm	10	20 m	1	沿道宽拉细线量取最大值

注:土基压实度采用轻型击实标准。

表 2-102　现场浇筑水泥混凝土人行道实测项目

序号	项目		单位	标准值或允许偏差	检验频率		检验方法
					范围	点数	
1	压实度	路床	%	≥90	100 m	2	用环刀法、灌砂法
		基层	%	≥95			
2	抗压强度		MPa	不低于设计规定	每台班	1 组	
3	平整度		mm	5	20 m	1	用 3 m 直尺和塞尺量取最大值
4	宽度		mm	不小于设计宽度	40 m	1	用钢尺量
5	厚度		mm	+10,-5	20 m	1	用钢尺量
6	横坡坡度		%	±0.3	20 m	1	用水准仪测量
7	道面与井框高差		mm	3	每座	1	用钢尺量

表 2-103　沥青类人行道实测项目

项目		单位	标准值或允许偏差	检验频率		检验方法
				范围	点数	
压实度	路床	%	≥90	100 m	2	用环刀法、灌砂法
	基层	%	≥95			
厚度		mm	±5	每台班	1	用钢尺量
平整度		mm	5	20 m	1	用3 m直尺和塞尺量取最大值
宽度		mm	不小于设计宽度	40 m	1	用钢尺量
横坡坡度		%	±0.3	20 m	1	用水准仪测量
井框与路面高差		mm	5	20 m	1	用钢尺量

注：土基压实度采用轻型击实标准。

三、雨水井、支管

（一）工艺流程

（1）雨水井、支管施工工艺流程见图2-21、图2-22。

（2）雨水井、支管质量监理工作流程见图2-23。

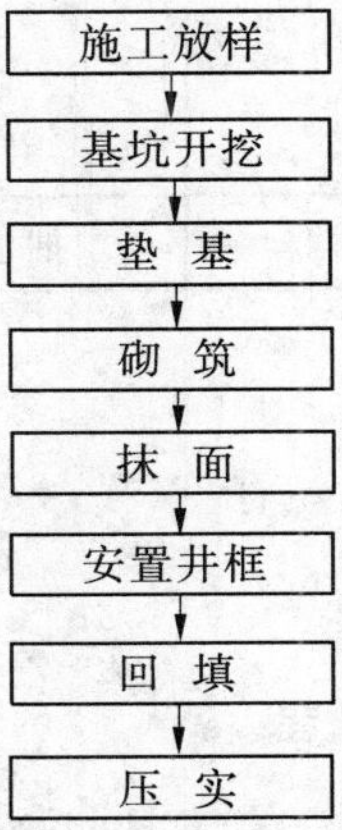

图2-21　雨水井施工工艺流程

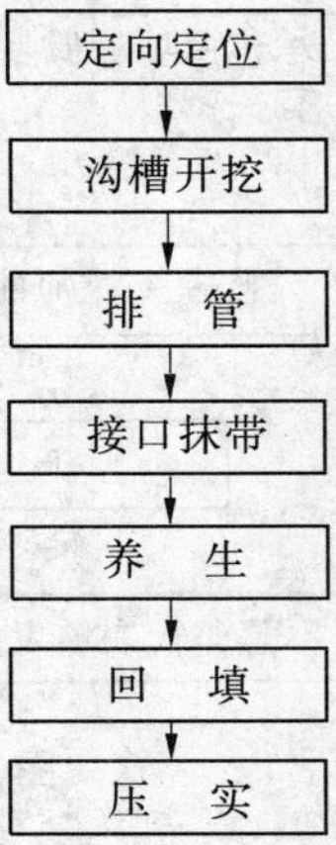

图2-22　支管施工工艺流程

（二）施工要求

雨水井、支管施工要求见表2-104。

（三）施工监理要点

（1）根据设计文件和图纸规定，检测井位、支管的定位、定向和高程。

(2)检查所使用的井框、井铁箅子及支管的出厂质量是否符合要求。若合格,监理工程师书面认可。

(3)随时抽查水泥砂浆、砖的抗压强度;若合格,即可认可。

(4)检测雨水井的内外砌筑尺寸及支管接口质量等。

(5)检验井周、支管回填压实质量。

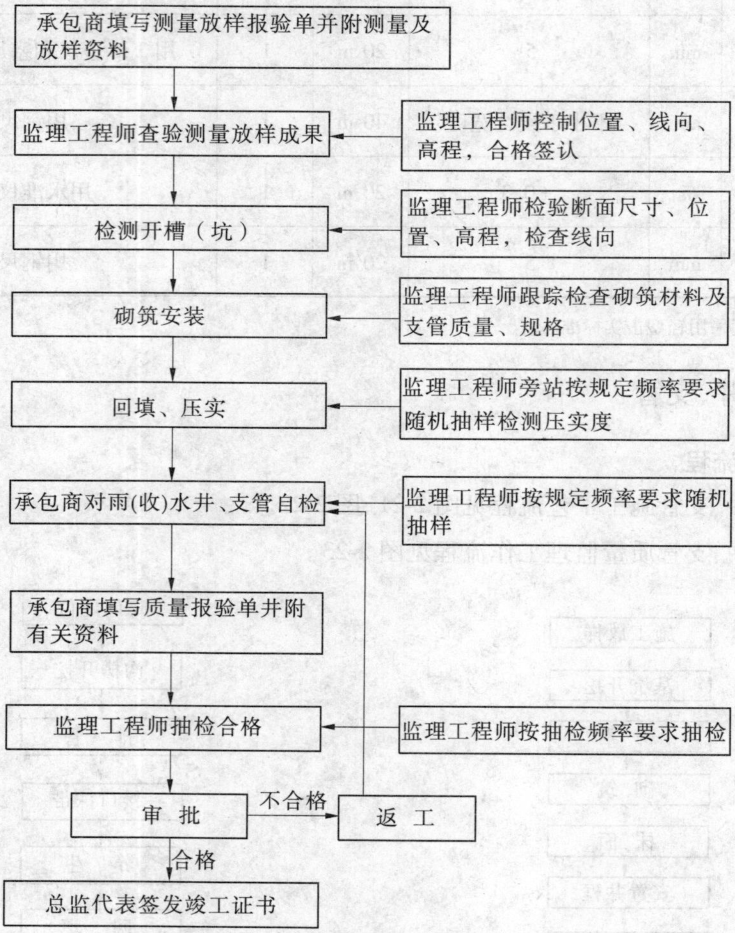

图 2-23 雨水井、支管质量监理工作流程

(6)全道工序完成后,应及时检测井口高程、与路边线吻合等情况,并对外观进行检查。若合格,应签字认可。有缺陷部分应指示承包人修整合格后,再签字认可。

(四)工程质量验评标准

雨水井、支管实测项目见表 2-105。

外观检查:①雨水井内抹面必须平整,不得起壳裂缝。井内严禁有垃圾等杂物。②井框、井箅必须完整无损,安装应平整。

表 2-104　雨水井、支管施工要求

项目		施工要求
雨水井	准备	(1)收水井施工放线宜在顶面基层完工后进行。 (2)按设计要求放出侧石边线,钉好井位桩及收水井高程,注意井箅与道路方向顺直吻合。 (3)按位置及高程人工开槽,井周每侧应大于 30 cm,以利施工。计算和控制槽深、槽宽并清平、夯实,注意槽底不应超挖,如有超挖不得用土回填,可用粒料回填或用加厚基础的方法
	基础	一般为强度等级大于 C10 的水泥混凝土底板,厚 10 ~ 15 cm。若槽底土质软,可增做 15 cm 厚 8% 石灰土加固土基后,再浇筑水泥混凝土底板,捣实、养护到一定强度方可砌筑井体
	井墙砌筑	(1)注意井墙四角应在同一水平面上,并检查边线与侧石边线。砌砖应做到井壁平直,边角整齐,符合图纸尺寸且砖面对齐吻合方可砌筑。上下错缝内外搭接,砌砖砂浆要饱满(砂浆一般可用 C10)。常温砌墙用砖块必须洒水浸湿。 (2)墙身砌制达到要求标高时,用水泥砂浆坐浆安装井框和井箅,井框和井箅必须顺畅。收水井砌完后,应清除一切杂物,拆除管堵
支管	挖槽	开槽位置、管底高程,按设计图纸放线,槽底宽应满足施工需要,一般管外径每侧应加宽 30 cm 以上,挖至槽底高程后挂中线,检查宽度和高程是否平顺,合格后可支基础模板浇筑混凝土基础
	基础	浇筑强度为 C10 的水泥混凝土基础,将混凝土表面做成弧形并进行捣固,混凝土表面要高出弧形槽 1 ~2 cm,靠管口部位应铺适量的 1∶2水泥砂浆,以便稳管时挤浆形成底箍,以防漏水
	铺管	(1)控制下管高程及顺直度。注意保持对口和中心位置的准确。 (2)雨水支管必须顺直,不得错口,管间留缝小于 1 cm,灰浆如挤入管内要及时除净。 (3)铺管应从检查井一端开始与预埋支管相接。 (4)支管口与检查井内壁齐平,用砂浆严堵管周缝隙,并将管口与井内壁抹严、抹平、压光,检查井外壁与支管周围衔接处应用水泥砂浆抹严
	抹管箍	(1)管平稳后按要求抹出混凝土管箍。 (2)管座管箍混凝土灌好后,立即用 1∶2水泥砂浆抹箍。 (3)抹箍前先将管口刮净,并洒水湿润。抹箍先用砂浆填满管缝,压实略低于管外皮,如砂浆挤入管内要随时刷净,然后刷水泥素浆一层,宽 8 ~10 cm,再抹箍压实,并用弧形抹子赶光压实。 (4)管箍抹完初凝后应覆盖洒水养护,注意勿损坏管箍,且雨天不宜管箍施工,必要时应有防雨措施
	沟槽回填	(1)当管箍混凝土强度达到 50% 以上时方可进行沟槽回填,应在支管两侧同时回填。 (2)回填材料可用底基层混合料或拌制石灰土分层回填,管顶 40 cm 范围内用人工夯实,还填至底基层高度时应使用同层材料配比

表 2-105　雨水井、支管实测项目

项目	允许误差（mm）	检验频率		检验方法
		范围	点数	
井框与井壁吻合	10	座	1	用尺量
井口高程	+10～-30	座	1	与井周路面相比
井位与路边线吻合	20	座	2	用尺量
井内尺寸	+20～0	座	1	用尺量

第六节　道路工程机电设施

一、监控设施

（一）检测器

1. 施工作业条件

1）车辆检测器

（1）车辆检测器及其配件的数量、型号、规格符合要求。

（2）车辆检测器安装位置正确，机箱外部完整，门锁开闭灵活。

（3）线圈（探头）安装尺寸符合设计要求，线槽顺直、均匀，封填后平整，引线过缘石处理得当。

（4）电源、通信线路按规范要求连接到位，检测器处于正常工作状态。

（5）隐蔽工程验收记录、分项工程自检和设备调试记录、有效的设备检验合格报告或证书等资料齐全。

2）气象检测器

（1）气象检测器及其配件的数量、型号、规格符合要求。

（2）气象检测器安装位置正确，机箱外部完整，门锁开闭灵活。

（3）探头安装方位、尺寸符合设计要求。

（4）电源、通信线路按规范要求连接到位，气象检测器处于正常工作状态。

（5）隐蔽工程验收记录、分项工程自检和设备调试记录、有效的设备检验合格报告或证书等资料齐全。

2. 监理巡视与检查

（1）检查设备的规格、型号是否与设计相符，三证是否齐全。

（2）检测器的基础位置、尺寸、预埋件及预留孔位必须符合设计要求。

（3）安装必须牢固、垂直、平稳，应具有良好的防水、防尘、防潮性能。

（4）设备应具有良好的防尘、防雨、防振、防干扰及防雷功能，且接地电阻应符合设计要求。

（5）检测线圈的尺寸、规格、中心距、平行度、线圈电感量和绝缘电阻应符合设计要求。

（6）检测线圈的线槽应均匀、平直、干燥、清洁。线槽的宽度和深度应符合设计要求。

(7)线圈放入线槽后,加入的填充材料应能与路面材料很好结合,以保持平滑与美观。

(8)车辆检测器箱内配线应整齐、美观、无假焊。设备箱体及配线应符合规范要求。

(9)对照质量标准和设计要求进行功能检测。

3. 工程质量验评标准

1)实测项目

检测器实测项目见表2-106及表2-107。

表2-106　车辆检测器实测项目

检查项目	技术要求	检查方法
交通量计数精度	允许误差:±2%	人工计数与交通数据采集仪结果比较
平均车速精度	允许误差:±5%(km/h)	雷达测速仪实测值与交通数据采集仪结果比较
传输性能	24 h观察时间内失步现象不大于1次或$BER \leq 1 \times 10^{-8}$	查日志和用数据传输测试仪
绝缘电阻	强电端子对机壳≥50 MΩ	500 V兆欧表测量
安全接地电阻	≤4 Ω	接地电阻测量仪
自检功能	自动检测线圈(探头)的开路、短路和损坏情况	模拟故障状态实例
逻辑识别线路功能	一辆车作用于两个车道的两个线圈,处理器逻辑正常,输出的检测信息正确	模拟状态实测
复原功能	加电后硬件恢复和重新设置时,原存储数据保持不变	实际操作
本地操作与维护功能	能够接便携机进行维护和测试	实际操作
控制功能	具有设计文件要求的控制功能	实际操作
基础尺寸	符合设计要求	长、宽用量具测量,埋深查隐蔽工程验收记录或实测
机箱和地脚防腐涂层质量	符合设计要求	用量具或涂层测厚仪测量

表 2-107　气象检测器实测项目

检查项目	技术要求	检查方法
立柱竖直度	≤5 mm/m	铅锤、直尺或全站仪
立柱、法兰和地脚几何尺寸	符合设计要求	超声波测厚仪测量立柱壁厚,用量具测量其他尺寸
基础尺寸	符合设计要求	长、宽用量具测量,埋深查隐蔽工程验收记录或实测
机箱、立柱、法兰和地脚的防腐涂层厚度	符合设计要求	用量具或涂层测厚仪测量
绝缘电阻	强电端子对机壳≥50 MΩ	500 V 兆欧表测量
安全接地电阻	≤4 Ω	接地电阻测量仪
防雷接地电阻	≤10 Ω	接地电阻测量仪
温度误差	±1.0 ℃	温度计实地测量比对
湿度误差	±5%	湿度计实地测量比对
能见度误差	±10%或符合合同要求	模拟、目测或标准能见度仪实地测量比对
风速误差	±5%或符合合同要求	风速仪实地测量比对
数据传输性能	24 h 观察时间内失步现象不大于 1 次或 $BER \leq 1 \times 10^{-8}$	查日志或用数据传输测试仪
功能验证	能检测到降水天气	模拟降雨实测

2)外观鉴定

(1)安装应牢固、端正。

(2)表面光泽一致、无划伤、无刻痕、无剥落、无锈蚀。

(3)基础混凝土表面应刮平,无损边、无掉角;连接地脚及螺栓规格符合设计要求,防腐措施得当,裸露金属基体无锈蚀;金属机箱与接地极连接可靠,接地极引出线无锈蚀。

(4)防雷接地和安全接地应分开设置,接地焊接牢固,焊缝饱满并做防腐处理;金属机箱与安全保护地连接可靠,接地极引出线无锈蚀。

(5)机箱的出线管与箱体连接密封良好,箱体内无积水、尘土、霉变。

(6)机箱内电力线、信号线、元器件等布线平直、整齐、固定可靠,标识正确、清楚,插头牢固。

以上任一项不符合要求时,该项减 0.1~1.5 分。

(二)闭路电视监视系统

1.施工作业条件

(1)闭路电视监视系统的设备及配件数量、型号、规格符合要求,部件完整。

(2)外场摄像机基础安装位置正确，立柱安装竖直、牢固。

(3)防雷部件安装到位，连接措施符合规范要求。

(4)摄像机(云台)安装方位、高度符合设计要求。

(5)控制机箱外部完整，门锁开闭灵活。

(6)电源、控制线路以及视频传输线路按规范要求连接到位，闭路电视系统的所有设备处于正常工作状态。

(7)隐蔽工程验收记录、分项工程自检和设备调试记录、有效的设备检验合格报告或证书等资料齐全。

2. 监理巡视与检查

(1)设备的规格、型号应符合设计要求，保证三证齐全。

(2)摄像机在外场安装前必须在实验室先进行联调，得到确认后方可进行安装。

(3)摄像杆上的维修工作台安装必须牢固可靠，结构应符合设计要求。

(4)应注意摄像机引出的电缆宜有 1 m 的余量，不得影响摄像机的转动。摄像机的电缆和电源线均应固定，并不得用插头承受电缆的自重。

(5)随工检查监控室内闭路电视系统设备(包括控制台、监视器及缆线布放)的安装是否符合设计和施工规范的要求。

(6)对照质量标准和设计要求进行功能检测。

3. 工程质量验评标准

1)实测项目

闭路电视监视系统实测项目见表 2-108。

表 2-108　闭路电视监视系统实测项目

检查项目	技术要求	检查方法
立柱竖直度	≤5 mm/ m	铅锤、直尺或全站仪
立柱、避雷针(接闪器)、法兰和地脚几何尺寸	符合设计要求	超声波测厚仪测量立柱壁厚，用全站仪测量立柱和避雷针高度，用量具测量其他尺寸
基础尺寸	符合设计要求	长、宽用量具测量，埋深查隐蔽工程验收记录或实测
机箱、立柱、法兰和地脚的防腐涂层厚度	符合设计要求	用量具或涂层测厚仪测量
强电端子对机壳绝缘电阻	≥50 MΩ	500 V 兆欧表测量
安全接地电阻	≤4 Ω	接地电阻测量仪
防雷接地电阻	≤10 Ω	接地电阻测量仪

续表 2-108

检查项目		技术要求	检查方法
传输通道指标	视频电平	(700 ±30) mV	电视信号发生器发送 75% 彩条信号,用视频测试仪检测
	同步脉冲幅度	(300 ±20) mV	电视信号发生器发送 75% 彩条信号,用视频测试仪检测
	回波 E	<7% kF	电视信号发生器发送 2T 信号,用视频测试仪检测
	亮度非线性	≤5%	电视信号发生器发送 2T 信号,用视频测试仪检测
	色度/亮度增益差	±5%	电视信号发生器发送 2T 信号,用视频测试仪检测
	色度/亮度时延差	≤100 ns	电视信号发生器发送 2T 信号,用视频测试仪检测
	微分增益	≤10%	电视信号发生器发送调制的五阶梯测试信号,用视频测试仪检测
	微分相位	≤10°	电视信号发生器发送调制的五阶梯测试信号,用视频测试仪检测
	幅频特性	5.8 MHz 带宽内 ±2 dB	电视信号发生器发送 sinx/x 信号,用视频测试仪检测
	视频信杂比	≥56 dB(加权)	电视信号发生器发送多波群信号,用视频测试仪检测
监视器画面指标	随机信噪比(雪花干扰)	黑白:≥37 dB, 彩色:≥36 dB	仪器测量,也可人工(5 人以上)主观评分,不小于 4 分为合格
	单频干扰(网纹)	黑白:≥40 dB, 彩色:≥37 dB	
	电源干扰(黑白滚道)	黑白:≥40 dB, 彩色:≥37 dB	
	脉冲干扰(跳动)	黑白:≥37 dB, 彩色:≥31 dB	
云台水平转动角		水平:≥350°	实际操作
云台垂直转动角		上仰:≥15°, 下俯:≥90°	实际操作

续表 2-108

检查项目	技术要求	检查方法
监视范围	符合设计要求	实际操作
外场摄像机安装稳定性	受大风影响或接受变焦、转动等控制时，动作平滑、无抖动	实际操作
自动光圈调节	自动调节	实际操作
调焦功能	快速自动聚焦	实际操作
变倍功能	可变倍	实际操作
雨刷功能	工作正常	实际操作
切换功能	监控中心可切换任意摄像机	实际操作
录像功能	可录像，且录像回放清晰	实际操作
硬拷贝功能	拷贝图像清楚	实际操作
报警功能	监控中心可检测外场摄像机的工作状态并在故障时报警	模拟

注：主观评分可采用五级损伤制评定：

(1)图像上不觉察有损伤或干扰存在:5 分;

(2)图像上稍有可觉察的损伤或干扰存在:4 分;

(3)图像上有明显的损伤或干扰存在:3 分;

(4)图像上损伤或干扰较严重:2 分;

(5)图像上损伤或干扰极严重:1 分。

2)外观鉴定

(1)立柱、机箱及摄像机(云台)安装牢固、端正。

(2)各部件表面光泽一致，无划伤、无刻痕、无剥落、无锈蚀。

(3)基础混凝土表面应刮平，无损边、无掉角；机箱、立柱、法兰及地脚螺栓规格符合设计要求，防腐措施得当，裸露金属基体无锈蚀。

(4)防雷接地和安全接地应分开设置，接地焊接牢固，焊缝饱满并做防腐处理；防雷引下线及接地体所用材料规格、防腐与连接措施、安装位置符合设计要求；金属机箱与安全保护地连接可靠，接地极引出线无锈蚀。

(5)云台防护罩和机箱的出线管与箱体连接密封良好，箱体内无积水、尘土、霉变。

(6)机箱内电力线、信号线、元器件等布线平直、整齐、固定可靠，标识正确、清楚，插头牢固。

以上任一项不符合要求时，该项减 0.1 ~1 分。

(三)可变标志

1.施工作业条件

(1)可变标志设备及配件数量、型号、规格符合要求，部件完整。

(2)基础安装位置正确,立柱安装竖直、牢固。

(3)防雷部件安装到位,连接措施符合规范要求。

(4)可变标志板面安装方位、角度、高度符合设计要求。

(5)控制机箱外部完整,门锁开闭灵活。

(6)电源、控制线路以及通信线路按规范要求连接到位,设备处于正常工作状态。

(7)显示屏发光单元处于受控状态,失效率符合产品标准要求。

(8)隐蔽工程验收记录、分项工程自检和设备调试记录、有效的设备检验合格报告或证书等资料齐全。

2. 监理巡视与检查

(1)可参照本节一、(一)中的相关内容。

(2)由超高亮度 LED 组成的集束像素管为基本显示单元,其前面不得采用可产生反射和眩光的任何防护面板。

(3)LED 超高亮度集束像素管应采用树脂材料灌注,具有防水、防尘、防腐蚀、防干扰、防振动性能,并要求拆卸、组装方便。

(4)信息板安装完毕,应对照质量标准和设计要求进行功能检测,经调试后,应重点检查监控中心计算机的通信功能、监控中心对信息板的控制功能以及信息板本身的显示及自检功能,应满足设计文件的要求。

3. 工程质量验评标准

1)实测项目

可变标志实测项目见表 2-109。

表 2-109　可变标志实测项目

检查项目	技术要求	检查方法
立柱竖直度	≤5 mm/m	铅锤、直尺或全站仪
立柱、避雷针(接闪器)、法兰和地脚几何尺寸	符合设计要求	超声波测厚仪测量立柱壁厚,用全站仪测量立柱和避雷针高度,用量具测量其他尺寸
基础尺寸	符合设计要求	长、宽用量具测量,埋深查隐蔽工程验收记录或实测
机箱、立柱、法兰和地脚的防腐涂层厚度	符合设计要求	用量具或涂层测厚仪测量
强电端子对机壳绝缘电阻	≥50 MΩ	500 V 兆欧表测量
安全接地电阻	≤4 Ω	接地电阻测量仪
防雷接地电阻	≤10 Ω	接地电阻测量仪
视认距离	120 km/h, ≥250 m	按 JT/T 431

续表 2-109

检查项目	技术要求	检查方法
发光单元色度坐标(x,y)	a. 可变信息标志按 JT/T 431 测量红、绿、蓝、白四种颜色； b. 可变限速标志按 JT 432 测量红、黄两种颜色； c. 其他标志按 GB 14887 测量红、绿两种颜色	按 JT/T 431、JT 432、GB 14887
显示屏平均亮度	最大亮度和最小亮度符合设计要求。无规定时，应不小于 8 000 Cd/m^2	用亮度计实测
数据传输性能	24 h 观察时间内失步现象不大于 1 次或 *BER* 小于 1×10^{-8}	查日志和用数据传输测试仪测量
自检功能	能够向中心计算机提供显示内容的确认信息及本机工作状态自检信息	实际操作
显示内容	及时、正确地显示中心计算机发送的内容	实际操作
亮度调节功能	能自动根据环境照度自动调节显示屏的亮度	实际操作

注：可变标志包括可变限速标志、可变信息标志，匝道、隧道、收费站的车道控制标志，交通信号灯等交通信息提供装置。

2）外观鉴定

（1）立柱、控制机箱及显示屏安装牢固、端正。

（2）各部件表面光泽一致、无划伤、无刻痕、无剥落、无锈蚀。

（3）基础混凝土表面应刮平，无损边、无掉角；控制机箱、立柱、法兰及地脚螺栓规格符合设计要求，防腐措施得当，裸露金属基体无锈蚀。

（4）防雷接地和安全接地应分开设置，接地焊接牢固，焊缝饱满并做防腐处理；防雷引下线及接地体所用材料规格、防腐与连接措施、安装位置符合设计要求；金属机箱与接地极连接可靠，接地极引出线无锈蚀。

（5）显示屏、控制机箱的出线管与箱体连接密封良好，箱体内无积水、尘土、霉变。

（6）显示屏、控制机箱内电力线、信号线、元器件等布线平直、整齐、固定可靠，标识正确、清楚，插头牢固。

以上任一项不符合要求时，该项减 0.1 ~ 1 分。

（四）监控中心设备安装及系统调测

1. 施工作业条件

1）硬件

（1）监控中心机房应整洁，通风、照明良好。

（2）监控系统所有设备的配置、设备数量、型号、规格符合设计要求，部件完整。

（3）监控中心的防雷、水暖、供电、空调通风、照明等辅助设施安装调试完毕并通过相关专业的验收。

（4）监控中心的所有设备应安装调试完毕，系统处于正常运转工作状态。

（5）隐蔽工程验收记录、分项工程自检和设备及系统联调记录、有效的设备检验合格报告或证书等资料齐全。

2）软件

（1）能准确及时采集交通流、交通环境和主要交通设施运行状态的各种信息。

（2）能监测恶劣气候。

（3）能对交通事故作出快速响应，迅速准确地提供事故信息。

（4）根据已掌握的信息，迅速作出有针对性的处理和优化控制方案，并立即执行。

（5）有多种信息发布渠道，为用户提供信息服务，通过驾驶员调整行驶行为，达到交通流动态平衡。

（6）可以建立道路交通数据库，用以支持道路运行状况评价，为改善道路经营和交通管理的决策提供数据分析。

（7）按国家相关标准要求进行了软件的稳定性、可靠性测试并提供了报告；编制并提供了符合规范的软件手册及相关文档。

2. 监理巡视与检查

监控中心设备安装及系统调试监理巡视与检查要点见表2-110。

表2-110　监控中心设备安装及系统调试监理巡视与检查要点

项目		巡视与检查要点
大屏幕投影系统	一般要求	（1）投影仪、屏幕及配件的数量、型号符合要求，部件完整。 （2）投影仪、屏幕安装方位、角度、高度符合设计要求。 （3）电源、控制线路以及通信线路按规范要求连接到位，设备处于正常工作状态。 （4）分项工程自检和设备调试记录、有效的设备检验合格报告或证书等资料齐全
	质量标准	大屏幕投影系统安装质量标准见表2-111
	外观鉴定	（1）投影仪外观完整无损伤、镜头洁净，屏幕平整整洁、白度均匀。 （2）图像清晰、稳定、无抖动。 （3）图像明亮、色泽鲜艳可调

续表 2-110

项目		巡视与检查要点
地图板	一般要求	(1)地图板、控制器及其他配件的数量、型号、规格符合设计要求,部件完整。 (2)安装方位、角度、高度符合设计要求。 (3)电源、控制线路以及通信线路按规范要求连接到位,设备处于正常工作状态。 (4)显示屏发光单元处于受控状态。 (5)分项工程自检和设备调试记录、有效的设备检验合格报告或证书等资料齐全
	质量标准	地图板安装质量标准见表 2-112
	外观鉴定	(1)地图板各显示区域布局合理,符合设计要求。 (2)屏幕模块拼接完整,无明显歪斜,安装稳固、横竖端正。 (3)屏幕基底色泽一致,无明显差异。 (4)各显示区域有信息显示时清晰明亮、稳定。 (5)地图板后箱内各设备之间布线整齐、美观,编号标识清楚;信号线和动力线及其接、插头座应明确区分,预留长度适当

表 2-111　大屏幕投影系统实测项目

检查项目	技术要求	检查方法
拼接缝	不大于 2 mm 或符合合同要求的尺寸	长度尺实测
亮度	达到白色平衡时的亮度不小于 150 Cd/ m^2	亮度计实测
亮度不均匀度	不大于 10%	亮度计实测
图像显示	正确显示监控中心 CCTV 视频器的切换图像及图形计算机输出信息	实际操作
窗口缩放	可对所选择的窗口随意缩放控制	实际操作
多视窗显示	同时显示多个监视断面的窗口	实际操作

表 2-112　地图板实测项目

检查项目	技术要求	检查方法
整板尺寸	允许偏差:1%	卷尺
垂直度	≤2 mm/m	铅锤、直尺
平整度	任意相邻两块不平度≤1.0 mm	游标卡尺或靠尺、塞尺
电源导线对机壳绝缘电阻	≥50 MΩ	查验随工验收记录或用 500 V 兆欧表测量
静态显示	显示的内容符合设计要求	目测

续表 2-112

检查项目	技术要求	检查方法
动态交通状态显示	绿、黄、红分别表示交通正常、拥挤、阻塞状态	模拟
设备工作状态显示	绿、红分别表示外场设备的正常、故障状态	目测
可变标志内容显示	符合设计要求	实际操作
紧急电话呼入显示	亮灯表示 ET 通话状态	模拟
交通量、气象参数、时间、日期等显示	显示正确	目测

3. 工程质量验评标准

1) 实测项目

监控中心设备安装及系统调测实测项目见表 2-113。

2) 外观鉴定

(1) 控制台上设备布局合理，安装稳固、横竖端正，符合设计的要求，接线端子和接、插座标识清楚。

(2) CCTV 视频器布局合理，屏幕拼接完整，无明显歪斜，安装稳固、横竖端正，符合设计的要求，接线端子和接、插座标识清楚。

(3) 控制台、CCTV 电视墙内以及各设备之间布线整齐、美观，编号标识清楚；信号线和动力线及其接头插座应明确区分，预留长度适当。

(4) 电力配电柜、信号配线架内布线整齐、美观；绑扎牢固、成端符合规范要求；编号标识清楚；预留长度适当。

以上任一项不符合要求时，该项减 0.1 ~ 2 分。

表 2-113　监控中心设备安装及系统调测实测项目

检查项目	技术要求	检查方法
监控室内温度	18 ~ 28 ℃	用温湿度计测 10 个测点
监控室内相对湿度	30% ~ 70%	用温湿度计测 10 个测点
监控室内新风系统功能	要求有通风换气装置且工作正常	感官目测、查验新风装置工作状态
监控室内防尘措施	B 级（一周内，设备上应无明显尘土）	目测
监控室内噪声	<70 dB(A)	用声级计实测
监控室内操作照度	5 ~ 200 Lx 可调	用照度计实测

续表 2-113

检查项目	技术要求	检查方法
电源导线对机壳接地绝缘电阻	≥50 MΩ	查验随工验收记录或用 500 V 兆欧表抽测 3 台设备
监控中心联合接地电阻	≤1 Ω	接地电阻测量仪测量
工作接地电阻	≤4 Ω	接地电阻测量仪测量
安全接地电阻	≤4 Ω	接地电阻测量仪测量
防雷接地电阻	≤10 Ω	接地电阻测量仪测量
与外场设备的通信轮询周期	30～60 s 可调	实测 10 min
与下端设备交换数据的实时性和可靠性	按设定的系统轮询周期，及时准确地与车辆检测器、气象检测器、可变标志等交换数据	对于检测器，在外场进行人工测试统计，然后与上端系统按时间段逐一对比，时间不少于 30 min。对于可变标志，用通信设备在外场与上端比对信息的正确性和实时性
图像监视功能	能够监视全程或重点路段的运行状况	实际操作
与收费系统交换数据功能	正确接收收费数据、收费系统抓拍图像	实际操作
系统工作状况监视功能	系统外场设备的工作状态在计算机和投影仪上正确显示	实际操作
事故阻塞告警	符合设计要求	模拟阻塞测试
恶劣气候告警	天气异常时，自动报警	模拟低能见度测试
紧急情况告警	能识别交警、消防、急救等特殊电话并在地图板、大屏幕上提示	实际操作
信息提供功能	指令信息通过系统正确地传送到可变标志、交通信号灯、车道控制器以及消防、救援部门	实际操作
统计、查询、打印报表功能	迅速、正确地统计、查询、打印命令指示、设备状况、系统故障、交通参数等数据	实际操作，查询历史数据报表
数据备份、存档功能	每日数据备份，并带时间记录	实际操作，查询历史数据报表
加电自诊断功能	可循环检测所有监控中心内、外场设备运行状况，正确及时显示故障位置、类型	目测

（五）监控系统计算机网络

1. 施工作业条件

（1）网线、插座、连接头、网卡、集线器、交换机、路由器、调制解调器、服务器等网络设备的数量、型号、规格符合设计要求。

（2）插座、双绞线接头的压接形式（线对分配）符合 EIA/TIA586A 或 586B 的要求，且在一个系统中只能选用一种压接形式，不得混用。

（3）网络设备安装调试完毕，系统处于正常运转工作状态。

（4）隐蔽工程验收记录、分项工程自检和设备及系统联调记录、有效的设备检验合格报告或证书等资料齐全。

2. 监理巡视与检查

（1）监控系统计算机网络施工质量一般要求可参照本节一、（一）中的相应内容。

（2）计算机系统机柜至各设备以及各设备之间的室内配线应采用槽道布线，且电源线与信号线能分开。

（3）必要时应进行电气特性的试验。

（4）系统应具有分级保密功能，不同级别的管理人员只有掌握不同的"口令"，才能进入特定的系统功能，以实现对系统软件和数据的保护。

（5）在软件调试的基础上，抓好监控计算机的室内联调。

（6）根据质量标准和设计文件、合同文件所规定的各项功能要求进行逐项测试。

（7）系统中各设备的接地均应单独接至接地排上，决不允许采用复联线接法。接地电阻一般按联合接地考虑，其接地电阻值≤1 Ω。

3. 工程质量验评标准

1）实测项目

监控系统计算机网络实测项目见表 2-114。

表 2-114　监控系统计算机网络实测项目

检查项目	技术要求	检查方法	说明
网线接线图	EIA/TIA568	通信行业标准：YD/T1013—1999	双绞线缆
布线长度	符合设计要求	通信行业标准：YD/T1013—1999	双绞线缆
衰减	EIA/TIA568	通信行业标准：YD/T1013—1999	双绞线缆
近端串扰	EIA/TIA568	通信行业标准：YD/T1013—1999	双绞线缆
环路阻抗	EIA/TIA568	通信行业标准：YD/T1013—1999	双绞线缆
远方近端串扰衰耗	EIA/TIA568	通信行业标准：YD/F1013—1999	5e，6 类双绞线缆
相邻线对综合串扰	EIA/TIA568	通信行业标准：YD/T1013—1999	5e，6 类双绞线缆
远端串扰与衰减比	EIA/TIA568	通信行业标准：YD/T1013—1999	5e，6 类双绞线缆
近端串扰与衰减比	EIA/TIA568	通信行业标准：YD/T1013—1999	5e，6 类双绞线缆
综合远端串扰比	EIA/TIA568	通信行业标准：YD/T1013—1999	5e，6 类双绞线缆
回波衰耗	EIA/TIA568	通信行业标准：YD/T1013—1999	5e，6 类双绞线缆

续表 2-114

检查项目	技术要求	检查方法	说明
传输时延	EIA/TIA568	通信行业标准:YD/T1013—1999	5e,6 类双绞线缆
线对间传输时延差	EIA/TIA568	通信行业标准:YD/T1013—1999	5e,6 类双绞线缆
同轴电缆特性阻抗	50 Ω 或 75 Ω	通信行业标准:YD/T1013—1999	同轴缆
光纤接头衰耗	0.2 dB	光时域反射计	光缆
光纤接头回损	按设计文件	光时域反射计	光缆
光纤衰耗	按设计文件	光时域反射计	光缆
网络维护性测试	符合设计要求	网络测试仪	网络
网络健康测试	符合设计要求	网络测试仪	网络

2)外观鉴定

(1)网络设备、网线线槽、信息插座布放整齐美观,安装牢固,标识清楚。

(2)线缆布放路由正确、绑扎牢固、端头连接规范、标识清楚,弯曲半径和预留长度符合设计或 GB/T 50132—2000 规范要求。

以上任一项每处不符合要求时,该处减 0.1 ~1 分。

二、通信设施

(一)通信管道与光、电缆线路

1.施工作业条件

(1)通信光电缆、塑料管道、人(手)孔圈等器材的数量、规格程式符合设计要求。

(2)塑料通信管道敷设与安装符合规范要求。

(3)管道基础及包封用原材料、型号、规格及数量应符合相关的国家和行业标准的规定。

(4)光、电缆横穿路基时应加钢管保护,钢管的型号、规格和防腐措施符合设计要求。

(5)光、电缆在过桥梁或其他构造物时采用的管箱、引上和引下工程采用的保护管符合设计要求,光、电缆及保护管与接驳的保护管过渡圆滑、密封良好。光、电缆的弯曲半径应符合要求。

(6)光、电缆的敷设、接续、预留及成端等符合规范要求。

(7)直埋电缆符合相关施工规范要求。

(8)出厂时及施工前光、电缆单盘测试记录,施工后所有线对的连通性测试记录,管道及电缆接续等隐蔽工程验收记录,分项工程自检和通电调试记录,有效的光电缆、保护管(箱)及接续附件的检验合格报告或证书等资料齐全。

2.监理巡视与检查

(1)光、电缆线路工程开工前,首先应督促施工单位进行线路路径复测和线路调查,如为管道工程,必须先试通管道,排除障碍后方可施工。

(2)光、电缆质量要求见以上施工基本要求中的相应内容。

(3)塑料子管不得跨井敷设,在管道内不得有接头。子管应超出第一根电缆搁架 150 mm,并用扎带固定,未用和已穿光电缆的子管应按设计要求封堵。

(4)敷设光缆时的牵引力应符合设计要求，在一般情况下不宜超过2 000 kN。敷设电缆时的牵引力应小于电缆允许拉力的80%。

(5)光、电缆的连接工艺应符合规范规定。

(6)做好隐蔽工程记录和各种测试记录。

3. 工程质量验评标准

1)实测项目

通信管道与光、电缆线路实测项目见表2-115。

表2-115　通信管道与光、电缆线路实测项目

检查项目	技术要求	检查方法
管道地基	符合设计要求	查隐蔽工程验收记录，必要时剖开复测
管道铺设	符合设计要求	查隐蔽工程验收记录，必要时剖开复测
回土夯实	符合设计要求	查隐蔽工程验收记录，必要时剖开复测
人(手)孔、管道掩埋	符合设计要求	查隐蔽工程验收记录，必要时剖开复测
人(手)孔的位置	符合设计要求	用量具实测
分支形式及内部尺寸	符合设计要求	用量具实测
通信管道的横向位置	符合设计要求	用量具实测
主管道管孔试通试验	畅通	查随工验收记录或按本册附录M实测(本书略)
硅芯塑料管孔试通试验	畅通	查随工验收记录或气吹法实测
人(手)孔接地电阻	符合设计要求	接地电阻测量仪实测
光纤护层绝缘电阻	≥1 000 MΩ·km	查随工验收记录或用高阻兆欧表测量(仅对直埋光纤)
单模光纤接头损耗平均值	≤0.1 dB	光万用表或光时域反射计在中继段两端测量
多模光纤接头损耗平均值	≤0.2 dB	光万用表或光时域反射计在传输段两端测量
中继段单模光纤总衰耗	符合设计要求	光万用表或光源、光功率计在中继段两端测量
中继段多模光纤总衰耗	符合设计要求	光万用表或光源、光功率计在传输段两端测量
同轴电缆衰耗	符合设计要求	衰耗测试仪
同轴电缆内外导体绝缘电阻	≥500 MΩ	用兆欧表500 V档，在连接器的芯线和外导体之间测量
音频电缆绝缘电阻	≥1 000 MΩ·km	用高阻兆欧表在线对之间测量
音频电缆直流环阻	符合设计要求	用电桥或电缆分析仪测量
音频电缆串音衰减	符合设计要求	用电缆分析仪或串扰分析仪测量
信号电缆绝缘电阻	≥500 MΩ·km	用1 000 V兆欧表在线对之间测量
信号电缆直流电阻	≤23.5 Ω/km	用电桥或电缆分析仪测量
音频电缆传输误码率	$BER \leq 1 \times 10^{-8}$	将线对一端短接，另一端接数据传输测试仪以64 kB速率测量

2）外观鉴定

（1）光、电缆配线箱（架）安装端正、稳固，配件齐全。

（2）在配线箱（架）或设备控制箱内光、电缆排列整齐、有序，绑扎牢固，标识正确、清楚。

（3）通信中心（局内）光、电缆的进线与成端符合规范要求，进入墙壁要有保护套管，预留长度满足使用要求并且统一规整。

（4）人（手）孔位置准确、预埋件安装牢固、防水措施良好。人（手）孔内无积水，其高程符合设计要求。

（5）光电缆在人（手）孔内占用管道孔正确、排列整齐、余留长度符合规定，标志清楚、牢固；光缆接续箱安装牢固，密封良好。

（6）光、电缆在过桥梁或其他构造物时采用的保护管安装牢固，排列整齐有序；光、电缆及保护管与接驳的保护管过渡圆滑、密封良好。

（7）直埋电缆两端铠装层、屏蔽层接地处理措施得当，电缆标石埋设符合设计要求。

以上任一项不符合要求时，该项减0.1～1分。

（二）光纤数字传输系统

1.施工作业条件

（1）光纤数字传输系统通信机房应整洁、通风、照明良好。

（2）光纤数字传输系统所有设备（包括机架、槽道、列柜及成端用光电缆）的配置、数量、型号、规格符合设计要求，部件完整。

（3）通信机房的防雷、水暖、供电、通信电源、空调通风、照明等辅助设施安装调试完毕并通过相关专业的验收。

（4）光纤数字传输系统所有设备安装调试完毕，系统处于正常运转工作状态。

（5）隐蔽工程验收记录、分项工程自检和设备及系统联调记录、有效的设备检验合格报告或证书等资料齐全。

2.监理巡视与检查

（1）数字传输设备应保证三证齐全，设备的规格、型号、数量及安装位置应符合设计要求。安装应牢固、垂直，配线应整齐、美观，无假焊。

（2）设备接口的配置（包括接口的类型、数量及技术要求）均应与设计要求相符。

（3）设备软件的设置应符合设计所提出的对数字传输设备的功能要求。

（4）对照质量标准和设计要求对传输设备的特性进行逐条测试。

3.工程质量验评标准

1）实测项目

光纤数字传输系统实测项目见表2-116。

2）外观鉴定

（1）槽道、机架（包括子架、DDF、ODF）及设备布局合理、安装稳固；机架横竖端正、整齐；拼装螺丝紧固、余留长度一致。

（2）设备安装后表面光泽一致，无划伤、无刻痕、无剥落、无锈蚀；部件标识正确、清楚。

（3）电缆及光纤连接线路和位置正确、布放整齐，符合施工工艺要求。

（4）光纤连接线在槽道内保护措施得当；分线正确、编扎排列整洁、工艺符合要求；在光配线架上路由走向正确、标识清楚、布放工艺符合要求。

表 2-116　光纤数字传输系统实测项目

检查项目	技术要求	检查方法
系统设备安装连接的可靠性	系统设备安装连接应可靠，经振动试验后系统无告警、无误码	橡皮锤轻轻敲击设备基架和网管计算机主机的配线背板 15 min
接地连接的可靠性	工作地、安全地、防雷地按规范要求分别连接到汇流排上	用万用表测量，目测检查
系统接收光功率	$P_1 \geq PR + Mc + Me$	用光功率计，每站 1 个光口
平均发送光功率	符合设计要求和出厂检验的要求	用光功率计，每站每个传送级别各 1 个光口（STM1、STM4、STM16）
光接收灵敏度	符合设计要求和出厂检验的要求	用光功率计和误码仪测，每站每个传送级别各 1 个光口（STM1、STM4、STM16）
误码指标（2M 电口）	$BER = 1 \times 10^{-11}$ $ESR = 1.1 \times 10^{-5}$ $SESR = 5.5 \times 10^{-7}$ $BER = 5.5 \times 10^{-8}$ YD/T 5095—2000	用误码仪测，每块 2M 电路板抽测 3 条 2M 支路。1 个支路测试时间 24 h，其他支路 15 min。允许将多条支路串接起来测试
电接口允许比特容差	YD/T 5095—2000	用 PDH/SDH 通信性能分析仪测
输入抖动容限	YD/T 5095—2000	用 PDH/SDH 通信性能分析仪测
输出抖动	YD/T 5095—2000	用 PDH/SDH 通信性能分析仪测
2M 支路口漂移指标	a. $MTIE \leq 18$ μs（24 h） b. 40 h 滑动不应大于 1 次	在传输链路最长或定时链路经过网元最多、通过不同步边界的 2M 链路上测试
音频电路和低速数据电路测试	通路电平、衰减频率失真、增益变化、信道噪声、总失真、路基串话等指标符合设计要求	用 PCM 话路特性仪测试
安全管理功能	未经授权不能进入网管系统，并对试图接入的申请进行监控	实际操作
自动保护倒换功能	工作环路故障或大误码时，自动倒换到备用线路	实际操作，测一个环路
远端接入功能	能通过网管将远端模块添加或删除	实际操作

续表 2-116

检查项目	技术要求	检查方法
配置功能	能对网元部件进行增加或删除配置，并以图形方式显示当前配置	实际操作
公务电话功能	系统应配置公务电话，声音清楚	实际操作
网络性能监视功能	能实时采集分析网络误码等性能参数	实际操作
激光器自动关断功能	无光输入信号时应能自动关断	测试备用板的发光口
故障定位功能	模拟系统故障	实际操作
信号丢失告警	产生告警	实际操作
电源中断告警	产生告警	实际操作
帧失步告警	产生告警	实际操作
AIS 告警	产生告警	实际操作
64 kB/s 输入信号消失告警	产生告警	实际操作
参考时钟丢失告警	产生告警	实际操作
指针丢失告警	产生告警	实际操作
远端接收失效 FERF 告警	产生告警	实际操作
远端接收误码 FEBE	产生告警	实际操作
电接口复帧丢失	产生告警	实际操作
信号劣化（$BER > 1 \times 10^{-6}$）	产生告警	实际操作
信号大误码（$BER > 1 \times 10^{-3}$）	产生告警	实际操作
环境检测告警	产生告警	实际操作
机盘失效告警	能自动倒换，产生告警	实际操作

注：P_1 为接收端实测系统接收光功率；PR 为接收器的接收灵敏度；Mc 为光缆富余度；Me 为设备富余度。

（5）数字配线架上跳线的规格程式符合要求、路由走向正确、标识清楚、布放工艺符合规范要求。

（6）同轴电缆的成端余留长度统一、芯线焊接及端头处理得当、符合工艺要求。

（7）数字配线架、光配线架内布线整齐、美观；绑扎牢固、成端符合规范要求；编号标识清楚，余留长度适当。

（8）设备连接用连接线、跳线（纤）符合设计要求，长度规整统一、标识清楚。

以上任一项不符合要求时，该项减 0.1 ~ 1 分。

（三）数字程控交换系统

1. 施工作业条件

（1）数字程控交换系统通信机房应整洁、通风、照明、环境温湿度条件良好。

（2）交换设备、辅助设备、控制台及各种电路板的数量、型号及安装位置符合要求。

（3）设备及其辅助设备安装牢固、标志齐全。

（4）设备的各种开关置于指定位置。

（5）设备的各级熔丝规格符合要求。

（6）列架、机架及各种配线架接地良好。

（7）设备内部的电源布线无接地现象。

（8）所有设备安装连接到位并经过严格的系统检查，稳定性达到要求。

（9）隐蔽工程验收记录、分项工程自检和设备及系统联调记录、有效的设备检验合格报告或证书等资料齐全。

2. 监理巡视与检查

（1）程控交换机设备的规格、型号、设备配置应符合设计要求，且三证齐全。

（2）施工单位应对批准的设计文件进行复核，发现问题应及时与建设单位和设计单位联系。施工前，施工单位应编写施工组织设计，经监理批准后方可动工。

（3）机架的排列、安装位置及方向应符合设计要求。螺栓应全部拧紧，固定牢固。与地面垂直，偏差应不大于 3 mm。

（4）机架必须有可靠的接地。机架上印刷电路板的数量、规格和安装位置应符合设计要求。

（5）机台的安装位置应符合设计要求。维护终端设备、电传打字机、输出打印机等输入输出设备应完整，标志齐全，安装位置应符合设计要求。

（6）槽道安装允许偏差：

①安装位置不大于 50 mm；

②列间槽道水平偏差不大于 3 mm；

③相邻槽道水平偏差不大于 3 mm；

④槽道拼接处水平偏差不大于 2 mm。

（7）走道电缆布放必须绑扎，且所用麻线必须浸蜡；槽道电缆布放时可不绑扎，但在电缆进出槽道或转弯处应绑扎或用其他方法固定。

（8）系统功能调试按质量标准和设计要求逐条进行测试。

3. 工程质量验评标准

1）实测项目

数字程控交换系统实测项目见表 2-117。

2）外观鉴定

（1）槽道、机架及设备布局合理、安装稳固；机架横竖端正、排列整齐，符合设计要求；拼装螺丝紧固、余留长度一致。

（2）设备安装后表面光泽一致，无划伤、无刻痕、无剥落、无锈蚀；部件标识正确、清楚。

（3）电缆及光纤连接线路和位置正确、布放整齐，符合施工工艺要求。

表 2-117　数字程控交换系统实测项目

检查项目	技术要求	检查方法
工作电压	−57 ~ −40 V	用万用表实测
系统再启动功能	系统紧急关机后启动或作系统倒换后，系统应能恢复正常运行	实际操作
修改用户号码功能	用软件修改后不影响原话机的连接通信功能	实际操作
修改单个用户的号码属性	用软件修改后不影响原话机的连接通信功能	实际操作
修改用户数限	主要对用户的长途呼叫进行限制	实际操作
计费功能	能修改费率，并打印显示费额和通话记录	实际操作
话务管理	自动记录话务信息	实际操作
故障诊断、告警	故障告警	模拟故障
系统交换功能	本局呼叫、出入局呼叫、新业务等功能	实际操作
指令电话功能	使用数字程控交换机特殊功能，建立一点对多点的快速通话功能	实际操作
局内障碍率	$\leqslant 3.4\times10^{-4}$	模拟呼叫器
接通率	>99.96%	模拟呼叫器
处理能力(BHCA)	系统达到 BHCA 值时，对人机命令的响应 90% 均应在 3 s 以内	模拟呼叫器

(4)电缆在槽道内保护措施得当；分线正确、编扎排列整洁、工艺符合要求；在配线架上路由走向正确、标识清楚、布放工艺符合要求。

(5)配线架上跳线的规格程式符合要求、路由走向正确、标识清楚、布放工艺符合规范要求。

(6)同轴电缆的成端余留长度统一、芯线焊接及端头处理得当、符合工艺要求。

(7)配线架内布线整齐、美观；绑扎牢固、成端符合规范要求；编号标识清楚，余留长度适当。

(8)设备连接用连接线、跳线(纤)符合设计要求，长度规整统一、标识清楚。

以上任一项不符合要求时，该项减 0.1 ~1 分。

(四)紧急电话系统

1. 施工作业条件

(1)紧急电话分机、主机的数量、型号符合要求。

(2)紧急电话分机安装位置正确，机箱外部完整，门锁开闭灵活。

(3)紧急电话分机上的标志应符合 GB 5768 的要求，反光膜应使用高强级反光材料。

(4)安装方位符合路线走向要求,并按要求安装必要的防护措施。

(5)电源、通信线路按规范要求连接到位,主、分机连通并处于正常工作状态。

(6)隐蔽工程验收记录、分项工程自检和设备调试记录、有效的设备检验合格报告或证书等资料齐全。

2. 监理巡视与检查

(1)紧急电话系统设备的一般要求见本节一、(一)中的相应内容。

(2)紧急电话总机的安装要求稳固,线缆配线应整齐美观,与上位机及 MDF 的连接应牢固可靠。

(3)紧急电话分机安装应牢固,与地面垂直,分机的通话面应与车道的行车方向一致。

(4)紧急电话系统的功能检查应依据质量标准和设计要求。

3. 工程质量验评标准

1)实测项目

紧急电话系统实测项目见表 2-118。

表 2-118 紧急电话系统实测项目

检查项目	技术要求	检查方法
音量	>90 dB(A)	在扬声器正前方 400 mm 处,用声级计测
分机安装竖直度	≤10 mm/ m	用铅锤、直尺
防雷接地电阻	≤10 Ω	接地电阻测量仪测
MIC 距基础平台的高度	1 450 mm ± 20 mm	用卷尺测
喇叭高度	1 600 mm ± 20 mm	用卷尺测
控制台绝缘电阻	>50 MΩ	用 500 V 兆欧表测
话音传输衰耗	≤30 dB,3 000 Hz	用话音传输分析仪测
话音质量	语音要求清晰,音量适中,无噪音,无断字等缺陷	感官测
呼叫功能	响应灵敏	实际操作
按键提示	按键提示简明易懂	目测
噪声抑制	话机在通话过程及静态时,要求无嗡嗡声、沙沙声及自激、哨声等杂音	感官测
通话呼叫功能	按下按钮,可呼叫监控中心控制台	实际操作
呼叫排队功能	同时呼叫或通话时的呼叫,可按优先级处理	实际操作
地址码显示功能	控制台显示呼叫位置	实际操作
振铃响应	呼叫在控制台有振铃响应	实际操作
语音提示功能	呼叫后,话机有等待信号或提示音	实际操作

续表 2-118

检查项目	技术要求	检查方法
录音功能	控制台有自动录音功能	实际操作
故障报告功能	中心可自动立即显示故障信息	实际操作
取消呼叫功能	控制台可取消呼叫	实际操作
打印报告功能	值班记录、事件、故障等文件可打印	实际操作
定时自检功能	能检测到线路连接、电池、传输故障等情况	故障模拟
手动自检功能	能检测到线路连接、电池、传输故障等情况	实际操作
加电自恢复功能	加电后，控制台应自动恢复到工作状态	实际操作，测一次

2）外观鉴定

（1）防雷接地要求与接地极焊接，焊缝要饱满，焊后清渣并作防腐处理。

（2）基础混凝土表面应刮平，无损边、无掉角；法兰及地脚螺栓规格符合设计要求，应用热浸镀锌作防腐层，裸露金属基体无锈蚀。

（3）分机机身与基础连接牢固、端正，安装后外露螺纹长度一致。

（4）分机表面光泽一致，无划伤、无刻痕、无剥落，金属机箱或部件无锈蚀。

（5）机箱内电力线、信号线、元器件等布线平直、整齐、固定可靠，标识正确、清楚。

（6）机箱的出线管与箱体连接密封良好，箱体关键部位无积水、尘土、霉变。

（7）太阳能供电的分机，太阳能电池板自身密封以及与分机的密封状况良好，无积水、无渗透。

以上任一项不符合要求时，该项减 0.1 ~1 分。

（五）无线移动通信系统

1. 施工作业条件

（1）无线移动通信系统所用设备（包括基地台、中转台、便携台、车载台、有无线转接设备、天线、铁塔、馈线、电源等）的数量、型号符合设计要求，部件完整。

（2）铁塔基础设置位置正确、按规范要求施工、铁塔安装牢固、达到设计要求，并通过验收。

（3）天线铁塔安装的防雷系统符合设计要求。

（4）天线、馈线、收发控制设备、电源设备等安装到位，系统经过了联调并经过了严格测试，处于正常工作状态。

（5）隐蔽工程验收记录、分项工程自检和设备调试记录、安装和非安装设备及附（备）件清单、有效的设备检验合格报告或证书等资料齐全。

2. 监理巡视与检查

（1）设备要求见本节一、（一）中的相应内容。

（2）检查铁塔的组装是否合格：螺丝是否拧紧、零配件是否齐全、施工是否规范、安全措施是否到位等。

（3）无线铁塔的安装必须牢固、垂直，避雷针与天线高度应符合规范或设计要求，避雷接地应良好，铁塔的顶部应安装接闪器。

(4)基地台、车载台、有无线转接台的安装要牢固,与天线、电源线的连接应准确,接触可靠,配线整齐。

(5)通信质量的检查。

3. 工程质量验评标准

1)实测项目

无线移动通信系统实测项目见表2-119。

表2-119 无线移动通信系统实测项目

检查项目	技术要求	检查方法
铁塔基础尺寸	符合设计要求	实测和随工记录结合
铁塔所用材料规格	符合设计要求	用量具测量,必要时取样检测
铁塔和地脚防腐层质量	符合 GB/T 18226 要求	涂层测厚仪实测
地脚规格尺寸	符合设计要求	用量具测量,必要时取样检测
防雷接地系统用材料规格	符合设计要求	用量具测量,和核查隐蔽工程记录相结合
防雷接地电阻	≤10 Ω	接地电阻测量仪测量
基地台发射功率	符合设计要求	按 YD/T 1009
中转台发射功率	符合设计要求	按 YD/T 1009
车载台发射功率	符合设计要求	按 YD/T 1009
手持台发射功率	符合设计要求	按 YD/T 1009
基地台接收灵敏度	符合设计要求	按 YD/T 1009
中转台接收灵敏度	符合设计要求	按 YD/T 1009
车载台接收灵敏度	符合设计要求	按 YD/T 1009
手持台接收灵敏度	符合设计要求	按 YD/T 1009
电波覆盖范围	≥90%	基站监测,实地测量
基地台与车载台通话功能	建立、释放响应灵敏,通话清楚	实际操作
基地台与手持台通话功能	建立、释放响应灵敏,通话清楚	实际操作
手持台与手持台通话功能	建立、释放响应灵敏,通话清楚	实际操作
手持台与车载台通话功能	建立、释放响应灵敏,通话清楚	实际操作
手持台与业务电话通话功能	建立、释放响应灵敏,通话清楚	实际操作
车载台与业务电话通话功能	建立、释放响应灵敏,通话清楚	实际操作
用户之间群呼、组呼、选呼功能	建立、释放响应灵敏,通话清楚	实际操作

2)外观鉴定

(1)无线移动通信系统所用设备安装稳固端正、排列位置符合设计要求。

(2)设备之间的连接线端部连接头处理措施符合规范要求,连接稳固、标识清楚,排列绑扎规整。

(3)安装设备和手持台表面光泽一致、无划伤、无刻痕、无剥落、无锈蚀;可动部件动作灵活、标识正确、清楚。

(4)天线铁塔基础混凝土表面应刮平,无损边、无掉角;法兰及地脚螺栓规格符合设计要求,应用热浸镀锌作防腐层,裸露金属基体无锈蚀。

(5)铁塔塔靴与基础地脚用双螺母固定。螺母拧紧后,螺栓外露丝扣不少于2扣。

(6)天线铁塔制作工艺符合规范要求,装配部件齐全、规整,外形美观。

(7)天线及馈线安装牢固;馈线两端连接件部件完整、装配符合工艺要求;馈线绑扎均匀,穿墙保护措施得当。

(8)防雷接地引下线与接地极采用焊接,焊缝要饱满,焊后清渣并作防腐处理。

以上任一项不符合要求时,该项减0.1~1分。

(六)通信电源

1. 施工作业条件

(1)通信电源设备数量、型号符合设计要求,部件及配件完整。

(2)所有设备安装到位并已连通,处于正常工作状态。

(3)配电、换流设备都作了可靠的接地连接。

(4)蓄电池的连接条、螺栓、螺母做了防腐处理,并且连接可靠。

(5)隐蔽工程验收记录、分项工程自检和设备调试记录、安装和非安装设备及附(备)件清单、有效的设备检验合格报告或证书等资料齐全。

2. 施工质量监理

施工质量监理要点见表2-120。

表2-120 施工质量监理要点

检查项目	技术要求		检查方法
设备、列架的绝缘电阻	交流配电屏	符合设计要求,无要求时应≥2 MΩ	用500 V兆欧表在设备内布线和地之间测量
	直流配电屏		
	开关电源		
	不中断电源		
开关电源的主输出电压	−40 ~ −57 V		万用表实测
开关电源输出杂音	电话衡重杂音	≤2 mV	杂波表实测
	峰值杂音(0~300 Hz)	≤100 mV	
	宽频杂音(3.4~150 kHz)	≤100 mV	
	宽频杂音(0.15~30 MHz)	≤30 mV	
电池组供电特性	放电、浮冲及免维护等符合要求		电池性能测试仪实测或核查随工验收记录
电源系统报警功能	机房内可视、可听报警显示不正常状态		模拟实测
远端维护管理功能	可实现远端的遥测、遥控和遥信的集中管理		实际操作

续表 2-120

检查项目	技术要求	检查方法
不间断电源	断开主供电线路时,UPS 能正常启动,系统不掉电,不影响系统的工作	实际操作
通信电源系统防雷	符合 YD 5078—98	YD/T 944—1998
通信电源的接地	符合设计要求	接地电阻测量仪测量
设备安装的水平度	≤2 mm/m	量具实测
设备安装的垂直度	≤3 mm	用吊锤和量具实测

3. 外观鉴定

(1)配电屏、设备、列架布局合理、安装稳固、横竖端正、排列整齐。

(2)设备安装后表面光泽一致,无划伤、无刻痕、无剥落、无锈蚀;部件标识正确、清楚。

(3)电源输出配电线路和位置正确、布放整齐,符合施工工艺要求。

(4)设备内布线整齐、美观、绑扎牢固,接线端头焊(压)结牢固、平滑;编号标识清楚,余留长度适当。

(5)设备抗震加固措施符合设计要求。

以上任一项不符合要求时,该项减 0.1 ~ 1.5 分。

三、收费设施

(一)出入口车道设备

1. 施工作业条件

(1)入口车道设备数量、型号、规格符合设计要求,部件及配件完整。

(2)收费亭、电动(手动)栏杆、车道控制器(车道计算机)、收费员显示终端、键盘、信号灯、车辆检测器、摄像机、发(打)卡设备等主要设备是符合国家或行业标准的定型产品。

(3)收费亭内操作台、设备安装符合要求。

(4)收费亭、控制器、发(打)卡机、UPS、电动栏杆等设备的接地连接符合规范要求。

(5)电动栏杆、信号灯、摄像机等安装方位和位置正确。

(6)收费亭至收费岛、天棚上安装设备的裸露的电源线、信号线按设计要求进行保护处理。

(7)所有设备安装到位并连通,处于正常工作状态。

(8)隐蔽工程验收记录、分项工程自检和设备调试记录、安装和非安装设备及附(备)件清单、有效的设备检验合格报告或证书等资料齐全。

2. 监理巡视与检查

(1)设备验收要求同本节一、(一)中的相应内容。

(2)电动栏杆的安装应牢固、垂直,配线应整齐、美观。关闭时栏杆应与地面平行,开启时栏杆应与地面垂直。

(3)费额显示器安装于出口车道。其安装位置应使司机在各种照明和自然条件下能清晰地看见所显示的内容。

(4)计算机键盘是一个专用键盘,应具有防水、防尘、防腐蚀功能。在正常工作条件下,其使用寿命为一千万次操作。

(5)收费车道初始状态、开放状态和关闭操作应符合设计要求,票据打印机的功能应符合设计要求,每张票据打印时间应小于 3 s。

3. 工程质量验评标准

1)实测项目

实测项目见表 2-121 及表 2-122。

表 2-121　入口车道设备实测项目

检查项目		技术要求	检查方法
设备机壳防腐涂层及厚度		符合设计要求,无要求时按 GB/T 18226	用涂层测厚仪实测
设备强电端子对机壳绝缘电阻		≥50 MΩ	500 V 兆欧表测量
车道控制器安全接地电阻		≤4 Ω	接地电阻测量仪测量
电动栏杆机安全接地电阻		≤4 Ω	接地电阻测量仪测量
收费亭防雷接地电阻		≤10 Ω	接地电阻测量仪测量
收费天棚信号灯色度和亮度	红色	符合 GB 14887	色度/亮度计实测
	绿色	符合 GB 14887	
收费车道内通行信号灯色度和亮度	红色	符合 GB 14887	色度/亮度计实测
	绿色	符合 GB 14887	
车道信号灯动作响应		按规定的触发状态正常工作	实际操作
电动栏杆起落总时间		≤4.0 s 或符合设计要求	秒表,测 10 次,取平均值
电动栏杆动作响应		按规定操作流程动作,具有防砸车和水平回转功能	实际操作
车道车辆检测器计数精度偏差		≤0.1%	人工记数核对,要大于 1 000 辆,或借助录像带核对历史记录
环形线圈电感量		符合设计要求	用电感测量仪器实测
摄像机清晰度		符合设计要求	用测试卡和视频测试仪实测
读写卡设备响应时间及对异常卡的处理		符合设计要求	实测 40 次
闪光报警器		按规定的触发状态正常工作	实际操作
专用键盘		标记清楚、牢固,键位划分合理,操作灵活,响应准确、可靠	实际操作
手动栏杆与天棚信号灯的互锁功能		只有手动栏杆打开时天棚信号灯才由红色变为绿色	实际操作

续表 2-121

检查项目	技术要求	检查方法
初始状态动作	车道控制标志显示车道关闭,车道栏杆处于水平关闭状态,收费员显示器显示内容齐全正确	实际操作
车道打开动作	按"交班"键,识别操作员身份,登录成功后,可打开车道,处于正常工作状态,并具有防止恶意登录功能	输入身份卡正确、错误各一次
入口正常处理流程	符合规定的操作流程	实际操作
公务车处理流程	符合规定的操作流程	实际操作
军车处理流程	符合规定的操作流程	实际操作
车队处理流程	符合规定的操作流程	实际操作
其他紧急车处理流程	符合规定的操作流程	实际操作
违章车报警流程	符合规定的操作流程	实际操作
修改功能流程	有车型判别错误时,可按规定的流程修改	实际操作
车道维修和复位操作流程	维护菜单允许维护员进行车道维护和复位操作等	实际操作
车道关闭操作流程	按"交班"键,识别操作员身份,可关闭车道,处于关闭状态	实际操作
对车道控制设备状态监测功能	运行过程中,车道控制器(车道计算机)可对车道设备进行监测,故障时应给出报警信号,提醒收费员和站内监控人员	实际操作
断电数据完整性测试	任意流程时关闭车道控制器(车道计算机)电源,车道工作状态正常,加电后数据无丢失	实际操作
断网测试	断开车道控制器(车道计算机)与收费站的通信链路,车道工作状态正常,加电后数据无丢失	实际操作

续表 2-121

检查项目	技术要求	检查方法
图像抓拍	车道关闭时，抓拍检测器处于启动状态，车辆进入入口车道时，图像抓拍检测器侦获来车信号，触发图像抓拍，抓拍信息符合要求，能按规定格式存储转发	实际操作
每辆小客车平均处理时间	≤8 s或符合设计要求	秒表，5位熟练的收费员，一人操作三次，取平均值

表 2-122　出口车道设备实测项目

检查项目		技术要求	检查方法
设备机壳防腐涂层及厚度		符合设计要求，无要求时按GB/T 18226	用涂层测厚仪实测
设备强电端子对机壳绝缘电阻		≥50 MΩ	500 V兆欧表测量
车道控制器安全接地电阻		≤4 Ω	接地电阻测量仪测量
电动栏杆机安全接地电阻		≤4 Ω	接地电阻测量仪测量
收费亭防雷接地电阻		≤10 Ω	接地电阻测量仪测量
收费天棚信号灯色度和亮度	红色	符合GB 14887	色度/亮度计实测
	绿色	符合GB 14887	
收费车道内通行信号灯色度和亮度	红色	符合GB 14887	色度/亮度计实测
	绿色	符合GB 14887	
车道信号灯动作响应		按规定的触发状态正常工作	实际操作
电动栏杆起落总时间		≤4.0 s或符合设计要求	秒表，测10次，取平均值
电动栏杆动作响应		按规定操作流程动作，具有防砸车和水平回转功能	实际操作
车道车辆检测器计数精度偏差		≤0.1%	人工记数核对，要大于1 000辆，或借助录像带核对历史记录
环形线圈电感量		符合设计要求	用电感测量仪器实测
摄像机清晰度		符合设计要求	用测试卡和视频测试仪实测

续表 2-122

检查项目	技术要求	检查方法
读写卡设备响应时间及对异常卡的处理	符合设计要求	实测 40 次
专用键盘	标记清楚、牢固，键位划分合理，操作灵活，响应准确、可靠	实际操作
费额显示器	通行卡处理后，通行费显示于费额显示器	实际操作 + 目测
收据打印机	迅速正确打印收据	实际操作
脚踏报警	工作正常	实际操作
闪光报警器	按规定的触发状态正常工作	实际操作
手动栏杆与天棚信号灯的互锁功能	只有手动栏杆打开时天棚信号灯才由红色变为绿色	实际操作
车道初始状态	车道信号灯显示车道关闭，车道栏杆处于水平关闭状态，收费员显示器显示内容齐全正确，并具有防止恶意登录功能	实际操作
车道打开状态	按“交班”键，识别操作员身份，登录成功后，可打开车道，处于正常工作状态	输入身份卡正确、错误各一次
出口正常处理流程	符合出口基本作业流程	实际操作
换卡车处理流程	符合中途换卡车处理规定	实际操作
入、出口车型不符合处理流程	自动报警，站处理	实际操作
无支付或不足支付处理流程	符合出口“未付车”监督处理流程	实际操作
丢卡、坏卡处理流程	符合卡丢失、卡故障处理流程	实际操作
军警车处理流程	记录特殊事件	实际操作
公务车处理流程	符合公务车处理流程	实际操作
车队处理流程	符合出口“车队”处理流程	实际操作
“拖车”处理流程	符合“拖车”处理流程	实际操作
闯关车处理流程	符合“闯关车”处理流程	实际操作
车道维修和复位操作处理流程	维护菜单允许授权维护员进行车道维护和复位操作	实际操作

续表 2-122

检查项目	技术要求	检查方法
车道关闭操作处理流程	按“交班”键,识别操作员身份,可关闭车道,处于关闭状态	实际操作
车道控制设备状态监测	运行过程中,车道控制器(车道计算机)可对车道设备进行监测,故障时给出报警信号	实际操作
断网测试1	断开车道控制器与光纤的连接,车道工作状态正常、数据无丢失	实际操作
断电数据完整性测试	任意流程时关闭车道控制器(车道计算机)电源,车道工作状态正常,加电后数据无丢失	实际操作
断网测试2	断开车道控制器(车道计算机)与收费站的通信链路,车道工作状态正常、数据无丢失	实际操作
图像抓拍	车道关闭时,抓拍检测器处于启动状态,车辆进入入口车道时,图像抓拍检测器侦获来车信号,触发图像抓拍,抓拍信息符合要求,按规定格式存储转发	实际操作
每辆小客车平均处理时间	≤14 s 或符合设计要求	秒表,5 位熟练的收费员,一人操作三次,取平均值

2)外观鉴定

(1)收费亭外设备安装稳固、端正。

(2)收费亭内操作台、座椅、设备、配线列架等整齐、有序,无明显歪斜,标志清楚、牢固。

(3)所有设备安装后,外观无划伤、刻痕,以及防护层剥落等缺陷。

(4)设备及收费亭内布线整齐美观、固定可靠、标识清楚;过墙、板、地下通道处要有保护套管,并留有适当余量。

(5)设备之间连线接、插头等部件要求连接可靠、紧密、到位准确;布线整齐、余留规整、标识清楚;固定螺丝等要求紧固,无松动。

(6)配电箱内信号线、动力线及其接、插头明显区分,标识清楚,有永久性接线图。

(7)电动(手动)栏杆挡杆上反光标记完整醒目,落下时处于水平位置。

以上任一项不符合要求时,该项减 0.1 ~1 分。

(二)收费站设备及软件

1. 施工作业条件

(1)收费站内设备数量、型号符合要求,部件完整。

(2)设备安装到位并连通,处于正常工作状态,并进行了严格测试和联调。

(3)提交了分项工程自检和系统联调记录、设备及附(备)件清单、有效的设备检验合格报告或证书资料。

2. 施工质量监理

施工质量监理要点见表 2-123。

表 2-123 施工质量监理要点

检查项目	技术要求	检查方法
强电端子对机壳绝缘电阻	≥50 MΩ	500 V 欧表测量
收费站联合接地电阻	≤4 Ω	接地电阻测量仪测量
对车道的实时监控功能	收费站管理计算机可查看车道最后一辆车处理信息及车道状态、操作员信息,监视计算机可监视、显示车道设备及操作情况	实际操作
查原始数据功能	通过专用服务器和收费管理计算机可查询、统计原始数据	实际操作
图像稽查功能	可稽查所有出入口车道"有问题"车辆图像	实际操作
打印报表功能	值班员可通过收费站管理计算机打印各种报表	实际操作
查看费率表功能	可通过收费管理计算机查看费率表	实际操作
与车道数据通信功能	专用服务器在不同模式下可和车道控制机交换规定的信息,数据传输准确	实际操作
数据备份功能	车道控制器、收费站专用服务器管理计算机数据,保护安全、可靠	实际操作
字符叠加功能	在监视器上可观察到信息	实际操作
与收费中心的通信功能	可以和收费中心交换规定的数据,数据传输准确	实际操作后比对
查断网试验的数据上传	与收费中心计算机通信故障时,数据可存储在移动存储器上并可在收费中心计算机上恢复	实际操作

续表 2-123

检查项目	技术要求	检查方法
报警录像功能	用于报警时显示报警图像的显示器具有报警显示功能，值班员通过键盘控制切换控制器切换该路报警视频信号进行录像，或自动进行切换	实际操作
主监视器切换显示各车道及收费亭摄像机功能	监视计算机可切换显示各车道及收费亭录像机	实际操作
查看事件报表打印功能	可查看入口、出口车道特殊处理明细表并打印	实际操作
数据完整性测试	系统崩溃或电源故障，重新启动时，系统能自动引导至正常工作状态，不丢失任何历史数据	模拟操作或查历史记录

3. 外观鉴定

(1)站内设备安装稳固、端正。

(2)收费站内操作台、座椅、设备、配线列架等整齐、有序，无明显歪斜，标志清楚、牢固。

(3)所有设备安装后，外观无划伤、刻痕，以及防护层剥落等缺陷。

(4)设备及收费站监控室内布线整齐美观、固定可靠、标识清楚；过墙、板、地下通道处有保护套管，并留有适当余量。

(5)设备之间连接、插头等部件要求连接可靠、紧密、到位准确；布线整齐、余留规整、标识清楚；固定螺丝等紧固，无松动。

(6)配电箱内信号线、动力线及其接、插头要求明显区分，标识清楚，有永久性接线图。

以上任一项不符合要求时，该项减 0.1 ~1 分。

(三)收费中心设备及软件

1. 施工作业条件

(1)收费中心设备数量、型号符合要求，部件完整。

(2)设备安装到位并已连通，处于正常工作状态，并进行了严格测试和联调。

(3)分项工程自检和系统联调记录、设备及附(备)件清单、有效的设备检验合格报告或证书等资料齐全。

2. 施工质量监理

施工质量监理要点见表 2-124。

表 2-124　施工质量监理要点

检查项目	技术要求	检查方法
强电端子对机壳绝缘电阻	≥50 MΩ	500 V 兆欧表测量
收费中心联合接地电阻	≤4 Ω	接地电阻测量仪测量
与收费站的数据传输功能	定时或实时轮询各收费站的数据	实际操作
费率表、车型分类参数的设置与变更	可设置、变更费率表、车型分类参数，并下传到收费站	实际操作
系统时间设定功能	对收费站计算机的时钟进行统一校准	实际操作
图像稽查功能	可稽查所有出入口车道“有问题”车辆图像	实际操作
报表统计管理及打印功能	收费中心计算机系统可打印规定的各种报表	实际操作
对各站及车道 CCTV 图像切换及控制功能	可切换、可控制	实际操作
与监控中心计算机通信功能	与监控中心之间传输规定的数据，传输准确	实际操作
双机热备份功能	当主机宕机时，从机能够自动接管，保证业务的连续性和正确性，切换时间符合要求	模拟操作
通行卡管理功能	通过授权正确制作通行卡、公务卡、身份卡，并能记录、统计、查询本中心发行卡的信息	实际操作
数据完整性测试	系统崩溃或电源故障重新启动时，系统能自动引导至正常工作状态，不丢失任何历史数据	模拟操作或查历史记录
通行费拆分	能按设置的逻辑日自动或手动完成通行费的正确拆分	模拟操作

3. 外观鉴定

(1)收费中心收费设备安装稳固、端正。

(2)收费中心监控室内操作台、座椅、设备、配线列架等整齐、有序，无明显歪斜，标志清楚、牢固。

(3)所有设备安装后，外观无划伤、刻痕，以及防护层剥落等缺陷。

(4)设备及收费监控室内布线整齐美观、固定可靠、标识清楚；过墙、板、地下通道处要有保护套管，并留有适当余量。

(5)设备之间连线接、插头等部件要求连接可靠、紧密、到位准确；布线整齐、余留规整、标识清楚；固定螺丝等要求紧固，无松动。

(6)配电箱内信号线、动力线及其接、插头要求明显区分，标识清楚，有永久性接线图。

以上任一项不符合要求时，该项减0.1～1分。

(四)内部有线对讲及紧急报警系统

1. 施工作业条件

(1)内部有线对讲及紧急报警系统的设备数量、型号符合要求，部件完整。

(2)设备安装到位并已连通，处于正常工作状态。

(3)分项工程自检和设备调试记录、设备及附(备)件清单、有效的设备检验合格报告或证书等资料齐全。

2. 监理巡视与检查

(1)设备验收见本节一、(一)中的相应内容。

(2)主机安装在收费站值班员操作台的面板上，为便于操作，宜留有适当的斜度，安装应稳固可靠。

(3)分机与收费员终端宜做成一体，或安装在收费亭内的墙壁上，安装应稳固可靠。

(4)主机和分机的所有按键应轻捷、接触可靠。

(5)有线对讲系统通话时的语音应清晰、无失真、噪声小。话音音量大小应可调节。

3. 工程质量验评标准

内部有线对讲及紧急报警系统实测项目见表2-125。

表2-125　内部有线对讲及紧急报警系统实测项目

检查项目	技术要求	检查方法
主机全呼分机	按下主控台全呼键，站值班员可向所有车道收费员广播	实际操作
主机单呼某个分机	主机可呼叫某个分机	实际操作
分机呼叫主机	分机可呼叫主机	实际操作
分机之间的串音	分机之间不能相互通信	主管评定
主机对分机的侦听功能	能侦听分机试图呼叫分机的操作	实际操作
扬声器音量调节	可调	实际操作
语音质量	话音清晰，音量适中，无噪声，无断字等缺陷	实际操作
按钮状态指示灯	主机上有可视信号显示呼叫的分机号	实际操作+目测
手动/脚踏报警功能	按动报警开关可驱动报警	实际操作
报警器故障监测功能	信号电缆出现断路故障时报警	断开信号电缆线
报警器向闭路电视系统提供报警输出信号	报警器可向闭路电视系统提供报警输出信号	实际操作
报警器自检功能	报警器具有自检功能	实际操作

4. 外观鉴定

(1)主、分机安装位置正确、方便使用。

(2)设备安装后,外观无划伤、刻痕及防护层剥落等缺陷。

(3)主、分机之间布线整齐美观、固定可靠、标识清楚;过墙、板、地下通道处有保护套管,并留有适当余量。

(4)设备之间连线接、插头等部件连接可靠、紧密、到位准确;布线整齐、余留规整、标识清楚。

以上任一项不符合要求时,该项减 0.1 ~ 1.5 分。

(五)闭路电视监视系统

1. 施工作业条件

(1)闭路电视系统的设备及配件数量、型号、规格符合要求,部件完整。

(2)收费广场摄像机基础安装位置正确,立柱安装竖直、牢固。

(3)防雷部件安装到位,连接措施符合规范要求。

(4)收费广场、车道以及收费亭内摄像机(云台)安装方位、高度符合设计要求。

(5)控制机箱外部完整,门锁开闭灵活。

(6)车道至收费站内的传输线不允许有中间接头。

(7)电源、控制线路以及视频传输线路按规范要求连接到位,闭路电视系统的所有设备处于正常工作状态。

(8)收费中心、收费站、收费车道各级监控室的连接按设计要求已经开通。

(9)提交隐蔽工程验收记录、分项工程自检和设备调试记录、有效的设备检验合格报告或证书等资料。

2. 施工质量监理

施工质量监理要点见表 2-126。

表 2-126　施工质量监理要点

检查项目	技术要求	检查方法
立柱竖直度	≤5 mm/m	铅锤、直尺或全站仪
立柱、避雷针(接闪器)、法兰和地脚几何尺寸	符合设计要求	超声波测厚仪测量立柱壁厚,用全站仪测量立柱和避雷针高度,用量具测量其他尺寸
基础尺寸	符合设计要求	长、宽用量具测量,埋深查隐蔽工程验收记录或实测
机箱、立柱、法兰和地脚的防腐涂层厚度	符合设计要求	用量具或涂层测厚仪测量
强电端子对机壳绝缘电阻	≥50 MΩ	500 V 兆欧表测量
安全保护接地电阻	≤4 Ω	接地电阻测量仪测量
防雷接地电阻	≤10 Ω	接地电阻测量仪测量

续表 2-126

检查项目		技术要求	检查方法
传输通道指标	视频电平	(700±30) mV	电视信号发生器发送75%彩条信号,用视频测试仪检测
	同步脉冲幅度	(300±20) mV	电视信号发生器发送75%彩条信号,用视频测试仪检测
	回波E(%)	<7	电视信号发生器发送2T信号,用视频测试仪检测
	亮度非线性(%)	≤5	电视信号发生器发送2T信号,用视频测试仪检测
	色度/亮度增益差	±5%	电视信号发生器发送2T信号,用视频测试仪检测
	色度/亮度时延差(ns)	≤100	电视信号发生器发送2T信号,用视频测试仪检测
	微分增益(%)	≤10	电视信号发生器发送调制的五阶梯测试信号,用视频测试仪检测
	微分相位(度)	≤10	电视信号发生器发送调制的五阶梯测试信号,用视频测试仪检测
	幅频特性	5.8 MHz带宽内±2 dB	电视信号发生器发送sinx/x信号,用视频测试仪检测
	视频信杂比	≥56 dB(加权)	电视信号发生器发送多波群信号,用视频测试仪检测
收费中心监视器画面指标	随机信噪比(雪花干扰)(dB)	黑白:≥37,彩色:≥36	仪器测量,也可人工(5人以上)主观评分,≥4分合格
	单频干扰(网纹)(dB)	黑白:≥40,彩色:≥37	
	电源干扰(黑白滚道)(dB)	黑白:≥40,彩色:≥37	
	脉冲干扰(跳动)(dB)	黑白:≥37,彩色:≥31	
监视范围		监控室能清楚识别车型、车牌、收费额等信息	实际操作
外场摄像机安装稳定性		受大风影响或接受变焦、转动等控制时,动作平滑、无抖动	实际操作
切换功能		可切换到任一车道	实际操作

续表 2-126

检查项目	技术要求	检查方法
录像功能	可录像,且录像回放效果清晰	实际操作
信息叠加功能	能将时间、车道号、车型、收费额等信息叠加到图像上,且显示清楚	实际操作
硬拷贝功能	拷贝图像清楚	实际操作
报警功能	故障报警	模拟
云台水平转动角	水平:≥350°	实际操作
云台垂直转动角	上仰:≥15°,下俯:≥90°	实际操作
自动光圈调节	自动调节	实际操作
调焦功能	快速自动聚焦	实际操作
变倍功能	可变倍	实际操作
雨刷功能	工作正常	实际操作

注:主观评分可采用五级损伤制评定:

(1)图像上不觉察有损伤或干扰存在:5 分;

(2)图像上稍有可觉察的损伤或干扰存在:4 分;

(3)图像上有明显的损伤或干扰存在:3 分;

(4)图像上损伤或干扰较严重:2 分;

(5)图像上损伤或干扰极严重:1 分。

3. 外观鉴定

(1)立柱、机箱及摄像机(云台)安装牢固、端正。

(2)各部件表面光泽一致,无划伤、无刻痕、无剥落、无锈蚀。

(3)基础混凝土表面应刮平,无损边、无掉角;机箱、立柱、法兰及地脚螺栓规格符合设计要求,防腐措施得当,裸露金属基体无锈蚀。

(4)防雷接地和安全接地应分开设置,接地焊接牢固,焊缝饱满并做防腐处理;防雷引下线及接地体用材料规格、防腐与连接措施、安装位置符合设计要求;金属机箱与安全保护地连接可靠,接地极引出线裸露,金属基体无锈蚀。

(5)云台防护罩和机箱的出线管与箱体连接密封良好,箱体内无积水、尘土、霉变。

(6)机箱内电力线、信号线、元器件等布线平直、整齐、固定可靠,标识正确、清楚,插头牢固。

(7)摄像机的电力线、信号线、视频传输线在收费广场地下通道内排列整齐、有序、无扭绞,标识正确、清楚。

以上任一项不符合要求时,该项减 0.1 ~1 分。

(六)收费站内光、电缆及塑料管道

1. 施工作业条件

(1)收费系统各种光、电缆规格及使用的保护管道符合设计要求。

(2)人(手)孔及管道设置安装齐全、合格,防水措施良好。

(3)塑料通信管道敷设与安装符合规范要求。

(4)光、电缆接续及占用管道孔正确,密封防水措施符合规范要求。

(5)光、电缆成端及进室的措施得当,符合规范要求。

(6)直埋电缆符合相关施工规范要求。

(7)在收费广场电缆沟内,光、电缆不得有接头。

(8)隐蔽工程验收记录、分项工程自检和通电调试记录、有效的光电缆及接续附件的检验合格报告或证书等资料齐全。

2. 施工质量监理

施工质量监理要点见表2-127。

表2-127 施工质量监理要点

项次	检查项目	技术要求	检查方法
1	光纤护层绝缘电阻	≥1 000 MΩ · km	1 000 V兆欧表测量(仅对直埋光纤)
2	单模光纤接头损耗	≤0.1 dB	光万用表或光时域反射计测量
3	多模光纤接头损耗	≤0.2 dB	光万用表或光时域反射计测量
4	低速误码率	$BER \leq 1 \times 10^{-8}$	数据传输测试仪
5	同轴电缆衰耗	符合设计要求	衰耗测试仪
6	同轴电缆内外导体绝缘电阻	≥500 MΩ	用兆欧表500 V档,在连接器的芯线和外导体之间测量
7	电力电缆绝缘电阻	≥2 MΩ	用500 V兆欧表在配电箱和用电设备两点间测量
8	光电缆埋深	符合设计要求	查隐蔽工程记录,必要时挖开实测

3. 外观鉴定

(1)配电箱和用电设备控制箱内光、电缆排列整齐、有序,绑扎牢固,标识清楚;电力电缆尾端连接与接续应使用专用连接器并用热塑套管封合与标记。

(2)同轴电缆成端应使用焊接方式,端头处理时预留长度一致,各层的开剥尺寸与电缆插头相应部分配合良好;芯线焊接端正、牢固,焊锡适量,焊点光滑、不带尖、不成瘤;组装成的同轴电缆插头配件齐全、位置正确、装配牢固。

(3)光、电缆入收费中心(站)的进线与成端符合规范要求,沿电缆井引入时,光电缆排列整齐有序、绑扎牢固;进入墙壁要有保护套管,余留长度满足使用要求。

(4)人(手)孔位置准确,预埋件安装牢固,防水措施良好,人(手)孔内无积水,高程符合设计要求。

(5)直埋电缆两端铠装层接地处理措施得当,电缆标石埋设符合设计要求。

以上任一项不符合要求时,该项减0.1~1.5分。

四、供配电与照明设施

(一)低压配电设施

1.施工作业条件

1)中心(站)内低压配电设备安装

(1)电源设备数量、型号、规格符合设计要求,部件及配件完整。

(2)电源室内市电油机转换屏(柜)、交直流配电(箱)柜、动力开关柜、UPS、室外配电箱、发电机组、发电机组控制柜等设备安装稳固,位置、方位正确。设备、列架排列整齐、有序,标志清楚、牢固。

(3)进入配电(箱)柜的所有电缆接头按规范进行开剥、焊接、镀锡、绑扎、密封和热塑封合、防潮处理。

(4)设备、列架内以及设备之间的连接布线符合规范要求。所有进出线都进行标记,并附有配电简图。

(5)对蓄电池组的连接条、螺栓、螺母进行防腐处理,并且连接可靠。

(6)所有设备安装到位,工作、安全、防雷等接地连接可靠。

(7)经过通电测试,处于正常工作状态。

(8)电源室、发电机组室通过安全、消防验收。

(9)隐蔽工程验收记录、分项工程自检和设备调试记录、安装和非安装设备及附(备)件清单、有效的设备检验合格报告或证书等资料齐全。

2)外场设备电力电缆线路安装

(1)室内外配电设备、电缆程式、保护管道、人(手)孔形式等设施的数量、型号、规格、技术要求符合设计规定,部件及配件完整。

(2)电缆路由符合设计要求、人(手)孔及管道设置安装齐全、防水措施良好。

(3)室内外配电箱等设备安装稳固,位置、方位正确。标志清楚、牢固。

(4)室外配电箱应作双层防腐处理并有明显的"高压危险"字样及图案等标志。

(5)进入配电(箱)柜的所有电缆接头都按规范进行了开剥、焊接、镀锡、绑扎、密封处理,最后进行热塑封合、防潮处理。

(6)设备、列架内以及设备之间的连接布线符合规范要求。所有进出线都进行了标记,并附有配电简图。

(7)直埋电缆符合相关施工规范要求。

(8)所有设备安装到位并作可靠的接地连接。

(9)经过了通电测试,处于正常工作状态。

(10)提交了隐蔽工程验收记录、分项工程自检和设备调试记录、安装和非安装设备及附(备)件清单、有效的设备检验合格报告或证书等资料。

2.监理巡视与检查

(1)设备验收见本节一、(一)中的相应内容。

(2)电力电缆的敷设、路径、数量、埋深、防护、弯曲半径、电缆终端及电缆头的制作等应符合设计要求及 GB 50168—92 中的有关规定。

(3)电缆终端与电气装置的连接应符合 GBJ 149—90 中的有关规定。

(4)直埋电缆,敷设于地下、建筑物墙内等的管道,必须有隐蔽工程的技术记录,覆盖前应经隐蔽工程验收合格。

3. 工程质量验评标准

(1)中心(站)内低压配电设备实测项目见表2-128。

表2-128 中心(站)内低压配电设备实测项目

检查项目	技术要求		检查方法
室内设备、列架的绝缘电阻	交流配电箱(柜)	符合设计要求,无要求时应≥2 MΩ(设备安装后)	用500 V兆欧表在设备内布线和地之间测量
	直流配电箱(柜)		
	交流稳压器		
	不中断电源		
安全接地电阻	≤4 Ω		接地电阻测量仪
联合接地电阻	≤1 Ω		接地电阻测量仪
设备安装的水平度	≤2 mm/m		量具实测
设备安装的垂直度	≤3 mm/ m		用铅锤和量具实测
发电机组控制柜接地电阻	≤4 Ω		接地电阻测量仪测量
发电机组控制柜绝缘电阻	≥2 MΩ(设备安装后)		接地电阻测量仪测量
发电机组启动及启动时间	符合设计要求		实际操作
发电机组容量测试	符合设计要求		查出厂测试报告
发电机组相序	与机组输出标志一致		相序指示器测试
发电机组输出电压稳定性	符合设计要求		查出厂测试报告和实际测量
自动发电机组自启动转换功能测试	市电掉电后,机组能自动启动,稳定后送入规定的线路上,可手动优先切换		实际操作或查有效的历史记录
机组供电切换对机电系统的影响	机电系统所有设备不因受到机组电源切换,而出现工作异常		实际操作或查有效的历史记录
电源室接地装置施工质量检查	接地体的材质和尺寸、安装位置及埋深、接地体引入线与接地体的连接以及防腐处理等符合设计要求		查隐蔽工程验收记录和施工记录

(2)外场设备电力电缆线路实测项目见表2-129。

表 2-129　外场设备电力电缆线路实测项目

检查项目	技术要求	检查方法
配电箱基础尺寸及高程	符合设计要求	用量具测量
配电箱涂层厚度	符合设计要求，无要求时按 GB/T 18226	用涂层测厚仪实测
电缆埋深	符合设计要求	查验隐蔽工程记录或实测
电源箱、配电箱、分线箱安全接地电阻	≤4 Ω	用接地电阻测量仪实测
配线架对配电箱绝缘电阻	≥10 MΩ	用兆欧表实测
相线对绝缘护套的绝缘电阻	≥2 MΩ（全程）	用兆欧表实测

(3)外观鉴定：

①中心(站)内低压配电设备安装外观鉴定：

a. 配电屏、设备、列架布局合理、安装稳固、横竖端正、排列整齐。

b. 设备安装后表面光泽一致，无划伤、无刻痕、无剥落、无锈蚀；部件标识正确、清楚。

c. 电源输出配线路由器位置正确、布放整齐，符合施工工艺要求。

d. 设备内布线整齐、美观、绑扎牢固，接线端头焊(压)结牢固、平滑；编号标识清楚，预留长度适当。

e. 设备抗震加固措施符合设计要求。

以上任一项不符合要求时，该项减 0.1 ~ 1.5 分。

②外场设备电力电缆线路安装外观鉴定：

a. 基础混凝土表面应刮平，无损边、无掉角；联结地脚及螺栓规格符合设计要求，外观无锈蚀现象。

b. 配电箱安装后，防腐涂层光泽一致，无划伤、刻痕、剥落等缺陷。

c. 箱体开孔合适、切口整齐；出线管与箱体连接密封良好；箱门开闭灵活。

d. 箱内接线整齐、回路编号齐全正确。

e. 机箱密封良好，机箱内应无积水、无明显尘土和霉变。

f. 接地焊接牢固，焊缝饱满并做防腐处理；机箱应接地可靠，连线标识清楚，走线横平竖直，符合视觉美观要求。

g. 电缆成端符合规范要求，沿电缆井引入时，电缆排列整齐有序、绑扎牢固；进入墙壁有保护套管，预留长度满足使用要求。

h. 直埋电缆两端铠装层接地处理措施得当，电缆标石埋设符合设计要求。

以上任一项不符合要求时，该项减 0.1 ~ 1 分。

(二)照明设施

1. 施工作业条件

(1)照明器和亮度传感器的类别、规格、适用场所、有效范围、数量、位置、安装间距、安装质量等符合要求。

(2)设备的电力线，信号线，接地线的类别、规格、数量、布设方式、位置、连接质量等符合要求。

(3)路面照明、建筑物(构造物)的景观照明、航空障碍灯、桥墩障碍灯等照明设施完整、协调。

(4)高杆灯由取得相应资质的单位供货,并有可靠的测试记录和报告。

(5)隐蔽工程验收记录、分项工程自检和设备调试记录、有效的设备检验合格报告或证书等资料齐全。

2. 监理巡视与检查

(1)检查设备的规格、型号是否与设计要求相符;三证是否齐全;外观是否完好;配件、附件、备件是否齐全。

(2)路灯灯杆的安装位置应正确,灯杆偏离中心线不应超过50 mm。灯杆安装应牢固、垂直,悬臂伸向交通流方向。灯杆的维修门不应设置在靠近交通流的一侧。安装完毕后,底座法兰和固紧螺栓应用水泥砂浆包封。

(3)照明控制箱或配电箱的安装应符合设计要求及《电气装置安装工程盘、柜及二次回路接线施工及验收规范》(GB 50171—92)中的有关规定。

(4)照明控制箱或配电箱内各电气元件布置整齐合理、安装牢固、接线可靠、配线整齐美观,绝缘电阻值≥0.5 MΩ。

(5)可根据质量标准和设计文件、合同文件所规定的各项功能要求对照明设备、供电电缆、照明控制设备的技术指标和功能进行逐项测试。

(6)金属灯杆、路灯控制箱、配电箱金属外壳的接地应牢固、良好,并符合设计要求。

3. 工程质量验评标准

1)实测项目

照明设施实测项目见表2-130。

表2-130　照明设施实测项目

检查项目	技术要求	检查方法
灯杆基础尺寸	符合设计要求	长、宽用量具测量,埋深查隐蔽工程验收记录或实测
灯杆壁厚	符合设计要求	金属灯杆用超声波测厚仪测量,混凝土灯杆查隐蔽工程验收记录
灯杆、避雷针(接闪器)高度、法兰和地脚几何尺寸	符合设计要求	用全站仪测量灯杆和避雷针高度,用量具测量其他尺寸
金属灯杆防腐涂层壁厚	镀锌:≥85 μm,其他涂层符合设计要求	涂层测厚仪测量
灯杆垂直度	≤5 mm/ m	经纬仪测量
灯杆横、纵向偏差	符合设计要求	经纬仪测量
照明设备控制装置的接地电阻	≤4 Ω	接地电阻测试仪测量

续表 2-130

检查项目	技术要求	检查方法
灯杆接地电阻	≤10 Ω	接地电阻测试仪测量
高杆灯灯盘升降功能测试	符合设计要求	实际操作
路段直线段照度及均匀度	符合设计要求	照度计测量
路段弯道段照度及均匀度	符合设计要求	照度计测量
大桥桥梁段照度及均匀度	符合设计要求	照度计测量
立交桥面段照度及均匀度	符合设计要求	照度计测量
收费广场照度及均匀度	符合设计要求	照度计测量
收费天棚照度及均匀度	符合设计要求	照度计测量
自动、手动两种方式控制全部或部分照明器的开闭	可控	实地操作
亮度传感器与照明器的联动功能	可控	模拟遮挡光探头
定时控制功能	可控	设定时间,观察

2)外观鉴定

(1)灯柱、机箱及灯具安装位置和方位正确、牢固、端正。

(2)各部件表面光泽一致,无划伤、无刻痕、无剥落、无锈蚀。

(3)基础混凝土表面应刮平,无损边、无掉角;机箱、立柱、法兰及地脚螺栓规格符合设计要求,防腐措施得当,裸露金属基体无锈蚀。

(4)高杆灯防雷接地焊接牢固,焊缝饱满并作防腐处理;防雷引下线及接地体用材料规格、防腐与连接措施、安装位置符合设计要求;金属机箱与安全保护地连接可靠,接地极引出线裸露,金属基体无锈蚀。

(5)机箱的出线管与箱体连接密封良好,箱体内无积水、尘土、霉变。

(6)机箱内电力线、信号线、元器件等布线平直、整齐、固定可靠,标识正确、清楚,插头牢固。

(7)灯杆、灯具装配安装后,线形与道路线形在横向、纵向、高度上协调一致,线形美观。

以上任一项不符合要求时,该项减 0.1 ~1 分。

第三章　桥梁工程质量监理

第一节　施工测量放样监理

一、施工测量放样工艺流程

(1)测量放样施工工艺流程见图3-1。

(2)桥梁工程测量放样质量监理工作流程见图3-2。

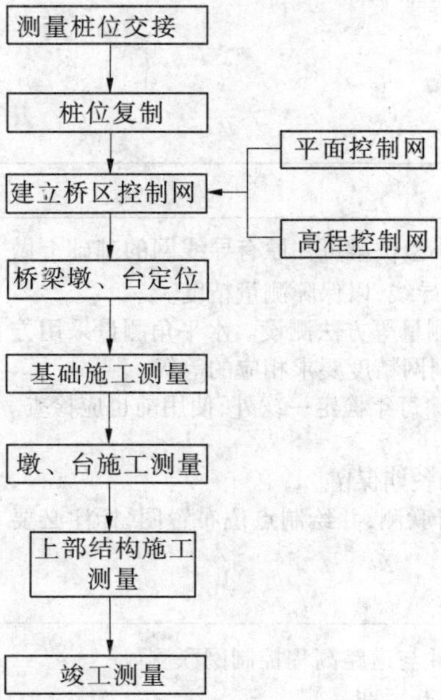

图3-1　桥梁测量放样施工工艺流程

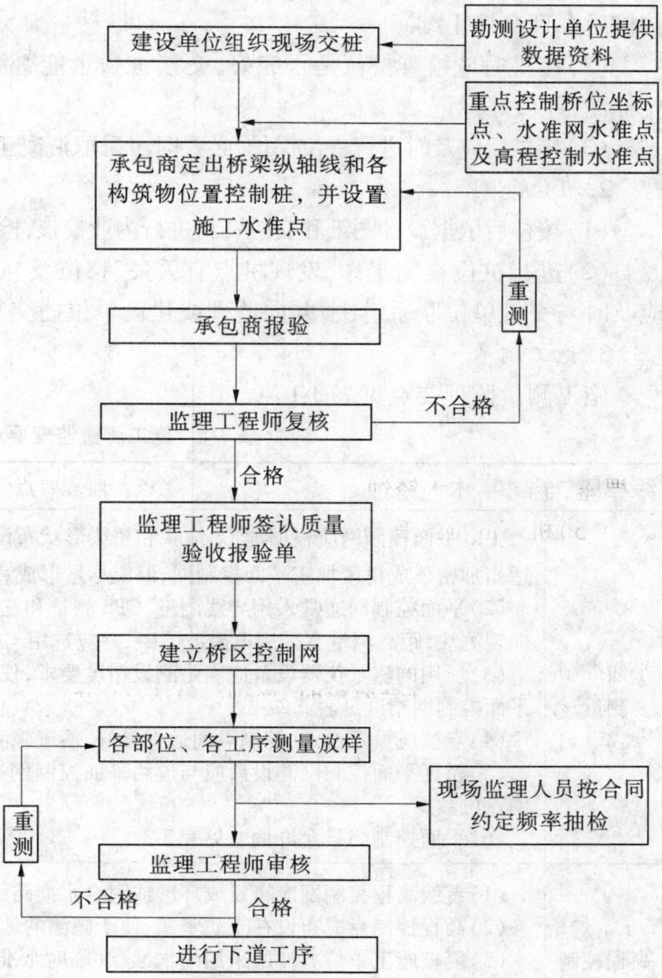

图3-2　桥梁工程测量放样质量监理工作流程

二、施工测量

（一）施工准备工作

（1）组织有关人员对设计文件、图纸、资料进行认真细致的研究，了解设计意图，并和现场核对，必要时进行补充调查。在熟悉图纸和了解设计意图的过程中，如发现图纸资料欠缺、错误和矛盾之处，应及时向设计单位提出，以求补全、更正。

（2）在充分调查研究的基础上，根据施工单位的具体情况，综合考虑各种因素，拟定施工方案，报请上级批准。根据确定的施工方案，编制施工组织设计。

（3）建立施工机构，配备适当的工作人员，并相应地拟定必要的规章制度。

（二）测量要求

1. 测量桩位的交接

（1）交接桩应在现场进行，并附有桩位平面布置图、坐标和高程成果表等交桩资料，交接桩后办理交接手续。

（2）接桩时应检查桩位是否完好，交接桩数量能否满足定位测量需要。在现场进行桩位标注，并做好标记。

（3）接桩后应及时进行桩位保护，必要时可采取混凝土加固、砌井、钉设防护栏杆等措施。

2. 桩位复测

（1）接桩后依据设计图纸和交桩资料进行内业校核，检查成果表中的各项计算是否合格。

（2）进行桩位复测工作，发现桩点有丢失、移位及与图纸计算的桩位坐标、标高不符时，应及时与交桩单位联系解决，并向监理或建设单位提交复测报告。

3. 施工测量

施工测量监理要点见表 3-1。

表 3-1 施工测量监理要点

项目	监理要点
平面控制测量	（1）平面控制网应根据地形、地貌和桥梁形状布设，小型桥梁可在原有导线网的基础上做适当加密形成桥区加密平面控制网，但应尽量形成直伸导线，以保障测量精度。 （2）平面控制网通常采用导线测量、GPS 测量和三角测量等方法测设。水平角测量采用方向观测法，距离测量宜采用电磁波测距，并应选用与控制网精度要求相应的等级。 （3）所用的测量仪器设备应满足测设精度要求，仪器除每年检定一次外，使用前也应检查。平面控制网精度见表 3-2。 （4）点位应设置稳定，控制点间通视良好，便于施测和长期保留。 （5）桥区平面控制网测设后应与道路平面控制网进行联测，并绘制点位布置图，标注必要的点位数据。 （6）平面控制测量允许偏差见表 3-3
高程控制测量	（1）首级高程控制网应布设成环形或附合水准路线，并与道路高程控制网联测。 （2）高程控制点应布设在土质坚实、便于施测的地方，并定期复测。 （3）复核施工单位放样所采用的水准点（临时水准点）是否扰动，采用数据是否正确。 （4）检查施工单位仪器、水准尺检定情况和仪器精度是否满足要求。 （5）及时检查复核施工单位高程放样的正确性，并做好记录和填写放样复核单。 （6）高程控制测量允许偏差见表 3-4

续表 3-1

项目	监理要点
桥梁水准测量	(1)水准点应设在桥址附近安全稳固处,并便于施工观测。 (2)桥梁水准的等级选择和测量精度应符合设计要求,当设计未规定时,可参考表 3-5 及表 3-6。 (3)跨河水准测量: ①有水河流水面宽度在 150 m 以上时,两岸水准点的高程应采用跨河水准测量方法检测。 ②跨河水准测量应在阴天、早晨(或傍晚)、无风(或弱风)时进行。 ③视线在 300 m 以下时可单线过河,在 300 m 以上时宜采用双线过河,并以同等精度在两岸联测。两岸设置的水准仪应接近等高,且距水面高度不小于 2 ~ 3 m。 (4)墩、台施工测量: ①墩、台施工放样采用基线法投测轴线控制线,也可用极坐标方法或角度交会法进行施工放样。 ②墩、台高程控制测量采用附合水准测量方法,高差较大时用钢尺悬吊法配合观测。 ③墩、台垂直度可采用经纬仪、铅直仪或垂线法进行控制。 (5)桥梁护栏安装前应根据桥梁中线进行放样,分别打上护栏边线或控制线。沿护栏边线测设高程点,直线段点间距 10 m 测设一点,曲线段点间距 2 ~ 5 m 测设一点。根据测设的高程点控制护栏顶面的安装标高

表 3-2　平面控制网精度

等级	桥梁长度(m)	测角中误差(″)	三角网三角形最大闭合差(″)	导线角度闭合差
二	>5 000	±1	±3.5	$\pm 2\sqrt{n}$
三	2 001 ~5 000	±1.8	±7	$\pm 3.6\sqrt{n}$
四	1 001 ~2 000	±2.5	±9	$\pm 5\sqrt{n}$
五	501 ~1 000	±5.0	±15	$\pm 10\sqrt{n}$
六	201 ~500	±10	±30	$\pm 20\sqrt{n}$
七	≤200	±20	±60	$\pm 40\sqrt{n}$

表 3-3　桥梁各结构平面放样允许偏差及检查方法

位置		允许偏差(mm)	检查频率	检查方法
桥梁中心线		10	根据桥梁线形制定	采用全站仪或测距仪加经纬仪进行控制,监理复核时应采用施工单位使用过的基准点以外的第三点或采用左右盘方法复核
桩基	群桩桩中心	15	每根桩检查	
	单排桩桩中心	10	每根桩检查	
承台或系梁		15	纵横轴线各 2 点	
墩、台身		10	纵横轴线各 2 点	
台帽、盖梁		10	纵横轴线各 2 点	

注:以上数据摘自交通部规范和上海市市政规范。

表 3-4　桥梁各结构高程放样允许偏差及检查方法

位置	允许偏差(mm)	检查频率	检查方法
桩基底标高	±100	每根桩检查	采用水准仪检查,监理复核时应采用施工单位使用过的水准点以外的点进行复核
墩台或桥台	±10	每个构筑物 4 点	
墩、台身	±10	每个构筑物 4 点	
台帽、盖梁	±10	每个构筑物 4 点	
桥面纵断面高程	±10	每个构筑物 4 点	
现浇梁板顶面高程	±5	每个构筑物 4 点	

表 3-5　桥涵水准测量等级

项目	桥长 1 000 m 以上	桥长 500 m 以上	桥长 200 ~ 500 m	桥长 200 m 以下	中小桥及涵洞
桥涵水准点与已知高程水准点联测	三	三	四	四	五
跨河水准测量	一	二	三	四	五
施工水准点测量	三	三	四	四	五

注:1. 表中桥长除跨河水准测量是指正桥桥长外,其余两项包括引桥桥长。

2. 对单跨不小于 40 m 的 T 型刚构、连续梁、斜张桥等,其水准测量等级按三等考虑。

表 3-6　水准测量等级和测量精度

水准测量等级	每公里高差中数中误差 $M\Delta$(mm)	限差(mm)			
		检测已测段高差之差	往返测不符值	路线闭合差	环闭合差
一	≤0.5	$\pm 3\sqrt{R}$	$\pm 2\sqrt{R}$	$\pm 2\sqrt{L}$	$\pm 2\sqrt{F}$
二	≤1.0	$\pm 6\sqrt{R}$	$\pm 4\sqrt{R}$	$\pm 4\sqrt{L}$	$\pm 4\sqrt{F}$
三	≤3.0	$\pm 20\sqrt{R}$	$\pm 20\sqrt{R}$	$\pm 12\sqrt{L}$	$\pm 12\sqrt{F}$
四	≤5.0	$\pm 30\sqrt{R}$	$\pm 30\sqrt{R}$	$\pm 20\sqrt{L}$	$\pm 20\sqrt{F}$
五	≤7.5	$\pm 30\sqrt{R}$	$\pm 30\sqrt{R}$	$\pm 30\sqrt{L}$	$\pm 30\sqrt{F}$

注:1. R 为测段长度;L 为路线长度;F 为环线长度,以 km 计。

2. $M\Delta = \pm\sqrt{\frac{1}{4n}\left(\frac{\Delta}{R}\right)^2}$,其中:$\Delta$ 为测段高差不符值,mm;n 为测段数。

4. 施工测量质量标准

(1)GPS 测量控制网的设置精度和作业方法应符合《公路全球定位系统(GPS)测量规范》的规定,其主要技术指标应符合表 3-7 的规定。

表 3-7　GPS 控制网的主要技术指标

级别	每对相邻点平均距离 d(km)	固定误差 a(mm)	比例误差 b(mm/km)	最弱相邻点点位中误差 m(mm)
一级	4.0	5	1	10
二级	2.0	5	2	10
三级	1.0	5	2	10

(2)平面控制网三角测量等级的确定应符合表 3-8 的规定。

表 3-8　平面控制网三角测量等级

等级	桥位控制测量
四等三角	1 000 ~ 2 000 m 的特大桥
一级小三角	500 ~ 1 000 m 的特大桥
二级小三角	<500 m 的大、中桥

(3)三角测量的技术要求应符合表 3-9 的规定。

表 3-9　三角测量的技术要求

等级		平均边长(km)	测角中误差(″)	起始边边长相对中误差	最弱边边长相对中误差	测回数			三角形最大闭合差(″)
						DJ1	DJ2	DJ6	
四等	首级	1.0	±2.5	≤1/100 000	≤1/40 000	4	6	—	±9.0
	加密			≤1/70 000					
一级小三角		0.5	±5.0	≤1/40 000	≤1/20 000	—	3	4	±15.0
二级小三角		0.3	±10.0	≤1/20 000	≤1/10 000	—	1	2	±30.0

(4)电磁波测距的主要技术要求应符合表 3-10 的规定。

表 3-10　电磁波测距的主要技术要求

平面控制网等级	测距仪精度等级	观测次数		总测回数	一测回读数较差(mm)	单程各测回较差(mm)	往返较差
		往	返				
四等	Ⅰ	1	1	4 ~ 6	≤5	≤7	$\sqrt{2} \leqslant (a + b \cdot D)$
	Ⅱ			4 ~ 8	≤10	≤15	
一级	Ⅱ	1	—	2	≤10	≤15	—
	Ⅲ			4	≤20	≤30	
二级	Ⅱ	1	—	1 ~ 2	≤10	≤15	
	Ⅲ			2	≤20	≤30	

注：a 为加常数；b 为乘常数；D 为距离。

(5)水准测量的主要技术要求应符合表 3-11 的规定。

表 3-11　水准测量的主要技术要求

等级	每公里高差中数中误差(mm)		水准仪的型号	水准尺	观测次数		往返较差、附合或环线闭合差(mm)	
	偶然中误差 M_Δ	全中误差 M_w			与已知点联测	附合或环线	平地	山地
三等	±3	±6	DS3	双面	往返各一次	往返各一次	$\pm 12\sqrt{L}$	$\pm 4\sqrt{n}$
四等	±5	±10	DS3	双面	往返各一次	往一次	$\pm 20\sqrt{L}$	$\pm 6\sqrt{n}$
五等	±8	±16	DS3	单面	往返各一次	往一次	$\pm 30\sqrt{L}$	$\pm 10\sqrt{n}$

注:L 为水准测段长度,km;n 为往返测的水准路线测段数。

(6)电磁波测距三角高程测量的技术要求应符合表 3-12 的规定。

表 3-12　电磁波测距三角高程测量的主要技术要求

等级	仪器	测回数		指标差较差(″)	竖直角较差(″)	对向观测高差较差(mm)	附合或环形闭合差(mm)
		三丝法	中丝法				
四等	DJ2	—	3	≤7	≤7	$\pm 40\sqrt{D}$	$\pm 20\sqrt{\sum D}$
五等	DJ2	1	2	≤10	≤10	$\pm 60\sqrt{D}$	$\pm 30\sqrt{\sum D}$

注:D 为电磁波测距边长度,km。

三、质量标准

(一)外观要求

(1)桥梁的内外轮廓线条应顺滑清晰,无突变、明显折变或反复现象。

(2)栏杆、防护栏、灯柱和缘石的线形顺滑流畅,无折弯现象。

(3)踏步顺直,与边坡一致。

(4)桥面铺装防水混凝土表面不得有麻面、蜂窝和裂纹,施工缝处不得有裂缝。

(5)伸缩缝的伸缩性能应有效,无阻塞、渗漏、松膜和开裂现象。

(6)泄水管周围不允许漏水,进水口应略低于桥面面层。

(二)桥梁总体质量要求

桥梁总体质量要求应符合表 3-13 的规定。

表 3-13　桥梁总体质量要求

检查项目		规定值或允许偏差	检查方法和频率
桥面中线偏位(mm)		20	全站仪或经纬仪:检查 3~8 处
桥宽(mm)	车行道	±10	尺量:每孔 3~5 处
	人行道	±10	
桥长(mm)		+300,-100	全站仪或经纬仪、钢尺:检查中心线
引道中心线与桥梁中心线的衔接(mm)		20	尺量:分别将引道中心线和桥梁中心线延长至两岸桥长端部,比较其平面位置
桥头高程衔接(mm)		±3	水准仪:在桥头搭板范围内顺延桥面纵坡,每米 1 点测量标高

第二节　明挖地基施工监理

一、工艺流程

（1）明挖地基施工工艺流程见图3-3。

（2）明挖地基施工质量监理工作流程见图3-4。

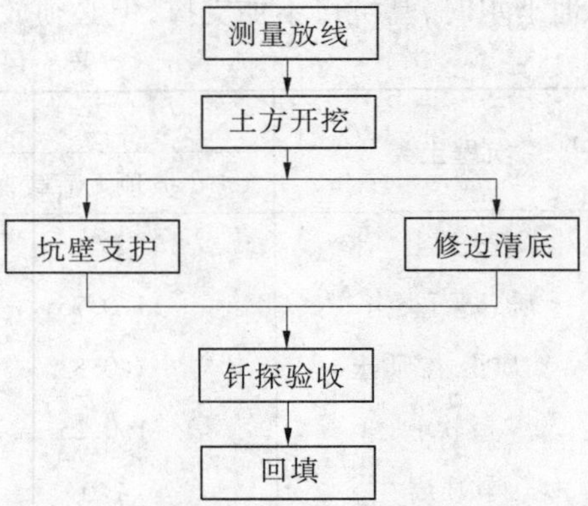

图3-3　明挖地基施工工艺流程

二、施工要点

（一）基坑尺寸和坡度确定

（1）基坑大小应满足基础施工的要求，有渗水土质的基坑坑底开挖尺寸，应根据基坑排水设计和基础模板设计所需基坑大小而定，一般基底应比设计平面尺寸各边增宽50～100 cm。

（2）基坑坑壁坡度，应按地质条件、基坑深度、施工经验和现场具体情况确定。

①天然湿度的土中，开挖基坑时，当挖土深度不超过下列规定时，可不放坡，不加支撑：

a. 密实、中密的砂土和砾石类土（充填物为砂土）不深于1.0 m；

b. 硬塑、可塑的黏质粉土及粉质黏土不深于1.25 m；

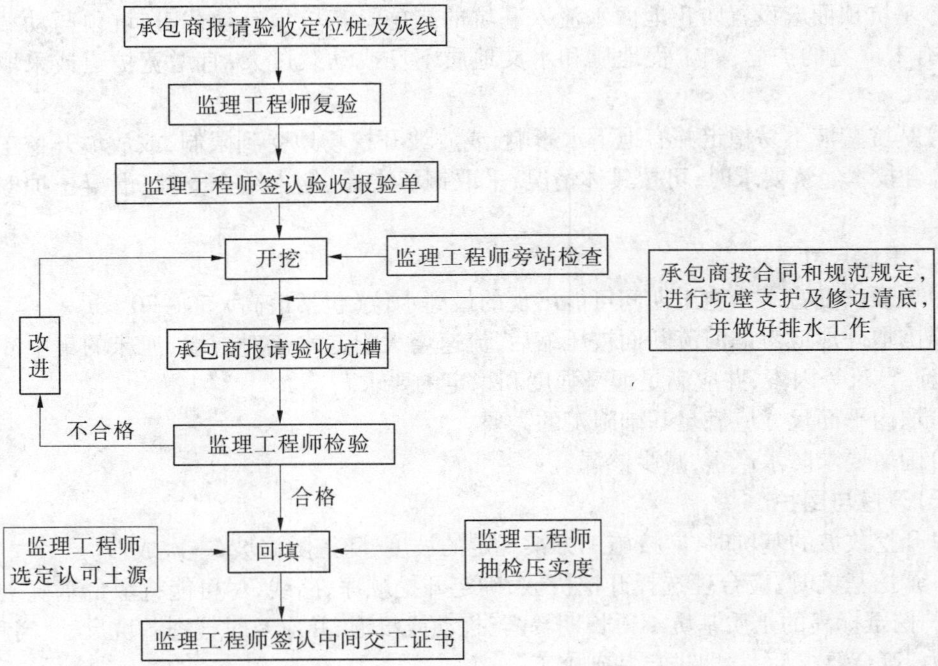

图3-4　明挖地基施工质量监理工作流程

c. 硬塑、可塑的黏土和砾石类土(充填物为黏性土)不深于1.5 m;

d. 坚硬的黏土不深于2.0 m。

②超过上述规定深度,在3 m以内,当土具有天然湿度、构造均匀、水文地质条件好,且无地下水时,基坑可不加支撑,但必须放坡。边坡最陡坡度应符合表3-14的规定。

表3-14　各类土的边坡坡度

坑壁土类	坑壁坡度		
	坡顶无荷载	坡顶有静载	基坡顶缘有动载
砂类土	1:1	1:1.25	1:1.5
砾、卵石类土	1:0.75	1:1	1:1.25
粉质土、黏质土	1:0.33	1:0.5	1:0.75
极软土	1:0.25	1:0.33	1:0.67
软质岩	1:0	1:0.1	1:0.25
硬质岩	1:0	1:0	1:0

③基坑深度大于5 m时,应将坑壁坡度适当放缓或加设平台。如土的湿度可能引起坑壁坍塌,坑壁坡度应缓于该湿度下土的天然坡度。

④没有地面水,但地下水位在基坑底以上时,地下水位以上部分可以放坡开挖,地下水位以下部分,若土质易坍塌或水位在基坑底以上较深,应加固坑壁开挖。

(3)基坑顶面应设置防止地面水流入基坑的措施。基坑顶有动载时,坑顶与动载间至少应留有1 m宽的护道,如工程地质和水文地质不良或动载过大,宜增宽护道或采取加固措施。

(4)基坑壁坡不易稳定并有地下水影响,或放坡开挖场地受到限制,或放坡开挖工程量大,不符合技术经济要求时,可按具体情况,采取钢板支撑、钢木结合支撑、混凝土护壁等加固措施。

(二)围堰尺寸

(1)堰顶高度宜高出施工期间可能出现的最高水位(包括浪高)50~70 cm。

(2)围堰外形应考虑河流断面被压缩后,流速增大引起水流对围堰、河床的集中冲刷及影响通航、导流等因素,并应满足堰身强度和稳定的要求。

(3)堰内平面尺寸应满足基础施工的需要。

(4)围堰要求防水严密,减少渗漏。

(三)开挖与围护

(1)开挖放坡的基坑时,应按施工方案规定的坡度,随挖随修坡,一次成形。

(2)开挖基坑时,应合理选择开挖机械,确定开挖顺序、路线,尽可能将墩台基坑土方一次挖除。挖至标高的土质基坑不得长期暴露、扰动或浸泡,并应及时检查基坑尺寸、高程、基底承载力,符合要求后,立即进行基础施工。

(3)在开挖过程中,应随时检查边坡的稳定状态。深度大于1.5 m时,应根据土质变化情况做好基坑的支撑准备,以防塌方。

(4)开挖基坑时,不得超挖,避免扰动基底原状土。可在设计基底标高以上暂留0.3 m

不进行土方机械开挖,应在抄平后由人工挖出。如超挖,应将松动部分清除,其处理方案应报监理、设计单位批准。

(5)采用钢板桩或预制混凝土板桩围护时,桩的入土长度应通过计算决定,一般不宜小于基坑深度的1/2。沉入时,钢板桩应垂直于水平面,保证桩与桩之间密贴,并选择合适的打桩机械,机械操作人员和起重人员应持有操作证。

(6)采用深层搅拌桩或树根桩等形式围护时,桩的直径及入土长度应通过计算决定,施工要连续进行,确保桩与桩之间搭接。

(7)基坑支撑尽量满足结构整体施工,如混凝土分段浇筑,应根据受力要求确定分段位置,此时支撑可考虑对称垂直设置,分段浇筑混凝土,回填土方,并分段拆除下层支撑。

(8)采用"八字"或"人字"支撑时,横撑与撑杆连接必须牢固。

(9)在基槽边弃土时,应保证边坡的稳定。当土质良好时,槽边的弃土应距基槽上口边缘1.0 m以外,高度不得超过1.5 m。

(四)修边与清底

在距基底设计标高0.2~0.5 m槽帮处,抄出水平线,钉上小木橛,然后用人工将暂留土层挖走。同时由两端轴线(中心线)引桩拉通线,检查距槽边尺寸,确定基槽宽度,以此修整槽边。

(五)坑底检验

基坑开挖并处理完毕后,由施工单位按以下项目自检并报请检验,确认合格后填写地基检验表。经过检验签证的地基检验表由施工单位保存,作为竣工交验资料。未经监理工程师签证,不得砌筑基础。

(1)检查基底平面位置、尺寸大小、基底标高。

(2)检查基底地质情况和承载能力是否与设计资料相符。

(3)检查基底处理和排水情况是否符合规范要求。

(4)检查施工日志及有关试验资料等。

(六)回填

(1)所有结构物的回填必须按设计回填材料进行,或采用经监理工程师批准的能够充分压实的材料,不得用草皮土、垃圾和有机土等回填。严禁在结构物基础上超挖回填虚土。

(2)回填条件如下:

①结构物混凝土强度应达到设计强度的70%。

②在覆土线以下的结构物必须通过隐蔽工程验收。

③抽干基坑内积水。

④清除淤泥和杂物。

⑤选择含水量适中的亚黏土或砂质黏土回填。

(3)填土应分层铺筑,分层压实或夯实,每层松铺厚度一般为300 cm,在墩、台结构物两侧应同时回填,同步上升。

(4)桥台填土一般应在梁体结构安装完成后进行。若施工安排确需在梁体安装前进行,则填土的高度和上升速度应予以限制,并应在台前(设计有护坡时)和台后同步进行,同时加强对台身位移的观察;在台身或挡土墙设有泄水孔部位,应按设计要求做好泄水孔的泄水滤层。严禁卡车直接在台后卸土或推土机推入,以免台背发生前倾或位移。

(5)需回填的基坑应尽可能地及时排水。若无法排除基坑积水,应采用砂砾材料回填,并在水中分薄层铺筑,直到回填进展到该处的水全部被回填的砂砾材料所吸收并达到能充分压实的程度时,再进行充分夯实。

三、监理巡视与检查

(1)认真审阅基坑开挖、基坑围护、围堰施工方案,并明确审批意见。

(2)监理工程师应认真复核施工单位提交的放样复核单的各类数据并到现场进行复核、签署复核意见。

(3)对基坑轴线、围堰轴线进行复核,并复核标高控制点。

(4)审核施工单位提供的回填土最佳含水量、最大干密度前,监理应按要求取样,做好平行试验,确认施工单位提供的数据。基坑回填前确认构筑物的混凝土强度报告,重要构筑物应旁站混凝土试压试块过程。

(5)监理工程师应对施工前准备工作情况进行认真检查,检查所有人、机、物是否都按方案要求进行准备。

(6)检查基坑内有无积水、杂物、淤泥。

(7)回填时是否同步对称进行,分层填筑。

(8)桥台回填宜在架梁完成后进行,如确需架梁前填土,则应有专题组织施工设计,经批准后施工。

(9)加强现场巡视,检查打入桩的长度和成桩深度,对搅拌桩和树根桩要注意水泥用量和混凝土的质量,并做好记录,确保成桩质量和计量支付。

(10)对支撑设置进行检查,要确保基坑支撑牢固。

(11)如坑边有房屋等结构物,应及时观察记录地下水位和地面下沉数据,审核施工单位的沉降记录和沉降曲线,发现问题暂停施工,及时上报建设单位,要求施工单位提出可行的技术措施,并审批后报建设单位批示。

(12)审查公用事业管线和保护措施,必要时报请建设单位组织召开协调会,以确保措施可靠、可行。

四、工程质量验评标准

(1)基坑开挖允许偏差应符合表3-15的规定。

表3-15 基坑开挖允许偏差

序号	项目		允许偏差(mm)	检验频率		检验方法
				范围	点数	
1	坑底高程	土方	±30	每座	5	用水准仪测量
		石方	±100		5	
2	轴线位移		50		2	用经纬仪测量,纵横向各计1点
3	基坑尺寸		不小于规定值		4	用尺量,每边各计1点

(2)填土中不得含有淤泥、腐殖土,有机物质含量不得超过5%。

(3)填土的压实度标准应符合表3-16的规定。

表3-16　填土的压实度标准

项目	压实度(%)(轻型击实法)	检验频率		检验方法
		范围	点数	
压实度	≥90	每个构筑物	每层一组(三点)	用环刀法检验

(4)围堰实测项目见表3-17及表3-18。

表3-17　双壁钢围堰的制作拼装实测项目

检查项目		规定值或允许偏差	检查方法和频率
顶面中心偏位(mm)	顺桥向	20	全站仪或经纬仪:纵横各检查2点
	横桥向	20	
围堰平面尺寸(mm)		直径/500及直径/30,互相垂直的直径差<20	尺量:每节检查4处
高度(mm)		±10	尺量:每节检查2处
节间错台(mm)		2	尺量:每节检查4处
焊缝质量		符合设计要求	超声波检查:抽检水平、垂直焊缝各50%
水密试验		不允许渗水	加水检查:每节

表3-18　沉井或钢围堰封底混凝土实测项目

检查项目	规定值或允许偏差	检查方法和频率
混凝土强度(MPa)	在合格标准内	按水泥混凝土抗压强度评定检查
基底高程(mm)	+0,-200	测绳和水准仪:5~9处
顶面高程(mm)	±50	水准仪:5处

第三节　桩基础施工监理

一、钻(挖)孔灌注桩施工

(一)施工作业条件

(1)桩身混凝土所用的水泥、砂、石、水、外掺剂及混合材料的质量和规格必须符合有关规范的要求，按规定的配合比施工。

(2)挖孔达到设计深度后，应及时进行孔底处理，必须做到无松渣、淤泥等扰动软土层，使孔底情况满足设计要求。

(3)成孔后必须清孔，测量孔径、孔深、孔位，确认满足设计或施工技术规范要求后，方可灌注水下混凝土。

(4)水下混凝土应连续灌注，严禁有夹层和断桩。

(5)嵌入承台的锚固钢筋长度不得低于设计规范规定的最小锚固长度要求。

(6)应选择有代表性的桩用无破损法进行检测，重要工程或重要部位的桩宜逐根进行检测。设计有规定或对桩的质量有怀疑时，应采取钻取芯样法对桩进行检测。

(7)凿除桩头预留混凝土后，桩顶应无残余的松散混凝土。

(二)施工要点

1. 钻孔

1)冲击钻孔

(1)开钻前应在孔内多放一些黏土，并加适量粒径不大于 15 cm 的片石，顶部抛平，用低冲程冲砸(简易钻机冲程 0.5 ~ 1.0 m)，泥浆比重 1.6 左右，钻进 0.5 ~ 1.0 m，再回填黏土继续以低冲程冲砸。

(2)钻孔时要察看钢丝绳回弹和回转情况。耳听冲击声音，借以判别孔底情况。要掌握少松绳的原则。松软地层夹有较多石块时，一般每次松绳 3 ~ 5 cm，均匀密实地层每次松绳 5 ~ 8 cm。

(3)冲击过程中，要勤抽渣，勤检查钢丝绳和钻头磨损情况及转向装置是否灵活，预防发生安全质量事故。

(4)在不同的地层，应采取不同的冲程。

(5)钻头直径磨耗不应超过 1.5 cm，并常备两个钻头轮换使用、修补。应经常检查，及时用耐磨焊条补焊。为防止卡钻，一次补焊不宜过多。

(6)当孔内泥浆含渣量增大，钻进速度减慢，每小时进尺卵石层小于 5 ~ 10 cm，松软土层小于 15 ~ 30 cm 时，应进行抽渣。

(7)为保证孔形正直，钻进中，应常用检孔器检孔，检孔器可用钢筋制成，其高度为钻孔直径的 4 ~ 6 倍，直径与钻头直径相同。更换钻头前，必须经过检孔，将检孔器检到孔底才可放入新钻头。

2)冲抓钻孔

(1)收紧内套绳将钻头提起(钻头的位置偏移不应大于 2 cm)，检查中心位置是否偏移，各部工作是否正常。

(2)放松内套绳，待钻头离护筒顶 1.5 m 左右时停住，用铁钩扭转钻头方向，然后松绳下落将钻头落到孔底。

(3)提内套绳使叶瓣合龙，抓起土石，钻头上升后，外套绳跟着收起，吊出孔口到适当高度。检查内外套绳，如扭在一起，应转动钻头使它们展开。

(4)收紧外套绳，放松内套绳，锥瓣张开，土石落入运渣车中。

(5)护筒内补加泥浆，由于冲抓钻孔井壁易受损伤，宜用比重较大的泥浆。

3）旋转钻孔

a. 正循环旋转钻孔

（1）开始钻孔时，应稍提钻杆，在护筒内旋转造浆，开动泥浆泵进行循环，待泥浆均匀后以低挡慢速开始钻进，使护筒脚处有牢固的泥皮护壁。钻至护筒脚下1.0 m后，方可按正常速度钻进。

（2）钻孔时，应根据地层的变化，对不同的土层采用不同的钻进方法。

（3）泥浆泵应有足够的流量，以免影响钻进速度。如泥浆泵流量不足可用污水泵代替。为了避免泥浆泵损坏时停工，每台钻机应配两套泥浆泵轮换使用。对孔深百米以内的钻孔，2 MPa及以上的泵压，一般都可以使用。

（4）起落钻头要避免撞击孔壁。在接卸钻杆时，必须严防钻头脱落。钻进时要防止扩孔和卡钻。每进尺5～8 m，应检查钻孔直径一次。

b. 真空泵反循环旋转钻孔

（1）为防止堵塞钻头吸渣口，钻具放入护筒水中后，应将钻头提高距孔底20～30 cm。

（2）打开真空泵管路阀门，使气水畅通，启动真空泵，抽除管路中的气体，产生负压，把水引到泥石泵。当泥石泵中充满水时，关闭真空泵，启动泥石泵。

（3）当泥石泵出口压力达到0.2 MPa以上时，打开出水控制阀，把管路中的泥水混合物排到沉淀池。

（4）当一节钻杆钻完时，先停止转盘转动，反循环系统继续工作至孔底，钻渣基本排净（需1～3 min），关闭泥石泵。

（5）接长钻杆，在法兰盘接头之间垫3～5 mm橡皮垫圈，拧紧螺栓。接妥以后，钻头提离孔底20～30 cm。

（6）开动反循环系统，待流动正常后，下降钻头，继续钻进。

（7）当泥浆比重大于1.3时，泥泵的抽吸能力降低，故反循环钻机泥浆比重以1.1左右为宜。

c. 冲吹反循环旋转钻孔

（1）为使反循环钻渣从钻杆中流出，必须使孔内具有一定深度的泥浆，形成钻杆与孔的压力差才能实现。

（2）钻进的速度不宜太快，如果进尺太快，泥皮可能来不及形成而塌孔。在粉、细砂地层中限速10～15 m/h。进尺速度可用调整钻压方法来达到目的。钻机的转速取值：砂土类取低转速，黏土类取中转速，岩石土类取高转速，恒转速在反循环钻进时（转速在8～12 r/min范围内）可适应任何土层。

d. 斜桩钻孔

（1）钻进中的斜度应按设计斜度预加1%～3%。控制斜度的方法是一次将塔架调整到施工斜度。

（2）钻斜孔时，孔壁较易坍塌，故孔内水头和护壁泥浆的比重、黏度等指标均应比钻竖孔时稍大，也可掺入适量的碱以改善泥浆性能。

（3）土质不良，易坍孔时，应增加护筒入土深度，并且宜用钢筋混凝土护筒。

（4）应经常检查导向筒情况，钻头也可采用导向装置，如使用带上下导向圈的笼式钻等。

2. 挖孔

施工前应根据地质和水文地质条件安全施工、提高挖掘速度和因地制宜的原则，选择合适的孔壁支护类型。但不能拆除的竹笆、柳条或木框架等支撑，不得用于摩擦桩。如将混凝土护壁当做桩身截面的一部分，仅限用于截面不出现拉应力的桩，且护壁混凝土强度等级不得低于桩身混凝土强度等级。

挖孔过程中，要经常检查桩孔净空尺寸和平面位置。孔的中线误差不得大于孔深的0.5%，截面尺寸必须满足设计要求。孔口平面位置与设计桩位偏差不得大于5 cm。

挖孔达到设计高度后，应进行孔底处理。必须做到平整，无松渣、污泥及沉淀等软层。嵌入岩层深度应符合设计要求。开挖过程中应经常检查了解地质情况，倘与设计资料不符，应提出变更设计。若孔底地质复杂或开挖中发现不良地质现象（如溶洞、薄层泥岩、不规则的淤泥分布等）时，应钻探查明孔底以下地质情况（因挖孔灌注桩施工在市政工程中应用较少，故不做详细介绍）。

3. 钢筋笼（骨架）制作与安装

(1) 卡板成型：两块半圆形木板制成卡板。按主筋设计位置在其上凿成凹槽，每隔3 m左右放卡板一块，将主筋置于凹槽内绑好，按规定位置焊上箍筋，卸下卡板即成。

(2) 箍筋成型：在每段钢筋笼两端及一个中部箍筋或加强箍筋内圈将主筋位置作上记号，依次将主筋与它们焊牢，然后再焊（或绑扎）其他箍筋及加强箍筋。

(3) 钢筋笼吊装就位可在清孔之前进行，亦可在清孔之后。一般多采用前者，以缩短清孔完毕到开始灌注水下混凝土的时间。

(4) 吊入钢筋笼时，应对准孔位轻放、慢放。下放过程中，要注意观察孔内水位情况。如发现异样，马上停止，检查是否坍孔。

(5) 钢筋笼入孔后，要牢固定位，并应采取具体措施防止其在灌注水下混凝土过程中下落或被混凝土顶托上升。钢筋笼入孔定位标高应准确，允许误差±5 cm，并使钢筋笼底部处于悬吊状态下灌注水下混凝土。

(6) 在斜孔中吊放钢筋笼时，须在其下侧和两侧设置能导向、滑行和控制保护层厚度的装置。如孔较浅，可安设数根钢管，于灌注完毕后拔出。较深的斜孔，可均匀布置较长的托板式混凝土垫块。

4. 清孔

1) 吸泥法

(1) 开始时应先向孔内供水，然后送风清孔。停止清孔时，应先关气后断水，以防水头损失而造成坍孔。

(2) 送气压力应比孔底泥浆压力稍大，一般为0.5~0.7 MPa。

(3) 当孔底沉淀较厚且坚实时，可适当加大送风量并摇动导管，改变导管在孔底的位置。仍不能清除干净时，须用喷射法配合。

(4) 清孔过程中必须始终保持孔内原有水头高度。

(5) 清孔至泥浆指标符合规定时暂停片刻，待孔内剩余物沉淀后，再送气清一次，然后测量孔底标高。

2) 换浆法

正循环旋转钻孔在终孔后停止进尺，将钻头提离孔底10~20 cm空转，保持泥浆正常循环,以中速压入符合规定指标的泥浆,把孔内比重大的泥浆换出,使含砂率逐步减小,直至稳定状态为止。换浆时间一般为4~8 h。

3)掏渣法

本法适用于冲击、冲抓成孔的摩擦桩或不稳定的土层。终孔后用抽渣筒清孔,掏到用手摸泥浆无2~3 mm大的颗粒且其比重在规定指标之内时为止。降低泥浆比重方法是在掏渣后,用一根水管插到孔底注入高压水,使水流将泥浆冲稀,泥浆比重逐渐降低后向孔口溢出。

5.灌注混凝土

1)水下混凝土的灌注

(1)灌注前,导管下端距孔底沉渣0.3~0.5 m为宜。

(2)灌注开始后应迅速连续地进行,严禁中途停工。为防止坍孔和泥浆沉淀过厚,开始灌注前应再次核对钢筋笼标高、导管下端距孔底尺寸、孔深、泥浆沉淀厚度、孔壁有无坍塌现象等。

(3)水下混凝土的坍落度以18~22 cm为宜,有一定的流动度,保持坍落度降低至15 cm的时间,一般不宜小于1.0 h。

(4)每根桩灌注的时间不应太长,尽量在8 h内灌注完毕,以防止顶层混凝土失去流动性,提升导管困难,增加事故的可能性,要求每小时的灌注高度宜不小于10 m。

(5)拌和时间应较一般混凝土延长约1.5倍。一经开始灌注,应连续进行直至完成,中途任何原因中断灌注皆不得超过30 min。否则应采取补救措施,或重钻。

(6)导管埋入混凝土的深度取决于灌注速度和混凝土的性质,任何时候不得小于1 m,一般控制在2~4 m内。

(7)灌注标高应高出桩顶设计标高0.5~1.0 m,以便清除浮浆和消除测量误差。但务必注意,不要因误测而造成短桩。

(8)在灌注将近结束时,导管内混凝土柱高度减小,超压力降低,而导管外的泥浆及所含渣土稠度增加,比重增大。

2)深水钻孔桩混凝土的灌注

根据护筒形式和工地材料供应情况选用以下各种方法。

(1)钢护筒内设木模:先做好弧形散块木板并捆成木筒,外面用薄铁皮带箍几道,把它插放进钢护筒内。它与护筒之间的空隙用砂填塞,使木筒位置稳定。木筒脚部钉有一道像法兰那样的环形木以阻止砂流失。在此木筒内灌注水下混凝土。待混凝土达到一定强度后,射水冲掉所填的砂,并用铁钎插入木筒预留的一道缝隙内,戳断铁皮箍,弧形木板就可逐块撬取出来,最后撤走钢护筒。

(2)蔑笼内模:本法不但节约了护筒,还避免了水中一段桩身同河底以下桩身不同直径的缺点,节约了混凝土数量。用6 mm钢筋做骨架,外包油毡、芦席各一层,用铅丝捆扎。先在护筒口挂8根直径22 mm、长10 m的导向钢筋,将蔑笼顺导向钢筋插进护筒内,直到蔑笼脚部与护筒底处胶泥层(埋设护筒时填入的)紧密接触为止。蔑笼尺寸根据钻孔大小和护筒长短决定。完工后将护筒拔走,蔑笼留于原处。

(3)钢护筒内壁贴油毛毡并涂油:用两半的钢护筒,安装前,在钢护筒的内壁涂刷沥青,在沥青上面裱一层油毡,在油毡面上涂一道黄油。稍干后即可下水使用。钻孔并灌注混凝土后，由潜水工拧开连接螺栓，因有油毡、黄油等衬贴，所以撤除护筒甚为顺利。

（三）监理巡视与检查

1. 钻孔的检查

（1）无论采用何种方法钻孔，开孔的孔位必须准确。开孔时均应慢速钻进，待导向部位或钻头全部进入地层后，方可加速钻进。

（2）采用正、反循环钻孔均应采用减压钻进，即钻机的主吊钩要承受部分钻具的重力，而孔底承受的钻机重力不超过钻具重力之和（扣除浮力）的 80%。

（3）终孔后，监理人员应用检孔器检查孔径，能把检孔器沉到孔底的，即可认为孔径合格。

（4）在钻孔排渣、提钻头除土或因故停钻时，应保持孔内具有规定的水位和要求的泥浆相对密度和黏度。处理孔内事故停钻时，必须将钻头提出孔外。

（5）检查孔底沉淀层厚度，每个桩在灌注前都必须检查。

2. 清孔的检查

（1）无论采用何种清孔方法，清孔时，都应及时向孔内注入清水或纯泥浆，注意保持孔内水头，避免坍孔。

（2）清孔应认真操作，不得用加大孔深来代替清孔。

（3）嵌入岩层中的柱桩孔底，或导管插近孔底有困难时，在灌注水下混凝土前，应射水或射气 3 ~ 5 min，将孔底沉淀层冲击翻动，然后进行灌注。射水压力一般比孔底压力大 0.05 MPa 为宜。

（4）对于摩擦桩，孔底沉淀土的厚度：中、小桥不得大于（0.1 ~ 0.6）d（d 为桩直径），大桥按设计文件规定。清孔后泥浆性能指标：含砂率 4% ~ 8%，相对密度 1.1 ~ 1.25，黏度 18 ~ 20 s。对支承桩（柱桩，包括嵌岩桩）宜以抽浆法清孔，并宜清理至吸泥管出清水为止。灌注混凝土前，孔底沉淀土厚度不得大于 5 cm。若土层易坍孔，必须在泥浆中灌注混凝土时，建议采用砂浆置换钻渣清孔法。清孔后的泥浆性能指标，含砂率不大于 4%，其余指标同摩擦桩。以上泥浆指标，以孔口流出的泥浆测量值为准。

3. 水下混凝土灌注的检查

（1）导管检查。导管接头不允许漏水。导管的孔底悬高应以 25 ~ 40 cm 为宜。首盘混凝土灌注时，导管的混凝土埋深不小于 1 m。

（2）在灌注过程中要记录灌注的混凝土方量和混凝土顶面标高。导管埋深保证不小于 2 m，也不大于 6 m。灌注过程中应检查坍落度，并随机抽样做试件。

（3）记录灌注过程中有无故障和不正常现象。若出现卡管、坍孔等情况，应及时采取措施防止断桩。一旦发生断桩，应及时通报业主，并采取有效措施进行断桩处理。

（4）检查钢筋笼是否上浮，采取措施防止继续上浮。

（5）灌注结束时，混凝土顶面应高于设计标高至少 50 ~ 100 cm。

（四）工程质量验评标准

1. 实测项目

钻孔灌注桩实测项目见表 3-19。

挖孔灌注桩实测项目见表 3-20。

表 3-19　钻孔灌注桩实测项目

<table>
<tr><th colspan="3">检查项目</th><th>规定值或允许偏差</th><th>检查方法和频率</th></tr>
<tr><td colspan="3">混凝土强度(MPa)</td><td>在合格标准内</td><td>按水泥混凝土抗压强度评定检查</td></tr>
<tr><td rowspan="3">桩位(mm)</td><td colspan="2">群桩</td><td>100</td><td rowspan="3">全站仪或经纬仪:每桩检查</td></tr>
<tr><td rowspan="2">排架桩</td><td>允许</td><td>50</td></tr>
<tr><td>极值</td><td>100</td></tr>
<tr><td colspan="3">孔深(m)</td><td>不小于设计值</td><td>测绳量:每桩测量</td></tr>
<tr><td colspan="3">孔径(mm)</td><td>不小于设计规定值</td><td>探孔器:每桩测量</td></tr>
<tr><td colspan="3">钻孔倾斜度(mm)</td><td>1% 桩长,且不大于 500</td><td>用测壁(斜)仪或钻杆垂线法:每桩检查</td></tr>
<tr><td colspan="2" rowspan="2">沉淀厚度(mm)</td><td>摩擦桩</td><td>符合设计规定,设计未规定时按施工规范要求</td><td rowspan="2">沉淀盒或标准测锤:每桩检查</td></tr>
<tr><td>支承桩</td><td>不大于设计规定</td></tr>
<tr><td colspan="3">钢筋骨架底面高程(mm)</td><td>±50</td><td>水准仪:测每桩骨架顶面高程后反算</td></tr>
</table>

表 3-20　挖孔灌注桩实测项目

<table>
<tr><th colspan="3">检查项目</th><th>规定值或允许偏差</th><th>检查方法和频率</th></tr>
<tr><td colspan="3">混凝土强度(MPa)</td><td>在合格标准内</td><td>按水泥混凝土抗压强度评定检查</td></tr>
<tr><td rowspan="3">桩位(mm)</td><td colspan="2">群桩</td><td>100</td><td rowspan="3">全站仪或经纬仪:每桩检查</td></tr>
<tr><td rowspan="2">排架桩</td><td>允许</td><td>50</td></tr>
<tr><td>极值</td><td>100</td></tr>
<tr><td colspan="3">孔深(m)</td><td>不小于设计值</td><td>测绳量:每桩测量</td></tr>
<tr><td colspan="3">孔径(mm)</td><td>不小于设计值</td><td>探孔器:每桩测量</td></tr>
<tr><td colspan="3">孔的倾斜度(mm)</td><td>0.5% 桩长,且不大于 200</td><td>垂线法:每桩检查</td></tr>
<tr><td colspan="3">钢筋骨架底面高程(mm)</td><td>±50</td><td>水准仪测骨架顶面高程后反算:每桩检查</td></tr>
</table>

2. 外观鉴定

(1)无破损检测桩的质量有缺陷,但经设计单位确认仍可用时,应减 3 分。

(2)桩顶面应平整,桩柱连接处应平顺且无局部修补。不符合要求时减 1 ~ 3 分。

二、沉入桩施工

(一)施工作业条件

(1)混凝土桩所用的水泥、砂、石、水、外掺剂及混合材料的质量和规格必须符合有关规范的要求,按规定的配合比施工。

(2)混凝土预制桩必须按表 3-21 检查合格后,方可沉桩。

表3-21　预制桩实测项目

检查项目		规定值或允许偏差	检查方法和频率
混凝土强度(MPa)		在合格标准内	按水泥混凝土抗压强度评定检查
长度(mm)		±50	尺量:每桩检查
横截面(mm)	桩的边长	±5	尺量:每预制件检查2个断面,检查10%
	空心桩空心(管芯)直径	±5	
	空心桩中心与桩中心偏差	±5	
桩尖对桩的纵轴线(mm)		10	尺量:抽查10%
桩纵轴线弯曲矢高(mm)		0.1%桩长,且不大于20	沿桩长拉线量,取最大矢高:抽查10%
桩顶面与桩纵轴线倾斜偏差(mm)		1%桩径或边长,且不大于3	角尺:抽检10%
接桩的接头平面与桩轴平面垂直度		0.5%	角尺:抽检20%

(3)钢管桩的材料规格、外形尺寸和防护应符合设计和施工技术规范的要求。

(4)用射水法沉桩,当桩尖接近设计高程时,应停止射水,用锤击或振动使桩达到设计高程。

(5)桩的接头质量应符合设计要求。

(二)施工要点

1.锤击沉桩

(1)沉桩前对使用的桩要有出厂合格证,并按外观检验要求验收合格后方可使用。每根桩应划好尺寸,有接头法兰盘的要除锈去污。确定锤击的桩,其射水孔可用钢板电焊堵孔。

(2)开锤前应检查桩锤、桩帽或送桩与桩的中轴线是否一致。

(3)锤击沉桩开始时,应严格控制各种桩锤的功能。

(4)若设计文件未规定最小入土深度,施工时应以满足承载力为准,但在承台底面或局部冲刷线以下至少应有4 m。如桩顶已经沉到设计标高,而沉入度仍达不到要求,应接桩继续下沉。

(5)沉斜桩时,桩架的龙门挺(导杆)应符合斜桩的倾斜度。插完桩,将桩锤压于桩上,应复查一次,如每米倾斜误差大于3 mm,须进行校正。

(6)接桩力求迅速,尽量缩短停锤时间。如停顿过久,土壤恢复,即难以打下。就地接桩宜在下接桩头露出地面1 m以上时进行。必须使两桩的中轴线重合。

2.射水沉桩

(1)按照计算长度配好射水管,安好接头,装上弯管,接通输水管,进行通水试验。

(2)在吊插管桩时,随管桩的起吊,要注意及时引送输水胶管,防止拉断。

(3)管桩插正立稳后,压上桩帽及桩锤,吊桩钢丝绳暂不解开,即开启水阀,射水冲刷桩尖下的土壤,使桩依靠自重下沉。最初可使用较小的水压,具体数值视土质的软硬而定。

(4)桩下沉到距设计标高一定距离时,应立即停止射水,拔出射水管,进行锤击或振动使桩下沉至设计要求为止。

射水进行中,水阀不宜突然大开,以免射水水量、水压突然降低,涌入泥沙堵塞射水嘴。射水沉桩现场,必须挖好排水沟。

3. 振动沉桩

(1)振动时间的控制:每次振动时间应根据土质情况及振动机能力大小并通过实地试验决定,一般不宜超过10~15 min。

(2)停振后射水时间控制:停振后的射水时间亦应适当控制,过短影响下沉,过长不必要、浪费电力。其适当时间须根据已沉的基桩的下沉量与振动射水时间关系曲线进行比较,以得出适当的控制时间。

(3)管桩改用开口桩靴振动吸泥下沉:当桩基土层中含有大量卵石或碎石成破裂岩层时,如采用高压射水振动沉桩尚难下沉,可将锥形桩尖改为开口桩靴,并在桩内用吸泥机配合吸泥。

4. 静力压桩

(1)施压过程中,应密切注视压桩力是否符合桩的中心,压梁导轮和龙口的接触是否正常,有无卡住现象。一些机具要求同步运行,必须严格满足,发生问题应及时调整。

(2)压桩过程中,当桩尖碰到夹砂层时,压桩阻力可能突然增大,甚至超过压桩能力,使压桩机上抬。这时可以最大的压桩力作用在桩顶后,采用停车"进一进"的方法,使桩有可能缓慢穿过砂层。如果有少量桩确实不能沉达设计标高,如相差不多,可以截除桩头,继续基础承台的施工。

(3)快达到设计标高时,如过早停压,则补压时常可能发生压不下或者压入过低的情况。因此,压桩接近设计标高时,注意严格控制,使得一次成功。

(4)当压桩阻力超过压桩能力,或者由于平衡配重来不及调整,而使压桩架发生较大倾斜时,应立即采取停压措施,以免造成断桩或倒架事故。

(三)监理巡视与检查

(1)沉桩前须检查桩位、桩架的垂直度、桩锤的中心轴线,确保沉桩时,桩锤、桩帽和桩身在同一直线上。

(2)沉桩施工时,监理工程师必须旁站。检查桩位垂直度是否符合设计要求,认真控制停止沉桩标准,对于施工过程中出现的一些不正常情况及时报告,研究处理。

(3)当沉桩完毕后,监理工程师要求承包人做无破损检测试验,根据得出的试验数据判定桩基础是否满足设计和施工规范要求。如果检测一切正常,在承包人自检合格的基础上,监理工程师签署中间交工验收单。

(四)工程质量验评标准

1. 实测项目

沉桩实测项目见表3-22。

2. 外观鉴定

(1)预制桩的桩顶和桩尖不得有蜂窝、麻面现象。不符合要求时减1~3分。

(2)桩头无劈裂,如有劈裂时应进行处理,并减1~3分。

表 3-22　沉桩实测项目

检查项目			规定值或允许偏差	检查方法和频率
桩位(mm)	群桩	中间桩	$d/2$ 且不大于 250	全站仪或经纬仪:检查 20%
		外缘桩	$d/4$	
	排架桩	顺桥方向	40	
		垂直桥轴方向	50	
桩尖高程(mm)			不高于设计规定	水准仪测桩顶面高程后反算:每桩检查
贯入度(mm)			小于设计规定	与控制贯入度比较:每桩检查
倾斜度	直桩		1%	垂线法:每桩检查
	斜桩		15% $\tan\theta$	

注:1. d 为桩径或短边长度。

2. θ 为斜桩轴线与垂线间的夹角。

3. 深水中采用打桩船沉桩时,其允许偏差应符合设计规定。

4. 当贯入度符合设计规定但桩尖高程未达到设计高程,应按施工技术规范的规定进行检验,并得到设计认可时,桩尖高程为合格。

第四节　沉井基础施工监理

一、施工作业条件

(1)沉井所用的水泥、砂、石、水、外掺剂及混合材料的质量和规格必须符合有关规范的要求,按规定的配合比施工。

(2)沉井下沉应在井壁混凝土达到规定强度后进行。浮式沉井在下水、浮运前,应进行水密性试验。

(3)沉井接高时,各节的竖向中轴线应与第一节竖向中轴线相重合。接高前应纠正沉井的倾斜。

(4)沉井下沉到设计高程时,应检查基底,确认符合设计要求后方可封底。

(5)沉井下沉中出现开裂,必须查明原因,进行处理后才可继续下沉。

(6)下沉应有完整、准确的施工记录。

二、施工要点

1. 沉井制作

1)场地平整

(1)在岸滩上制作沉井:要先将场地平整夯实,以免在灌注沉井过程中和拆除支垫时,发生不均匀沉陷。若场地土质松软,应加铺一层 30 ~ 50 cm 厚的沙层,必要时,应挖去原有松软土层,然后铺以沙层。当石渣、漂卵石等取材方便时,常不挖除松软土壤,可直接回填夯实,以便施工。

(2)在基坑中灌注沉井,应防止基坑为暴雨所淹没,并应注意观察洪水,做好防洪措施。在总的进度安排中,应抓住枯水期的有利季节,这对于预制和下沉工作都是非常有利的。

2)铺垫

铺垫基本要求见表3-23。

表3-23 铺垫基本要求

项目	基本要求
垫木材料	质量良好的普通枕木及短方木
垫木铺设方向	刃脚的直线段垂直铺设,圆弧段径向铺设
垫木下承压应力	应小于岛面容许承压应力
筑岛底面承压应力	应小于河床地面容许承压应力
刃脚下和隔墙下垫木应力	应基本上相等,以免不均匀沉陷使井壁与隔墙连接处混凝土裂缝
铺垫次序	应先从各定位垫木开始向两边铺设
支撑排架下的垫木	应对正排架中心线铺设
铺垫顶平面最大高差	应不大于3 cm
相邻两垫木最大高差	应不大于0.5 cm
调整垫木高度时	不应在其下垫塞木块、木片、石块等,以免受力不均
垫木间空隙	应填砂捣实
垫木埋入岛面深度	应为垫木高度的一半

3)支撑

(1)带踏面的刃脚(刃脚角钢)可直接支放在垫木上。

(2)若为钢刃尖,应沿刃尖周围在垫木上铺设钢垫板,垫板厚度不宜小于10 mm。

(3)电焊连接各段钢刃脚时,应对称进行,尽量减小电焊变形。

(4)刃脚及隔墙下应设支撑。支撑可搭设木垛或设置排架,并须具有较好的刚性。

4)模板制作与安装

(1)安装顺序:刃脚斜面及隔墙底面模板→井孔模板→安扎钢筋→立外模→调整各部尺寸→全面紧固支撑拉杆、拉箍等。

(2)模板制作:沉井外侧应尽量平滑,以利下沉。外侧模板(面向混凝土)的板面应刨光,拼接要平顺,并应具有较好的刚性。

(3)安装与支撑:沉井井壁外侧的模板板缝必须顺直立方向装设。

安装后,外模的上口尺寸不宜大于下口尺寸,以利于下沉,其与刃脚相接处凹凸不平的空隙应妥为填塞,以免漏浆。刃脚斜面模板与隔墙底模交接处应注意支垫和塞缝。

5)灌注沉井混凝土

灌注沉井混凝土应对称进行,避免因偏载产生不均匀沉陷,使混凝土裂缝。每节沉井的混凝土,应分层均匀地逐层向上灌注,一次连续灌完。每层厚度 h 应不超过表3-24的规定。

表 3-24　混凝土灌注层厚 h 值

项目	层厚 h 应小于
使用内部振捣器	振捣器作用部分长度的 1.25 倍
人工振捣	15 ~ 25 cm
从灌注一层的时间不应超过水泥初凝时间 t 考虑	$h \leqslant \frac{Qt}{A}$

注:表中 Q 为每小时混凝土生产量,m^3/h;t 为水泥初凝时间,h; A 为灌注面积,m^2。

6)拆模

(1)当混凝土强度达到 2.5 MPa 以上后,方可拆除直立的侧面模板。

(2)当混凝土强度达到设计强度的 70%(或达到设计文件规定的要求)后,方可拆除隔墙底面、刃脚斜面的支撑及模板。

7)抽垫

(1)抽垫应分区、依次、对称、同步进行。抽垫前应将井孔内所有杂物清除。

(2)抽垫时,先掏挖垫木下的填砂,再用大锤、撬棍、锤撬拨动,并在垫木上临时钉一扒钉,挂上绳钩,井内外互相配合,连敲带拖,一鼓作气地迅速将垫木抽出。一般垫木宜向外抽出。

(3)回填时,在开始抽垫的几组可暂不回填,当抽出几组现出空当后,即可回填,以后每抽出一组随即回填一组。回填材料可用砂、砂夹卵(碎)石,并分层洒水夯实捣实,每层厚 20 ~ 30 cm。

8)沉井制作允许偏差

沉井制作允许偏差见表 3-25。

表 3-25　沉井制作允许偏差

项目		允许偏差
沉井平面尺寸	长	±0.5%,最大不超过 ±12 cm
	宽	±0.5%,最大不超过 ±12 cm
	对角线	±1.0% 最大不超过 ±18 cm
	曲线半径	±0.5% 最大不超过 ±6 cm
	倾斜度	不大于 1/50
沉井井壁厚度	混凝土、片石混凝土	±4 cm
	钢筋混凝土	±1.5 cm
在筑岛上制造的沉井其中心纵横向偏移		高度的 1/50

2. 沉井下沉

(1)排水开挖下沉。若土质松软,在分层挖除回填土的过程中,沉井即逐渐下沉。当刃脚下沉至与原地面大致齐平时,即可在沉井中部先向下挖深 40 ~ 50 cm,并逐渐向四周均匀扩挖,到距刃脚约 1.0 m 处(此距离可视土的松软程度而定),再分层挖除刃脚内侧的原地面土。若土质比较坚实,如刃脚内侧土壤挖平后仍下沉很少或不下沉,可从沉井中部再向下挖深 40 ~ 50 cm,并逐渐向四周均匀扩挖,到距刃脚 1 m 时再分层挖。若土层坚硬,可比照抽垫的顺序分段掏空刃脚,每段掏空后随即回填砂砾。待最后几段(即定位承垫处)掏空并回填后,再分层分次逐步挖去回填料,使沉井下沉。岩层风化或软质岩层可用风镐或风铲挖除,较硬的岩层可以打眼爆破。岩层一般按设计要求开挖,不需很深,中间部分如石质不好,可在最后挖除;如石质良好可不挖除。

(2)不排水开挖下沉。开挖深度一般根据土质而定,最深不低于刃脚2 m。通过粉砂、细砂等松软地层时,应保持井内水位高出井外1~2 m,以防流砂涌向井内,引起沉井歪斜,并增加吸泥工作量。在沉井入土较深,井壁侧面阻力较大时,应根据具体情况,采取有效的下沉方法。一般需采取抓土、吸泥、射水交替或联合作业;必要时还需辅以降低井内水位(当土壤稳定性较好时)以增加沉井重量,或在井底放炮震压,或在井顶压重,才能沉至设计标高。

(3)沉井下沉进度随沉井入土深度、土质情况而定,其变化幅度很大,表3-26根据部分沉井下沉统计资料制作,仅供参考。

表3-26　沉井下沉进度参考

项目	下沉条件	下沉速度
平均综合下沉进度	沙土中	0.3~0.4 m/d
	卵石中	0.15~0.25 m/d
	沙黏土及黏沙土互层中	0.2~0.3 m/d
	黏土中	0.1~0.2 m/d
各工序耗用时间	下沉总延续时间	100%
	接筑圬工及养生时间	30%~45%
	安装防水围堰时间	10%~15%
	下沉作业时间	50%~60%

3. 沉井封底

(1)扫冰封底。基底岩面平整,刃脚周围经黏土或水泥砂浆封堵后、井内无渗水时,可在基底无水的情况下灌注封底混凝土。若仍有少量渗水,可分两种情况封底:①易于抽干时,可采用抽水封底。封底前,在井底挖小水沟3~4道(在小水沟内填充粒径较大的碎石,再在其面层铺填粒径较小的碎石),将水引至井中央的集水坑内。在集水坑上放置预制的无底混凝土圆桶或铁圆桶,其高度略高于封底混凝土顶面。将水泵的吸水管置于桶内抽水,封底混凝土即可在井底无水的情况下灌注。抽水必须继续到混凝土终凝时为止。待井内水位上涨或注水至与井外平衡时,再向圆桶内灌注水下混凝土封填。②对于无法抽干井内积水的沉井,必须采取水下混凝土封底。一般多采用垂直导管法灌注。

(2)不排水封底:要求将井底浮泥清除干净,新老混凝土接触面用水冲刷干净,并铺碎石垫层。封底混凝土用导管法灌注或用堆石灌浆法灌注。待水下封底混凝土达到设计要求强度后,即一般养护为7~10 d,方可从沉井中抽水,按排水封底法施工上部钢筋混凝土底板。

(3)水下灌注封底混凝土:混凝土原材料应符合水下灌注混凝土的有关规定,混凝土坍落度宜为150~200 mm。所需要的导管根数及其间隔,必须和导管作用半径和封底面积大小相适应。导管的埋深见表3-27。混凝土面最终灌注高度,应比设计标高提高不小于15 cm。

(4)封底后井孔填充和灌注顶盖板:当封底混凝土养护达到所要求的强度后,才容许抽干水,进行井孔填充。填充前应先将井内水抽干并清除封底混凝土面上的浮浆。若用砂加卵石填充,应分层夯实。对于填充井孔的沉井,不需设置盖板,可直接在填充后的井顶灌筑承台或墩(台)身,对于不填充井孔的沉井,需设置钢筋混凝土顶盖板或模板,以便作为灌筑承台的底模板。盖板可预制后安装于井顶,也可以就地浇筑。

表 3-27　导管埋设深度要求

导管不同灌注深度	灌注深度(m)	≤10	10~15	15~20	>20
	导管最小埋深(m)	0.6~0.8	1.1	1.3	1.5
导管不同间距	导管间距(m)	≤5	6	7	8
	导管最小埋深(m)	0.6~0.9	0.9~1.2	1.2~1.4	1.3~1.6

三、监理巡视与检查

(1)对于就地制作沉井的须反复检查沉井的定位放线、轴线控制桩和水准点。

(2)下沉中应随时掌握土层的变化情况,严格控制刃脚附近取土深度,防止翻砂涌水。

(3)在下沉过程中,应经常做好底面标高、下沉量、倾斜和位移的测量工作。随时注意纠正沉井的偏斜、沉井周围地面塌陷、开裂情况。

(4)灌注水下封底混凝土时,要正确调整坍落度和导管埋置深度,抽拔导管时严禁有水进入导管。

(5)监理过程中进行的每一道工序都得到监理工程师的认可后方可进行下一道工序。

四、工程质量验评标准

1. 实测项目

沉井实测项目见表 3-28。

表 3-28　沉井实测项目

检查项目		规定值或允许偏差	检查方法和频率
各节沉井混凝土强度(MPa)		在合格标准内	按水泥混凝土抗压强度评定检查
沉井平面尺寸(mm)	长、宽	±0.5%边长,大于 24 m 时为 ±120	尺量:每节段
	半径	±0.5%半径,大于 12 m 时为 ±60	
井壁厚度(mm)	混凝土	+40,-30	尺量:每节段沿周边量 4 点
	钢壳和钢筋混凝土	±15	
沉井刃脚高程(mm)		符合设计要求	水准仪:测 4~8 处顶面高程反算
中心偏位(纵、横向)(mm)	一般	1/50 井高	全站仪或经纬仪:测沉井两轴线交点
	浮式	1/50 井高 +250	
沉井最大倾斜度(纵、横方向)(mm)		1/50 井高	吊垂线:检查两轴线 1~2 处
平面扭转角(°)	一般	1	全站仪或经纬仪:检查沉井两轴线
	浮式	2	

2. 外观鉴定

沉井接高时施工缝应清除浮浆和凿毛。不符合要求时减1～3分。

第五节　钢筋和预应力筋加工、安装及张拉监理

一、钢筋加工及安装

(一)施工作业条件

(1)钢筋、机械连接器、焊条等的品种、规格和技术性能应符合国家标准规定和设计要求。

(2)冷拉钢筋的机械性能必须符合规范要求,钢筋平直,表面不应有裂皮和油污。

(3)受力钢筋同一截面的接头数量、搭接长度、焊接和机械接头质量应符合施工技术规范要求。

(4)钢筋安装时,必须保证设计要求的钢筋根数。

(5)受力钢筋应平直,表面不得有裂纹及其他损伤。

(二)施工要点

1. 施工材料要求

1)材料质量要求

(1)所用的钢筋种类、型号应符合设计图纸的规定。

(2)应要求承包人提交制造厂商对该批钢筋的出厂质量证明书、试验报告单。

(3)品种、规格和技术性能等应符合国家现行标准规定和设计要求,应有出厂合格证及检测报告,进入现场应进行复试,确认合格后使用。

钢筋在加工过程中,如有发生脆断、焊接性能不良或力学性能显著不正常等现象时,应对该批钢筋进行化学分析或其他专项检验。选用的焊条型号应与主体金属强度相适应,经烘干后使用。

2)材料的防护和存储

(1)钢筋应按种类、规格、等级、生产厂家分批堆放,且应设牌区别,以利于检查和使用。

(2)钢筋应储存在高于地面的平台、垫木或其他支承物上,并应尽量保护它不受机械损坏和污染。

(3)注意钢筋的存放环境,应使钢筋避免生锈起皮,宜库内存放,露天应遮盖,离地面高度不宜小于30 cm。

3)材料进场验收

(1)进场的钢筋除应按表3-29检查外观质量外,还应分批按规定验收,试验结果应符合有关标准规定。如果有一项不符合标准要求,则从同批中任取双倍数量试件进行该不合格项目的复验,复验结果仍有一项指标(包括该项试验所要求的任一标准)不合格时,则该批钢筋应按不予验收或根据试验结果降低等级使用。

(2)钢筋外表有严重缺陷、麻坑、裂纹、夹砂和夹层等缺陷时,应剔除不得使用。

(3)钢筋的所有试验,均需在监理试验见证员在场情况下取样,并在监理同意的实验室进行。

表 3-29　钢筋外观质量要求

钢筋种类	外观质量要求
热轧钢筋	表面无裂缝、结疤和折叠；如有凸块，不得超过螺纹的高度；其他缺陷的高度或深度不得超过所在部位的允许偏差，表面不得沾有油污
热处理钢筋	表面无肉眼可见的裂纹、结疤和折叠；如有凸块不得超过横肋的高度，表面不得沾有油污
冷拉钢筋	表面不得有裂纹和局部缩颈，不得沾有油污

2. 钢筋加工

(1)钢筋应平直、无局部弯折，对弯曲的钢筋应调直后使用。调直可采用冷拉法或调直机调直，冷拉法多用于较细钢筋的调直，调直机多用于较粗钢筋的调直，采用冷拉法调直时应匀速慢拉，R235 牌号钢筋冷拉率应≤2%，HRB335、HRB400 牌号钢筋冷拉率应≤1%。调直后的钢筋不应有损伤。

(2)钢筋加工前要清除钢筋表面油漆、油污、锈蚀、泥土等污物，有损伤和锈蚀严重、影响钢筋性能的应剔除不用。

(3)钢筋下料。下料前认真核对钢筋规格、级别及加工数量，无误后按配料单下料。钢筋的切割宜采用钢筋切断机进行。在钢筋切断前，先在钢筋上用粉笔按配料单标注的下料长度将切断位置做明显标记，切断时，切断标记对准刀刃将钢筋放入切割槽将其切断。钢筋较细时，可用铁钳人工切割；个别情况下也可用砂轮锯进行钢筋切割。

(4)钢筋弯制。钢筋的弯制应采用钢筋弯曲机或弯箍机在工作平台上进行。钢筋弯制和末端弯钩均应符合设计要求，设计未作具体规定时，应符合表 3-30 的规定。箍筋的末端应做弯钩，弯钩的型式应符合设计要求，设计未作具体规定时，应符合表 3-31 的规定。

用 R235 牌号钢筋制作的箍筋末端应做弯钩，弯钩的弯曲直径应大于受力主钢筋的直径，且不小于箍筋直径的 2.5 倍；其末端弯钩平直部分长度一般不应小于箍筋直径的 5 倍；有抗震要求的结构，不应小于箍筋直径的 10 倍。

(5)钢筋焊接。

①钢筋焊接一般要求：

a. 施焊场地应有适当的防风、防雷、防雪的措施，对加工成型的钢筋应编号堆放，避免造成混料情况发生。

b. 普通混凝土中钢筋直径等于或小于 25 mm 时，在没有焊接条件时，可以采用绑扎接头，但对轴心受拉或小偏心受拉构件中的主钢筋均应焊接，不得采用绑扎接头。

c. 对轴心受压和偏心受压柱中的受压钢筋接头，当直径大于 32 mm 时，应采用焊接；冷拉钢筋的接头应在冷拉前焊接。

d. 批量焊接前，必须根据施工条件进行试焊，合格后方可施焊，焊工必须经考试合格后持证上岗。

e. 钢筋电弧焊所用焊条牌号应符合设计要求，其性能应符合现行国家标准。

②闪光对焊应符合下列要求：

a. 为保证闪光对焊的质量，待焊钢筋的焊接端应切割平整，并且截面与轴线垂直，钢筋端面与电焊电极表面也应在焊接前去除油渍、铁锈等杂质。焊接时被挤压的熔渣应剔除。

表 3-30　受力主钢筋制作和末段弯钩形状

弯曲部位	弯曲角度	形状图	钢筋种类	弯曲直径	平直部分长度
末端弯钩	180°	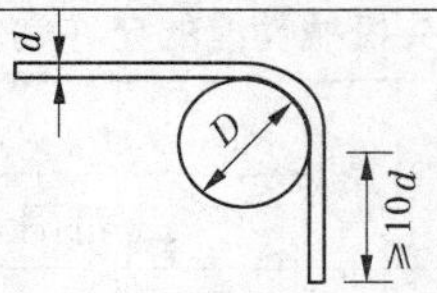	Ⅰ级	≥2.5d	≥3d
	135°	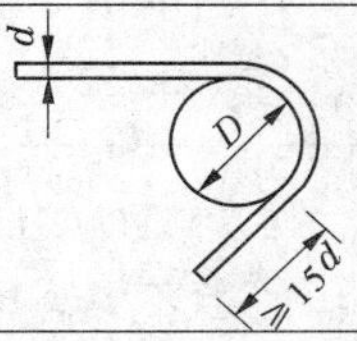	HRB335	ϕ8～ϕ25，≥4d	≥5d
			HRB400	ϕ28～ϕ40，≥5d	
末端弯钩	90°	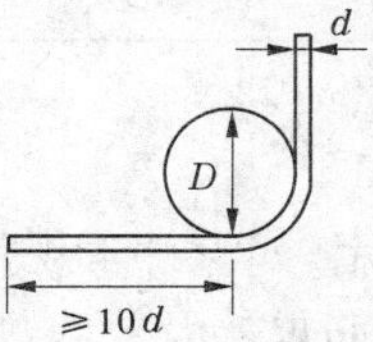	HRB335	ϕ8～ϕ25，≥4d	≥10d
			HRB400	ϕ28～ϕ40，≥5d	
中间弯钩	90°以下	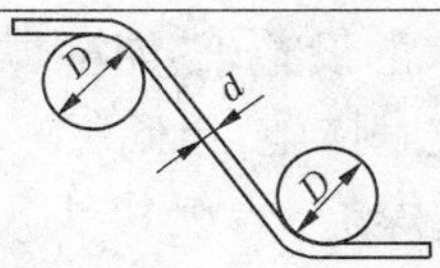	各类	≥20d	

注：环氧树脂涂层钢筋进行弯曲加工时，直径 d 不大于 20 mm 的钢筋，其弯曲直径不应小于 4d；对直径 d 大于 20 mm 的钢筋，其弯曲直径不小于 6d（d 为钢筋直径）。

表 3-31　箍筋弯钩

结构类别	一般结构		抗震结构
弯曲度	90°/180°	90°/90°	135°/135°
图示		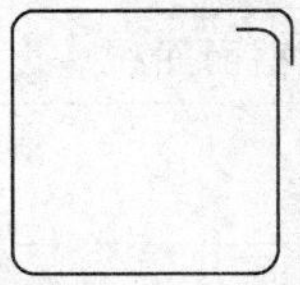	

b. 当改变钢筋类别、直径或调换焊工时，通过从同批钢筋中取两根焊接试件做冷弯试验，来检查已确定的焊接参数。焊接试件做试验时，将试件绕芯棒弯曲到 90°做冷弯试验。对于 R235 牌号钢筋芯棒直径为 2d，对于 HRB335、HRB400、KL400 牌号钢筋芯棒直径分别为 3d、3d、5d。钢筋直径大于 25 mm 时，芯棒应增加 1d。冷弯试验时，焊接点位于弯曲的中点，并将接头内侧的镦粗部分削除。试件冷弯后，外侧的横向裂缝宽度不超过 0.15 mm 时，才允许使用已确定的焊接参数。

c. 接头处弯折不得大于 4°，接头处钢筋轴线偏移小于 0.1d 且不大于 2 mm，只要有一个接头不合格，就应对全部接头进行检查。

d. 刚焊完的钢筋在移动时，不得使钢筋受弯，也不能在地上碰撞。冬季施焊时，要对焊完的接头保温(可用黄砂等保温材料),不得将刚焊完的接头和水接触(或受潮),以防接头冷脆。

e. 闪光接触对焊接头机械性能的允许偏差见表 3-32。

表 3-32 闪光接触对焊接头机械性能的允许偏差

序号	项目	允许偏差	检验频率	
			范围	点数
1	抗拉强度	符合材料性能指标	每件(每批各抽 3 件)	1
2	冷弯			1
3	接头弯折	不大于 4°	每件(每批抽 10% 且不少于 10 件)	1
4	接头处钢筋轴线的偏移	≤0.1d,且≤2 mm		1

③电弧焊应符合下列要求:

a. 焊缝的长度、宽度和厚度必须符合设计规定,如设计未规定,则应按表 3-33 的规定。

b. 钢筋电弧焊所用焊条其性能应能符合《钢筋焊接及验收规程》中的相关规定。

c. 场地应有适当的防风、防雨、防雪、防严寒的设施,冬期施焊宜在室内进行。当在室外施焊时,最低温度不宜低于 -20 ℃,并应采取技术措施;当低于 -20 ℃时,不得施焊。

d. 电弧焊不允许有裂纹及较大的凹陷或焊瘤,焊弧接头尺寸偏差及缺陷允许值按表 3-34 要求检查。

表 3-33 电弧焊接的焊缝规格

特征		规格
帮条焊或搭接焊长度 L	帮条连接、四条焊缝	5d
	帮条连接、两条焊缝	10d
	搭接、两条焊缝	5d
	搭接、一条焊缝	10d
帮条钢筋的横截面面积		>A
焊缝总长度	帮条连接	20d
	搭接	10d
焊缝宽度		0.7d 但不小于 10 mm
焊缝深度		0.25d 但不小于 4 mm

注:A 为被连接钢筋横断面面积;d 为被焊钢筋直径。

3. 钢筋绑扎及安装

(1)钢筋的替换应征得设计同意和监理工程师的书面同意,预制构件的吊环,必须采用未经冷拉的Ⅰ级热轧钢筋制作,严禁以其他钢筋代替。

(2)钢筋骨架应具有足够的刚度和稳定性,以保证其运输和安装时不变形、不发生松散,必要时可在钢筋的某些交叉点处加以焊接或添加辅助钢筋(斜杆、横撑等)。

(3)焊接骨架和焊接网片需要绑扎连接时,应符合下列规定:①焊接骨架和网片的搭接接头,不宜位于构件的最大弯矩处。②焊接网片在非受力方向的搭接长度,宜为 100 mm。③受拉焊接骨架和焊接网在受力钢筋方向的搭接长度应符合表 3-35 的规定,受压焊接骨架和焊接网在受力钢筋方向的搭接长度，可取受拉焊接骨架和焊接网在受力钢筋方向的搭接长度的0.7倍。

表3-34　钢筋电弧焊接头尺寸偏差及缺陷允许值

项目		接头型式		
		帮条焊	搭接焊	坡口焊、水熔槽帮条焊
帮条沿接头中心线的纵向偏移(mm)		0.5d		
接头处弯折(°)		4	4	4
接头处钢筋轴线偏移(mm)		0.1d	0.1d	0.1d
		3	3	3
焊缝厚度(mm)		+0.05d~0	+0.05d~0	
焊缝宽度(mm)		+0.01d~0	+0.01d~0	
焊缝长度(mm)		-0.5d	-0.5d	
横向咬边深度(mm)		0.5	0.5	0.5
在焊缝表面上	数量(个)	2	2	
	面积(mm^2)	6	6	
在全部焊缝上	数量(个)			2
	面积(mm^2)			6

注：1. d为钢筋直径，mm。

2. 低温焊接接头的咬边深度不得大于0.2 mm。

表3-35　受拉焊接骨架和焊接网在受力钢筋方向的搭接长度

钢筋级别		混凝土强度		
		C20	C25	高于C25
R235牌号		30d	25d	20d
月牙纹	HRB335	40d	35d	30d
	HRB400	45d	40d	35d

注：1. 搭接长度除符合本表规定外，在受拉区不得小于250 mm，在受压区不得小于200 mm。

2. 当混凝土强度等级低于C20时，R235牌号钢筋的搭接长度不得小于40d，HRB335牌号钢筋的搭接长度不得小于50d。

3. 当月牙纹钢筋直径d大于25 mm时，其搭接长度应按表中数值增加5d。

4. 当螺纹钢筋直径d不大于25mm时，其搭接长度应按表中数值减少5d。

5. 当混凝土在凝固过程中受力钢筋易受扰动时，其搭接长度宜适当增加。

6. 轻骨料混凝土的焊接骨架和焊接网绑扎接头的搭接长度，应按普通混凝土搭接长度增加5d。

7. 当有抗震要求时，对一、二级抗震等级应增加5d。

(4)多层钢筋之间应用短钢筋或使用特别的钢筋支架支撑，并且不得直接支撑在模板上。

(5)现场安装钢筋应符合下列要求：

①所有钢筋的交叉点应采用铁丝扎牢，必要时，可点焊焊牢。

②板和墙的钢筋网，除靠近外围两行钢筋交叉点全部绑扎牢外，中间部分交叉点可间隔交错绑扎牢，但必须保证受力钢筋不产生偏移；双向受力的钢筋，必须全部扎牢。

③除设计有特殊规定外，柱和梁中的箍筋应与主筋垂直；墩、台身、柱中的竖向钢筋搭接时，转角处的钢筋弯钩应与模板成45°，中间钢筋的弯钩应与模板成90°；如采用插入式振捣器浇筑小型截面柱时，弯钩与模板的角度最小不得小于15°，在浇筑过程中不得松动。

④箍筋弯钩的叠合处，在梁中应沿梁长方向置于上面并交错布置，在柱中应沿柱高方向交错布置，若是方柱则必须位于箍筋与柱角竖向钢筋交接点上，但有交叉式箍筋的大截面柱，可位于与任何一根中间纵向钢筋的交接点上；圆柱或圆管涵螺旋形箍筋的起点和终点应分别绑扎在纵向钢筋上。有抗扭要求的螺旋箍筋，钢筋应伸入核心混凝土中。

⑤在绑扎骨架中非焊接的搭接接头长度范围内的箍筋间距：当钢筋受拉时应 $<5d$，且不应大于100 mm；当钢筋受压时应 $<10d$（d 为受力钢筋的最小直径），且不应大于200 mm。

⑥受力钢筋的混凝土保护层厚度，应符合设计要求。为保证钢筋保护层厚度的准确性，应采用不同规格的垫块，并应将垫块与钢筋绑扎牢固，垫块应交错布置。

(6)钢筋安装质量标准见表3-36。

表3-36　钢筋安装质量标准

项目			允许偏差（mm）	检验频率	
				范围	点数
受力钢筋	间距	梁、柱、板、墙	±10	每个构筑物或构件	4
		基础、墩台	±20		4
	顺高度配置二排以上的排距		±5		4
网片	长度		±10		2
	宽度		±10		2
	网格尺寸		±10		4
	网片两对角线之差		10		1
骨架	长度		+5，-10		3
	宽度		+5，-10		3
	高度		+5，-10		3
箍筋及构造筋间距			±20		5
同一截面受拉钢筋接头截面积占钢筋总截面面积	对焊、焊接		≤50%		
	绑接		≤25%		
保护层厚度	墩、台、基础		±10		6
	梁、柱、桩		±5		
	板、墙		±3		

(三)监理巡视与检查

(1)监理工程师应该认真对施工单位上报的钢筋骨架或网片(特别是大型钢筋骨架整体吊装)安装方案进行审核,确定其是否符合施工、安全规范要求,安装设备是否满足施工实际需要,操作工人是否有上岗证(如起重工)。

(2)检查钢筋材料的出厂质量证明书是否与进场材料一致,对每批进场的钢材应取样做力学性能试验,需要焊接的受力钢筋,还应做可焊性试验;无出厂质量证明书的钢筋,原则上不宜使用。钢筋材料的堆放应避免使钢筋锈蚀和污染,凡锈蚀和污染严重,影响其使用性能的钢筋,不得使用。

(3)施工前,监理工程师应对施工单位有关人员,如工程师、质检员及有关拼装、绑扎人员进行一次技术交底。交底内容主要是钢筋绑扎安装验收及有关技术规程要求和监理工作内容及要求、质量通病防范措施,监理工程师应做好交底记录。

(4)钢筋加工时主要检查钢筋的调直和除污锈是否符合要求;钢筋的弯钩和弯折尺寸是否符合要求;钢筋连接的质量、位置是否符合要求,应抽取试件做力学性能试验。

(5)对钢筋安装的施工前和安装过程的检查,如骨架筋或网片的整体刚度和稳定性是否满足运输和安装的要求,保护层厚度是否符合设计要求等。

(6)检查现场安装设备(特别是起重机)安全防护措施是否符合规范要求,对大型钢筋骨架或网片安装要旁站监督,避免发生安全事故。

(四)工程质量验评标准

1. 实测项目

(1)钢筋安装实测项目见表3-37。

表3-37　钢筋安装实测项目

<table>
<tr><th colspan="3">检查项目</th><th>规定值或允许偏差</th><th>检查方法和频率</th></tr>
<tr><td rowspan="4">受力钢筋间距(mm)</td><td colspan="2">两排以上排距</td><td>±5</td><td rowspan="4">尺量:每构件检查2个断面</td></tr>
<tr><td rowspan="2">同排</td><td>梁、板、拱肋</td><td>±10</td></tr>
<tr><td>基础、锚碇、墩台、柱</td><td>±20</td></tr>
<tr><td colspan="2">灌注桩</td><td>±20</td></tr>
<tr><td colspan="3">箍筋、横向水平钢筋、螺旋筋间距(mm)</td><td>±10</td><td>尺量:每构件检查5~10个间距</td></tr>
<tr><td colspan="2" rowspan="2">钢筋骨架尺寸(mm)</td><td>长</td><td>±10</td><td rowspan="2">尺量:按骨架总数的30%抽查</td></tr>
<tr><td>宽、高或直径</td><td>±5</td></tr>
<tr><td colspan="3">弯起钢筋位置(mm)</td><td>±20</td><td>尺量:每骨架抽查30%</td></tr>
<tr><td colspan="2" rowspan="3">保护层厚度(mm)</td><td>柱、梁、拱肋</td><td>±5</td><td rowspan="3">尺量:每构件沿模板周边检查8处</td></tr>
<tr><td>基础、锚碇、墩台</td><td>±10</td></tr>
<tr><td>板</td><td>±3</td></tr>
</table>

注:1. 小型构件的钢筋安装按总数的30%抽查。

2. 在海水或腐蚀环境中,保护层厚度不应出现负值。

(2)钢筋网实测项目见表3-38。

表3-38 钢筋网实测项目

检查项目	规定值或允许偏差	检查方法和频率
网的长、宽(mm)	±10	尺量:全部
网眼尺寸(mm)	±10	尺量:抽查3个网眼
对角线差(mm)	15	尺量:抽查3个网眼对角线

(3)预制桩钢筋安装实测项目见表3-39。

表3-39 预制桩钢筋安装实测项目

检查项目	规定值或允许偏差	检查方法和频率
纵钢筋间距(mm)	±5	尺量:抽查3个断面
箍筋、螺旋筋间距(mm)	±10	尺量:抽查5个间距
纵向钢筋保护层厚度(mm)	±5	尺量:抽查3个断面,每个断面4处
桩顶钢筋网片位置(mm)	±5	尺量:每桩
桩尖纵向钢筋位置(mm)	±5	尺量:每桩

注:在海水或腐蚀环境中,保护层厚度不应出现负值。

2.外观鉴定

(1)钢筋表面无铁锈及焊渣。不符合要求时减1~3分。

(2)多层钢筋网要有足够的钢筋支撑,保证骨架的施工刚度。不符合要求时减1~3分。

二、预应力筋的加工和张拉

(一)施工作业条件

(1)预应力筋的各项技术性能必须符合国家现行标准规定和设计要求。

(2)预应力束中的钢丝、钢绞线应梳理顺直,不得有缠绞、扭麻花现象,表面不应有损伤。

(3)单根钢绞线不允许断丝,单根钢筋不允许断筋或滑移。

(4)同一截面预应力筋接头面积不超过预应力筋总面积的25%,接头质量应满足施工技术规范的要求。

(5)预应力筋张拉或放张时,混凝土强度和龄期必须符合设计要求,应严格按照设计规定的张拉顺序进行操作。

(6)预应力钢丝采用镦头锚时,镦头应头形圆整,不得有斜歪或破裂现象。

(7)制孔管道应安装牢固,接头密合,弯曲圆顺。锚垫板平面应与孔道轴线垂直。

(8)千斤顶、油表、钢尺等器具应经检验校正。

(9)锚具、夹具和连接器应符合设计要求,按施工技术规范的要求经检验合格后方可使用。

(10)压浆工作在5 ℃以下进行时,应采取防冻或保温措施。

（11）孔道压浆的水泥浆性能和强度应符合施工技术规范要求，压浆时排气孔、排水孔应有水泥原浆溢出后方可封闭。

（12）应按设计要求浇筑封锚混凝土。

（二）施工要点

1. 施工材料（设备）要求

施工材料（设备）质量监理要点见表3-40。

表3-40　施工材料（设备）质量监理要点

项目	监理要点
预应力筋	（1）预应力筋进场时应分批验收，验收时，除检查，其质量证明书、包装、标志和规格外，还应对其外观进行检查，并按规定抽取试样进行表面质量、尺寸及力学性能试验。 （2）必须保持清洁，长时间存放必须进行定期外观检查，在搬运和存放过程中应妥善保护，避免机械损伤、玷污和有害锈蚀
张拉台	（1）张拉台台座要平整、光滑，其宽度能满足模板施工要求。 （2）张拉台座两端的横梁要有足够的强度和刚度，能承受全部张拉荷载，受力后挠度不应大于2 mm。 （3）承力台座具有足够的强度和刚度，必须能承受全部张拉力而不产生变形和位移，其抗倾覆安全系数应不小于1.5，抗滑移系数应不小于1.3
锚具、夹具和连接器	采用的锚具、夹具和连接器，监理应要求承包人按出厂合格证和质量证明书核查其锚固性能类别、型号、规格及数量，并按规定抽取试样进行外观检查、硬度检验；对大桥等重要工程，当质量证明书不全、不正确或质量有疑点时，应要求承包人进行静载锚固性能试验，其他桥梁的静载锚固性能可由生产厂家提供试验报告
张拉机具	张拉机具应与锚具配套使用，在进场使用前，应进行检查和校验。①千斤顶和压力表应定期配套校验，以确保张拉力与压力表读数之间的正常关系曲线，一般千斤顶使用6个月或200次或出现不正常现象时，应重新校验。弹簧测力计的校验期限不宜超过2个月。②千斤顶的张拉力与行程应满足施工需要。③压力泵的油压量程要满足张拉力的需要

2. 先张法预应力施工

（1）张拉台座须具有足够的强度、刚度和稳定性，抗倾覆系数不应小于1.5，抗滑移系数不应小于1.3。

（2）张拉横梁必须有足够的刚度，受力后挠度不应大于2 mm。

（3）张拉施工前，应对台座、横梁及各项张拉设备进行详细的检验，同时进行试张拉，以检验张拉设备及张拉台座的各项性能是否符合施工和设计规范要求。

（4）首次张拉前应做试张拉，张拉至100%δ_k时，检查各部情况，出现问题及时纠正。若伸长的实测值和理论值相差−5%～+10%范围时，应对其检查原因，纠正后重新张拉，直至符合要求为止。

（5）先张法预应力为超张拉时，其张拉程序按表3-41进行。

表 3-41　先张法预应力张拉程序

预应力筋种类	张拉程序
预应力钢筋	0→初应力→105% δ_k（持荷 2 min）→90% δ_k→δ_k
钢丝、钢绞线	（1）0→初应力→105% δ_k（持荷 2 min）→0→δ_k； （2）0→103% δ_k

注：表中 δ_k 为张拉时控制应力值，包括预应力损失值。

（6）预应力筋张拉完毕后，实际位置与设计位置的偏差不得大于 5 mm，且不得大于构件截面最短边长的 4%。张拉后应设足够的定位板，以保证在浇注混凝土时预应力筋的正确位置。

（7）张拉时预应力筋的断丝数量不得超过表 3-42 的规定。

表 3-42　先张法预应力筋断丝限制

类别	检查项目	控制数
钢丝、钢绞线	同一构件内断丝数不得超过钢丝总数的百分率	1%
钢筋	断筋	不容许

（8）放张后的预应力钢材应清洗干净，不可沾上油污，以免造成预应力失效。

（9）放张后的预应力筋，应用无齿锯切割，并将外露部分涂上防锈漆，以防生锈。

3. *后张法张拉*

（1）后张法施工的混凝土梁、板，在施加预应力前，应对混凝土构件进行检验，外观和尺寸应符合质量标准和设计要求，张拉时的混凝土强度不应低于设计规定。设计未规定时，不应低于设计强度等级的 70%。

（2）施加预应力所用的机具、设备及仪表，应定期维护和校验。对于锥形锚具，其值不得大于 6 mm；对于夹片式锚具，其值不得大于 5 mm。张拉设备应配套校验，以确定张拉力和油泵仪表读数的张拉曲线，以指导预应力的张拉施工。

（3）后张法施工的梁板，在预留孔道时尺寸和位置应准确，孔道应平顺，端部的预埋钢板应符合设计要求。

（4）除非图内有规定或监理工程师另有规定，否则后张法预应力钢筋张拉程序可按表 3-43 进行。

表 3-43　后张法预应力钢筋张拉程序

预应力钢筋种类		张拉程序
钢筋束、钢绞线束		0→初应力→1.05δ_k（持荷 5 min）→δ_k
钢丝束	夹片式锚具、锥销式锚具	0→初应力→1.03δ_k→锚固
	其他锚具	0→初应力→1.05δ_k→0→δ_k

注：1. δ_k 为张拉力、超张拉（1.05δ_k）的应力。对于钢绞线、钢丝不得超过 80% 标准强度，对于工地冷拉钢筋不得超过 95% 屈服强度。

2. 当采用低松弛钢丝或钢绞线时，可不必超张拉到 1.05δ_k 及持荷 5 min。

(5)预应力钢筋的断丝、滑丝不得超过表3-44规定，如超过限制数，应进行更换，如不能更换，可提高其他束的控制张拉力作为补偿，但最大张拉力不得超过千斤顶额定能力，也不得超过钢绞线或钢丝的标准强度的80%；对于工地冷拉钢筋，不超过其屈服强度的95%。

(6)当预应力加至设计规定值时，张拉控制应力达到稳定后才能锚固。预应力筋锚固后的外露长度不宜小于30 mm，锚具应用封端混凝土保护，长期外露应采取措施防锈。多余的端头预应力筋严禁用电弧焊切割，应用砂轮切割。

表3-44　预应力钢筋断丝、滑移限制数

预应力钢筋		控制数
钢丝束	每束钢丝或每根钢绞线的断丝、滑丝(根)	1
钢绞线	每个截面断丝、滑丝(根)	1%
单根钢筋	断筋或滑移	不允许

注：钢绞线断丝是指单根钢绞线内绞丝的断丝。

4. 孔道压浆

1)水泥浆的要求

(1)水泥浆应由精确称量的不低于42.5级硅酸盐水泥或普通硅酸盐水泥和水组成。水灰比一般为0.4～0.45，所用水泥龄期不超过一个月。

(2)水泥浆的最大泌水率不应超过4%，拌和后3 h泌水率应小于2%，24 h后泌水应重新被吸收。

(3)水泥浆内可掺入膨胀剂，例如铝粉，铝粉约为水泥用量的0.01%(通过试验)。掺入膨胀剂后，水泥浆不受约束的膨胀应不超过10%。

(4)水泥浆的拌和应首先将水加入拌和机内，再放入水泥。当这些充分拌和以后再加入掺加料。掺加料内的水分应计入水灰比内。拌和应至少2 min，直至达到均匀的稠度为止。任何一次掺配能满足一小时的使用即可。稠度应在14～18 s。

2)压浆的要求

(1)压浆应从最低点进入，最高点排气和泌水，压浆宜先压注下层孔道。

(2)压浆应缓慢、均匀，不得中断，压浆应使用活塞式压浆泵，压浆向最大压力宜控制在0.5～0.7 MPa。

(3)压浆应达到另一端出浆饱和，并应达到排气孔排出的与压注的浆液有相同的稠度。

(4)压浆时每一工作班应制取不少于3组的立方体试件(7.07 cm ×7.07 cm×7.07 cm)。

(5)压浆时及压浆后的48 h内，结构气温高于35 ℃时，宜在夜间进行。

(三)监理巡视与检查

(1)预应力材料的抽检试验和外观检查。具体见前面相关内容。

(2)预应力材料的搬运和存放应避免有害锈蚀、玷污及机械损伤。

(3)施工方案的审批及开工报告的批准，对张拉程序、张拉应力的控制及理论伸长量进行审核。

(4)预应力施工时，监理工程师应旁站检查，发现问题时应指令暂停施工，待查明原因并采取措施予以调整后，方可继续施工。

(5)预应力施工监理要点：实际伸长值与理论伸长值的差值应控制在6%以内；对超重6%的，应要求暂停张拉，待查明原因并予以调整后，方可继续。锚固阶段张拉端预应力筋的内缩量，应不大于设计规定值或不大于容许值；多根预应力筋同时张拉时，预应力筋的预应力值，其偏差的绝对值不得超过一个构件全部预应力筋预应力总值的5%；张拉完毕后，与设计位置的偏差不得大于5 mm，同时不得大于构件最短边长的4%。

(四)工程质量验评标准

1. 先张法实测项目

(1)钢丝、钢绞线先张法实测项目见表3-45。

表3-45 钢丝、钢绞线先张法实测项目

检查项目		规定值或允许偏差	检查方法和频率
镦头钢丝同束长度相对差(mm)	$L>20$ m	$L/5\ 000$ 及5	尺量：每批抽查2束
	6 m$\leqslant L \leqslant$20 m	$L/3\ 000$	
	$L<6$ m	2	
张拉应力值		符合设计要求	查油压表读数，每束
张拉伸长率		符合设计规定，设计未规定时为±6%	尺量：每束
同一构件内断丝根数不超过钢丝总数的百分数		1%	目测：每根(束)检查

注：L为钢束长度。

(2)粗钢筋先张法实测项目见表3-46。

表3-46 粗钢筋先张法实测项目

检查项目	规定值或允许偏差	检查方法和频率
冷拉钢筋接头在同一平面内的轴线偏位(mm)	2及1/10直径	拉线用尺量：抽查30%
中心偏位(mm)	4%短边及5	尺量：全部
张拉应力值	符合设计要求	查油压表读数：全部
张拉伸长率	符合设计规定，设计未规定时为±6%	尺量：全部

2. 后张法实测项目

后张法实测项目见表3-47。

3. 外观鉴定

预应力筋表面应保持清洁，不应有明显的锈迹。不符合要求时减1～3分。

三、模板、支架与拱架施工

(一)模板制作、安装技术要求

1. 施工材料要求

1)木模板

(1)木材。①木材应符合JTJ 025—86中的承重结构选材标准，其树种可按各地区实际情况选用,材质不宜低于 A－3 级。②模板应采用质量好的木材,至少厚 3 cm,没有节孔、环裂或表画翘曲,含水量应＜25%。所有用于结构外露面的模板都应为"精制"木材(即一个面两个边都刨光),或是以粗面木材衬以胶合板。③原木材必须是坚固、平直、风干的,没有腐朽、蛀虫、甲虫、朽节和其他缺陷。

表 3-47　后张法实测项目

检查项目		规定值或允许偏差	检查方法和频率
管道坐标(mm)	梁长方向	±30	尺量:抽查 30%,每根查 10 个点
	梁高方向	±10	
管道间距(mm)	同排	10	尺量:抽查 30%,每根查 5 个点
	上下层	10	
张拉应力值		符合设计要求	查油压表读数:全部
张拉伸长率		符合设计规定,设计未规定时为 ±6%	尺量:全部
断丝、滑丝数	钢束	每束 1 根,且每断面不超过钢丝总数的 1%	目测:每根(束)
	钢筋	不允许	

(2)为减少侧模板受混凝土侧压力的推移或局部变形,一般在侧模设置螺栓拉杆,拉杆由不小于 ϕ12 mm 的圆钢制成,并按施工要求在拉杆上加套管,套管可采用硬塑料管、铁皮管、预制混凝土空心柱。拉杆应在螺帽与模板之间放置垫圈。金属拉杆所有配件的设计,应保证在其拆除时留下的孔穴尺寸最小,并符合强度和美观的要求。使用钢制内拉杆、钢制或塑料隔块应经监理工程师批准。

(3)金属杆件可用 Q235 钢和 Q235 圆钢筋,但应做 180°冷弯试验。在弯曲部分的外边以不发生裂痕为合格。冷弯试验的芯棒直径应与被试验钢材的厚度相等。

2)定型钢模板

(1)钢材:一般采用国家标准《碳素结构钢》(GB 700—88)中的 Q235 号钢标准。

(2)其他要求同木模板材料要求中的②、③。

2. 模板设计

1)木模板

(1)对模板和支架在风荷载作用下,应在构造上采取有效的防倾倒措施,风荷载按现行的《工业与民用建筑结构荷载规范》的规定采用,模板的抗倾倒系数采用 1.5。

(2)设于水中的模板和支架,还应考虑水流压力和船只、漂流物等冲击荷载。

(3)验算模板和支架的刚度时,其变形值不得超过表 3-48 的规定。

2)定型钢模板

定型钢模板同木模板设计相应内容。

3)组合钢框木模板

组合钢框木模板同木模板设计相应内容。

表 3-48　模板和支架刚度验算变形允许值

模板	挠度控制
结构外露面	模板构件跨度的 1/400
结构表面隐蔽	模板构件跨度的 1/250
钢模板	面变形为 1.5 mm,钢棱和柱箍变形为 $L/500$ 和 $B/500$

注:L 为计算跨径,B 为柱宽。

3. 模板制作与安装

1)木模板

(1)应选用优质板材,其表面应进行刨光,拼缝严密平整。对作多次周转使用的模板可在其表面钉薄钢板。用于清水混凝土墙面的模板,宜用表面耐磨性较强的树脂覆膜胶合板作为面板,并用钢框架或木框架进行加强。

(2)模板应钉在木楞上,圆钉长度一般为模板厚度的 2~2.5 倍;模板的转角处应加设木嵌条或做斜角,以利于拆模时不损坏混凝土的角隅。模板在安装中,应做好防止漏浆措施。重复使用的模板应始终保持表面平整光洁,形状正确,不漏浆,并有足够的强度和刚度。

(3)模板安装前,应对与混凝土接触模板的表面(包括芯模的表面)涂刷脱模剂。用于清水混凝土的模板宜用同一品种的脱模剂,不得使用玷污混凝土面的油类脱模剂,若需在模板安装后涂刷脱模剂,不得玷污钢筋。

(4)模板安装后,若不能及时浇筑混凝土,应对模板浇水养护,以防木质模板收缩,引起拼接缝张开或板材翘曲。在浇筑混凝土前,必须重新校核各部位尺寸。

2)定型钢模板

(1)模板应在模架上制作,要求下料准确,模板平直,转角光滑,接缝平顺,连接孔位置准确,并应采取必要措施,以减少焊接变形。为避免漏浆,在钢模板的接缝处镶嵌方木或软橡皮等。

(2)模板安装要点同木模板中相应内容。

3)组合钢框木模板

(1)木模板可在工厂加工或在施工现场制作,在木模板与混凝土的接触面,应选用优质板材,其表面应进行刨光,拼缝严密平整。对作多次周转使用的模板可在其表面钉薄钢板。用于清水混凝土墙面的模板宜用表面耐磨性较强的树脂覆膜胶合板作为面板,并用钢框架或木框架进行加强。

(2)模板应在模架上制作,要求下料准确,模板平直,转角光滑,接缝平顺,连接孔位置准确,并应采取必要措施,以减少焊接变形。为避免漏浆,模板拼缝应紧密或镶嵌软橡皮。

(3)模板安装要点同木模板安装中的相应内容。

4. 模板拆除

1)木模板

(1)如设计对拆除承重模板有规定,应按设计规定执行;对重要构件,混凝土达到所需强度的时间,必须通过测试决定,报请监理工程师确认,拆除期限一般可参照表 3-49 及表 3-50 执行。

(2)一般应在混凝土抗压强度达到 2.5 MPa 时,方可拆除侧模板,对表面无装饰的构筑物(或构件)可适当延长。跨径≤3 m 的梁、板应达到设计强度的 50%;跨径 >8 m 的梁、板应达到设计强度的 70%。

(3)拆除模板的顺序应按规定要求操作,一般原则是先拆侧模,再拆底模;先拆非承重部分,再拆除承重部分。

(4)拆除模板不要硬撬、硬砸或强力振敲及大面积同时撬落或整体拉倒模板。

(5)拆下的模板应及时清除灰浆污垢,维修整理,分类整堆,妥善存放,防止变形。

2)定型钢模板

定型钢模板同木模板中拆除相应内容。

3)组合钢框木模板

组合钢框木模板同木模板中拆除相应内容。

表 3-49　拆除承重模板的估计期限

项次	达到设计强度(%)	水泥品种	拆模期限(d)及硬化时昼夜的平均温度(℃)							
			标号	+5	+10	+15	+20	+25	+30	+35
1	50	硅酸盐、普通	525	6.5	5	4.2	3	3	2.5	2
		矿渣	425	17	13	9.5	6	4	3	2.5
		矿渣	325	18	15	12	8	6.5	5	3.8
2	75	硅酸盐、普通	525	11	9.5	8	6	4.5	3.5	3
		矿渣	425	31	19	14	11.5	8.5	6	4.5
		矿渣	325	34	26	18	15	12.5	8.5	7
3	100	硅酸盐、普通	525	41	36	32	28	19	15	13
		矿渣	425	56	47	39	28	25	19	17
		矿渣	325	62	51	41	28	26	22	18

注:1. 本表按 C20 以上一般混凝土考虑。

2. 火山灰水泥、粉煤灰水泥可参照表中矿渣水泥考虑。

3. 普通水泥标号≤425 的,拆模期限应酌情予以延长。

4. 采用干硬性、低流动性或掺有外加剂的混凝土时,拆模期限可通过试验确定。

表 3-50　拆除非承重模板的估计期限

项次	混凝土强度等级(MPa)	水泥品种和强度等级	混凝土强度达到 2.5 MPa 所需时间(h)及硬化时昼夜平均温度(℃)						
			+5	+10	+15	+20	+25	+30	+35
1	20	325 号矿渣水泥	23	16	13	10	9	8	7
2	40	425 号矿渣水泥	22	10	9	8	6	5	5
		525 号普通水泥	15	11	9	7	6	5	4
		525 号硅酸盐水泥	14	9	7	6	4	4	4

注:1. 本表拆模期限按混凝土强度达到 2.5 MPa 的时间考虑。

2. 当采用火山灰水泥、粉煤灰水泥时可参照矿渣水泥考虑。

3. 混凝土强度≤C15、拆模温度低时,拆模时间应酌情予以延长。

(二)模板支架、拱架安装与拆卸技术要求

1.制作与安装

(1)支架整体、杆配件、节点、地基、基础和其他支撑物应进行强度和稳定验算。拱架、排架的纵横间距应根据实际情况设置,为保证其稳定,应设置足够的斜撑、剪力撑、扣件和缆风绳。

(2)在支架上浇筑梁式桥,支架的弹性、非弹性变形及基础的允许下沉量应满足施工后梁体设计标高的要求;整体浇筑时应采取措施,防止梁体不均匀下沉产生裂缝,若地基下沉可能造成梁体混凝土产生裂缝,应分段浇筑。

(3)为便于支架和拱架的拆卸,应根据结构型式、承受的荷载大小及需要的卸落量,在支架和拱架适当部位设置相应的木楔、砂筒或千斤顶等落模设备。

(4)支架和拱架应稳定、坚固,应能抵抗施工过程中可能发生的偶然冲撞和振动。

(5)支架和拱架安装完成后,应全面检查其平面位置、顶部标高、节点连接及纵横向稳定性。

2.支架、拱架的拆卸

(1)石拱桥拱架的卸落应符合下列要求:

①浆砌石拱桥,如设计未作要求,砂浆强度须达70%。

②跨径小于10 m时,宜在拱上建筑全部完成后卸架;中等跨径的实腹式拱,宜在护拱砌完后卸架;大跨径空腹式拱,宜在拱上小拱横墙砌好时卸架。

③裸拱卸架时,应对裸拱进行截面强度及稳定性验算,并采取必要的稳定措施。

(2)支架和拱架的卸落应分几个循环卸完,卸落量开始时宜小,以后逐渐增大;纵向对称均衡,横向同时进行卸落。卸落前应在卸架设备上画好每次卸落量的标记。

①满步式拱架卸落时,可从上到下依次循环卸落;拱式拱架可在两支座处同时均匀卸落。

②简支梁、连续梁宜从跨中向支座依次循环卸落;悬臂梁应先卸挂梁及悬臂的支架,再卸无铰跨内的支架。

③多孔拱桥卸架时,若桥墩允许承受单孔施工荷载,可单孔卸落,否则应多孔同时卸落,或各连续孔分阶段卸落。

④卸落拱架时,应设专人用仪器观测拱圈挠度和墩台变化情况,并详细记录。另设专人观察是否有裂缝现象。

(三)监理巡视与检查

(1)在模板内的金属连接件或锚固件,应至少在距混凝土表面25 mm深处将其拆卸或截断,且不损伤混凝土。混凝土表面处所留空洞应用水泥砂浆填塞,表面应坚固、光滑、平顺,颜色均匀。

(2)具有必需的强度、刚度和稳定性,能可靠地承受施工过程中可能产生的各项荷载,保证结构物各部形状、尺寸准确。

(3)制作简单,拆装方便,拆卸时能尽量减少模板和杆件的损伤,以提高模板使用的周转率。

(4)模板制作应平整,光洁度好,拼缝严密,不漏浆,重复使用的应始终保持表面平整,形状稳定,不漏浆,有足够的强度和刚度。

(5)支架和拱架应预留施工拱度,施工拱度值的确定应考虑各种因素。

(6)支架、拱架应采用标准化、系列化、通用化的构件拼装,拼装后稳定、坚固,能抵抗施工过程中的偶然冲撞、振动。

(7)模板、支架或拱架安装完毕后,应对其平面位置、顶部标高、节点连接及纵横稳定性进行全面检查。合格后,才能进行下一步施工。

(8)模板、支架和拱架的拆除期限及拆除顺序应符合规定要求,具体见本节相关内容。

(四)工程质量验评标准

模板、支架施工实测项目及质量标准见表3-51～表3-54。

表3-51　整体式结构模板施工实测项目

项目			允许偏差(mm)	检验方法与频率
相邻两板表面高低差		刨光模板	2	用尺量,每个构筑物或构件4点
		组装模板	4	
表面平整度		刨光模板	3	用2 m直尺检验,每个构筑物或构件4点
		组装模板	5	
支承面高程			+2,-5	水准仪检测,每支承面1点
悬浇各梁段底面高程			+10,0	水准仪检测,每梁段1点
垂直度		墙、柱	0.1%H且≤6	用垂线检测,每个构筑物或构件2点
		墩、台	0.2%H且≤20	
		塔、柱	H/1 500且≤40	
轴线位移		基础	15	用经纬仪测每个构筑物或构件2点
		墩、台、墙	10	
		塔柱梁、柱	8	
		悬浇各梁段	8	
模内尺寸		基础	+10,-20	用尺量,长、宽、高各计1点
		墩、台	+5,-10	
		塔柱梁板、墙、柱	+3,-8	
预埋件	钢板联结板等	位置	3	用尺量,每个预埋件1点
		平面高差	2	用水准仪测,每个预埋件1点
	螺栓、锚筋等	位置	10	用尺量,每个预埋件1点
		外露尺寸	±10	
预留孔洞	预应力筋孔道	位置	(梁端)10	用尺量,每个预留孔道1点
	其他	位置	15	用水准仪测,每个预留孔道1点
		高程	±10	

表 3-52 预制构件模板施工实测项目

项目			允许偏差(mm)	检验方法与频率
相邻两板表面高低差		刨光模板	2	用尺量,每个构筑物或构件 4 点
		不刨光模板	4	
表面平整度		刨光模板	3	用 2 m 直尺检验,每个构筑物或构件 4 点
		不刨光模板	5	
模板内尺寸	宽	柱、桩	±5	用尺量,每构件 1 点
		梁、桁架	−10	
		板	−10	
	高	柱、桩	−5	
		梁、桁架	−5	
		板	−5	
	长	柱、桩	−5	
		梁、桁架	−5	
		板	−5	
轴线位移		基础	15	用经纬仪测,每个构筑物或构件 2 点
		墩、台、墙	10	
		塔柱梁、柱	8	
		悬浇各梁段	8	
模板内尺寸		基础	+10,−20	用尺量,长、宽、高各计 1 点
		墩、台	+5,−10	
		塔柱 梁板、墙、柱	+3,−8	
预埋件	钢板联结板等	位置	3	用尺量,每个预埋件 1 点
		平面高差	2	用水准仪测,每个预埋件 1 点
	螺栓、锚筋等	位置	10	用尺量,每个预埋件 1 点
		外露尺寸	±10	
预留孔洞	预应力筋孔道	位置	(梁端)10	用尺量,每个预留孔道 1 点
	其他	位置	15	用水准仪测,每个预留孔道 1 点
		高程	±10	

表 3-53 支架施工实测项目

<table>
<tr><th colspan="3">项目</th><th>允许偏差(mm)</th><th>检验方法与频率</th></tr>
<tr><td colspan="2" rowspan="2">相邻两板表面高低差</td><td>刨光模板</td><td>2</td><td rowspan="2">用尺量,每个构筑物或构件 4 点</td></tr>
<tr><td>不刨光模板</td><td>4</td></tr>
<tr><td colspan="2" rowspan="2">表面平整度</td><td>刨光模板</td><td>3</td><td rowspan="2">用 2 m 直尺检验,每个构筑物或构件 4 点</td></tr>
<tr><td>不刨光模板</td><td>5</td></tr>
<tr><td rowspan="9">模板内尺寸</td><td rowspan="3">宽</td><td>柱、桩</td><td>±5</td><td rowspan="9">用尺量,每构件 1 点</td></tr>
<tr><td>梁、桁架</td><td>−10</td></tr>
<tr><td>板</td><td>−10</td></tr>
<tr><td rowspan="3">高</td><td>柱、桩</td><td>−5</td></tr>
<tr><td>梁、桁架</td><td>−5</td></tr>
<tr><td>板</td><td>−5</td></tr>
<tr><td rowspan="3">长</td><td>柱、桩</td><td>−5</td></tr>
<tr><td>梁、桁架</td><td>−5</td></tr>
<tr><td>板</td><td>−5</td></tr>
<tr><td colspan="2" rowspan="3">侧向弯曲</td><td>柱、桩</td><td>$L/1\ 500$</td><td rowspan="3">沿构件全长拉线量取最大,每构件 1 点</td></tr>
<tr><td>梁、桁架</td><td>$L/1\ 000$ 且≤10</td></tr>
<tr><td>板</td><td>$L/2\ 000$ 且≤10</td></tr>
<tr><td colspan="2">轴线位移</td><td>横隔梁</td><td>±10</td><td>用经纬仪或样板测量,每根梁 2 点</td></tr>
<tr><td colspan="2" rowspan="2">预留孔洞</td><td>预应力孔道</td><td>(梁端)10</td><td rowspan="2">用尺量,每个预留孔道 1 点</td></tr>
<tr><td>其他</td><td>10</td></tr>
</table>

表 3-54 支架的质量标准

检查项目	允许偏差(mm)	检验方法与频率
高程	+20, −10	用水准仪测,每跨不少于 5 点
跨径	0, −20	用测距仪测,每跨 3 点
纵向的平面位置	跨径的 1/1 000 或 30	用经纬仪测

第六节 墩、台身和盖梁施工监理

一、墩、台砌筑施工

(一)施工作业条件

(1)石料或混凝土预制块的质量和规格必须符合有关规范的要求。

(2)砂浆所用的水泥、砂和水的质量必须符合有关规范的要求,按规定的配合比施工。

(3)砌块应错缝、坐浆挤紧,嵌缝料和砂浆饱满,无空洞、宽缝、大堆砂浆填隙和假缝。

(二)施工要点

1. 施工材料要求

1)石料

(1)片石厚度不应小于15 cm,每块重量宜在20~30 kg,不得采用卵石、薄片。通常选用表面较平整、尺寸较大者。

(2)块石形状应大致方正,上下面大致平整,厚度20~30 cm,宽度为厚度的1~1.5倍,长度为厚度的1.5~3倍。用做镶面的块石,应由外露面四周向内稍加修凿,后部可不修凿。

(3)粗料石外形应方正,成六面体,最小边不应小于20 cm,长度不宜大于厚度的4倍。修凿面每10 cm长须有凿缝4~5条,修凿后的侧面应与外露面垂直,正面凹陷深度不应超过1 cm。镶面粗料石的外露面需细凿边缘时,细凿边缘的宽度应为3~5 cm。细料石形状应为规则六面体,厚度、高度均应大于20 cm,长度应大于厚度的3倍。

2)水泥

水泥应按品种、标号、出厂日期分别堆放,不同品种的水泥不得混合使用。水泥应符合国家标准,进场时应有产品合格证和出厂检验报告单,进场后应按有关规定复试合格。

3)砂

(1)宜采用中砂或粗砂并应过筛,当缺少中粗砂时,也可用细砂。

(2)最大粒径:当用于砌筑片石时不宜超过0.5 cm;当用于砌筑块石、粗料石时,不宜超过0.25 cm。

(3)含泥量:当砂浆强度等级小于M5时,含泥量应不大于7%;当砂浆强度等级大于M5时,含泥量应不大于5%,砂进场后应按有关规定取样复试合格。

4)水

宜采用饮用水。当采用其他水源时,其水质应符合国家现行标准《混凝土拌和用水标准》(JCJ 63)的规定。

5)砂浆

(1)砂浆适宜的圆锥沉入度即稠度。在炎热干燥环境中为5~7 cm,寒冷潮湿环境中为4~50 cm;砌片石、块石应为5~7 cm,砌料石应为7~10 cm。

(2)砂浆应有良好的保水性。

(3)若设计有冻融循环次数要求的砂浆,经冻融试验后,质量损失率应不大于5%,强度损失率应不大于25%。

(4)砂浆应有良好的硬化速度,凝固后除应满足强度要求外,还须满足黏结性、耐久性、收缩率等要求。

2. 砌筑石料

1)片石砌体

(1)按设计要求和规范规定,砌体应留设沉降缝或变形缝,缝的端面需垂直,最好是在缝的两端跳段砌筑,在缝内填塞防水材料(如麻筋沥青板),墙身设置泄水孔,墙后设防水层和反滤层。

(2)石块搭接咬合长度应不小于8 cm,应避免通缝(竖直缝和连续规则的曲线缝)、干缝、瞎缝、三角缝和十字缝(石料四碰头)。

(3)一般平缝与竖缝宽度,当用水泥砂浆砌筑时不大于 4 cm,用片石填塞宽的竖缝时,不允许用比缝宽度大的片石。

(4)填腹中间应设拉结石,侧面每 0.7 m^2 至少设一块拉结石,以保证结构的整体性。

(5)墩台斜坡面可砌成逐层收台的阶梯形。

2)块石砌体

(1)块石砌体应成行铺砌,并砌成大致水平层次。镶面石应按一丁一顺或一丁二顺砌筑,丁石的面积不小于表面积的 1/5,丁石尾部嵌入腹部约 20 cm。任何层次石块应与邻层石块搭接至少 8 cm。砂浆砌筑缝宽应不大于 3 cm。

(2)帮衬石及腹石的竖缝应相互错开,砂浆砌筑平缝宽度不应大于 30 cm,竖缝宽度不应大于 4 cm;当用小石子混凝土砌筑时,砌缝不大于 5 cm。

3)粗料石及混凝土预制块砌体

粗料石砌体应成行铺砌并砌成水平层次。在铺砌前,应选择石料,使各层在厚度、外观及类别上相匹配。

任何镶面石应是一丁一顺砌筑。缝为竖缝及平缝,粗料石缝宽不大于 2 cm,混凝土预制块缝宽不大于 1 cm。任何镶面石块应与邻层石块搭接,其搭接长度不小于 10 cm,同时在丁石的上层或下层不宜有竖缝。

石间灰缝宽宜为 1 ~ 2 cm。要使横缝与竖缝垂直,错缝不小于 10 m,竖缝不宜设在丁石处,只允许在丁石上面或下面有一条垂直缝。

3. 勾缝

(1)勾缝砂浆的标号不应低于砌体砂浆的标号。

(2)勾缝砂浆(宜用过筛的砂)应嵌入砌体 2 cm,缝槽深度不足时,应凿够深度后再勾缝。除料石砌体勾凹缝外,其他砌体一般勾平缝。片石、块石、粗料石缝宽不宜大于 2 cm,细料石缝宽不宜大于 0.5 cm。

(3)勾缝前须先对墙面进行修整,再将墙面洒水湿润,勾缝的顺序是从上到下,先勾水平缝后勾竖直缝。

(4)成型的灰缝水平缝与竖直缝应深浅一致、交圈对口、密实光滑,搭接处平整,阳角方正,阴角处不能上下直通,不能有丢缝、瞎缝现象。灰缝应整齐、拐弯圆滑、宽度一致、不出毛刺,不得空鼓、脱落。

(三)监理巡视与检查

(1)审批开工报告,进行砂浆配比平行试验,检查砌块强度及规格尺寸。具体见本节施工材料要求相关内容。

(2)基坑开挖前放样复测,以确保按设计平面位置准确放样。

(3)检验基坑地基承载力,应满足设计要求。

(4)检查砌缝宽度及石料的丁石、顺石的规格以及上下层竖缝错开的距离。具体见本节施工过程质量监理。

(5)检查砌体成品的外形几何尺寸以及砌体顶面标高。

(6)检查勾缝的质量。注意美观及养护,防止开裂、脱落。

(7)在养护期间,除采用抗冻砂浆外,一般砂浆在强度达到设计强度的 70% 以前,不可使其受冻。

(四)施工质量检验评定

1. 实测项目

(1)浆砌片石基础实测项目见表3-55。

表3-55　浆砌片石基础实测项目

检查项目		规定值或允许偏差	检查方法和频率
砂浆强度(MPa)		符合设计要求	执行现行《砖石工程施工及验收规范》(GBJ 203)
轴线偏位(mm)		25	用经纬仪测量纵、横向各2点
平面尺寸(mm)		±50	用尺量长、宽各3处
顶面高程(mm)		±30	用水准仪测5~8点
基底高程(mm)	土质	50	用水准仪测5~8点
	石质	+50,-200	

(2)墩、台身砌体实测项目见表3-56。

表3-56　墩、台身砌体实测项目

检查项目		规定值或允许偏差	检查方法和频率
砂浆强度(MPa)		在合格标准内	按水泥砂浆强度评定检查
轴线偏位(mm)		20	全站仪或经纬仪:纵、横向各测量2点
墩台长、宽(mm)	料石	+20,-10	尺量:检查3个断面
	块石	+30,-10	
	片石	+40,-10	
竖直度或坡度(%)	料石、块石	0.3	垂线或经纬仪:纵、横向各测量2处
	片石	0.5	
墩、台顶面高程(mm)		±10	水准仪:测量3点
大面积平整度(mm)	料石	10	2 m直尺:检查竖直、水平两个方向,每20 m^2 测1处
	块石	20	
	片石	30	

2. 外观鉴定

(1)砌体直顺,表面平整。不符合要求时减1~3分。

(2)勾缝平顺,无开裂和脱落现象。不符合要求时减1~3分。

(3)砌缝不应有裂隙。不符合要求时减1~3分。裂隙宽度超过0.5 mm时必须进行处理。

二、混凝土墩、台身施工

(一)施工作业条件

(1)混凝土所用的水泥、砂、石、水、外掺剂及混合材料的质量和规格,必须符合有关技术规范的要求,按规定的配合比施工。

(2)不得出现空洞和露筋现象。

(3)墩、台身预制件必须经检验合格后,方可进行安装。

(4)预制节段胶结材料的性能、质量必须符合设计要求,接缝填充密实。

(5)墩、台柱埋入基座坑内的深度和砌块墩、台埋置深度,必须符合设计规定。

(二)监理巡视与检查

1. 材料要求

(1)钢筋。钢筋出厂时,应具有出厂质量证明书和检验报告单。品种、级别规格和性能应符合设计要求。进场时,应抽取试件做力学性能复试,其质量必须符合现行国家标准《钢筋混凝土用热轧带肋钢筋》(GB 1499)、《钢筋混凝土用热轧光圆钢筋》(GB 1303)等的规定。

当发现钢筋脆断、焊接性能不良或力学性能显著不正常等现象时,应对该批钢筋进行化学分析或其他专项检验。

(2)电焊条应有产品合格证,品种、规格、性能等应符合现行国家标准《碳素钢焊条》(GB 5117)的规定。选用的焊条型号应与母材强度相适应。

(3)钢绞线应根据设计规定的规格、型号和技术指标来选用。出厂时应有材料性能检验证书或产品质量合格证。进场时除应对其质量证明书、包装、标志和规格等进行检查外,还应抽样进行表面质量、直径偏差和力学性能复试,其质量应符合现行国家标准《预应力混凝土用钢绞线》(GB/T 5224)的规定。

(4)进场时除应按出厂合格证和质量保证书核对其类别、型号、规格及数量外,还应对其外观、尺寸、集中荷载下的径向刚度、荷载作用后的抗渗漏及抗弯曲渗漏等进行检验。在工地上加工制作的波纹管也应进行上述检验,其质量应符合国家现行标准《预应力混凝土用金属螺旋管》(JC/T 3013)的规定。

(5)锚具、夹具和连接器应具有可靠的锚固性能、足够的承载能力和良好的适应性。进场应按出厂合格证和质量证明书核查其锚固性能类别、型号、规格及数量,无误后分批进行外观、硬度及静载锚固性能检验,确认合格后使用。

2. 施工要求

(1)浇筑基础混凝土前,应将地基进行清理使其符合图纸要求。当基底为干燥地基时,应将地基润湿。

(2)一般基础及墩、台混凝土应在整个平截面范围内水平分层进行浇筑,当截面过大,不能在前层混凝土初凝或能在重塑前浇筑完成次层混凝土时,可分块进行浇筑。

3. 柱

(1)除非监理工程师另有指示,墩柱混凝土应在一次作业中浇筑完;在浇筑完成后最少24 h,始允许浇筑盖梁混凝土,但纸上另有注明者除外。

(2)若采用滑升模板施工,应符合上述规定;当为排柱式墩台,各处的浇筑进度应保持一致。

(三)工程质量验评标准

1. 实测项目

(1)混凝土基础实测项目见表 3-57。

表 3-57 混凝土基础实测项目

检查项目		规定值或允许偏差	检查方法和频率
混凝土强度(MPa)		在合格标准内	按水泥混凝土抗压强度评定检查
平面尺寸(mm)		±50	用尺量长、宽各 3 处
基础底面标高(mm)	土质	±50	用水准仪测量 5~8 点
	石质	±50,-200	
基础顶面标高(mm)		±30	用水准仪测量 5~8 点
轴线偏位(mm)		25	用经纬仪测量纵、横向各 2 点

(2)承台实测项目见表 3-58。

表 3-58 承台实测项目

检查项目	规定值或允许偏差	检查方法和频率
混凝土强度(MPa)	在合格标准内	按水泥混凝土抗压强度评定检查
尺寸(mm)	±30	尺量:长、宽、高检查各 2 点
顶面高程(mm)	±20	水准仪:检查 5 处
轴线偏位(mm)	15	全站仪或经纬仪:纵、横向各测量 2 点

(3)墩、台身实测项目见表 3-59。

表 3-59 墩、台身实测项目

检查项目	规定值或允许偏差	检查方法和频率
混凝土强度(MPa)	在合格标准内	按水泥混凝土抗压强度评定检查
断面尺寸(mm)	+20	尺量:检查 3 个断面
竖直度或斜度(mm)	0.3%H且不大于 20	吊垂线或经纬仪:测量 2 点
顶面高程(mm)	±10	水准仪:测量 3 处
轴线偏位(mm)	10	全站仪或经纬仪:纵、横向各测量 2 点
节段间错台(mm)	5	尺量:每节检查 4 处
大面积平整度(mm)	5	2 m 直尺:检查竖直、水平两个方向,每 20 m^2 测 1 处
预埋件位置(mm)	符合设计规定,设计未规定时:10	尺量:每件

注:H 为墩、台身高度。

(4)柱或双壁墩身实测项目见表3-60。

表3-60　柱或双壁墩身实测项目

检查项目	规定值或允许偏差	检查方法和频率
混凝土强度(MPa)	在合格标准内	按水泥混凝土抗压强度评定检查
相邻间距(mm)	±20	尺或全站仪测量:检查顶、中、底3处
竖直度(mm)	0.3%H且不大于20	吊垂线或经纬仪:测量2点
柱(墩)顶高程(mm)	±10	水准仪:测量3处
轴线偏位(mm)	10	全站仪或经纬仪:纵、横向各测量2点
断面尺寸(mm)	±15	尺量:检查3个断面
节段间错台(mm)	3	尺量:每节检查2~4处

注:H为墩身或柱高度。

(5)墩、台身安装实测项目见表3-61。

表3-61　墩、台身安装实测项目

检查项目	规定值或允许偏差	检查方法和频率
轴线偏差(mm)	10	全站仪或经纬仪:纵、横向各测量2点
顶面高程(mm)	±10	水准仪:检查4~8处
倾斜度(mm)	0.3%墩、台高,且不大于20	吊垂线:检查4~8处
相邻墩、台柱间距(mm)	±15	尺量或全站仪:检查3处
节段间错台(mm)	3	尺量:每节检查2~4处

(6)墩、台帽或盖梁实测项目见表3-62。

表3-62　墩、台帽或盖梁实测项目

检查项目	规定值或允许偏差	检查方法和频率
混凝土强度(MPa)	在合格标准内	按水泥混凝土抗压强度评定检查
断面尺寸(mm)	±20	尺量:检查3个断面
轴线偏位(mm)	10	全站仪或经纬仪:纵、横向各测量2点
顶面高程(mm)	±10	水准仪:检查3~5点
支座垫石预留位置(mm)	10	尺量:每个

2.外观鉴定

(1)混凝土表面平整,施工缝平顺,棱角线平直,外露面色泽一致。不符合要求时减1~3分。

(2)蜂窝、麻面面积不得超过该面面积的0.5%。不符合要求时,每超过0.5%减3分;深度超过10 mm的必须处理。

(3)混凝土表面出现非受力裂缝时减1~3分,裂缝宽度超过设计规定或设计未规定时超过 0.15 mm 必须处理。

(4)施工临时预埋件或其他临时设施未清除处理时减 1 ~2 分。

(5)墩、台表面应平整,接缝饱满无空洞,均匀整齐。不符合要求时减 1 ~3 分。

(6)墩、台帽和盖梁如出现蜂窝、麻面,必须进行修整,并减 1 ~4 分。

(7)墩、台帽和盖梁出现非受力裂缝时减 1 ~3 分,裂缝宽度超过设计规定或设计未规定时超过 0.15 mm 必须处理。

第七节　梁桥施工监理

一、预制和安装梁(板)

(一)施工作业条件

(1)所用的水泥、砂、石、水、外掺剂及混合材料的质量和规格必须符合有关规范的要求,按规定的配合比施工。

(2)梁(板)不得出现露筋和空洞现象。

(3)空心板采用胶囊施工时,应采取有效措施防止胶囊上浮。

(4)梁(板)在吊移出预制底座时,混凝土的强度不得低于设计所要求的吊装强度;梁(板)在安装时,支承结构(墩台、盖梁、垫石)的强度应符合设计要求。

(5)梁(板)安装前,墩、台支座垫板必须稳固。

(6)梁(板)就位后,梁两端支座应对位,梁(板)底与支座以及支座底与垫石顶须密贴,否则应重新安装。

(7)两梁(板)之间接缝填充材料的规格和强度应符合设计要求。

(二)施工要点

1. 施工材料要求

1)现场预制材料要求

(1)监理工程师应会同承包人对各种材料(包括砂石料、钢筋、水泥、预应力钢材及锚具)进行取样试验,检验材料的合格率。若对材料有怀疑,应要求承包人重新取样试验。若材料检查不合格,可要求承包人改变材料来源。

(2)对预应力混凝土预制块件,尤其要注意对锚固件的检查。所有锚固件必须由专业厂家生产,具有合格的强度和硬度,到场后应做探伤和硬度的检验,有裂痕、伤痕的锚固件不可使用。

(3)为保证预加力的有效传递,还必须进行锚具和预应力钢材的配套试验,其锚固效率指标应符合要求。检验不合格的材料必须立即退场,不得用于施工。

2)成品梁要求

(1)如采用预制构件加工厂的成品梁,则必须有相关的资质证明、生产许可证,报请监理工程师审核同意后方可采用。

(2)预制梁必须符合质量标准,并附有构件出厂合格证与相应的检验资料及混凝土强度报告,汇总评定资料。

(3)供应单位在预制梁出厂前应与现场安装单位联系,明确出梁顺序,与现场安装相配套。

（4）预制梁到达现场后，施工单位应仔细检查构件几何尺寸、支座钢板、预埋件、预留孔位置、外观质量及预应力梁的起拱高度，检查合格后，报请监理工程师验收通过后方可安装。

2. 起重机安装

（1）对起重机械的工作半径和有效高度（当有输电架空线路时还应加上安全高度）范围内排除障碍，否则必须采取有效措施。起重机与输电线路间安全距离见表3-63。

表3-63　起重机与输电线路间安全距离

	最小垂直距离		最小水平距离	
	线路电压（kV）	距离不小于（m）	线路电压（kV）	距离不小于（m）
起重机与输电线路的安全距离	<1	1.0	<1	1.5
	<20	1.5	<20	2.0
	>20	2.5	<110	4.0
	—	—	<220	6.0

（2）起吊构件前应进行试吊检查，按规定的吊点位置挂钩或绑扎，吊起构件离地面20～30 cm时，检查机身是否稳定，吊点是否牢固，确认良好，方可继续工作。

（3）起吊构件的速度应均匀，平稳升降，不允许忽快忽慢地急骤动作（如突然刹车）。

（4）安装预制梁前，应清除支座钢板的铁锈和砂浆等杂物；检查支撑结构的强度、尺寸、标高、平面位置和墩台支座；用仪器校核桥墩、台盖梁和预埋件的位置，并在盖梁支座处标出安装轴线与端线，以使构件准确就位。自检合格后报请监理工程师确认，方可安装。

（5）构件安装就位在固定前，应进行测量校正，符合设计要求后，才允许焊接或浇筑接头混凝土，在固定完后必须进行复查，并做好记录，填报检验资料，报请监理工程师验收合格后方可实施下道工序。

3. 导梁安装

（1）导梁拼装必须在平整的场地上顺桥中心线方向进行，拼装时接点必须牢固。当在桥头接坡上拼装时，要注意因顺坡拖运至对岸时的高差，高差部分可设置临时支架，支架必须牢固可靠；用拖架（平车）拖运时，前支点为直接搁于接坡上的摇辊，导梁拖运时绕着摇辊转动，后支点（托架）高度应随时调整，使其前端下降最终搁置在对岸支架上。

（2）安装中，应随时注意构件移动时与就位后的临时固定（撑固），防止倾倒。

（3）当导梁不能横移时，构件可采用聚四氟乙烯板横向滑移就位；再用千斤顶将梁顶起，抽去滑板，使支座就位。

（4）构件安装就位在固定前应进行测量校正，符合设计要求后，才允许焊接或浇筑接头混凝土，在固定完后必须进行复查，并做好记录，填报检验资料，报请监理工程师验收，合格后方可实施下道工序。

（三）监理巡视与检查

（1）监理工程师应仔细审阅设计图纸，审核施工单位上报的安装、运输施工组织设计，并对管线保护方案进行审核。

（2）对成品预制梁生产厂家进行资质审查，符合要求方可同意生产、使用。

(3)对支座的供应单位进行资质审查,对支座型号、尺寸及力学参数进行检验,符合设计要求,方可同意使用。

(4)对支承结构进行全面检查,确认无误后,方可同意安装。

(5)对到场的预制梁进行外观、几何尺寸检验,合格后方可安装。

(6)梁安装完成后进行检验,填写抽检资料。对灌缝混凝土进行检查取样,达到设计要求和验收标准后,方可同意实施下道工序。

(四)工程质量验评标准

1. 实测项目

(1)梁(板)预制实测项目见表3-64。

表3-64 梁(板)预制实测项目

<table>
<tr><th colspan="3">检查项目</th><th>规定值或允许偏差</th><th>检查方法和频率</th></tr>
<tr><td colspan="3">混凝土强度(MPa)</td><td>在合格标准内</td><td>按水泥混凝土抗压强度评定检查</td></tr>
<tr><td colspan="3">梁(板)长度(mm)</td><td>+5,-10</td><td>尺量:每梁(板)</td></tr>
<tr><td rowspan="4">宽度(mm)</td><td colspan="2">干接缝(梁翼缘、板)</td><td>±10</td><td rowspan="4">尺量:检查3处</td></tr>
<tr><td colspan="2">湿接缝(梁翼缘、板)</td><td>±20</td></tr>
<tr><td rowspan="2">箱梁</td><td>顶宽</td><td>±30</td></tr>
<tr><td>底宽</td><td>±20</td></tr>
<tr><td rowspan="2">高度(mm)</td><td colspan="2">梁、板</td><td>±5</td><td rowspan="2">尺量:检查2个断面</td></tr>
<tr><td colspan="2">箱梁</td><td>+0,-5</td></tr>
<tr><td rowspan="3">断面尺寸(mm)</td><td colspan="2">顶板厚</td><td rowspan="3">+5,-0</td><td rowspan="3">尺量:检查2个断面</td></tr>
<tr><td colspan="2">底板厚</td></tr>
<tr><td colspan="2">腹板或梁肋</td></tr>
<tr><td colspan="3">平整度(mm)</td><td>5</td><td>2 m直尺:每侧面每10 m梁长测1处</td></tr>
<tr><td colspan="3">横系梁及预埋件位置(mm)</td><td>5</td><td>尺量:每件</td></tr>
</table>

(2)梁(板)安装实测项目见表3-65。

表3-65 梁(板)安装实测项目

<table>
<tr><th colspan="2">检查项目</th><th>规定值或允许偏差</th><th>检查方法和频率</th></tr>
<tr><td rowspan="2">支座中心偏位(mm)</td><td>梁</td><td>5</td><td rowspan="2">尺量:每孔抽查4~6个支座</td></tr>
<tr><td>板</td><td>10</td></tr>
<tr><td colspan="2">倾斜度(%)</td><td>1.2</td><td>吊垂线:每孔检查3片梁</td></tr>
<tr><td colspan="2">梁(板)顶面纵向高程(mm)</td><td>+8,-5</td><td>水准仪:抽查每孔2片,每片3点</td></tr>
<tr><td colspan="2">相邻梁(板)顶面高差(mm)</td><td>8</td><td>尺量:每相邻梁(板)</td></tr>
</table>

2. 外观鉴定

(1)混凝土表面平整,颜色一致,无明显施工接缝。不符合要求时减1~3分。

(2)混凝土表面不得出现蜂窝、麻面,如出现,必须修整,并减1~2分。

(3)混凝土表面出现非受力裂缝,减1~3分。裂缝宽度超过设计规定或设计未规定时超过0.15 mm必须处理。

(4)封锚混凝土应密实、平整。不符合要求时减2~4分。

(5)梁、板的填缝应平整密实。不符合要求时减1~3分。

(6)梁体内不应遗留建筑垃圾、杂物、临时预埋件等。不符合要求时减1~2分,并应清理干净。

二、就地浇筑梁(板)

(一)施工作业条件

(1)所用的水泥、砂、石、水、外掺剂及混合材料的质量和规格必须符合有关规范要求,按规定的配合比施工。

(2)支架和模板的强度、刚度、稳定性应满足施工技术规范的要求。

(3)预计的支架变形及地基的下沉量应满足施工后梁体设计标高的要求,必要时应采取对支架预压的措施。

(4)梁(板)体不得出现露筋和空洞现象。

(5)预埋件的设置和固定应满足设计和施工技术规范的规定。

(二)监理巡视与检查

(1)进场后,监理工程师对材料试验报告作出审查,检查材料的出厂证书、产品合格证和质量保证书等,并对混凝土的配合比设计进行审查。

(2)在支架上浇筑梁体混凝土,必须确保梁体标高满足设计要求,梁体不得有裂缝产生。

(3)支架立柱必须按照审批过的方案安装在有足够承载力的地基上,立柱底端应设置垫木,以分布和传递荷载,保证浇筑混凝土后不发生超过允许值的沉降量。

(4)施工用的脚手架和便桥不允许与构造物的模板支架相连,以免施工振动时影响混凝土浇筑质量。

(5)在浇筑过程中,现场监理人员应随时检查支架、模板、钢筋、预埋件等,确保其在施工过程中不发生移动和变形。做好施工监理记录,记录浇筑过程中的抽检数据和施工情况(起止时间、间断情况、事故等)。

(6)在整个浇筑过程中,必须随时检查支架及模板的安全及稳定性,不断观测支架的下沉量。

(三)工程质量验评标准

1. 实测项目

就地浇筑梁(板)实测项目见表3-66。

2. 外观鉴定

(1)混凝土表面平整,颜色一致,无明显施工接缝。不符合要求时每处减1~3分。

(2)混凝土不得出现蜂窝、麻面,如出现,必须修整,并减1~2分。

表 3-66 就地浇筑梁(板)实测项目

检查项目		规定值或允许偏差	检查方法和频率
混凝土强度(MPa)		在合格标准内	按水泥混凝土抗压强度评定检查
轴线偏位(mm)		10	全站仪或经纬仪:测量 3 处
梁(板)顶面高程(mm)		±10	水准仪:检查 3~5 处
断面尺寸(mm)	高度	+5,-10	尺量:每跨检查 1~3 个断面
	顶宽	±30	
	箱梁底宽	±20	
	顶、底、腹板或梁肋厚	+10,0	
长度(mm)		+5,-10	尺量:每梁(板)
横坡坡度(%)		±0.15	水准仪:每跨检查 1~3 处
平整度(mm)		8	6 m 直尺:每侧面每 10 m 梁长测 1 处

(3)混凝土表面出现非受力裂缝,减 1~3 分,裂缝宽度超过设计规定或设计未规定时超过 0.15 mm 必须处理。

(4)封锚混凝土应密实、平整。不符合要求时减 2~4 分。

(5)梁体内的建筑垃圾、杂物、临时预埋件等应清理干净。不符合要求时减 1~3 分。

三、顶推施工梁

(一)施工作业条件

(1)台座和滑道组的中线必须在桥轴线或其延长线上。

(2)导梁应在地面试装后,再在台座上安装,导梁与梁身必须牢固连接。

(3)千斤顶及其他顶推设备在施工前应仔细检查校正,多点顶推必须确保同步。

(4)顶推过程中,要设专人观测墩台沉降、墩台位移及梁的偏位、导梁和梁挠度等资料,提供观测数据。

(5)顶推及落梁程序正确。若梁体出现裂缝,应查明原因,在采取措施后,方可继续顶推。

(二)施工要点

(1)浇筑箱梁梁体时,外模表面要有良好的加工精度,尤其是梁底模要平整光滑,在箱梁分段接缝处绝对不允许有错台。为使尺寸精确,梁体无变形,梁的模板应保证刚度。

(2)在顶推时所用的滑道长度在顺桥方向应能放下三块滑板;滑道的宽度应为滑板的 1.2~1.5 倍。滑道上平面高程应比支座垫石上平面高程高出一定高度,以便在梁下放竖直千斤顶,可偏差调整及在梁身就位后撤除滑板与滑道,安装梁的正式支座。

(3)顶推工作前,应将桥墩及临时支墩按设计纵坡调顺,在同一墩上两端的滑道上平面高程应在同一高程,如果设计要求在帽梁上设横坡,应在顶推就位后用竖向千斤顶调坡,以免在顶推过程中发生过大偏位或不安全的事故。

(4)被顶大梁的前导梁在安装时,应使前端比预计高度上翘 4~5 cm,同时两侧相应滑道位置上各加一台千斤顶,对导梁挠度进行调整。

(5)在施顶过程中应以相应措施如吹风或用柔软物擦拭滑道,或在填喂滑板时,不使其间发生间隙,尤其在暂停推顶期间更应注意。

(6)在顶进过程中,尤其是多顶顶进,则应对墩身加以观测和检查以防墩身发生问题。

(三)监理巡视与检查

(1)台座和滑道组的中心线应与桥梁中心线的延长线重合,台座的纵坡应与桥梁的纵坡相一致。

(2)导梁应在地面试装后,方可在台座上进行正式安装,必须确保导梁与梁身之间的连接牢固可靠。

(3)用顶推法安装的平曲线桥只适用于同半径的圆曲线桥,且其曲线半径不能太小,即每孔曲线桥的平面重心应落在相邻两桥墩上箱梁底板的内外两侧弦连线以内。

(4)用顶推法安装的竖曲线只适用于同曲率的竖曲线桥。

(四)工程质量验评标准

1. 实测项目

顶推施工梁实测项目见表3-67。

表3-67　顶推施工梁实测项目

检查项目		规定值或允许偏差	检查方法和频率
轴线偏位(mm)		10	全站仪或经纬仪:每段检查2处
落梁反力		符合设计规定,设计未规定时不大于1.1倍的设计反力	用千斤顶油压计算:检查全部
支点高差(mm)	相邻纵向支点	符合设计规定,设计未规定时不大于5	水准仪:检查全部
	同墩两侧支点	符合设计规定,设计未规定时不大于2	

2. 外观鉴定

各梁段连接线形平顺,接缝平整、密实,颜色一致。不符合要求时减1~3分。

四、悬臂施工梁

(一)施工作业条件

(1)悬臂浇筑或合龙段浇筑所用的砂、石、水泥、水、外掺剂及混合材料的质量和规格必须符合有关规范要求,按规定的配合比施工。

(2)悬拼或悬浇块件前,必须对桥墩根部(0号块件)的高程、桥轴线作详细复核,符合设计要求后,方可进行悬拼或悬浇。

(3)悬臂施工必须对称进行,应对轴线和高程进行施工控制。

(4)在施工过程中,梁体不得出现宽度超过设计和规范规定的受力裂缝。一旦出现,必须查明原因,经过处理后方可继续施工。

(5)必须确保悬浇或悬拼的接头质量,梁段间胶结材料的性能、质量必须符合设计要求,接缝填充密实。

(6)悬臂合龙时,两侧梁体的高差应在设计允许范围内。

(二)监理巡视与检查

(1)悬臂浇筑必须对称平衡地进行,并保证轴线和挠度的偏差满足设计要求和在允许误差范围内。

(2)浇筑混凝土时,应从前端开始浇筑,至根部与前段混凝土连接,以确保接头质量,防止产生裂缝。浇筑时,采用振捣器振实,防止出现蜂窝、麻面。

(3)合龙段的施工是悬臂浇筑施工的关键,合龙前应在两端悬臂预加压重,并于浇筑混凝土的过程中逐步撤除,以使悬臂挠度保持稳定。

(4)合龙段的施工应在一天中的最低气温时完成,并在混凝土早期结硬过程中处于升温的受压状态,减少温度变化对合龙段混凝土的影响,一般选在凌晨施工为宜。

(5)监理工程师必须提醒承包人注意,悬臂浇筑梁桥的桥跨体系转换工作应在合龙段纵向连续预应力筋张拉压浆全部完成,且临时固结已解除后方可进行。即在合龙后将各墩临时支座的反力全部按连续梁支点反力的要求进行转换。支座反力的调整应以标高控制为主,反力作为校核。

(6)合龙的最终效果是要保证使合龙段与两侧梁体保持变形协调,在施工过程中能够传递内力,确保施工质量。

(三)工程质量验评标准

1. 实测项目

(1)悬臂浇筑梁实测项目见表3-68。

表3-68 悬臂浇筑梁实测项目

检查项目	规定值或允许偏差		检查方法和频率
混凝土强度(MPa)	在合格标准内		按水泥混凝土抗压强度评定检查
轴线偏位(mm)	$L \leqslant 100$ m	10	全站仪或经纬仪:每个节段检查2处
	$L > 100$ m	$L/10\ 000$	
顶面高程(mm)	$L \leqslant 100$ m	±20	水准仪:每个节段检查2处
	$L > 100$ m	$\pm L/5\ 000$	
	相邻节段高差	10	尺量:检查3~5处
断面尺寸(mm)	高度	+5,-10	尺量:每个节段检查1个断面
	顶宽	±30	
	底宽	±20	
	顶底腹板厚	+10,0	
合龙后同跨对称点高程差(mm)	$L \leqslant 100$ m	20	水准仪:每跨检查5~7处
	$L > 100$ m	$L/5\ 000$	
横坡坡度(%)	±0.15		水准仪:每节段检查1~2处
平整度(mm)	8		2 m直尺:检查竖直、水平两个方向,每侧面每10 m梁长测1处

注:L为梁跨径。

(2)悬臂拼装梁实测项目见表3-69。

表3-69　悬臂拼装梁实测项目

<table>
<tr><th>项次</th><th colspan="2">检查项目</th><th>规定值或允许偏差</th><th>检查方法和频率</th></tr>
<tr><td>1</td><td colspan="2">合龙段混凝土强度(MPa)</td><td>在合格标准内</td><td>按水泥混凝土抗压强度评定检查</td></tr>
<tr><td rowspan="2">2</td><td rowspan="2">轴线偏位(mm)</td><td>L≤100 m</td><td>10</td><td rowspan="2">全站仪或经纬仪:每个节段检查2处</td></tr>
<tr><td>L>100 m</td><td>L/10 000</td></tr>
<tr><td rowspan="3">3</td><td rowspan="3">顶面高程(mm)</td><td>L≤100 m</td><td>±20</td><td rowspan="2">水准仪:每个节段检查2处</td></tr>
<tr><td>L>100 m</td><td>±L/5 000</td></tr>
<tr><td>相邻节段高差</td><td>10</td><td>尺量:检查3~5处</td></tr>
<tr><td rowspan="2">4</td><td rowspan="2">合龙后同跨对称点高程差(mm)</td><td>L≤100 m</td><td>20</td><td rowspan="2">水准仪:每跨检查5~7处</td></tr>
<tr><td>L>100 m</td><td>L/5 000</td></tr>
</table>

注:1. L为梁跨径。

2. 非合龙段项次1不参与评定。

2. 外观鉴定

(1)线形平顺,梁顶面平整,各孔无明显折变。不符合要求时减1~3分。

(2)相邻块件颜色一致,接缝平整密实,无明显错台。每孔出现两处及以上明显错台(≥3 mm)时,减2分。

(3)混凝土表面不得出现蜂窝、麻面,如出现必须进行修整,并减1~3分。

(4)梁体出现非受力裂缝,减1~3分。裂缝宽度超过设计规定或设计未规定时超过0.15 mm必须处理。

(5)梁体内外不应遗留建筑垃圾、杂物、临时预埋件等。不符合要求时减1~2分,并应清理干净。

五、转体施工梁

(一)施工作业条件

(1)转动设施和锚固体系必须经过严格检查,使其安全可靠。

(2)采用双梁对称同步转体施工时,必须设位控体系,严格控制两侧同步,使误差控制在设计允许的范围内。

(3)上部构造在转体施工中,若出现裂缝,应查明原因,采取措施后方可继续转体施工。

(4)合龙段两侧高差必须在设计规定的允许范围内。

(二)施工要点

(1)桥梁纵轴线尤其是转轴中心的放线、定位必须十分精确。

(2)转心的设置应采用四氟板与不锈钢板直接接触,所有这些钢材配件加工应按机加工精度要求。在钢板上焊的竖轴或轴套必须相垂直。

(3)四氟板的耐压应力一般为5~8 MPa,四氟板与上层钢板、不锈钢板与下层钢板要黏结牢固,不得有折痕,有接缝时必须接紧压平。

(4)竖轴与轴套接触面应光滑,轴套内径与竖轴外径间隙不宜大于0.5 mm。

(5)桥体过高时(如斜拉桥或高墩),为了保证施工安全,除设置轴心转盘外,在承台上可设直径较大的弧形轨道板,上盘相应位置处设支承轮,一周至少设六个支承轮,以使旋体时平稳。

(三)监理巡视与检查

(1)转动设施和锚固体系必须经过严格的检查,确认安全可靠后,方可批准进行施工。

(2)采用双侧对称同步转体施工时,必须设位控体系,严格控制两侧同步。

(3)转动主轴应铅直,上下盘钢板应吻合,并为同心圆。

(4)转动时两端高差应小于5 mm,用水平连通器检查。

(5)转动动力应相同,转体外沿速度应在要求范围内。

(6)合龙段两侧高差必须严格控制在设计允许范围内。接头混凝土的浇筑应在当日最低气温时进行。合龙就位后纵轴线误差应小于10 mm,两端高差应小于20 mm。

(7)当接头混凝土强度达到设计高度的70%以上时,应撤除锚扣体系,实现由悬臂受力体系至梁受力体系的转换。当接头混凝土达到设计强度后,方可最终封固转盘,完成全桥主体的施工。

(四)工程质量验评标准

1. 实测项目

转体施工梁实测项目见表3-70。

表3-70　转体施工梁实测项目

检查项目	规定值或允许偏差	检查方法和频率
封闭转盘和合龙段混凝土强度(MPa)	在合格标准内	按水泥混凝土抗压强度评定检查
轴线偏位(mm)	跨径/10 000	全站仪或经纬仪:检查5处
跨中梁顶面高程(mm)	±20	水准仪:检查2个断面,每断面3处
同一横断面两侧或相邻上部构件高差(mm)	10	水准仪:检查4个断面

2. 外观鉴定

(1)合龙段混凝土平整密实,颜色一致。不符合要求时减1~3分。

(2)梁体内外不应遗留建筑垃圾、杂物、临时预埋件等。不符合要求时减1~3分,并应清理干净。

第八节　拱桥施工监理

一、就地浇筑拱圈

(一)施工作业条件

(1)混凝土所用的水泥、砂、石、水和外掺剂的质量和规格必须符合有关规范的要求,按规定的配合比施工。

(2)支架式拱架必须严格按照施工技术规范的要求进行制作,必须牢固稳定。

(3)严格按照设计规定的施工顺序浇筑拱圈混凝土。

(4)拱架的卸落必须按照设计和有关规范规定的卸架顺序进行。

(二)监理巡视与检查

(1)在浇筑拱圈或拱肋混凝土时,若拱圈或拱肋的跨径小于16 m,则应按全宽度从两端拱脚向拱顶对称地连续浇筑,并在混凝土凝结前全部完成;若拱圈或拱肋的跨径不小于16 m,则应沿拱跨方向分段浇筑。

(2)在安装拱架前,监理工程师应配合承包人对拱架立柱和拱架支承面进行详细检查,准确调整拱架支承面和顶部标高,并复测跨度,确认无误后方可进行安装。各片拱架在同一节点的标高尽量一致,以便于拼装平联杆件。

(3)落架应分几个循环卸完,卸落量开始时宜小,以后逐渐增大。在纵向应对称均衡卸落,在横向应同时卸落。满布式拱架卸落时,一般从拱顶向拱脚依次循环卸落;拱式拱架可在两支座外同时均匀卸落。应配合承包人检查拱圈挠度和墩台位移情况,复核测量观测记录。

(三)工程质量验评标准

1. 实测项目

就地浇筑拱圈、钢管拱肋制作、钢管拱肋安装、钢管拱肋混凝土浇筑实测项目见表3-71~表3-74。

表3-71　就地浇筑拱圈实测项目

检查项目		规定值或允许偏差	检查方法和频率
混凝土强度(MPa)		在合格标准内	按水泥混凝土抗压强度评定检查
轴线偏位(mm)	板拱	10	经纬仪:测量5处
	肋拱	5	
内弧线偏离设计弧线(mm)	跨径≤30 m	±20	水准仪:检查5处
	跨径>30 m	±跨径/1 500	
断面尺寸(mm)	高度	±5	尺量:拱脚、L/4、拱顶5个断面
	顶、底、腹板厚	+10,0	
拱宽(mm)	板拱	±20	尺量:拱脚、L/4、拱顶5个断面
	肋拱	±10	
拱肋间距(mm)		5	尺量:检查5处

注:L为跨径。

2. 外观鉴定

(1)混凝土表面平整,线形圆顺,颜色一致。

(2)混凝土麻面面积不得超过该面面积的0.5%。深度超过10 mm必须处理。

(3)裂缝宽度超过设计规定或设计未规定时超过0.15 mm必须处理。

表 3-72 钢管拱肋制作实测项目

检查项目	规定值或允许偏差	检查方法和频率
钢管直径(mm)	±D/500 及 ±5	尺量:每管检查 1~3 处
钢管中距(mm)	±5	尺量:每段检查 2~3 处
内弧偏离设计弧线(mm)	8	样板:每段测 1~3 点
拱肋内弧长(mm)	0,-10	尺量:每段检查
节段对接错边(mm)	2	尺量:检查各对接断面
节段平面度(mm)	3	拉线测量:每段检查 1 处
竖杆节间长度(mm)	±2	尺量:检查每个节间
焊缝尺寸	符合设计要求	量规:检查全部
焊缝探伤		超声:检查全部; 射线:符合设计规定,设计未规定时按 5% 抽查

注:D 为钢管直径。

表 3-73 钢管拱肋安装实测项目

检查项目		规定值或允许偏差	检查方法和频率
轴线偏位(mm)		L/6 000	经纬仪:检查 5 处
拱圈高程(mm)		±L/3 000	水准仪:检查 5 处
对称点高差(mm)	允许	L/3 000	水准仪:检查各接头点
	极值	L/1 500,且反向	
拱肋接缝错边(mm)		0.2 壁厚,且≤2	尺量:每个接缝
焊缝尺寸		符合设计要求	量规:检查全部
焊缝探伤			超声:检查全部 射线:符合设计规定;设计未规定时按 5% 抽查

注:L 为跨径。

表 3-74 钢管拱肋混凝土浇筑实测项目

检查项目		规定值或允许偏差		检查方法和频率
混凝土强度(MPa)		在合格标准内		按水泥混凝土抗压强度评定检查
轴线偏位(mm)		L≤60 m	10	经纬仪:检查 5 处
		L=200 m	50	
		L>200 m	L/4 000	
拱圈高程(mm)		±L/3 000		水准仪:检查 5 处
对称点高差(mm)	允许	L/3 000		水准仪:检查各接头点
	极值	L/1 500,且反向		

注:1. L 为跨径。

2. L 在 60~200 m 时,轴线偏位允许偏差内插。

二、拱桥安装

(一)施工作业条件

(1)拱桥安装必须严格按设计规定的程序进行施工。

(2)拱段接头采用现浇混凝土时,必须确保其强度和质量,并在达到设计规定强度后,方可进行拱上建筑的施工。

(3)安装过程中,如杆件或节点出现开裂,应查明原因、采取措施后,方可继续进行。

(4)合龙段两侧高差必须在设计规定的允许范围内。

(二)施工质量监理

拱桥安装质量监理要点见表3-75~表3-77。

表3-75　主拱圈安装质量监理要点

项次	检查项目		规定值或允许偏差			检查方法和频率
1	轴线偏位(mm)	$L \leqslant 60$ m	10			经纬仪:检查5处
		$L > 60$ m	$L/6\ 000$			
2	拱圈标高(mm)	$L \leqslant 60$ m	±20			水准仪:检查5~7处
		$L > 60$ m	$\pm L/3\ 000$			
3	对称接头点相对高差(mm)		允许	$L \leqslant 60$ m	20	水准仪:检查每段
				$L > 60$ m	$L/3\ 000$	
			极值	允许偏差的2倍,且反向		
4	同跨各拱肋相对高差(mm)		$L \leqslant 60$ m	20		水准仪:检查5处
			$L > 60$ m	$L/3\ 000$		
5	同跨各拱肋间距(mm)		30			尺量:检查5处

注:1. 正拱斜置时,项次3为两对称接头点(实际高程-设计高程)之差。

2. L为跨径。

(三)外观鉴定

(1)接头处无因焊接或局部受力造成的混凝土开裂、缺损或露筋现象。

(2)接头垫塞楔形钢板应均匀合理。

(3)节点应平整,接头两侧的杆件应无错台。

(4)上下弦杆线形顺畅,表面平整。

三、转体施工拱

(一)施工作业条件

(1)转动设施和锚固体系必须经过严格检查,确保安全可靠。

(2)采用双侧对称同步转体施工时,必须设位控体系,严格控制两侧同步,将误差控制在设计允许的范围内。

(3)上部构造在转体施工中,如出现裂缝,应查明原因,采取措施后方可继续转体施工。

表 3-76　悬臂拼装的桁架拱质量监理

检查项目		规定值或允许偏差			检查方法和频率
节点混凝土强度(MPa)		在合格标准内			按水泥混凝土抗压强度评定检查
轴线偏位(mm)	$L \leqslant 60$ m	10			经纬仪:每跨检查 5 处
	$L > 60$ m	$L/6\ 000$			
拱圈标高(mm)	$L \leqslant 60$ m	±20			水准仪:每跨检查 5 ~ 7 处
	$L > 60$ m	$\pm L/3\ 000$			
相邻拱片高差(mm)		20			水准仪:每跨检查 5 处
对称点相对高差(mm)		允许	$L \leqslant 60$ m	20	水准仪:每跨检查 5 处
			$L > 60$ m	$L/3\ 000$	
		极值	允许偏差的 2 倍,且反向		
拱片竖向垂直度(mm)		1/300 高度,且不大于 20			吊垂线:每片检查 2 处

注:L 为跨径。

表 3-77　腹拱安装质量监理

检查项目	规定值或允许偏差	检查方法和频率
轴线偏位(mm)	10	经纬仪:纵、横向各检查 2 处
起拱线高程(mm)	±20	水准仪:每起拱线测 2 点
相邻块件高差(mm)	5	尺量:每相邻块件检查 1 ~ 3 处

(二)监理巡视与检查

转体施工拱的具体监理要求参考本章第七节五“转体施工梁”的相关内容。

(三)工程质量验评标准

(1)转体施工拱实测项目标准见表 3-78。

表 3-78　转体施工拱实测项目

检查项目	规定值或允许偏差	检查方法和频率
封闭转盘和合龙段混凝土强度(MPa)	在合格标准内	按水泥混凝土抗压强度评定检查
轴线偏位(mm)	跨径/6 000	经纬仪:检查 5 处
跨中拱顶面高程(mm)	±20	水准仪:检查拱顶 2 ~ 4 处
同一横截面两侧或相邻上部构件高差(mm)	10	水准仪:检查 5 处

(2)合龙段混凝土应平整密实,颜色一致,无蜂窝、麻面。

四、劲性骨架混凝土拱

(一)施工作业条件

(1)骨架应按设计要求的钢种、型号及线形精心加工,骨架接头在吊装以前应进行试拼,以便吊装后骨架迅速成拱。

(2)杆件在施工中,如出现开裂或局部构件失稳,应查明原因,采取措施后方可继续施工。

(3)吊装骨架应平衡下落,减少骨架变形。浇筑前应校核骨架,进行必要的调整。

(4)按设计规定的顺序,分层、对称地浇筑混凝土,无空洞和露筋现象,并严格按设计要求,采取措施以保证骨架的稳定。

(5)浇筑混凝土过程中应进行观测,严格控制轴线,累积误差应在允许范围内。

(二)监理巡视与检查

(1)先将拱圈的全部钢筋骨架按设计形状和尺寸制成并安装在拱圈相应位置,然后用系吊在它上面的吊篮逐段浇筑混凝土。

(2)钢筋骨架满足拱圈需要,并且能起到临时拱架作用。

(3)钢筋骨架有相应的刚度,施工时要用设计的拱圈混凝土重量对钢筋骨架进行预压,以防浇筑混凝土后变形,破坏已浇筑混凝土与钢筋结合。此法更适用于大跨径的拱桥。

(三)工程质量验评标准

1. 实测项目

劲性骨架混凝土拱实测项目见表3-79~表3-81。

表3-79　劲性骨架加工实测项目

检查项目	规定值或允许偏差	检查方法和频率
杆件截面尺寸(mm)	不小于设计值	尺量:每段2端面
骨架高、宽(mm)	±10	尺量:每段3~5断面
内弧偏离设计弧线(mm)	10	样板:每段测1~3点
每段的弧长(mm)	+10,-10	尺量:每段检查
焊缝	符合设计要求	超声:检查全部

表3-80　劲性骨架安装实测项目

<table>
<tr><th colspan="2">检查项目</th><th>规定值或允许偏差</th><th>检查方法和频率</th></tr>
<tr><td colspan="2">轴线偏位(mm)</td><td>L/6 000</td><td>经纬仪:每肋检查5处</td></tr>
<tr><td colspan="2">高程(mm)</td><td>±L/3 000</td><td>水准仪:检查拱顶、拱脚及各接头点</td></tr>
<tr><td rowspan="2">对称点相对高差(mm)</td><td>允许</td><td>L/3 000</td><td rowspan="2">水准仪:检查各接头点</td></tr>
<tr><td>极值</td><td>L/1 500,且反向</td></tr>
<tr><td colspan="2">焊缝</td><td>符合设计要求</td><td>超声:检查全部</td></tr>
</table>

注:L为跨径。

2. 外观鉴定

(1)骨架曲线圆滑,无折弯。

(2)焊缝外形均匀,成形良好,焊渣和飞溅物清除干净。

(3)混凝土表面平整密实,颜色一致,轮廓线圆顺。

(4)蜂窝、麻面面积不得超过该面面积的0.5%。深度超过10 mm的必须处理。

表3-81　劲性骨架拱混凝土浇筑实测项目

检查项目		规定值或允许偏差		检查方法和频率
混凝土强度(MPa)		在合格标准内		按水泥混凝土抗压强度评定检查
轴线偏位(mm)		$L\leqslant 60$ m	10	经纬仪:每肋检查5处
		$L=200$ m	50	
		$L>200$ m	$L/4\ 000$	
拱圈高程(mm)		$\pm L/3\ 000$		水准仪:测量5处
对称点相对高差(mm)	允许	$L/3\ 000$		水准仪,测量5处
	极值	$L/1\ 500$,且反向		
断面尺寸(mm)		±10		尺量:检查5处

注:1. L为跨径。

2. L在60~200 m时,轴线偏位允许偏差内插。

五、中下承式拱吊杆和柔性系杆

(一)施工作业条件

(1)吊杆、系杆及锚具的材料、规格和各项技术性能必须符合国家现行标准规定和设计要求。

(2)锚垫板平面需与孔道轴线垂直。

(3)吊杆、系杆防护必须符合设计和规范要求。

(4)严格按设计规定程序进行施工。

(二)监理巡视与检查

1. 中下承式拱桥

(1)吊杆的钢筋或钢丝束、锚环应在上弦混凝土浇筑前穿挂于上弦钢筋骨架上。

(2)悬挂式的桥面系应在上弦拱架拆除后才能浇筑混凝土。

(3)当桥面混凝土达到能承受荷载强度后,拆除支架(吊架)横梁下的木楔,降落支架,变为由吊杆的钢筋骨架式钢丝束系吊挂状态。然后在桥面上加上全部设计荷载,使吊杆钢筋或钢丝束产生应有的应力,以减小吊杆混凝土的拉应力。

(4)吊杆钢筋或钢丝束产生应有的应力后,即可浇筑吊杆混凝土。吊杆混凝土应对称浇筑,强度达到设计规定的100%,才能进行钢丝束张拉工作。

2. 系杆拱桥

(1)跨度小于15 m的拱圈(拱肋),应自两侧拱脚向拱顶对称与连续浇筑,并在拱脚处混凝土初凝前完成。

(2)跨度大于15 m的拱圈(拱肋),应采用分段浇筑法施工混凝土浇筑,以减小混凝土收缩应力和拱架变形所产生的裂缝。

(3)拱段长6~15 m时,以拱顶为准,保持两侧对丝。分段点宜设在拱架支点、节点等处,并适当留间隔缝。

(4)当各拱肋同时浇筑和卸落拱架施工时,拱肋横向连接系应与拱肋浇筑同时施工卸落拱架;若各拱肋非同时浇筑和卸落拱架,则应在各拱肋卸落拱架后再浇筑横向连接系。

（三）工程质量验评标准

1. 实测项目

（1）吊杆的制作与安装实测项目见表 3-82。

表 3-82　吊杆的制作与安装实测项目

检查项目		规定值或允许偏差	检查方法和频率
吊杆长度（mm）		±0.001L 及 ±10	用钢尺量
吊杆拉力	允许	符合设计要求	测力仪：每吊杆检查
	极值	下承式拱吊杆拉力偏差 20%	
吊点位置（mm）		10	经纬仪：每吊点检查
吊点高程（mm）	高程	±10	水准仪：每吊点检查
	两侧高差	20	

注：L 为吊杆长度。

（2）柔性系杆实测项目见表 3-83。

表 3-83　柔性系杆实测项目

检查项目	规定值或允许偏差	检查方法和频率
张拉应力（MPa）	符合设计要求	查油压表读数：每根检查
张拉伸长率（%）	符合设计规定，设计未规定时为 ±6	尺量：每根检查

2. 外观鉴定

（1）吊杆、系杆顺直，无扭转现象。

（2）防护层完好，无破损、污物。

第九节　钢桥施工监理

一、钢梁制作

（一）施工作业条件

（1）钢梁（梁段）采用的钢材和焊接材料的品种、规格、化学成分及力学性能必须符合设计和有关技术规范的要求，具有完整的出厂质量合格证明，并经制作厂家和监理工程师复检合格后方可使用。

（2）钢梁（梁段）元件、临时吊点和养护车轨道吊点等的加工尺寸和钢梁（梁段）预拼装精度应符合设计和有关技术规范的要求，并经监理工程师分阶段检查验收，签字认可后，方可进行下一道工序。

（3）钢梁（梁段）制作前必须进行焊接工艺评定试验，评定结果应符合技术规范的要求并经监理工程师签字认可，制订实施性焊接施工工艺。施焊人员必须具有相应的焊接资格证和上岗证。

（4）同一部位的焊缝返修不能超过两次，返修后的焊缝应按原质量标准进行复验，并且合格。

(5)应对高强螺栓连接摩擦面的抗滑移系数进行检验,检验结果须符合设计要求。

(6)钢梁(梁段)必须进行试组装,并按设计和有关技术规范要求进行验收。工地安装施工人员应参加试组装及验收。验收合格后填发梁段产品合格证,方可出厂安装。

(7)钢梁(梁段)元件和钢梁(梁段)的存放,应防止变形、碰撞损伤和损坏漆面,不得采用变形元件。

(8)排水设施、灯座、护栏、路缘石、栏杆柱预埋件和剪力键等均应按设计图纸安装完成,无遗漏且位置准确。

(二)施工要点

1.工艺流程

(1)钢箱梁制作施工工艺流程见图3-5。

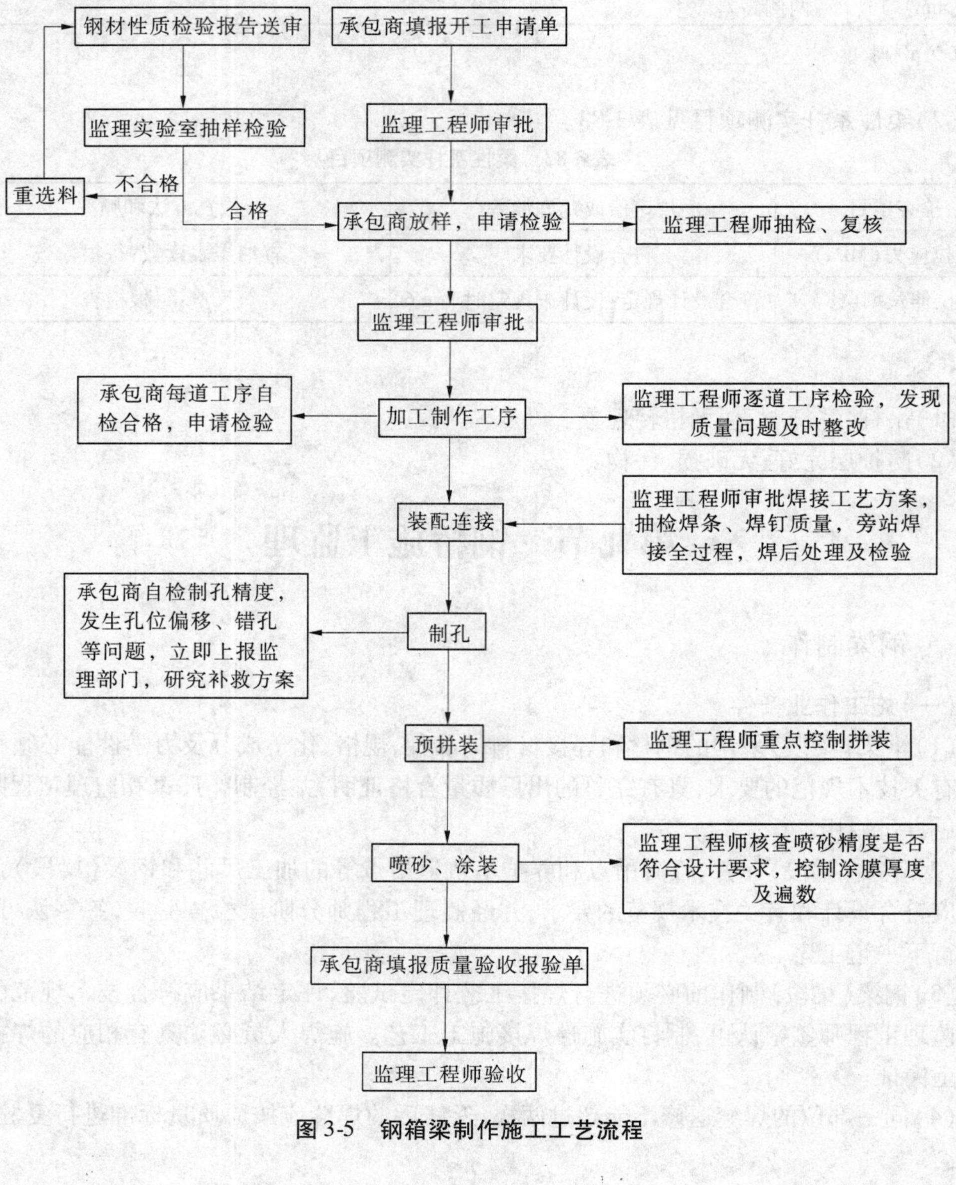

图3-5 钢箱梁制作施工工艺流程

(2)钢箱梁制作质量监理工作流程见图3-6。

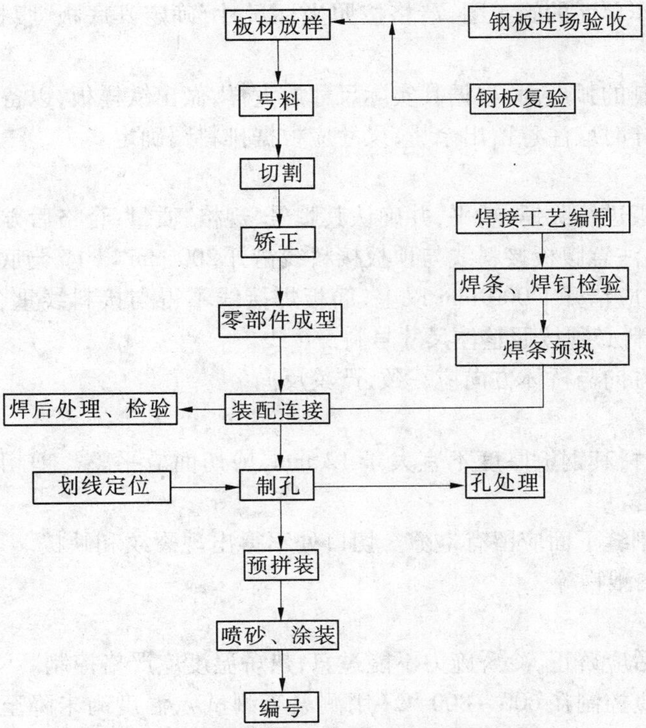

图3-6 钢箱梁制作质量监理工作流程

2. 材料要求

钢箱梁制作材料要求见表3-84。

表3-84 钢箱梁制作材料要求

项目	材料要求
钢材	品种、规格必须符合设计要求和现行国家标准的规定,有质量证明书、试验报告单,进厂后做探伤试验,合格后方可使用。采用进口钢材时,应按合同规定进行商检,应按现行标准检验其化学成分和力学性能,并应按现行有关标准进行抽查复验,还要与匹配的焊接材料做焊接试验,不符合要求的钢材不得使用
高强度螺栓	螺栓的直径、强度必须符合设计要求和现行国家标准的规定,并有出厂质量证明书,在复试合格后方可使用
焊接材料	所有焊接用材料必须有出厂合格证,并与母材强度相适应,其质量应符合现行国家标准
油漆	品种、规格应符合设计图纸要求,并有出厂合格证
剪力钉	应有材料合格证,其质量应符合设计和现行国家标准有关规定

3. 施工要求

1)放样

(1)按1:1放样,曲线桥放样时应注意内外环方向和钢箱梁中间的连接关系。

(2)预留钢箱梁在长度和高度方向上的合理焊接收缩量。

(3)根据各制作单元的施工图,严格按照坐标尺寸,确定其底板、腹板、横隔板、接口板的落料尺寸。

(4)对较难控制的弧形面,根据其实际尺寸放大样,做出铁样板,以备随时卡样检查。

(5)在整体放样时应注意留出余量,尺寸应根据排料图确定。

2)号料

(1)首先对钢板进行除锈、矫平,并确认其牌号、规格、质量,合格后方可下料。

(2)核实来料,注意腹板接料线与顶板接料线错开200 mm以上,与底板接料线错开500 mm以上,横向接口应错开1 000 mm以上,筋板焊接线不得与接料线重合。底板、腹板、上翼板和横隔板的号料必须按照整体尺寸号料。

(3)钢板轧制方向与桥体方向应一致,严禁反向。

3)切割

(1)机械剪切时,其钢板厚度不宜大于12 mm,剪切面应平整。剪切钢料边缘应整齐,无毛刺、咬口等缺陷。

(2)气割钢料割缝下面应留有空隙。切口处不得出现裂纹和缺棱。切割后应清除边缘的氧化物、熔瘤和飞溅物等。

4)矫正

(1)钢料切割后应矫正,冷矫施力不能过急,热矫温度应严格控制。

(2)热矫温度应控制在600~800 ℃(用测温笔测试),温度尚未降至室温时,不得锤击钢料。用锤击方法矫正时,应在其上放置垫板。热矫后缓慢冷却,严禁用冷水急冷。

(3)主要受力零件冷弯时,内侧弯曲半径不得小于板厚的15倍,小于者必须热煨,冷作弯曲后零件边缘不得产生裂缝。热煨温度控制在900~1 000 ℃。

(4)杆件矫正时,还应注意冷矫时,室温不宜低于5 ℃,冷矫总变形率不得大于2%,时效冲击值不满足要求的拉力杆件不得冷矫。

5)装配

(1)对装配件表面及沿焊缝每边30~50 mm范围内的铁锈、毛刺和油污清理干净。

(2)底板整体应对接定位、点焊牢靠,并进行局部处理、调直达到设计要求。

(3)对两侧腹板进行组装时应注意对准底板上的坐标等分线。

(4)定位焊所采用的焊接材料型号应与焊件材质相匹配。焊缝厚度不宜超过设计焊缝厚度的2/3,且不应大于7 mm。焊缝长度50~100 mm,间距400~600 mm。定位焊缝必须布置在焊道内并距端头30 mm以上。

(5)钢箱梁组装后,对无用的夹具及时拆除,拆除夹具时不得损坏母材,不得锤击。

6)焊接

(1)钢箱梁结构件的所有焊缝必须严格按照焊接工艺评定报告所制定的焊接工艺执行。

(2)焊工应经过考试并取得合格证后方能从事焊接工作,焊工停焊时间超过6个月,应重新考核。

(3)焊缝金属表面焊波均匀,无裂纹。不允许有沿边缘或角顶的未熔、溢流、烧穿、未填满的火口和超出允许限度的气孔、夹渣、咬肉等缺陷。

(4)焊丝在使用前应清除油污、铁锈。焊剂的粒度，对埋弧自动焊宜用1.0～3.0 mm，埋弧半自动焊宜用0.5～1.5 mm。

(5)为防止气孔和裂纹的产生，焊条使用前应按产品说明书规定的烘焙时间和温度进行烘焙，低氢型焊条经烘焙后应放入保温桶内，随用随取。

(6)采用专用螺柱焊钉焊机进行施焊，其焊接设备设置专用配电箱及专用线路。

(7)焊钉必须符合规范和设计要求。焊钉有锈蚀时，需经除锈后方可使用，特别是焊钉和大头部位不可有锈蚀和污物，严重锈蚀的焊钉不可使用。

(8)每层焊接宜连续施焊，每一层焊道焊完后应及时清理检查，清除缺陷后再焊。施焊时母材的非焊接部位严禁引弧。

7)制孔

(1)制孔必须在所有焊缝焊接完毕后，通过专检机构对桥体拱高、侧弯及接口部位进行认真检验合格后方能进行。

(2)在接头连接口500 mm范围内，必须平整、厚度一致，不得有油漆、划伤现象。

(3)制成的孔应成正圆柱形，孔壁光滑、孔缘无损伤，刺屑清除干净，组装中可预钻小孔，组装后进行扩孔，配钻孔径至少应比设计孔径小3 mm。

8)预拼装

(1)钢箱梁制作完成后应在工厂进行预拼装。预拼装必须在自由状态下完成，不得强行固定。

(2)预拼装前必须根据施工图坐标尺寸，搭设柱间组装胎进行试装。

(3)试装时，螺栓要紧固到板层密贴。在一般情况下冲钉不得少于孔眼总数的5%，螺栓不得少于孔眼总数的25%。

(4)试装平直情况和尺寸须检验合格后，再用试孔器通过检查。

(5)试装时，每一节点孔应有85%的孔，能自由通过小于螺栓公称孔径1.0 mm的试孔器；100%的孔，能自由通过大于螺栓公称直径0.2～0.3 mm的试孔器。

9)喷砂

(1)在钢桥组装焊接完成后、喷漆前进行整体喷砂。喷砂应在制作质量检验合格后进行。

(2)构件表面除锈方法与除锈等级应与设计要求相适应。

10)涂装

(1)涂装应在制作质量检验合格后进行。

(2)涂料涂装遍数、涂层厚度应符合设计要求。

(3)涂装时的环境温度和相对湿度应符合涂料产品说明书的要求，当产品说明书无要求时，环境温度宜在5～38 ℃，相对湿度不应大于85%，构件表面有冰露时不得涂装，涂装后4 h内不得淋雨。

(三)监理巡视与检查

1.材料监理要点

(1)审批材料报审表。

(2)核查材料质量证明书，其订货技术条件要求的检测数据必须齐全，性能指标必须符合相应标准规定。

(3)对材料外观质量、标志及包装进行抽查。

(4)审查施工单位材料入库、保管、发放等管理制度,并对材料仓库进行检查,使每个环节得到有效控制。

(5)审查施工单位对钢材批号及焊接材料批号跟踪的方法及管理制度,抽查其执行情况,以排料图为控制依据,跟踪零部件批号应准确和齐全,并有详细记录。

(6)材料复验。

(7)平行抽检。

①监理抽检比例不得少于施工单位检验数量的10%。

②监理单位实验室资质、试验人员及见证员资格必须符合相应要求。

③对于试验不合格材料及制作过程中发现的材料缺陷应及时处理,并应扩大检查,若存在数量较多的严重缺陷,必须及时通知建设单位处理。

2. 施工要求

(1)钢构件在工厂加工前,监理工程师应会同承包人对工厂进行考察,证明生产厂家的加工工艺和生产能力符合工程要求才能同意委托加工。若有不足之处,应提出改换生产厂家或要求生产厂家改进工艺或增加设备。

(2)审查放样、号料和切割施工工艺方案。

(3)检查施工单位的计量工作任务及职责、计量检定手段、计量器具流转控制,核查计量器具、仪器、仪表鉴定合格证书,并在有效期内。

(4)钢材必须符合设计要求或规范的规定。承包人驻厂工作人员必须监督加工厂按图下料,按工艺要求加工并保证生产进度。

(5)检查放样平台、组装工作平台、组装胎膜等应符合技术要求,并对实物进行抽测。

(6)检查施工单位设备数量和技术性能应满足生产需求,并应有设备的操作规程和对设备的选用、保管、使用、维护、检修等重要过程的管理制度。

(7)对杆板和样板的放样精度、切割面质量、矫正和热加工的加热温度控制、边缘加工、制孔、弯曲加工、组装质量、预拼装质量、涂装质量等进行检查,并作详细记录,验收合格后签署合格证书。

(8)审查焊接施工方案,重点审查施工单位的焊接管理措施,包括焊接材料、焊接设备、焊接工具、焊接工艺、焊接环境、技术文件、特殊工种人员资格、焊接施工等管理措施,以实现对焊接质量、安全、进度的控制。

(9)参与焊接工艺评定试验。

(四)工程质量验评标准

1. 质量标准

(1)当钢材表面有锈蚀、麻点或划痕等缺陷时,其深度不得大于该钢材厚度允许负偏差值的1/2。

(2)钢材切割后应矫正,其质量标准应符合以下规定:①矫正的钢板表面无明显凹面和损伤,表面划痕深度不大于0.5 mm。②型钢不垂直,每米范围不超过0.5 mm,并无锐角。③冷压折弯的部件边缘无裂纹。

(3)号料、切割、矫正和边缘加工允许偏差见表3-85~表3-89。

表 3-85　号料的允许偏差

项目	允许偏差(mm)
零件外形尺寸	±1.0
孔距	±0.5

表 3-86　切割的允许偏差

项目	允许偏差(mm)
零件宽度、长度	±3.0
切割面平整度	0.05t 且不大于 2.0
割纹深度	0.2
局部缺口深度	1.0

注:t 为钢板厚度。

表 3-87　机械剪切的允许偏差

项目	允许偏差(mm)
零件宽度、长度	±3.0
边缘缺棱	1.0
型钢端部垂直度	0.2
工字钢、H 型钢翼缘板的垂直度	b/100 且不大于 2.0

注:b 为钢板厚度。

表 3-88　钢材矫正的允许偏差

项目		允许偏差(mm)
钢板的局部平面度	$t \leqslant 14$ mm	1.5
	$t > 14$ mm	1.0
型钢弯曲矢高		L/1 000 且不大于 5.0
角钢肢的垂直度		b/100
槽钢翼缘对腹板的垂直度		b/90

注:L 为长度,b 为宽度,t 为厚度。

表 3-89　边缘加工的允许偏差

项目	允许偏差(mm)
零件宽度、长度	±1.0
加工边直线度	L/3 000 且不大于 2.0
相邻两边夹角	±6′
加工面垂直度	0.025t 且不大于 0.5

注:t 为钢板厚度。

(4)边缘加工质量应符合下列规定:①刨(铣)加工的边缘,要求平直光洁。②除施工图另有规定者外,刨(铣)范围及允许偏差应符合表3-90的规定。

表3-90　栓焊梁(板梁)刨(铣)范围及允许偏差

序号	项目		刨边范围	允许偏差(mm)	检验频率		检验方法
					范围	点数	
1	弦,斜,竖杆,纵、横梁,板梁,托架,平联杆件	盖板(1型)	两边	±2.0	每件(每批抽查10%,且不少于2件)	2	用尺量
		竖板(箱型)	两边	±1.0			
		腹板	两边	±0.5 0①			
2	主桁节点板孔边距		3边	±2.0			
3	底板宽度		4边	±1.0			
4	拼接板、鱼形板、桥门节点弯板的宽度		两边	±2.0			
5	支承节点板、拼接板、支承角的孔边距		支承边端	+0.3 +0.5			
6	填板宽度		按工艺要求(两边)	±2.0			
7	焊接坡口		开口 B	+1.0,0			
			钝边 δ	±0.5			
8	箱型杆件内隔板宽度		4边	+0.5, 0②			
9	工型、槽型隔板的腹板宽度		两边	-0.5 -1.5			
10	加劲肋宽度		焊接边(端)及顶紧端	按工艺要求			

注:1. 腹板加工公差按盖板厚度偏正公差不大于0.4 mm而定,如盖板厚度为负公差,则腹板加工公差必须随之相应改变。

2. 箱型杆件内隔板要求相互垂直。

3. 平联、横联结点板刨焊接边,公差±0.3 mm。

4. 马刀形弯曲10 m以下允许偏差2 mm;10 m以上允许偏差3 mm,但不得有锐弯。

(5)焊接连接组装的允许偏差应符合表3-91的规定。

(6)焊接质量应符合下列要求:①焊缝金属表面焊波均匀,无裂纹、沿边缘或角顶的未熔合、溢流、烧穿、未填满的豁口和超出允许限度的气孔、夹渣、咬肉等缺陷。②对接焊缝要求熔透者,咬合部分不小于2 mm,角焊缝(船型焊)正边尺寸允许偏差+2.0/-1.0 mm。③在双侧贴角焊缝时,焊缝不必将板全厚熔透,箱型组合构件用单侧焊缝连接时,其未熔透部分的厚度不大于0.25倍板厚,最大不大于4.0 mm。④对所有焊缝都应进行外观检查,内部检查以超声波探伤为主。

表 3-91　焊接连接组装允许偏差

序号	项目		允许偏差	检验频率		检验方法
				范围	点数	
1	间隙 δ		±1.0	每件（每批抽查10%，且不小于2件）	2	用尺量
2	边缘高度 S（mm）	4 mm < $\delta \leqslant$ 8 mm	1.0			
		8 mm < $\delta \leqslant$ 20 mm	2.0			
		δ > 20 mm	δ/10，但不大于3.0			
3	坡口	角度 δ（°）	±5			
		钝边 δ（mm）	±1.0			
4	搭接（mm）	长度 L	±5.0			
		间隙 e	1.0			
5	最大间隙 e（mm）		1.0			
6	宽度、高度（mm）	B	+1.0，0			
		H	（有水平拼接时）±1.0			
7	竖板中线与水平板中线的偏移 S（mm）		≤1.0			
8	两竖板中线偏移 S（mm）		≤2.0			
9	盖板的倾斜（mm）		<0.5			
10	板梁、纵横梁加劲肋间距 L（mm）	有横向连接关系者	±1.0			
		无横向连接关系者	±3.0			
11	纵、横梁腹板的局部不平度 f（mm）		<1.0			

（7）钢结构的焊缝质量检验分三级，各级检验项目、检查数量和检验方法应符合表 3-92 的规定。

表 3-92　焊缝质量检验级别

级别	检验项目	检查数量	检查方法
1	外观检查	全部	检查外观缺陷及几何尺寸，有疑点时用磁粉复验
	超声波检验	全部	
	X 射线检验	抽查焊缝长度的2%，至少应有一张底片	缺陷超出表 3-96 的规定时，应加倍透照，如不合格应100%的透照
2	外观检查	全部	检查外观缺陷及几何尺寸
	超声波检验	抽查焊缝长度的50%	有疑点时，用 X 射线透照复验，如发现有超标缺陷，应用超声波全部检验
3	外观检查	全部	检查外观缺陷及几何尺寸

(8)焊缝外观检验质量标准应符合表3-93的规定。

表3-93　焊缝外观检验质量标准

序号	项目		质量标准		
			一级	二级	三级
1	气孔		不允许	不允许	直径小于或等于1.0 mm的气孔,在1 000 mm长度范围内不得超过5个
2	咬边	不要求修磨的焊缝	不允许	深度不超过0.5 mm,累计总长度不得超过焊缝长度的10%	深度不超过0.5 mm,累计总长度不得超过焊缝长度的20%
		要求修磨的焊缝	不允许	不允许	—

(9)对接焊缝外形尺寸允许偏差应符合表3-94的规定。

表3-94　对接焊缝外形尺寸允许偏差

序号	项目			允许偏差(mm)	检验频率		检验方法
					范围	点数	
1	焊接余高 c	$b<20$ mm	一级	1.5 1.5 −1.0	抽查累计焊缝长度的20%,且不少于2件	2	用焊缝卡尺量
			二级	1.5 ±1.0			
			三级	2.0 ±1.5			
		$b>20$ mm	一级	1.0 2.0 −1.5			
			二级	2.0 ±1.5			
			三级	1.5 2.5 2.0			
2	焊缝凹面值 e		一级	0			
			二级	0 ~ 0.5			
			三级	0 ~ 0.5			
3	焊缝错边 d		一级	$d<0.1\delta$,但不得大于2.0			
			二级	$d<0.1\delta$,但不得大于2.0			
			三级	$d<0.15\delta$,但不得大于3.0			

(10)贴角焊缝外形尺寸允许偏差应符合表3-95的规定。

(11)T形接头设计要求焊透的K型焊缝外形尺寸的允许偏差应符合表3-96的规定。

(12)X射线检验焊缝缺陷分两级,质量标准应符合表3-97的规定,检查方法应按现行《钢焊缝射线照相及底片等级分类法》(GB 3323)的规定执行。

表 3-95　贴角焊缝外形尺寸允许偏差

序号	项目		允许偏差（mm）	检验频率		检验方法
				范围	点数	
1	焊脚宽 B	$B\leqslant 6$	+1.5,0	抽查累计焊缝长度的 20% 且不少于 2 m	2	用焊缝卡尺量
		$B>6$	+3.0,0			
2	焊缝余高 C	$B\leqslant 6$	+1.5,0			
		$B>6$	+3.0,0			

注：1. 表中 B 为设计要求的焊脚尺寸，mm。

2. $B>8$ mm 时，贴角焊缝的局部焊脚尺寸允许低于设计要求值的 1.0 mm，但不得超过焊缝长度的 10%。

3. 焊接梁的腹板与翼缘板间焊缝的两端，在其两倍翼缘板宽度范围内，焊缝的实际焊脚尺寸不允许低于设计要求值。

表 3-96　T 形接头焊缝外形尺寸允许偏差

序号	项目	允许偏差（mm）	检验频率		检验方法
			范围	点数	
1	接头焊缝	±1.5,0	抽查累计焊缝长度的 20%，且不少于 2 件	2	用焊缝卡尺量

表 3-97　X 射线检验质量标准

序号	项目		质量标准	
			一级	二级
1	裂纹		不允许	不允许
2	未熔合		不允许	不允许
3	未焊缝	对接焊缝及要求焊透的 K 型焊缝	不允许	允许
		管件单面焊	不允许	深度不大于 10%δ，且不得大于 1.5 mm；长度不得大于条状夹渣总长度
4	气孔和点状夹渣	母材厚度（mm）	点数	点数
		5.0	4	6
		10.0	6	9
		20.0	8	12
		50.0	12	18
		120.0	18	24
5	条状夹渣	单个条状夹渣	$1/3\delta$	$2/3\delta$
		条状夹渣总长	在 12δ 的长度内，不得超过 δ	在 6δ 的长度内，不得超过 δ
		条状夹渣间距	$6L$	$3L$

注：1. δ 为母材厚度，mm。

2. L 为相邻两夹渣中较长者，mm。

3. 点数是一个计数指数，是指 X 射线底片上任何 10 mm^2 焊缝区域内（宽度小于 10 mm 的焊缝，长度仍用 50 mm）允许的气孔点数。母材厚度在表中所列厚度之间时，其允许气孔点数可用插入法计算取整数。各种不同直径的气孔应按表 3-98 换算点数。

(13)超声波检验焊缝质量,应符合表3-97、表3-98和现行的《锅炉和钢制压力容器对接焊缝超声波探伤》(JB 1152)的规定。

表3-98 气孔换点数

气孔直径(mm)	<0.5	0.6~1.0	1.1~1.5	1.6~2.0	2.1~3.0	3.1~4.0	4.1~5.0	5.1~6.0	6.1~7.0
换算点数	0.5	1	2	3	5	8	12	16	20

(14)焊接后的焊件应矫正,其允许偏差应符合规范的规定。

(15)工制孔(采用机器样板或精确划线法钻孔)孔距公差应符合下列要求:①要相邻孔距为±0.35 mm、个别要相邻孔距为±0.5 mm。②板边孔距为±0.5 mm。③两组孔群中心距为±0.5 mm。④孔群中心线与杆件中心的最大偏差为1.5 mm。

(16)采用号孔钻孔(冲孔)孔距公差应符合下列要求:①两相邻孔距为±0.5 mm。②板边及对角线孔距为±1.0 mm。③孔中心与孔中心线的横向偏差不大于1.0 mm。

(17)精制螺栓孔的直径应与螺栓公称直径相等,孔应具有H12的精度,其允许偏差应符合表3-99的规定。

表3-99 精制螺栓杆、螺栓孔径允许偏差

<table>
<tr><th rowspan="2">序号</th><th rowspan="2" colspan="2">项目</th><th rowspan="2">允许偏差(mm)</th><th colspan="2">检验频率</th><th rowspan="2">检验方法</th></tr>
<tr><th>范围</th><th>点数</th></tr>
<tr><td rowspan="2">1</td><td>螺栓杆公称直径</td><td rowspan="2">10~18 mm</td><td>0
-0.18</td><td rowspan="6">每件(每批抽查10%,且不少于2件)</td><td rowspan="6">2</td><td rowspan="6">用游标卡尺或量规量</td></tr>
<tr><td>螺栓孔直径</td><td>+0.18
0</td></tr>
<tr><td rowspan="2">2</td><td>螺栓杆公称直径</td><td rowspan="2">18~30 mm</td><td>0
-0.21</td></tr>
<tr><td>螺栓孔直径</td><td>+0.21
0</td></tr>
<tr><td rowspan="2">3</td><td>螺栓杆公称直径</td><td rowspan="2">30~50 mm</td><td>0
-0.25</td></tr>
<tr><td>螺栓孔直径</td><td>+0.25
0</td></tr>
</table>

(18)高强度螺栓(六角螺栓、扭剪型螺栓等)孔的直径应比螺栓杆公称直径大1~3 mm,螺栓孔应具有H14(H15)的精度,孔的允许偏差应符合表3-100的规定。

表 3-100　高强度螺栓制孔允许偏差

序号	项目		公称直径及允许偏差（mm）							检验频率		检验方法
										范围	点数	
1	螺栓	公称直径	12	16	20	22	24	27	30	每件（每批抽查10%，且不少于2件）	2	用游标卡尺或量规量
		允许偏差	±0.43		±0.52			±0.84				
2	螺栓孔	直径	13.5	17.5	22	24	26	30	33			
		允许偏差	±0.43～0		0.52～0			0.84～0				
3	不圆度（最大和最小直径之差）		1.0		1.5							
4	中心线倾斜度		应不大于板厚的3%，且单层板不得大于2.0 mm，多层板叠加组合不得大于3.0 mm									用芯棒和框式水平尺检验

(19)零件、部件上孔的位置度如设计无要求，成孔后任意两孔间距离的允许偏差应符合表3-101的规定。

表 3-101　孔距允许偏差

序号	项目		公称直径及允许偏差（mm）	检验频率		检验方法
				范围	点数	
1	同一组内相邻两孔距（mm）	≤500	±0.7	每件（每批抽查10%，且不少于2件）	2	用游标卡尺或尺量
2	同一组内任意两孔距（mm）	≤500	±1.0			
		500～1 200	±1.2			
3	相邻两组的端孔距（mm）	≤500	±1.2			
		500～1 200	±1.5			
		1 200～3 000	±2.0			
		>3 000	±3.0			

注：孔的分组规定如下：

(1)在节点中接板与一根杆件相连的所有连接孔划为一组。

(2)接头处的孔：通用接头一个拼接板上的孔为一组；阶梯接头两接头之间的孔为一组。

(3)在相邻节点或接头间的连接孔为一组，但不包括注(1)、注(2)所指的孔。

(4)受弯构件翼缘上，每1 m长度内的孔为一组。

(20)板叠上所有螺栓孔，均应采用量规检查，其通过率为：①用比孔的公称直径小1.0 mm的量规检查，应通过每组孔数的85%。②用比螺栓公称直径大0.2～0.3 mm的量规检查，应全部通过。

(21)端部铣平允许偏差应符合表3-102的规定。

表 3-102　端部铣平允许偏差

序号	项目	允许偏差	检验频率		检验方法
			范围	点数	
1	两端铣平时构件长度(mm)	±2.0	每件（每批抽查10%，且不少于2件）	2	用尺量
2	铣平面的不平直度(mm)	0.3			用刀口尺、水准仪或平台千分表量
3	铣平面的倾斜度（正切值）	不大于1/1 500			用框式水准仪或卡尺量
4	表面粗糙度	0.03			用光洁度样板比较

(22)涂层的质量应符合下列要求：①涂层前钢材表面无锈，无氧化铁皮和油污。②油漆表面均匀，不得有缺漏、皱纹、流滴等现象。两层漆漆膜厚度不小于 50 μm。

(23)钢箱梁尺寸允许偏差见表 3-103。

表 3-103　钢箱梁尺寸允许偏差

项目名称		项目检查方法	允许偏差(mm)
梁高	$h \leq 2$ m	测量两端腹板处高度	±2
	$h > 2$ m		±4
跨度		测两支座中心距离，L 以 m 计	$\pm(5+0.15L)$
全长		—	±15
腹板中心距		测两腹板中心距	±3
盖板宽		—	±4
横断面对角线差		测两端端面对角线差	<4
盖板、腹板平面度		h 为盖板与加劲肋或加劲肋与加劲肋之间的距离	$<h/250$ 且≤8
扭曲		每段以两端隔板处为准	每米≤1，且每段≤10
旁弯		测量腹板中线与两端中心连线在平面内的偏差	$3+0.1L$
拱度		当 $L \leq 40$ m 时	−5 ~ +1.0
支点高低差		支点处相邻面的高低差	≤5

2. 实测项目

钢箱梁制作实测项目见表 3-104。

表 3-104　钢箱梁制作实测项目

项目名称		规定值或允许偏差	检查方法和频率
梁高 h (mm)	$h \leqslant 2$ m	±2	尺量:检查两端腹板处高度
	$h > 2$ m	±4	
跨度 L(mm)		±(5+0.15L)	全站仪或钢尺:测两支座中心距离
全长(mm)		±15	全站仪或钢尺测量
腹板中心距(mm)		±3	尺量:检查两腹板中心距
盖板宽度(mm)		±4	尺量:检查两端断面
横断面对角线差(mm)		4	尺量:检查两端断面
旁弯(mm)		3+0.1L	拉线用尺量:检查跨中
拱度(mm)		+10,−5	拉线用尺量:检查跨中
腹板平面度(mm)		<S/250,且≤8	平尺或拉线:检查跨中
扭曲(mm)		每米≤1,且每段≤10	置于平台,四角中有三角接触平台,用尺量另一角与平台间隙
连接	焊缝尺寸	符合设计要求	量规:检查全部
	焊缝探伤		超声:检查全部; 射线:按设计规定,设计未规定时按10%抽查
	高强螺栓扭矩	±10%	测力扳手:检查5%,且不少于2个

注:1. L 以 m 计。
2. S 为加劲肋与加劲肋之间的距离。

3. 外观鉴定

(1)钢箱梁内外表面不得有凹陷、划痕、焊疤、电弧擦伤等缺陷,边缘应无毛刺。不符合要求时,每处减 0.5~1 分,并应修整。

(2)焊缝均应平滑,无裂纹、未融合、夹渣、未填满弧坑、焊瘤等外观缺陷,预埋件的焊接符合设计要求。发现不合格时,每处减 0.5~2 分,并须处理。

二、钢梁安装

(一)施工作业条件

(1)所使用的焊接材料和紧固件必须符合设计和技术规范的要求。

(2)应按设计规定的程序进行安装。

(3)工地安装焊缝应事先进行焊接工艺评定试验,施焊应按监理工程师批准的焊接工艺方案进行。施焊人员必须具有相应的焊接资格证和上岗证。

(4)同一部位的焊缝返修不能超过两次,返修后的焊缝应按原质量标准进行复验,并且合格。

(5)高强螺栓连接摩擦面的抗滑移系数应对随梁发送的试板进行检验,检验结果须符合设计要求。

(6)钢梁运输、吊装过程中应采取可靠措施防止构件变形、碰撞或损坏漆面，严禁在工地安装具有变形构件的钢梁。

(二)施工要点

1. 工艺流程

(1)钢箱梁安装施工工艺流程见图3-7。

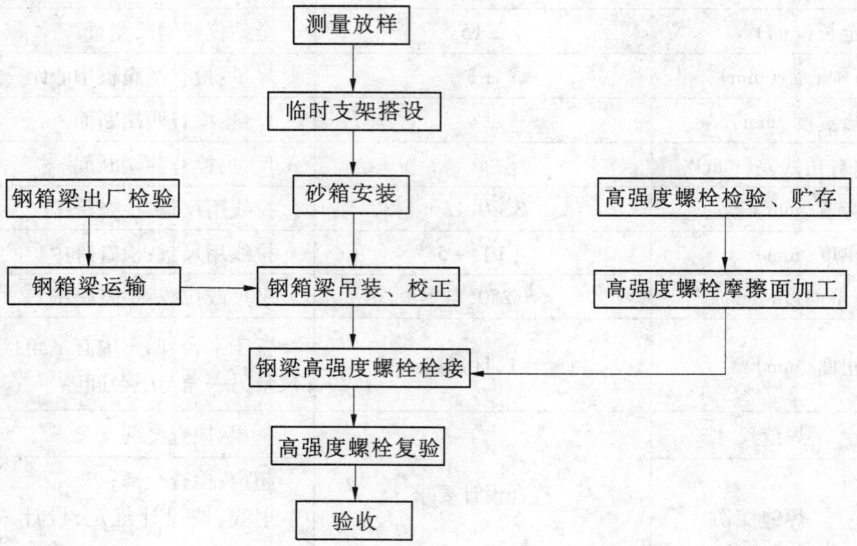

图3-7　钢箱梁安装施工工艺流程

(2)钢箱梁安装质量监理工作流程见图3-8。

2. 材料要求

(1)螺栓、螺母、垫圈均应附有质量证明书，并应符合设计要求和国家标准的规定。高强度螺栓(六角头螺栓、扭剪型螺栓等)、半圆头铆钉等孔的直径应比螺栓杆、钉杆公称直径大1.0～3.0 mm。螺栓孔应具有H14(H15)的精度。

(2)高强度螺栓不允许存在任何淬火裂纹。

(3)高强度螺栓表面要进行发黑处理。

(4)施工使用的高强度螺栓必须符合《钢结构用高强度大六角头螺栓》(GB/T 1228)、《钢结构用高强度大六角螺母》(GB/T 1229)、《钢结构用高强度垫圈》(GB/T 1230)、《钢结构用大六角螺栓、大六角螺母、垫圈技术条件》(GB/T 1231)、《钢结构用扭剪型高强螺栓连接副》(GB/T 3632)、《钢结构用扭剪型高强螺栓连接副技术条件》(GB/T 3633)以及其他有关标准的质量要求。

(5)高强度螺栓连接必须经过以下试验，符合规范要求时方可出厂：①材料、炉号、制作批号、化学成分与机械性能证明或试验数据。②螺栓的楔负荷试验。③螺母的保证荷载试验。④螺母及垫圈的硬度试验。⑤连接副的扭矩系数试验(注明试验温度)、大六角头连接副的扭矩系数平均值和标准偏差、扭剪型连接副的紧固轴力平均值和标准偏差。

(6)高强度螺栓入库应按规格分类存放，防雨、防潮；遇有螺栓、螺母不配套，螺纹损伤时不得使用。螺栓、螺母、垫圈有锈蚀应抽样检查紧固轴力，达到要求后方可使用。螺栓不

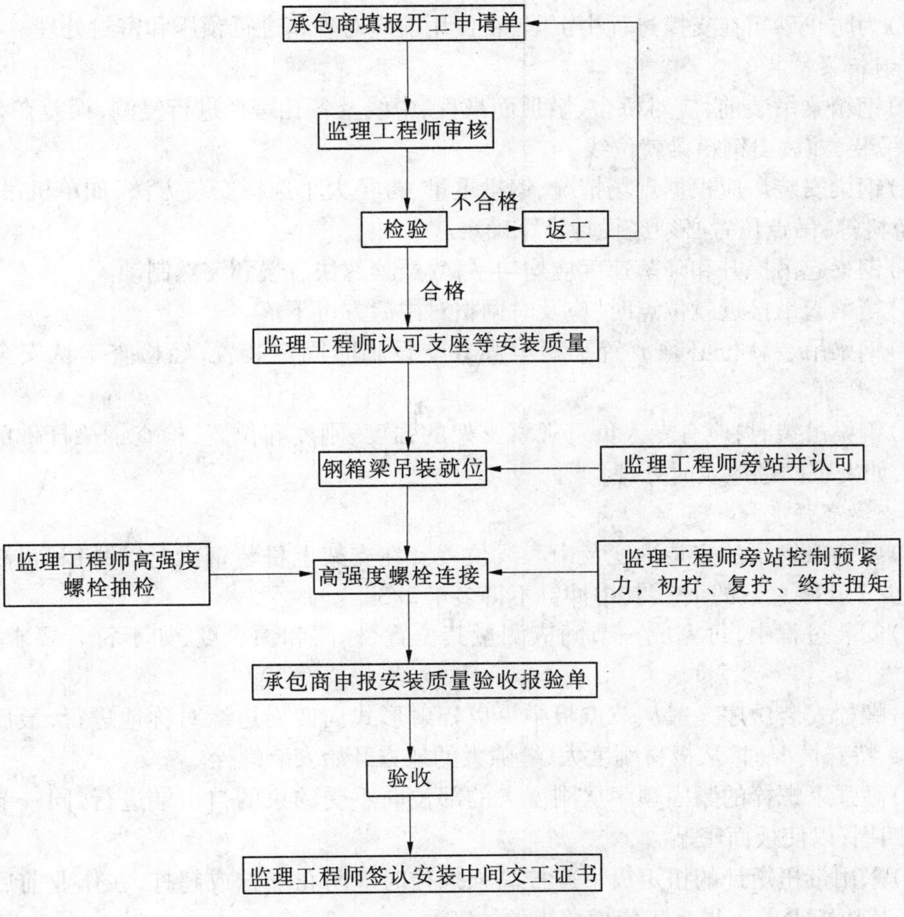

图3-8　钢箱梁安装质量监理工作流程

得被泥土、油污沾染，保持洁净、干燥状态。

3. 施工要求

1)临时支架搭设

(1)钢箱梁临时支架施工前必须通过荷载验算，在支架设计的安全系数范围内可采用碗扣式脚手架或型钢支架，并严格按照支架安装方案组织施工。

(2)根据测量放线确定临时支架位置，支架基底要坚实，如落在土基上，则必须进行承载力检测，必要时做混凝土扩大基础或桩基。

(3)支架搭设高度，应考虑地基沉降、支架变形、设计预留拱度。

(4)支架搭设后，需组织有关人员验收合格，方可进行下道工序施工。

2)砂箱安装

(1)砂箱安装数量根据设计要求确定。

(2)砂箱底面要与临时支架焊接，以保证钢箱梁安装时砂箱受水平推力作用不致移位。

(3)钢梁分段接口处，要设置分段横向、纵向定位钢板，作为钢梁放置时的现场依据。

(4)为观察钢梁安装后的沉降变形，砂箱安装完成后应对基础、支架、砂箱顶面标高进行测量。

(5)为防止砂箱在支撑过程中沉陷,在使用前应对砂箱进行预压和密封处理。

3)钢箱梁吊装

(1)钢箱梁吊装前,应对桥台、墩顶面高程、中线及各孔跨径进行复测,误差在允许范围内方可吊装,并放出钢箱梁就位线。

(2)钢梁安装。应根据现场情况、钢梁重量、跨径大小选择安装方法,如单机吊、双机抬吊、架桥机等;吊点位置必须经设计计算确定。

(3)钢梁起吊提升和降落速度应均匀平稳,严禁忽快忽慢和突然制动。

(4)箱梁起吊接近就位点时,应及时调整对中后方可下落。

(5)钢梁吊装就位必须放置平稳牢固并支设临时固定装置,经检查确认安全后方可摘钩。

(6)钢梁吊装时,应有专人负责观察支架的强度、刚度和位置,检查钢梁杆件的受力变形情况,如发现问题应及时处理。

4)钢梁高强度螺栓连接

(1)要确保钢梁的安装拱度及中心线位置。在支架上拼装钢梁时,冲钉和粗制螺栓总数不得少于孔眼总数的1/3,其中冲钉不得多于2/3。

(2)安装过程中,每完成一节间应测量其位置、标高和预拱度,如不符合要求,应进行校正。

(3)螺栓安装次序一般从节点板中央以辐射形式向四周边缘对称地进行,最后拧紧固端螺栓。特殊情况时,从板材刚度大、缝隙大的地方开始安装螺栓。

(4)高强度螺栓的紧固顺序从刚度大的部位向不受约束的自由端进行,同一节点内从中间向四周,以使板面密贴。

(5)采用带扭矩计的扭矩扳手旋拧高强螺栓时应防止漏拧或超拧,在作业前后均应进行校正,其扭矩误差不得大于使用扭矩的±5%。

(6)构件定位。在高强度螺栓连接工程中,有时采用一些冲钉或临时螺栓来起到承受安装时构件的自重及连接校正时外力的作用,防止连接后构件位置偏移,同时起到促使钢板间的有效夹紧,尽量消除间隙的目的。但在施工过程中,要控制以下几点:①每个节点所需用的临时螺栓和冲钉数量,应按安装时可能产生的荷载计算确定。②为了有效地防止构件产生偏移,临时螺栓与冲钉之和不应少于该节点螺栓总数的1/3。③临时固定螺栓不应少于2个。④所用冲钉数不宜多于临时螺栓的30%。其目的是加大对板叠的压紧力,且冲钉不得强行敲入。⑤连接用的高强度螺栓不得兼作临时螺栓,以防止损伤和连接副表面状态改变,引起扭矩系数的变化。

(7)安装高强度螺栓时,严禁强行穿入螺栓(如用锤敲打)。如不能自由穿入,该孔应用铰刀进行修整,修整后最大直径应小于1.2倍螺栓直径。修孔时,为了防止铁屑落入板叠缝中,铰孔应将四周螺栓全部拧紧,使板叠缝密贴后再进行。严禁切割扩孔。

5)螺栓紧固检查

a. 对大六角高强度螺栓的检查

(1)用小锤敲击法对高强度螺栓进行普查,防止漏拧。"小锤敲击法"是用手指紧按住螺母的一个边,按的位置尽量靠近螺母近垫圈处,然后宜采用0.3~0.5 kg重的小锤敲击螺母相对应的另一个边(手按边的对边),如手指感到轻微颤动即为合格,颤动较大即为欠拧或漏拧,完全不颤动即为超拧。

(2)进行扭矩检查,抽查每个节点螺栓数的10%,但不少于1个。即先在螺母与螺杆的相对应位置划一条细直线,然后将螺母拧松约60°,再拧到原位(即与该细直线重合)时测扭矩,该扭矩与检查扭矩的偏差在检查扭矩的±10%范围以内即为合格。

(3)扭矩检查应在终拧1 h以后进行,并且应在24 h以内检查完毕。

(4)扭矩检查为随机抽样,抽样数量为每个节点的螺栓连接副的10%,但不少于1个连接副。如发现不符合要求的,应重新抽样10%检查,如仍是不合格的,是欠拧、漏拧的,应该重新补拧,是超拧的应予以更换螺栓。

b. 扭剪型高强度螺栓连接副的检查

(1)扭剪型高强度螺栓连接副,因其结构特点,施工中梅花杆部分承受的是反扭矩,因而梅花头部分拧断,即螺栓连接副已施加了相同的扭矩,故检查只需目测梅花头拧断即为合格。但个别部位的螺栓无法使用专用扳手,则按相同直径的高强度大六角螺栓检验方法进行。

(2)扭剪型高强度螺栓施拧必须进行初(复)拧和终拧才行。初拧(复拧)后,应做好标志。此标志是为了检查螺母转角量及有无共同转角量或螺栓空转的现象是否产生之用,应引起重视。

(三)监理巡视与检查

(1)钢桥所有构件运往工地时,必须妥善包装并编号,先用先运,避免堆压翻乱。运输时要防止损伤涂层或杆件扭曲弯形,防止紧固件丢失。

(2)监理工程师对运到工地的杆件进行目测鉴定,对外观有损伤不符合质量要求者,应立即退回原生产厂或由厂派员到工地修整。

(3)钢梁在发运装车时,应采取可靠措施防止构件运输途中变形或损坏漆面。严禁在工地安装具有变形构件的钢梁。

(4)所使用的焊接材料和紧固件必须符合设计要求和现行标准的规定。焊缝不得有裂纹、未熔合、夹渣和未填满弧坑等缺陷。高强螺栓施拧前,必须进行试装,求得参数,作为施拧依据。扭矩扳手应校正。

(5)钢杆件表面必须除锈清净,达到符合规范规定和设计要求的清净度后才能涂装。

(6)防护涂料的质量与性能,应符合规范规定和设计要求。

(四)工程质量验评标准

1. 实测项目

钢梁安装、防护实测项目见表3-105。

2. 外观鉴定

(1)线形平顺,无明显折变。不符合要求时减1~3分。

(2)焊缝均应平滑,无裂纹、未融合、夹渣、未填满弧坑、焊瘤等外观缺陷。发现不合格时,每处减0.5~2分,并须处理。

(3)涂层表面完整光洁,均匀一致,无破损、气泡、裂纹、针孔、凹陷、麻点、流挂和皱皮等缺陷。不符合要求时,每处减0.5~1分。

(4)涂后的漆膜颜色一致。不符合要求时减1~2分。

表 3-105　钢梁安装、防护实测项目

检查项目			规定值或允许偏差	检查方法和频率
钢梁安装	轴线偏位（mm）	钢梁中线	10	经纬仪：测量 2 处
		两孔相邻横梁中线相对偏位	5	
	梁底高程（mm）	墩台处梁底	±10	水准仪：每支座 1 处，每横梁 2 处
		两孔相邻横梁相对高差	5	
	连接	焊缝尺寸	符合设计要求	量规：检查全部
		焊缝探伤		超声：检查全部；射线：按设计规定，设计未规定时按 10% 抽查
		高强螺栓扭矩	±10%	测力扳手：检查 5%，且不少于 2 个
钢梁防护	除锈清洁度		符合设计规定，设计未规定时为 Sa2.5（St3）	比照板目测：100%
	粗糙度（μm）	外表面	70～100	按设计规定检查。设计未规定时，用粗糙度仪检查，每段检查 6 点，取平均值
		内表面	40～80	
	总干膜厚度（μm）		符合设计要求	漆膜测厚仪检查
	附着力（MPa）		符合设计要求	划格或拉力试验：按设计规定频率检查

注：总干膜厚度的检查频率按设计规定执行。设计未规定时，每 10 m^2 测 3～5 个点，每个点附近测 3 次，取平均值。每个点的量测值如小于设计值应加涂一层涂料，每涂完一层后，必须检测干膜总厚度。

第十节　桥面系和附属工程质量监理

一、桥面防水层铺设

（一）施工作业条件

（1）防水层铺设材料的规格和性能，以及防水层的不透水性应符合设计要求，并至少应有不低于桥面沥青混凝土铺装层使用年限的寿命，能适应动荷载及混凝土桥面开裂时不损坏的特点。

（2）防水层施工前，混凝土表面应清除垃圾、杂物、油污与浮浆，并保持干净和干燥。

（3）应严格按规定的工艺施工。

（4）预计涂料表面在干燥前会下雨，则不应施工。施工过程中，严禁踩踏未干的防水层。防水层养护结束后、桥面铺装完成前，行驶车辆不得在其上急转弯或紧急制动。

(二)施工要点

1. 材料要求

1)防水涂料

(1)防水涂料可使用沥青胶结材料或合成树脂、合成橡胶的乳液或溶液。

(2)在较潮湿的基面上涂刷防水涂料时,应采用湿固型涂料或乳化沥青、阳离子氯丁橡胶乳化沥青等亲水性涂料。

(3)各层防水涂料之间可放置玻璃纤维布、合成纤维布、麻布或无纺增强布,以形成一种增强涂料防水层。

2)防水卷材

(1)卷材防水层所用的卷材应采用耐腐蚀、抗老化的石油沥青油毡、沥青玻璃布油毡、再生胶油毡等,不得使用纸胎油毡。

(2)粘贴石油沥青卷材必须使用石油沥青胶结材料,粘贴焦油沥青卷材必须使用焦油沥青胶结材料。

(3)沥青胶应根据要求选用填充料,耐酸沥青胶应选用角闪石粉、辉绿岩粉、石英粉或其他耐酸矿石粉为填充料,耐碱沥青胶应采用滑石粉、石棉粉、石灰石粉、白云石粉或其他耐碱矿石粉为填充料。

2. 施工要求

1)沥青胶结材料防水层施工

(1)垫层表面应涂满冷底子油,并使其干燥。

(2)沥青胶结材料防水层一般涂两层,每层厚度为1.5~2.0 mm。

(3)沥青胶结材料所使用沥青的软化点应比垫层可能的最高温度高出20~25 ℃,且不低于40 ℃;加热温度和使用温度不低于150 ℃。

(4)沥青胶结材料防水层的施工温度不得低于-20 ℃,如温度过低必须采取保温措施。在炎热的季节施工时,应采用遮阳措施,防止烈日暴晒,沥青流淌。

2)合成树脂、合成橡胶的乳液(溶液)防水层施工

(1)第一层涂层涂刷完毕,必须待干燥结膜后,方可涂刷下一层,一般涂2~3层。涂刷第一层涂层必须与混凝土密实结合,不得夹有空隙。

(2)涂料中若配有挥发性溶液,应在3~4 h内用完。

(3)涂贴应均匀,不得有起鼓、翘边、皱折、流淌等现象。玻璃丝布的搭接长度,长边不应小于10 cm,短边不应小于15 cm。

(4)最后一层玻璃丝布上,应涂刷一遍胶结料及一层保护层。

(5)施工时的最低气温,当采用水乳型橡胶沥青时,不低于+5 ℃,雨天及大风天不得施工。

3)卷材防水层施工

(1)铺贴卷材前,表面应用冷底子油涂满铺匀,待冷底子油干燥后方可铺贴卷材。

(2)铺贴卷材的铺设层数,应根据设计要求和当地气候条件确定,一般为2~4层。

(3)粘贴卷材的沥青胶厚度,一般应为1.5~2.5 mm,不得超过3 mm。

(4)卷材的搭接长度,长边不应小于10 cm,短边不应小于15 cm;上下两层和相邻两幅卷材的接缝相互错开,上下两层卷材不得相互垂直。

(5)粘贴卷材应展平压实,卷材与基层和各层卷材间必须粘接紧密,并将多铺的沥青胶结材料挤出,搭接缝必须封缝严密,防止出现水路,粘贴完最后一层卷材后,表面应再涂刷一层厚为 1 ~1.5 mm 的热沥青胶结材料。

(6)卷材防水层铺贴的温度不应低于 +5 ℃。

(三)工程质量验评标准

1. 实测项目

防水层施工实测项目见表 3-106。

表 3-106　防水层施工实测项目

检查项目	规定值或允许偏差	检查方法和频率
防水涂膜厚度(mm)	符合设计规定,设计未规定时为 ±0.1	测厚仪:每 200 m^2 测 4 点或按材料用量推算
黏结强度(MPa)	不小于设计要求,且≥0.3(常温),≥0.2(气温≥35 ℃)	拉拔仪:每 200 m^2 测 4 点(拉拔速度:10 mm/min)
抗剪强度(MPa)	不小于设计要求,且≥0.4(常温),≥0.3(气温≥35 ℃)	剪切仪:1 组 3 个(剪切速度:10 mm/min)
剥离强度(N/mm)	不小于设计要求,且≥0.3(常温),≥0.2(气温≥35 ℃)	90°剥离仪:1 组 3 个(剥离速度:100 mm/min)

注:剥离强度仅适用于卷材类或加胎体涂膜类防水层。

2. 外观鉴定

(1)防水涂料应覆盖整个混凝土表面,如有遗漏,必须进行处理,并减 1 ~3 分。

(2)防水层应表面平整,无空鼓、脱落、翘边等缺陷。不符合要求时必须进行处理,并减 3 ~5 分。

二、桥面铺装

(一)施工作业条件

(1)水泥混凝土桥面的基本要求同水泥混凝土路面,沥青混凝土桥面的基本要求同沥青混凝土路面。

(2)桥面泄水孔进水口的布置应有利于桥面和渗入水的排除,其数量不得少于设计要求,出水口不得使水直接冲刷桥体。

(二)施工要点

1. 防水层设置

(1)铺设防水层的桥面板表面应平整、干燥、干净。防水层沿缘石或中间分隔带的边缘应封闭,以免桥面水渗入主体结构内。

(2)防水层应根据不同材料按制造商推荐的铺设要求进行。

2. 泄水管安装监理

(1)在浇筑桥面板时应预留泄水管安装孔,桥面铺装时应避免泄水管预留孔堵塞。

(2)泄水管埋设位置应符合设计要求，出水管应伸出结构物底面10～15 cm，或按图示将其引入地下排水设施。

3. 水泥混凝土桥面铺装

(1)混凝土的铺设要均匀，铺设的高度应略高于完成的桥面标高，要用振动器压实，并用整平板整平。

(2)在一段桥面铺装修整完成后的15 min内，要采用有效的措施保护混凝土表面不受风吹日晒。

(3)当混凝土桥面铺装之上另有一层沥青混凝土铺装时，该混凝土桥面铺装除按上述要求外，其表面应予以适当粗糙。

4. 沥青混凝土桥面铺装

(1)沥青铺筑前应对水泥混凝土桥面进行检查，桥面应平整、粗糙、干燥、整洁，不得有尘土、杂物或油污，桥面横坡应符合要求。不符合要求应予以处理。对尖锐突出物及凹坑应予以打磨或修补。

(2)铺筑防水层前应洒布黏层沥青，沥青的浇洒温度根据施工气温及沥青标号选择，石油沥青的洒布温度宜为130～170 ℃，煤沥青的洒布温度宜为80～120 ℃。

(3)在沥青混凝土桥面铺装下如另有一层混凝土底层，应待底层的混凝土强度达到特征强度的70%以上时，方能进行沥青混凝土桥面铺装。

(4)沥青防水层摊铺必须在全桥宽范围内全面进行。

(5)摊铺时监理工程师应进行全过程旁站，并按规定进行必要的试验。

5. 钢桥面板上沥青混凝土铺装

(1)沥青混合料的矿料质量及矿料级配应符合设计要求和施工规范的规定。

(2)沥青材料及混合料的各项指标应符合设计和施工规范的要求，对每日生产的沥青混合料应做抽提试验(包括马歇尔稳定度试验)。

(3)严格控制各种矿料和沥青用量及各种材料和沥青混合料的加热温度，碾压温度应符合要求。

(4)拌和后的沥青混合料应均匀一致，无花白、粗细料分离和结团成块现象。

(5)桥面泄水孔进水口的布置应有利于桥面和渗入水的排除，其数量不得少于设计要求，出水口不得使水直接冲刷桥体。

(三)监理巡视与检查

(1)对各种材料应进行抽检试验，对不合格材料不允许入场用于施工。

(2)当进行混凝土桥面铺装时，应按图纸所示预留好伸缩缝工作槽。当进行沥青混凝土铺装时，不必为伸缩缝预留工作槽，而在安装伸缩缝前先行切割沥青混凝土铺装所占的伸缩缝的位置。

(3)桥面铺装宜采取全桥宽同时进行，或者分车道进行，或根据监理工程师指示办理。

(四)工程质量验评标准

1. 实测项目

(1)桥面铺装实测项目见表3-107。

表 3-107　桥面铺装实测项目

<table>
<tr><th colspan="3">检查项目</th><th colspan="2">规定值或允许偏差</th><th>检查方法和频率</th></tr>
<tr><td colspan="3">强度或压实度</td><td colspan="2">在合格标准内</td><td>按 JTG F80/1—2004 附录 B 或 D 检查</td></tr>
<tr><td colspan="3">厚度(mm)</td><td colspan="2">+10，-5</td><td>以同梁体产生相同下挠变形的点为基准点，测量桥面浇筑前后相对高差：每 100 m 测 5 处</td></tr>
<tr><td rowspan="6">平整度</td><td rowspan="3">高速、一级公路</td><td></td><td>沥青混凝土</td><td>水泥混凝土</td><td rowspan="5">平整度仪：全桥每车道连续检测，每 100 m 计算 IRI 或 δ</td></tr>
<tr><td>IRI(m/km)</td><td>2.5</td><td>3.0</td></tr>
<tr><td>δ(mm)</td><td>1.5</td><td>1.8</td></tr>
<tr><td rowspan="3">其他公路</td><td>IRI(m/km)</td><td colspan="2">4.2</td></tr>
<tr><td>δ(mm)</td><td colspan="2">2.5</td></tr>
<tr><td>最大间隙 h(mm)</td><td colspan="2">5</td><td>3 m 直尺：每 100 m 测 3 处×3 尺</td></tr>
<tr><td colspan="2" rowspan="2">横坡坡度(%)</td><td>水泥混凝土</td><td colspan="2">±0.15</td><td rowspan="2">水准仪：每 100 m 检查 3 个断面</td></tr>
<tr><td>沥青面层</td><td colspan="2">±0.3</td></tr>
<tr><td colspan="3">抗滑构造深度</td><td colspan="2">符合设计要求</td><td>砂铺法：每 200 m 查 3 处</td></tr>
</table>

注：1. 桥长不足 100 m 者，按 100 m 处理。
2. 对高速公路、一级公路上的小桥(中桥视情况)，可并入路面进行评定。

(2)复合桥面水泥混凝土铺装实测项目见表 3-108。

表 3-108　复合桥面水泥混凝土铺装实测项目

检查项目	规定值或允许偏差	检查方法和频率
混凝土强度(MPa)	在合格标准内	按 JTG F80/1—2004 附录 D 检查
厚度(mm)	+10，-5	对比桥面浇筑前后标高检查：每 100 m 查 5 处
平整度(mm)	5	3 m 直尺：每 100 m 测 3 处×3 尺
横坡坡度(%)	±0.15	水准仪：每 100 m 检查 3 个断面

注：复合桥面的沥青混凝土面层按表 3-107 评定。

(3)钢桥面板上沥青混凝土铺装实测项目见表 3-109。

2. 外观鉴定

(1)桥面排水良好。不符合要求时减 3～5 分。

(2)表面应平整密实，不应有泛油、裂缝、粗细料集中等现象。有上述缺陷的面积(单条裂缝则按其长度乘以 0.2 m 宽度，折算成面积)之和不得超过受检面积的 0.03%。不符合要求时，每超过 0.03% 减 2 分。

(3)表面无明显碾压轮迹。不符合要求时，每处减 1～3 分。

(4)搭接处应紧密、平顺。不符合要求时，累计每 10 m 长减 1 分。

(5)面层与其他构筑物应接顺，不得有积水现象。不符合要求时，每处减 1～2 分。

表 3-109　钢桥面板上沥青混凝土铺装实测项目

检查项目			规定值或允许偏差	检查方法和频率
压实度			符合设计要求	按碾压吨位与遍数检查
平整度	高速、一级公路	IRI(m/km)	2.5	平整度仪:全桥每车道连续检测,每100 m 计算 IRI 或 δ
		δ(mm)	1.5	
	其他公路	IRI(m/km)	4.2	
		δ(mm)	2.5	
		最大间隙 h(mm)	5	3 m 直尺:每 100 m 测 3 处×3 尺
平均厚度(mm)			0,-5	按沥青混凝土实际用量推算
抗滑构造深度(mm)			符合设计要求	砂铺法:每 200 m 查 1 处
横坡坡度(%)			±3	水准仪:每 200 m 测 4 个断面

三、人行道铺设

(一)施工作业条件

(1)悬臂式人行道必须在横向与主梁牢固连接。

(2)人行道板必须在人行道梁锚固后方可铺设。

(二)监理巡视与检查

(1)对原材料和半成品构件进行试验验证及对供应单位资质进行检查。

(2)对施工单位放样的人行道中线、边线及相应的标高进行复测。

(3)人行道板安装前,必须精确放样定位(包括路缘石、安全带、栏杆基座),并报请监理工程师验收,合格后方可施工安装。

(4)现浇混凝土的人行道板、梁等,倘遇预埋钢筋位置不准时,应予以调整。

(5)人行道板的铺设应按照由里向外的顺序施工。

(6)铺设好的人行道板应安放稳固不摇动,外侧边线顺直,相邻板的高差≤5 mm。

(7)人行道板接缝处应用水泥砂浆嵌填,打扫干净后,按规定绑扎钢筋网,充分湿润并清除积水后,浇筑细石混凝土,于初凝前抹平,不宜再加水泥砂浆抹面,以防脱落。

(8)安装后的人行道,表面应平整,线条直顺,整齐美观,自检合格后,填报相关资料,报请监理工程师验收。

(三)工程质量验评标准

(1)人行道铺设实测项目见表 3-110。

(2)人行道构件连接牢固、密贴,线形直顺,表面平整。不符合要求时减 1~3 分。

四、栏杆及护栏安装

(一)施工作业条件

(1)所用的水泥、砂、石、水和外掺剂的质量和规格必须符合有关规范的要求,按规定的配合比施工。

表 3-110　人行道铺设实测项目

检查项目	规定值或允许偏差	检查方法和频率
人行道边缘平面偏位(mm)	5	经纬仪、钢尺拉线检查:每 30 m 检查 1 处
纵向高程(mm)	+10,0	水准仪:每 100 m 检查 3 处
接缝两侧高差(mm)	2	水准仪:抽查 10%
横坡坡度(%)	±0.3	水准仪:每 100 m 检查 3 处
平整度(mm)	5	3 m 直尺:每 100 m 检查 3 处

注:桥长不足 100 m 者,按 100 m 处理。

(2)不得出现露筋和空洞现象。

(3)栏杆杆件不得有弯曲或断裂现象。

(4)栏杆必须在人行道板铺完后方可安装。

(5)栏杆安装必须牢固,其杆件连接处的填缝料必须饱满平整,强度应满足设计要求。

(6)防撞护栏上的钢构件应焊接牢固,焊缝应满足设计和有关规范的要求,并按设计要求进行防护。

(二)监理巡视与检查

(1)混凝土栏杆及护栏(防撞墙)应在该跨拱架或脚手架放松后才能浇筑。特别要注意使模板光顺并紧密装配,以能保持其线条及外形,且在拆模时不致损害混凝土。

(2)预制栏杆构件应在不漏浆的模板上浇筑。当混凝土足够硬化时,即自模板中取出预制构件并养生 10 d。

(3)存放并装卸预制构件时,应保持边缘及角隅完整和平整,在安放前或安放时任何碎裂、损坏、开裂的构件应废弃并从工程中移去。

(4)与预制栏杆柱相连接的就地浇筑栏杆帽及护栏帽,在浇筑并整修混凝土时应防止栏杆及护栏被玷污和变形。

(5)护栏、栏杆安装前,必须精确放样定位。

(6)防撞护栏、栏杆的伸缩缝应同桥面的伸缩缝在同一直线上。

(7)栏杆块件必须在人行道板铺设完毕后方可安装,安装栏杆柱时,必须在全桥对直、校平(弯桥、坡桥要求平顺)后用水泥砂浆填缝固定。

(8)安装栏杆柱时,必须全桥对直、校平(弯桥、坡桥要求平顺),竖直后用水泥砂浆填缝固定,立柱埋深不小于设计值。

(9)检查扶手在伸缩缝处是否设置活动扶手或断开。

(10)护栏或栏杆钢筋加工安装与模板安装工序完成自检后,报请监理工程师验收,合格后方可浇筑混凝土。

(11)混凝土浇筑完成后,应立即对现场进行清理,将被水泥浆溅落的部位冲刷干净,防止黏结,保持外观整洁。

(12)监理工程师应对护栏逐级检查。

(三)工程质量验评标准

1. 实测项目

(1)混凝土防撞护栏浇筑实测项目见表 3-111。

表 3-111　混凝土防撞护栏浇筑实测项目

检查项目	规定值或允许偏差	检查方法和频率
混凝土强度(MPa)	在合格标准内	按 JTG F80/1—2004 附录 D 检查
平面偏位(mm)	4	经纬仪、钢尺拉线检查:每 100 m 检查 3 处
断面尺寸(mm)	±5	尺量:每 100 m 每侧检查 3 处
竖直度(mm)	4	吊垂线:每 100 m 每侧检查 3 处
预埋件位置(mm)	5	尺量:每件

(2)栏杆安装实测项目见表 3-112。

表 3-112　栏杆安装实测项目

检查项目	规定值或允许偏差	检查方法和频率
栏杆平面偏位(mm)	4	经纬仪、钢尺拉线检查:每 30 m 检查 1 处
扶手高度(mm)	±10	水准仪:抽查 20%
柱顶高差(mm)	4	
接缝两侧扶手高差(mm)	3	尺量:抽查 20%
竖杆或柱纵横向竖直度(mm)	4	吊垂线:抽查 20%

2. 外观鉴定

(1)护栏、栏杆安装应直顺美观。不符合要求时减 1 ~ 3 分。

(2)混凝土表面应平整,不应出现蜂窝、麻面。如出现,必须修整完好,并减 1 ~ 4 分。

(3)杆件接缝处应无开裂现象。不符合要求时减 1 ~ 3 分。

(4)防撞护栏浇筑节段间应平滑顺接,不符合要求时减 1 ~ 3 分。

第四章　隧道工程质量监理

第一节　洞口开挖施工监理

一、施工作业条件

(1)水泥、砂、石、水及外掺剂的质量和规格必须符合设计和规范要求,按规定的配合比施工。

(2)寒冷地区混凝土骨料应按有关规定进行抗冻试验,结果应符合规范要求。

(3)基础的地基承载力须满足设计和规范要求,严禁超挖回填虚土。

(4)钢筋的加工、接头、焊接和安装以及混凝土的拌制、运输、浇筑、养护、拆模均须符合设计和规范要求。

(5)明洞与暗洞应连接良好,符合设计和规范要求。

(6)防水材料的质量和规格等应符合设计和规范要求。

(7)防水层施工前,明洞混凝土外部应平整,不得有钢筋露出。

(8)明洞外模拆除后,应立即做好防水层和纵向盲沟。

(9)墙背回填应两侧同时进行。

(10)人工回填时,拱圈混凝土的强度应达到设计强度的75%。机械回填时,拱圈混凝土强度应达到设计强度且拱圈外人工夯填厚度不小于1.0 m。

(11)明洞黏土隔水层应与边坡、仰坡搭接良好,封闭紧密。

二、监理巡视与检查

(1)要求承包人尽早修建洞门,并尽可能安排在雨季前施工。

(2)为保证边坡、仰坡稳定,防止塌方,尽可能避免大挖大刷,并要求承包人在指定的范围和时间内,应按图纸的要求,用获准的方法保护边坡、仰坡开挖面。

(3)洞门基础开挖及支护方案应报监理工程师审批。要注意基坑的检查验收,基础必须置于稳固的地基上,并做好防排水工程,基坑不得被水浸泡。基坑内废渣,在浇筑混凝土前必须清除干净。若基底岩层软硬不均,应采取措施以防不均匀沉降导致开裂。

(4)洞门处的衬砌拱墙与洞内衬砌拱墙应整体施工,洞门端墙与隧道衬砌应连接良好,使之连成整体。

(5)洞门端墙的砌筑(或浇筑)与回填,应两侧同时进行,防止对衬砌产生偏压。

(6)洞口装修砌体应按图纸要求进行装饰,表面平整清洁,保持美感;隧道名牌字样要求美观醒目,装饰应由熟练工人操作,在监理工程师在场的情况下进行,并经认可。

(7)洞口边、仰坡外的截水沟及排水沟应于土石方开挖前完成,截水沟及排水沟的上游进水口应与原地面紧密衔接,下游出水口应妥善地引入排水系统。

(8)进洞前宜将洞口土石方及其有关工程做完，避免与洞内施工干扰。废弃的土石方应堆放在指定的位置。

三、工程质量验评标准

（一）实测项目

(1)明洞浇筑实测项目见表4-1。

表4-1 明洞浇筑实测项目

检查项目	规定值或允许偏差	检查方法和频率
混凝土强度(MPa)	在合格标准内	按JTG F80/1—2004附录D检查
混凝土厚度(mm)	不小于设计值	尺量或地质雷达：每20 m检查1个断面，每个断面自拱顶每3 m检查1点
混凝土平整度(mm)	20	2 m直尺：每10 m每侧检查2处

(2)明洞防水层实测项目见表4-2。

表4-2 明洞防水层实测项目

检查项目	规定值或允许偏差	检查方法和频率
搭接长度(mm)	≥100	尺量：每环测3处
卷材向隧道延伸长度(mm)	≥500	尺量：检查5处
卷材与基底的横向长度(mm)	≥500	尺量：检查5处
沥青防水层每层厚度(mm)	2	尺量：检查10点

(3)明洞回填实测项目见表4-3。

表4-3 明洞回填实测项目

检查项目	规定值或允许偏差	检查方法和频率
回填层厚(mm)	≤300	尺量：回填1层检查1次，每次每侧检查5点
两侧回填高差(mm)	≤500	水准仪：每层测3次
坡度	不大于设计值	尺量：检查3处
回填压实质量	压实质量符合设计要求	查施工记录，层厚及碾压遍数符合要求

（二）外观鉴定

(1)混凝土表面密实，每延米的隧道面积中，蜂窝、麻面和气泡面积不超过0.5%。不符合要求时，每超过0.5%减0.5～1分。蜂窝、麻面深度超过5 mm时，不论面积大小，发现一处减 1 分。深度超过 10 mm 时应处理。

(2)结构轮廓线条顺直美观,混凝土颜色均匀一致。不符合要求时减 1 ~3 分。

(3)施工缝平顺,无错台。不符合要求时每处减 1 ~2 分。

(4)混凝土因施工养护不当产生裂缝,每条裂缝减 0.5 ~2 分。

(5)防水卷材无破损,接合处无气泡、褶皱和空隙。不符合要求时,一处减 1 分,并采取修补措施或返工处理。

(6)坡面平顺、密实,排水通畅。不符合要求时减 1 ~2 分。

第二节　洞身开挖与支护施工监理

一、洞身开挖

(一)施工作业条件

(1)不良地质段开挖前应做好预加固、预支护。

(2)当前方地质出现变化迹象或接近围岩分界线时,必须用地质雷达、超前小导坑、超前探孔等方法先探明隧道的工程地质和水文地质情况,方可进行开挖。

(3)应严格控制欠挖。当石质坚硬完整且岩石抗压强度大于 30 MPa 并确认不影响衬砌结构稳定和强度时,允许岩石个别凸出部分(每 1 m^2 不大于 0.1 m^2)凸入衬砌断面,锚喷支护时凸入不大于 30 mm,衬砌时不大于 50 mm,拱脚、墙脚以上 1 m 内严禁欠挖。

(4)开挖轮廓要预留支撑沉落量及变形量,并利用量测反馈信息及时调整。

(5)隧道爆破开挖时应严格控制用药量及爆破震动。

(6)洞身开挖在清除浮石后应及时进行初喷支护。

(二)监理巡视与检查

(1)岩石隧道爆破应采用光面爆破或预裂爆破技术,使隧道开挖断面尽可能地符合设计轮廓线,减轻对围岩的扰动,减少超、欠挖。爆破后应有专人负责清边清顶,同时要对开挖面和未衬砌地段进行检查,如察觉可能产生险情,承包人应采取措施及时处理。

(2)在通过煤层或煤系地层时,应采取封闭措施,防止煤层瓦斯逸入坑道;在施工过程中要加强对瓦斯浓度的量测,施工通风应能满足洞内各项作业所需的最大风量,并要采取有效的防尘措施,如采用的防尘措施不能达到规定的粉尘浓度标准,严禁采用干式凿岩机具进行施工。

(3)严格控制断面的开挖,不应欠挖,仅在岩层完整、抗压强度大于 30 MPa,确认不影响衬砌结构的稳定和强度时,岩石个别突出部分可侵入衬砌,但不超过 5 cm。拱墙脚以上 1 m 内断面严禁欠挖。应尽量减少超挖,不论因任何原因或目的造成的超挖所形成的空间,都应用与衬砌相同的材料回填密实。

(4)注意煤层采空区和溶洞的探测,及时、妥善处理施工中发生的塌方。

(三)工程质量验评标准

1. 实测项目

洞身开挖实测项目见表 4-4。

表 4-4　洞身开挖实测项目

检查项目		规定值或允许偏差	检查方法和频率
拱部超挖（mm）	破碎岩、土（Ⅰ、Ⅱ类围岩）	平均 100，最大 150	水准仪或断面仪：每 20 m 测 1 个断面
	中硬岩、软岩（Ⅲ、Ⅳ、Ⅴ类围岩）	平均 150，最大 250	
	硬岩（Ⅵ类围岩）	平均 100，最大 200	
边墙起挖（mm）	每侧	+100，0	尺量：每 20 m 检查 1 处
	全宽	+200，0	
边墙、仰拱、隧底超挖（mm）		平均 100，最大 250	水准仪：每 20 m 检查 3 处

2. 外观鉴定

洞顶无浮石。不符合要求时，每处减 1 分并及时清除。

二、施工支护

（一）施工作业条件

1.（钢纤维）喷射混凝土支护

（1）材料必须满足规范和设计要求。

（2）喷射前要检查开挖断面的质量，处理好超、欠挖。

（3）喷射前，岩面必须清洁。

（4）喷射混凝土支护应与围岩紧密粘接，结合牢固，喷层厚度应符合要求，不能有空洞，喷层内不容许添加片石和木板等杂物，必要时应进行黏结力测试。喷射混凝土时严禁挂模喷射，受喷面必须是原岩面。

（5）支护前应做好排水措施。对渗漏水孔洞、缝隙应采取引排和堵水措施相结合，保证喷射混凝土质量。

（6）采用钢纤维喷射混凝土时，钢纤维抗拉强度不得低于 380 MPa，且不得有油渍及明显的锈蚀。

2. 锚杆支护

（1）锚杆的材质、类型、质量、规格、数量和性能必须符合设计和规范的要求。

（2）锚杆插入孔内的长度不得小于设计长度的 95%。

（3）砂浆锚杆和注浆锚杆的灌浆强度应不小于设计和规范要求，锚杆孔内灌浆密实饱满。

（4）锚杆垫板应满足设计要求，垫板应紧贴围岩，围岩不平时要用 M10 砂浆填平。

（5）锚杆应垂直于开挖轮廓线布设。对沉积岩，锚杆应尽量垂直于岩层面。

3. 钢筋网支护

（1）所用材料的质量和规格应符合设计要求。

(2)采用双层钢筋网时,第二层钢筋网应在第一层钢筋网被混凝土覆盖后铺设。

4. 仰拱

(1)仰拱应结合拱墙施工及时进行,使支护结构尽快封闭。

(2)仰拱浇筑前应清除积水、杂物、虚渣等。

(3)仰拱超挖严禁用虚土、虚渣回填。

5. 钢支撑支护

(1)钢支撑的形式、制作和架设应符合设计和规范要求。

(2)钢支撑之间必须用纵向钢筋连接,拱脚必须放在牢固的基础上。

(3)拱脚标高不足时,不得用块石、碎石砌垫,而应设置钢板进行调整,或用混凝土浇筑,混凝土强度不小于C20。

(4)钢支撑应靠紧围岩,其与围岩的间隙,不得用片石回填,而应用喷射混凝土填实。

(二)监理巡视与检查

(1)施工支护应配合开挖及时进行,确保施工安全。

(2)选择支护方式时,应优先考虑采用锚杆、喷射混凝土或锚喷联合作为临时支护,当条件差、围岩不稳定时,可采用构件支撑。

(3)构件支撑应经常检查,发现杆件破裂、倾斜、弯扭、变形以及接头松脱、填塞漏空等异状,必须立即加固。

(4)检查锚杆材料、类型、规格、质量以及性能是否与设计相符;采用的锚杆注浆设备、水泥浆(水泥砂浆)材料应经批准。

(5)喷射混凝土须按施工前试验所取得的方法与条件进行喷射混凝土作业,在喷射混凝土达到初凝后方能喷射下一层。首次喷射混凝土厚度不少于5 cm。喷射混凝土终凝后2 h,应喷水养护,养护时间一般不少于7 d。

(三)工程质量验评标准

1.(钢纤维)喷射混凝土支护

(1)(钢纤维)喷射混凝土支护实测项目见表4-5。

表4-5　(钢纤维)喷射混凝土支护实测项目

检查项目	规定值或允许偏差	检查方法和频率
喷射混凝土强度(MPa)	在合格标准内	按JTG F80/1—2004附录E检查
喷层厚度(mm)	平均厚度≥设计厚度;检查点的60%≥设计厚度;最小厚度≥0.5设计厚度,且≥50	凿孔法或雷达检测仪:每10 m检查一个断面,每个断面从拱顶中线起每3 m检查1点
空洞检测	无空洞,无杂物	凿孔法或雷达检测仪:每10 m检查一个断面,每个断面从拱顶中线起每3 m检查1点

注:发现1处空洞本分项工程即为不合格。

(2)外观鉴定标准:无漏喷、离鼓、裂缝、钢筋网外露现象。不符合要求时,减2~5分并返工处理。

2. 锚杆支护

(1)锚杆支护实测项目见表4-6。

表 4-6　锚杆支护实测项目

检查项目	规定值或允许偏差	检查方法和频率
锚杆数量(根)	不少于设计值	按分项工程统计
锚杆拔力(kN)	28 d 拔力平均值≥设计值,最小拔力≥0.9 设计值	按锚杆数的 1% 且不小于 3 根做拔力试验
孔位(mm)	±50	尺量:检查锚杆数的 10%
钻孔深度(mm)	±50	尺量:检查锚杆数的 10%
孔径(mm)	符合设计要求	尺量:检查锚杆数的 10%

(2)外观鉴定标准:钻孔方向应尽量与围岩和岩层主要结构面垂直,锚杆垫板与岩面紧贴。不符合要求时减 1 ~ 3 分。

3. 钢筋网支护

(1)钢筋网支护实测项目见表 4-7。

表 4-7　钢筋网支护实测项目

检查项目	规定值或允许偏差	检查方法和频率
网格尺寸(mm)	±10	尺量:每 50 m^2 检查 2 个网眼
钢筋保护层厚度(mm)	≥10	凿孔检查:每 20 m 检查 5 点
与受喷岩面的间隙(mm)	≤30	尺量:每 20 m 检查 10 点
网的长、宽(mm)	±10	尺量

(2)外观鉴定标准:钢筋网与锚杆或其他固定装置连接牢固,喷射混凝土时不得晃动。不符合要求时减 1 ~ 3 分。

4. 仰拱

(1)仰拱实测项目见表 4-8。

表 4-8　仰拱实测项目

检查项目	规定值或允许偏差	检查方法和频率
混凝土强度(MPa)	在合格标准内	按 JTG F80/1—2004 附录 D 检查
仰拱厚度(mm)	不小于设计值	水准仪:每 20 m 检查一个断面,每个断面检查 5 点
钢筋保护层厚度(mm)	≥50	凿孔检查:每 20 m 检查一个断面,每个断面检查 3 点

(2)外观鉴定标准:混凝土表面密实,无露筋。不符合要求时每处减 2 分并进行处理。

5. 钢支撑支护

(1)钢支撑支护实测项目见表 4-9。

表 4-9　钢支撑支护实测项目

检查项目		规定值或允许偏差	检查方法和频率
安装间距(mm)		50	尺量:每榀检查
保护层厚度(mm)		≥20	凿孔检查:每榀自拱顶每 3 m 检查 1 点
倾斜度(°)		±2	测量仪器检查每榀倾斜度
安装偏差(mm)	横向	±50	尺量:每榀检查
	竖向	不低于设计标高	
拼装偏差(mm)		±3	尺量:每榀检查

(2)外观鉴定标准:无污秽、无锈蚀和假焊,安装时基底无虚渣及杂物,接头连接牢靠。不符合要求时,减 1~5 分。

三、衬砌施工

(一)施工作业条件

(1)所用材料的质量和规格必须满足规范和设计要求。

(2)防水混凝土必须满足设计和规范的要求。

(3)防水混凝土粗集料尺寸不应超过规定值。

(4)基底承载力应满足设计要求,对基底承载力有怀疑时应做承载力试验。

(5)拱墙背后的空隙必须回填密实。因严重超挖和塌方产生的空洞要制订具体处理方案经监理工程师批准后实施。

(二)监理巡视与检查

(1)隧道衬砌施工,其中线、断面尺寸、净空大小均须符合图纸及测量精度要求,还应事先考虑施工误差。

(2)衬砌施工前,应根据设计要求,做好各种防排水设施,对个别漏水孔洞的缝隙要采取排水、堵水措施,防止侵蚀性水侵入混凝土,并采用抗侵蚀性水泥,才能确保衬砌结构的强度。

(3)衬砌用的拱架、墙架和模板,宜采用定型的金属结构,必须有足够的强度和刚度。对大跨度的拱架,施工时应特别注意其稳定性,防止失稳或移动造成拱圈开裂。

(4)注意检查衬砌背后回填的密实性,它关系到隧道结构的安全,在稳定性差的围岩中尤为重要。

(5)加强衬砌的养护,衬砌浇筑 10~20 h 后应立即进行养护,须连续养护 7~14 d。严寒地区应做好衬砌的防寒保温措施。

(6)严格控制拱架、墙架和模板的拆除时间,衬砌强度达到要求后方可拆除。

(三)工程质量验评标准

1. 实测项目

(1)混凝土衬砌实测项目见表 4-10。

(2)衬砌钢筋实测项目见表4-11。

表4-10　混凝土衬砌实测项目

检查项目	规定值或允许偏差	检查方法和频率
混凝土强度(MPa)	在合格标准内	按JTG F80/1—2004附录D检查
衬砌厚度(mm)	不小于设计值	激光断面仪或地质雷达: 每40 m检查一个断面
墙面平整度(mm)	20	2 m直尺:每40 m每侧检查5处

表4-11　衬砌钢筋实测项目

<table>
<tr><th colspan="3">检查项目</th><th>规定值或允许偏差</th><th>检查方法和频率</th></tr>
<tr><td colspan="3">主筋间距(mm)</td><td>±10</td><td>尺量:每20 m检查5点</td></tr>
<tr><td colspan="3">两层钢筋间距(mm)</td><td>±5</td><td>尺量:每20 m检查5点</td></tr>
<tr><td colspan="3">箍筋间距(mm)</td><td>±20</td><td>尺量:每20 m检查5点</td></tr>
<tr><td rowspan="4">绑扎搭接长度</td><td rowspan="2">受拉</td><td>Ⅰ级钢筋</td><td>30d</td><td rowspan="4">尺量:每20 m检查3个接头</td></tr>
<tr><td>Ⅱ级钢筋</td><td>35d</td></tr>
<tr><td rowspan="2">受压</td><td>Ⅰ级钢筋</td><td>20d</td></tr>
<tr><td>Ⅱ级钢筋</td><td>25d</td></tr>
<tr><td>钢筋加工</td><td colspan="2">钢筋长度(mm)</td><td>-10,+5</td><td>尺量:每20 m检查2根</td></tr>
</table>

注:d为钢筋直径。

2. 外观鉴定

(1)混凝土表面密实,每延米的隧道面积中,蜂窝、麻面和气泡面积不超过0.5%。不符合要求时,每超过0.5%减0.5~1分。蜂窝、麻面深度超过5 mm时,不论面积大小,每处减1分。深度超过10 mm时应处理。

(2)结构轮廓线条顺直美观,混凝土颜色均匀一致。不符合要求时减1~3分。

(3)施工缝平顺无错台。不符合要求时每处减1~2分。

(4)混凝土因施工养护不当产生裂缝,每条裂缝减0.5~2分。

(5)钢筋应无污秽、无锈蚀,不符合要求时减1~3分。

第三节　隧道防水排水施工监理

一、防水层施工

(一)施工作业条件

(1)防水材料的质量、规格、性能等必须符合设计和规范要求。

(2)防水卷材铺设前要对喷射混凝土基面进行认真的检查,不得有钢筋、凸出的管件等尖锐突出物;割除尖锐突出物后,割除部位用砂浆抹平顺。

(3)隧道断面变化处或转弯处的阴角应抹成半径不小于50 mm的圆弧。

(4)防水层施工时,基面不得有明水;如有明水,应采取措施封堵或引排。

(二)监理巡视与检查

1. 衬砌背后采用压注水泥浆防水

(1)压浆地段混凝土衬砌达设计强度的70%时,方可进行压浆。

(2)注浆地段衬砌背面宜用干砌片石回填紧密,并每隔20 m左右用1 m厚浆砌片石或混凝土作阻浆隔墙,分段进行压浆。

(3)注浆孔宜按梅花形排列,孔距视岩层渗水和裂隙情况确定,一般不宜大于2 m,径向孔深应穿过衬砌进入岩层0.5 m。

(4)压浆顺序应自下而上,从无水、少水的地段向有水或多水处,从下坡方向往上坡方向,从两端洞口向洞身中间压浆,每段压浆长度不宜小于20 m。

(5)初次压浆压力为0.3~0.5 MPa;检查压浆压力为0.6~1.0 MPa,但不超过1.2 MPa。

(6)做好压浆孔编号及位置、水泥品种及标号、砂浆成分及水灰比、延散度、压浆压力、压浆数量等记录。

2. 复合式衬砌中防水层

(1)防水层应在初期支护变形基本稳定后,二次衬砌施作前进行。

(2)防水层铺筑前,喷射混凝土层表面不得有锚杆头或钢筋断头外露;对凸凹不平部位应修凿喷补,使混凝土表面平顺;喷层表面漏水时,应及时引排。

(3)防水层可在拱部和边墙按环状铺设,并视材质采取相应的接合方法;塑料板用焊接,搭接宽度为10 cm,两侧焊缝宽应不小于2.5 cm;橡胶防水板粘接时,搭接宽度为10 cm,粘缝宽不小于5 cm。

(4)防水层的接头处应擦净。塑料防水板应用与其材质相同的焊条焊接;橡胶防水板应用黏合剂连接。涂刷胶浆应均匀,用量应充足;防水层的接头处不得有气泡、褶皱及空隙。接头处应牢固,强度应不小于同质材料。

(5)开挖和衬砌作业不得损坏防水层,当发现层面有损坏时,应及时修补。

(三)工程质量验评标准

1. 实测项目

防水层实测项目见表4-12。

表4-12 防水层实测项目

检查项目		规定值或允许偏差	检查方法和频率
搭接宽度(mm)		≥100	尺量:全部搭接均要检查,每个搭接检查3处
缝宽(mm)	焊接	两侧焊缝宽≥25	尺量:每个搭接检查5处
	粘接	粘缝宽≥50	
固定点间距(m)	拱部	符合设计要求	尺量:检查总数的10%
	侧墙	符合设计要求	

2. 外观鉴定

(1)防水层表面平顺,无褶皱、无气泡、无破损等现象,与洞壁密贴,松紧适度,无紧绷现象。不符合要求时,每处减1~3分。

(2)接缝、补眼粘贴密实饱满,不得有气泡、空隙。不符合要求时,每处减1~3分。

二、止水带施工

(一)施工作业条件

(1)止水带的材质、规格等应满足设计和规范要求。

(2)止水带与衬砌端头模板应正交。

(二)监理巡视与检查

(1)检查每批进场的止水带,如有任何损伤或破裂,应及时修补或更换。

(2)止水带的安装方式,应符合设计要求;安装位置、固定情况及接头质量须符合施工方案的要求。

(3)必须保证止水带能对称设置在施工缝(沉降缝)两侧的衬砌混凝土中,并且要固定牢固,不至于浇筑衬砌混凝土时止水带移位和变形扭曲。

(4)监理工程师应随时查看已设置止水带的施工缝和沉降缝是否存在渗漏水情况。

(三)工程质量验评标准

1. 实测项目

止水带施工实测项目见表4-13。

表4-13　止水带施工实测项目

检查项目	规定值或允许偏差	检查方法和频率
纵向偏离(mm)	±50	尺量:每环3处
偏离衬砌中心线(mm)	≤30	尺量:每环3处

2. 外观鉴定

(1)发现破裂应及时修补。不符合要求时减1~3分。

(2)衬砌脱模后,若发现因走模致使止水带过分偏离中心,应适当凿除或填补部分混凝土,对止水带进行纠偏。不符合要求时减1~3分。

三、排水施工

(一)施工作业条件

(1)墙背泄水孔必须伸入盲沟内,泄水孔进口标高以下超挖部分应用同级混凝土或不透水材料回填密实。

(2)排水管接头应密封牢固,不得出现松动。

(3)严寒地区保温水沟施工时应有防潮措施。修筑的深埋渗水沟,回填材料除应满足保温、透水性好的要求外,水沟周侧应用级配骨料分层回填,石屑、泥沙不得渗入沟内。排水设施应设置在冻胀线以下。

(二)监理巡视与检查

(1)排水结构物的断面形式、尺寸、位置和埋设深度应符合设计要求。

(2)水沟坡面整齐平顺,水沟及检查井盖板平稳无翘曲。

(3)衬砌背后或隧底设置盲沟时,沟内以石质坚硬、不易风化且尺寸不小于15 cm的片石充填。盲沟纵坡不宜小于1%。

(4)设置在软弱围岩区段的盲沟、有管渗沟,周侧应加做砂砾石反滤层或用无纺布包裹,不得堵塞水路。

(5)设在衬砌背后和隧底的纵横向排水设施,其纵横向坡应平顺,并配合其他作业同时施工。

(6)墙背泄水孔必须伸入盲沟内,泄水孔进口标高以下超挖部分应用同级混凝土或不透水材料回填密实。

(7)排水管接头应密封牢固,不得出现松动。

(8)隧底盲沟、有管渗沟及渗水滤层上方的回填,应满足路基施工的要求。墙背沟、管内应清除杂物,防止堵塞水路。

(9)严寒地区保温水沟施工时,应有防潮措施,防止保温材料受潮,影响保温性能。修筑的深埋渗水沟,回填材料除应满足保温、透水性好的要求外,水沟周侧应用级配骨料分层回填,不得让石屑、泥沙渗入沟内。

(三)工程质量验评标准

1.实测项目

排水结构物(如浆砌片石水沟、现浇混凝土等)按照本书第二章路基排水中的相应项目检验评定。

2.外观鉴定

水沟和检查井盖板平稳无翘曲。不符合要求时,每处减1~3分。

第四节　隧道附属设施施工监理

一、通风设施安装

(一)施工作业条件

(1)通风设备及缆线的数量、型号、规格、程式符合设计要求,部件及配件完整。

(2)通风设备安装支架的结构尺寸、预埋件、安装方位、安装间距等符合设计要求,并附抗拔力的检验报告。

(3)通风设备安装牢固、方位正确。

(4)按规范要求连接通风设备的保护线、信号线、电力线,排列规整、无交叉拧绞,经过通电测试,工作状态正常。

(5)隐蔽工程验收记录、分项工程自检和设备调试记录、安装和非安装设备及附(备)件清单、有效的设备检验合格报告或证书等资料齐全。

(二)监理巡视与检查

(1)随时注意通风设施与隧道正洞配合施工情况,对承包人的不规范施工进行纠正。

(2)对通风机进行全面检查,要有出厂检验合格证,配件齐全、运行正常且外表无损失。

(3)风机房、风道与隧道正洞连接地段的开挖,一般应在正洞掘进至其位置时,将该处一次挖成。该连接段的支护、防排水及衬砌应与正洞施工一次同时完成。

(4)风机房内的附属设施(如天车、检修台等)宜在机房施工时一次完成。

(5)通风机的机座与基础,应按设计要求施工。风机底盘与机座相连的地脚螺栓应按设计要求的风机底盘螺栓孔布置、预留灌注孔眼。螺栓埋设时,灌浆应密实,螺栓应与基座面垂直。

(6)通风施工完成后,安装好的通风设施应通过试运行检验。

(三)工程质量验评标准

1. 实测项目

通风设施安装实测项目见表4-14。

表4-14　通风设施安装实测项目

检查项目	技术要求	检查方法
安装误差	符合设计要求	用经纬仪或量尺测量
净空高度	符合设计要求	用经纬仪或量尺测量
绝缘电阻	强电端子对机壳≥500 MΩ	500 V兆欧表测量
控制柜安全保护接地电阻	≤4 Ω	接地电阻测量仪
防雷接地电阻	≤10 Ω	接地电阻测量仪
风机运转时隧道断面平均风速	符合设计要求	风速仪实测
风机全速运转时隧道噪声	符合设计要求	声级计实测
响应时间	发送控制命令后至风机启动带动叶轮转动时的时间≤5 s,或符合设计要求	实际操作
方向可控性	接收手动、自动控制信号,改变通风方向	实际操作
风速可控性	接收手动、自动控制信号,调节通风量	实际操作
运行方式	风机具有手动、自动两种运行方式以控制风机的启动、停止、方向和风量	实际操作
本地控制模式	自动运行方式下,可以接收多路检测器的控制,控制风机启动、停止与方向、风量	实际操作
远程控制模式	自动运行方式下,通过标准串口,接收本地控制器或计算机控制系统的控制,控制风机启动、停止与方向、风量	实际操作

2. 外观鉴定

(1)通风设备安装稳固、位置正确。

(2)通风设备的电力线、信号线、接地线端头制作规范;按设计要求采取线缆保护措施、布线排列整齐美观、安装固定、标识清楚。

(3)设备表面光泽一致,无划伤、无刻痕、无剥落、无锈蚀。

(4)控制柜内布线整齐、美观、绑扎牢固,接线端头焊(压)结牢固、平滑;编号标识清楚,预留长度适当;柜门开关灵活、出线孔密封措施得当,机箱内无积水、无霉变、无明显尘土,表面无锈蚀。

以上任一项不符合要求时,该项减0.1~1.5分。

二、照明设施安装

(一)施工作业条件

(1)照明设备及缆线的数量、型号、规格、程式符合设计要求,部件及配件完整。

(2)照明灯具安装支架的结构尺寸、预埋件、安装方位、安装间距等符合设计要求。

(3)照明设备及控制柜安装牢固、方位正确。

(4)按规范要求连接照明设备的保护线、信号线、电力线排列规整,无交叉拧绞,经过通电测试,工作状态正常。

(5)隐蔽工程验收记录、分项工程自检和设备调试记录、安装和非安装设备及附(备)件清单、有效的设备检验合格报告或证书等资料齐全。

(二)监理巡视与检查

(1)监理工程师应仔细核对和检查各段照明灯具的型号、规格及出厂检验合格证,了解各灯具的照明作用,防止安装错误。

(2)各区段的灯具和电缆电线的型号、规格和间距应符合设计要求,各灯具与配电控制设备的电路要连接正确,使灯具发挥各自应有的作用。

(3)照明灯具和配电控制板的安装、配线、电缆的敷设以及接地工程应遵守现行《电气安装工程施工及验收规范》的有关规定。

(4)安装完后,应通过运行调试,各区段照明亮度应满足设计要求。

(三)工程质量验评标准

1. 实测项目

照明设施安装实测项目见表4-15。

表4-15　照明设施安装实测项目

检查项目	技术要求	检查方法
灯具的安装偏差	符合设计要求。无要求时:纵向≤30 mm,横向≤20 mm,高度≤10 mm	用经纬仪或量尺测量
绝缘电阻	强电端子对机壳≥50 MΩ	500 V兆欧表测量
控制柜安全保护接地电阻	≤4 Ω	接地电阻测量仪
防雷接地电阻	≤10 Ω	接地电阻测量仪

续表 4-15

检查项目	技术要求	检查方法
灯具启动时间的可调性	照明回路组的启动时间间隔可调、可控	实际操作
启动、停止方式	可自动、手动两种方式控制全部或部分照明器的启动、停止	实际操作
照度(入口段、过渡段、中间段)	符合设计要求	照度计
照度总均匀度、纵向均匀度	符合设计要求	照度计
紧急照明	双路供电照明系统,主供电路停电时,应自动切换到备用供电线路上	模拟操作

2. 外观鉴定

(1)照明灯具安装稳固、位置正确,灯具轮廓线形与隧道协调、美观。

(2)照明设备的电力线、信号线、接地线端头制作规范;按设计要求采取线缆保护措施、布线排列整齐美观、安装固定符合要求、标识清楚。

(3)设备表面光泽一致,无划伤、无刻痕、无剥落、无锈蚀。

(4)控制柜内布线整齐、美观、绑扎牢固,接线端头焊(压)结牢固、平滑;编号标识清楚,预留长度适当;柜门开关灵活、出线孔密封措施得当,机箱内无积水、无霉变、无明显尘土,表面无锈蚀。

(5)照明灯具应发光均匀,无刺眼的眩光。

以上任一项不符合要求时,该项减 0.1~1.5 分。

三、消防设施安装

(一)施工作业条件

(1)消防设施的火灾探测器、消防控制器、火灾报警器、消火栓、灭火器、加压设施、供水设施及消防专用连接线缆、管道、配(附)件等器材的产品质量符合国家或行业标准,其数量、型号、规格符合设计要求,部件完整。

(2)消防设施的安装支架、预埋锚固件、预埋管线、在隧道内安装孔位、安装间距等符合设计要求。

(3)明装的线缆、管道保护措施符合设计要求。

(4)所有安装设施安装到位、方位正确、不侵入公路建筑限界,设备标识清楚。

(5)按规范要求连接消防设施的保护线、信号线、电力线,线缆排列规整、无交叉拧绞,标识完整、清楚,消防系统经过通电测试、联调,工作状态正常。

(6)隐蔽工程验收记录、分项工程自检和设备调试记录、安装和非安装设备及附(备)件清单、有效的设备检验合格报告或证书等资料齐全。

(二)监理巡视与检查

(1)施工中,当发现原定位置地质不良时,应会同设计单位和建设单位对现场进行调查、研究，确定变更的位置。施工要求同洞身工程。

(2)同一隧道内应采用统一规格的消火栓、水枪和水龙带。

(3)蓄水池的断面尺寸及混凝土强度要满足设计要求，混凝土要灌注密实，不渗水。否则，应要求承包人修补处理。

(4)检查供水管是否符合设计要求，与水管连接件、密封件及水阀等是否配套。

(5)检查消防器材的型号是否符合设计要求，安装是否牢固及便于使用。

(6)安装完毕，应进行供水试验。

(三)工程质量验评标准

1. 实测项目

消防设施安装实测项目见表4-16。

表4-16　消防设施安装实测项目

检查项目	技术要求	检查方法
火灾探测器安装位置	符合设计要求	用经纬仪或量尺测量
消防控制器安装位置	符合设计要求	用经纬仪或量尺测量
火灾报警器、消火栓安装位置	符合设计要求	用经纬仪或量尺测量
灭火器安装位置	符合设计要求	用经纬仪或量尺测量
加压设施气压	符合设计要求	利用设施上的气压表目测
供水设施水压	符合设计要求	利用设施上的水压表目测
绝缘电阻	强电端子对机壳≥50 MΩ	500 V兆欧表测量
控制器安全保护接地电阻	≤4 Ω	接地电阻测量仪
防雷接地电阻	≤10 Ω	接地电阻测量仪
火灾探测器灵敏度	可靠探测火灾，不漏报、不误报，并将探测数据传送到火灾控制器和上端计算机	模拟测试
火灾报警器灵敏度	按下报警器时，触发警报器，并把信号传送到火灾控制器和上端计算机	模拟测试
消火栓的功能	打开阀门后在规定的时间内达到规定的射程	模拟测试1次
其他灭火器材的功能	按使用说明书	抽测1个
火灾探测器与自动灭火设施的联合测试	按设计要求	模拟测试1次，或查施工记录、历史记录

2. 外观鉴定

(1)消防设施安装稳固、位置正确，与隧道协调、美观。

(2)消防设施的电力线、信号线、接地线端头制作规范；按设计要求采取了线缆保护措施，布线排列整齐美观，安装固定，标识清楚。

(3)设备表面光泽一致，无划伤、无刻痕、无剥落、无锈蚀。

(4)控制箱内布线整齐、美观、绑扎牢固，接线端头焊(压)结牢固、平滑并进行了热塑封合；编号标识清楚，预留长度适当；箱门开关灵活，出线孔密封措施得当，机箱内无积水、无霉变、无明显尘土，表面无锈蚀。

以上任一项不符合要求时，该项减0.1～1.5分。

四、其他附属设施

(一)环境检测设备

1. 施工作业条件

(1)环境检测器及其配置的CO传感器、烟雾传感器、照度传感器、风向风速传感器的数量、型号、规格符合要求，部件完整。

(2)环境检测器及其配置的传感器安装位置正确，符合要求。

(3)按规范要求连接环境检测器及其传感器的保护线、信号线、电力线，排列规整、无交叉拧绞，经过通电测试，处于正常工作状态。

(4)隐蔽工程验收记录、分项工程自检和设备调试记录、安装和非安装设备及附(备)件清单、有效的设备检验合格报告或证书等资料齐全。

2. 施工质量监理

环境检测设备质量监理一览见表4-17。

表4-17 环境检测设备质量监理一览

检查项目	技术要求	检查方法
传感器安装位置偏差	符合设计要求	用经纬仪或量尺测量
绝缘电阻	强电端子对机壳≥50 MΩ	500 V兆欧表测量
安全保护接地电阻	≤4 Ω	接地电阻测量仪
防雷接地电阻	≤10 Ω	接地电阻测量仪
数据传输性能	24 h观察时间内失步现象不大于1次或*BER*小于1×10^{-8}	数据传输测试仪
CO传感器灵敏度	符合要求或出厂检验指标	用相应仪器比对
烟雾传感器灵敏度	符合要求或出厂检验指标	用相应仪器比对
照度传感器灵敏度	符合要求或出厂检验指标	用相应仪器比对
风速传感器灵敏度	符合要求或出厂检验指标	用相应仪器比对
CO传感器精度偏差	符合要求或出厂检验指标	用相应仪器比对
烟雾传感器精度偏差	符合要求或出厂检验指标	用相应仪器比对
照度传感器精度偏差	符合要求或出厂检验指标	用相应仪器比对
风速传感器精度偏差	符合要求或出厂检验指标	用相应仪器比对
风向传感器精度偏差	符合要求或出厂检验指标	用相应仪器比对
数据采样周期	符合设计要求	实际操作
信号输出方式	符合设计要求	用示波器和数据传输分析仪测验
与风机、照明、消防、报警、诱导、可变标志、控制计算机的联动功能	符合设计要求	模拟或实际操作

3. 外观鉴定

(1)环境检测器控制箱安装稳固、位置正确,表面光泽一致,无划伤、无刻痕、无剥落、无锈蚀。

(2)控制箱门开关灵活、出线孔分列明确、密封措施得当,机箱内无积水、无霉变、无明显尘土,表面无锈蚀。

(3)控制箱内电力线、信号线、接地线分列明确,布线整齐、美观、绑扎牢固,接线端头焊(压)结牢固、平滑;编号标识清楚,余留长度适当、规整。

(4)控制箱至传感器的电力线、信号线、接地线端头制作规范;按设计要求采取了线缆保护措施、布线排列整齐美观、安装牢固、标识清楚。

(5)传感器的布设位置正确、排列整齐美观、安装牢固、标识清楚。

(6)传感器表面光泽一致,无划伤、无刻痕、无剥落、无锈蚀。

以上任一项不符合要求时,该项减 0.1 ~ 1 分。

(二)报警与诱导设施

1. 施工作业条件

(1)报警与诱导设施的数量、型号、规格符合设计要求,部件完整。

(2)报警与诱导设施的安装位置正确,符合要求。

(3)按规范要求连接报警与诱导设施的保护线、信号线、电力线,排列规整、无交叉拧绞,经过通电测试,工作状态正常。

(4)隐蔽工程验收记录、分项工程自检和设备调试记录、安装和非安装设备及附(备)件清单、有效的设备检验合格报告或证书等资料齐全。

2. 施工质量监理

报警与诱导设施质量监理一览见表 4-18。

表 4-18 报警与诱导设施质量监理一览

检查项目	技术要求	检查方法
报警按钮的位置和高度偏差	符合设计要求	用经纬仪或量尺测量
警报器的位置和高度偏差	符合设计要求	用经纬仪或量尺测量
诱导设施的位置和高度偏差	符合设计要求	用经纬仪或量尺测量
绝缘电阻	强电端子对机壳≥50 MΩ	500 V 兆欧表测量
安全保护接地电阻	≤4 Ω	接地电阻测量仪
防雷接地电阻	≤10 Ω	接地电阻测量仪
数据传输性能	24 h 观察时间内失步现象不大于 1 次或 $BER \leq 1 \times 10^{-8}$	数据传输测试仪
警报器音量	96 ~ 120 dB(A)或设计要求	声级计
诱导设施的色度	符合 GB 14887 要求	用色度/亮度计实测
诱导设施的亮度	符合 GB 14887 要求	用色度/亮度计实测
报警信号输出	能将报警器位置、类型等信息传送到中心控制室计算机或本地控制器	实际操作
报警按钮与警报器的联动功能	警报器可靠接受报警信号的控制	实际操作

3. 外观鉴定

(1)警报器和诱导设施控制箱安装稳固、位置正确,表面光泽一致,无划伤、无刻痕、无剥落、无锈蚀。

(2)控制箱柜门开关灵活、出线孔分列明确、密封措施得当,机箱内无积水、无霉变、无明显尘土,表面无锈蚀。

(3)控制箱内电力线、信号线、接地线分列明确,布线整齐、美观、绑扎牢固,接线端头焊(压)结牢固、平滑;编号标识清楚,预留长度适当、规整。

(4)控制箱至警报器和诱导设施的电力线、信号线、接地线端头制作规范;按设计要求采取了线缆保护措施、布线排列整齐美观、安装牢固、标识清楚。

(5)警报器和诱导设施的布设位置正确、排列整齐美观、安装牢固、标识清楚。

(6)警报器和诱导设施表面光泽一致,无划伤、无刻痕、无剥落、无锈蚀。

以上任一项不符合要求时,该项减 0.1 ~1 分。

(三)本地控制器

1. 施工作业条件

(1)本地控制器及其配件的数量、型号、规格符合要求,部件完整。

(2)本地控制器安装方位正确、不侵入公路建筑限界,设备标识清楚。

(3)明装的线缆、管道保护措施符合设计要求。

(4)本地控制器至控制中心以及隧道内下端设备的保护线、信号线、电力线的连接符合设计要求。线缆排列规整、无交叉拧绞,标识完整、清楚。

(5)与下端设备及控制中心计算机进行通电测试、联调,工作状态正常。

(6)隐蔽工程验收记录、分项工程自检和设备调试记录、有效的设备检验合格报告或证书等资料齐全。

2. 施工质量监理

本地控制器质量监理一览见表 4-19。

表 4-19　本地控制器质量监理一览

检查项目	技术要求	检查方法
基础尺寸	符合设计要求	用量尺测量
安装水平度、竖直度	水平:≤3 mm/m,垂直:≤5 mm/m	铅锤、直尺或全站仪
机箱、锚具和地脚的防腐涂层厚度	符合设计要求	用量具或涂层测厚仪测量
强电端子对机壳绝缘电阻	≥50 MΩ	500 V 兆欧表测量
安全保护接地电阻	≤4 Ω	接地电阻测量仪
防雷接地电阻	≤10 Ω	接地电阻测量仪
数据传输性能	48 h 观察时间内失步现象不大于 1 次或 $BER \leq 1 \times 10^{-8}$	数据传输测试仪
与计算机通信功能	按设计周期与中心计算机通信	实际操作

续表 4-19

检查项目	技术要求	检查方法
对所辖区域内下端设备控制功能	按设计周期或中心控制采集、处理、计算各下端设备的数据	实际操作
本地控制功能	中心计算机或通信链路故障时,具有独立控制功能	实际操作
断电时恢复功能	加电或系统重启动后可自动运行原预设控制方案	模拟测试

3. 外观鉴定

(1)本地控制器安装稳固、位置正确,设备表面光泽一致,无划伤、无刻痕、无剥落、无锈蚀。

(2)与外部连接的电力线、信号线、接地线端头制作规范;按设计要求采取了线缆保护措施、布线排列整齐美观、安装固定符合要求、标识清楚。

(3)控制箱内布线整齐、美观、绑扎牢固,接线端头焊(压)结牢固、平滑并进行热塑封合;编号标识清楚,余留长度适当。

(4)箱门开关灵活、出线孔密封措施得当,机箱内无积水、无霉变、无明显尘土,表面无锈蚀。

以上任一项不符合要求时,该项减 0.1 ~ 1.5 分。

(四)隧道监控中心设备及软件

1. 施工作业条件

1)隧道监控中心设备

(1)所有设备型号、规格、数量、性能参数和配置符合设计和合同要求。

(2)隧道监控中心机房的防雷、接地、水暖、供电、空调通风、照明等辅助设施安装调试完毕并通过相关专业的验收。

(3)隧道监控中心机房应整洁,通风、照明良好。

(4)计算机控制系统所有硬件设备安装调试完毕,并与外场所有子系统通过了联调,系统处于正常运转工作状态。

(5)隐蔽工程验收记录、分项工程自检和设备及系统联调记录、有效的设备检验合格报告或证书等资料齐全。

2)计算机控制系统软件

(1)具有采集隧道段交通流、气象参数、隧道内环境参数、火灾信息、声音图像信息、隧道段主要交通设施运行状态信息的功能。

(2)具有自动探测和确认隧道内异常事件并作出快速响应的功能。

(3)具有建立隧道段交通数据库的功能。

(4)按国家相关标准进行软件的稳定性、可靠性测试并附报告;编制并提供符合规范的软件手册及相关文档。

2. 施工质量监理

隧道监控中心设备及软件质量监理一览见表 4-20。

表 4-20　隧道监控中心设备及软件质量监理一览

检查项目	技术要求	检查方法
系统设备安装联接的可靠性	系统设备安装联接应可靠，经振动试验后系统无告警、错误动作	橡皮锤轻轻敲击设备基架和服务器主机的配线背板 15 min
接地连接的可靠性	工作地、安全地、防雷地按规范要求分别连接到汇流排上	用万用表测量，目测检查
强电端子对机壳绝缘电阻	≥50 MΩ	500 V 兆欧表抽测人易触摸到的带电金属壳体设备
与本地控制器的通信功能	定时或实时轮询各本地控制器的数据，收集信息或发送执行命令	实际操作
与监控中心计算机通信功能	向监控中心传输规定的数据，传输准确	实际操作
服务器功能	主要完成网管、数据备份、资源共享。其他设计规定的内容	实际操作
中央管理计算机功能	协调和管理其他计算机其他设计规定的内容	实际操作
交通控制计算机功能	接收下端车辆检测器传来的信息，作出执行控制方案。 其他设计规定的内容	实际操作或模拟操作
通风照明计算机功能	接收下端环境检测传来的信息，作出执行控制方案。其他设计规定的内容	实际操作或模拟操作
火灾报警控制计算机功能	接收下端火灾报警控制器传来的信息，作出执行控制方案。其他设计规定的内容	实际操作或模拟操作
图像控制计算机的功能	对各 CCTV 图像切换、控制，在大屏幕上显示。其他设计规定的内容	实际操作
紧急电话控制台功能	完成对下端分机呼叫的应答。其他设计规定的内容	实际操作
大屏幕的安装质量和功能	符合设计要求	目测和实际操作
地图板的安装质量和功能	符合设计要求	目测和实际操作
报表统计管理及打印功能	中心计算机系统可打印规定的各种报表	实际操作
双机热备份功能	当主机宕机时，从机能够自动接管，保证业务的连续性和正确性，切换时间符合要求	模拟操作
数据完整性测试	系统崩溃或电源故障，重新启动时，系统能自动引导至正常工作状态，并执行原控制方案，不丢失历史数据	模拟操作或查历史记录

3. 外观鉴定

(1)监控中心计算机设备安装稳固、端正。

(2)中心监控室内操作台、座椅、设备、配线列架等整齐、有序，无明显歪斜，标志清楚、牢固。

(3)所有设备安装后，外观无划伤、刻痕，以及防护层剥落等缺陷。

(4)设备及收费监控室内布线整齐美观、固定可靠、标识清楚；墙、板、地下通道处要有保护套管，并留有适当余量。

(5)设备之间连线接、插头等部件要求连接可靠、紧密、到位、准确，布线整齐、余留规整、标识清楚；固定螺丝等要求紧固，无松动。

(6)配电箱内信号线、动力线及其接、插头要求明显区分，标识清楚，有永久性接线图。

以上任一项不符合要求时，该项减 0.1 ~ 1 分。

第五章 交通安全设施施工质量监理

第一节 交通标志、标线

一、交通标志

（一）施工作业条件

（1）交通标志的制作应符合《道路交通标志和标线》（GB 5768）和《公路交通标志板技术条件》（JT/T 279）的规定。

（2）交通标志在运输、安装过程中不应损伤标志面及金属构件的镀层。

（3）标志的位置、数量及安装角度应符合设计要求。

（4）大型标志的地基承载力应符合设计要求。大型标志柱、梁的焊接部分应符合钢结构焊接规范的质量要求，无裂缝、未熔合和夹渣等缺陷。

（5）标志面应平整完好，无起皱、开裂、缺损或凹凸变形，标志面任一处面积为 500 mm × 500 mm 表面上，不得存在总面积大于 10 mm^2 的一个或一个以上气泡。

（6）反光膜应尽可能减少拼接，任何标志的字符都不允许拼接，当标志板的长度或宽度、圆形标志的直径小于反光膜产品的最大宽度时，底膜不应有拼接缝。当粘贴反光膜不可避免地出现接缝时，应按反光膜产品的最大宽度进行拼接。

（二）施工要点

1. 材料要求

（1）标志支撑结构都应按设计图中所给的尺寸建造，并且在装配后要涂漆，应符合《道路交通标志和标线》（GB 5768）的规定。

（2）交通标志的形状、图案、颜色应符合《道路交通标志和标线》（GB 5768）的规定。指路标志的汉字必须采用黑体大号 28 点字体，阿拉伯数字也应符合《道路交通标志和标线》（GB 5768）的规定，不允许采用其他字体。

2. 施工要求

（1）对运到现场的粘贴反光标志膜的标志，要对表面进行抽查，不得有龟裂裂纹、明显的划痕及明显的颜色不均匀。标志板面要保证四个单面垂直，其垂直度偏差不应大于 ±2°，不允许有超过规范要求的 ±3 mm/m 的翘曲。要对板面内的符号、字体、尺寸大小进行严格检查。

（2）反光膜横向不允许搭接，纵向可以搭接一次，搭接部分反光膜重叠，宽度≥5 mm。

（3）铝合金板与滑动槽钢采用铆接，铆距为 100 ~ 120 mm，要求铆坑平整。

（4）标志板面要保证四个单面垂直，其垂直度偏差不应大于 ±2 ℃，不允许有超过规范要求的 ±3 mm/m 翘曲。

（5）对于标志基础，由于有些标志立于公路回填的边坡上，因此要保证基础开挖后的基坑四周土不被扰动。在基础混凝土施工过程中要注意混凝土的振捣,以保证混凝土的质量,并且要保证预埋件不被移动。只有当基础混凝土达到设计强度后,才允许承受全部荷载。

(6)标志在安装过程中,要求承包人对已完工工程进行保护,同时标志处的路缘石、路面等要用保护物进行覆盖。

(7)为减少标志板面对驾驶员的眩光,路侧设置的标志和悬空标志均应符合《道路交通标志和标线》(GB 5768)和施工规范的要求。在安装过程中要检查板面与水平轴或垂直轴的旋转角度,以及板面与道路的间距尺寸,若不符合要求,应及时调整。

(三)监理巡视与检查

(1)交通标志产品的质量检测。

(2)外观质量的检测。

(3)底板形状、几何尺寸、图案文字的检测。

(4)标志牌安装完工检查。

(四)工程质量验评标准

1. 实测项目

交通标志实测项目见表5-1。

表5-1 交通标志实测项目

检查项目	规定值或允许偏差	检查方法和频率
标志板外形尺寸(mm)	±5。当边长尺寸大于1.2 m时,允许偏差为边长的±0.5%;三角形内角应为60°±5°	钢卷尺、万能角尺、卡尺:检查100%
标志底板厚度(mm)	不小于设计值	
标志汉字、数字、拉丁字母的字体及尺寸(mm)	应符合规定字体,基本字高不小于设计值	字体与标准字体对照,字高用钢卷尺:检查10%
标志面反光膜等级及逆反射系数(cd/(Lx·m²))	反光膜等级符合设计值。逆反射系数值不低于《公路交通标志板技术条件》(JT/T 279)规定	反光膜等级用目测初定。便携式测定仪:检查100%
标志板下缘至路面净空高度及标志板内缘距路边缘距离(mm)	+100,0	直尺、水平尺或经纬仪:检查100%
立柱竖直度(mm/m)	±3	垂线、直尺:检查100%
标志金属构件镀层厚度(μm)	标志柱、横梁≥78,紧固件≥50	测厚仪:检查100%
标志基础尺寸(mm)	-50,+100	钢尺、直尺:检查100%
基础混凝土强度	在合格标准内	基础施工同时做试件,每处1组(3件):检查100%

2. 外观鉴定

(1)标志板安装后应平整,夜间在车灯照射下,标志板底色和字符应清晰明亮,颜色均匀,不应出现明暗不均的现象,不能影响标志的认读。标志板有明显明暗不均现象时,每一标志减2分。

(2)标志板在粘贴底膜时,横向不宜有拼接,竖向拼接时,上膜须压接下膜,压接宽度不应小于5 mm。当采用平接时,其间隙不应超过1 mm。距标志板边缘50 mm之内,不得有接缝。不符合要求时,每处减2分。

(3)标志金属构件镀层应均匀、颜色一致,不允许有流挂、滴瘤或多余结块,镀件表面应无漏镀、露铁等缺陷。不符合要求时,每一构件减2分。

二、路面标线

(一)施工作业条件

(1)路面标线涂料应符合《路面标线涂料》(JT/T 280)的规定。

(2)路面标线喷涂前应仔细清洁路面,表面干燥,无起灰现象。

(3)路面标线的颜色、形状和设置位置应符合《道路交通标志和标线》(GB 5768)的规定和设计要求。

(二)施工要点

1. 材料要求

(1)应检查其标线涂料性能,其品质应符合《路面标线涂料》(JT/T 280—1995)的要求。

(2)其产品在包装袋表面应有清晰标记。其包装于内衬密封塑料袋外加编织袋的双层包装袋中。其储存应符合有关规定。

(3)视线诱导路标的反光器有反光标贴、反光膜等,分别按设计和规范的要求进行检验,其他板材、型材等应有质量合格证。

(4)双面突起路标除检验其反光特性外,还要对壳体的强度、承受冲击能力、耐腐和耐磨的特性进行检验。

以上材料的选用和采购必须经过监理的审查和同意,才能采购进场。

2. 施工要求

(1)喷涂标线前,路面应清洁,无起灰现象。

(2)所有标线应具有光洁、均匀及整齐的外观。

(3)标线位置以道路中心线为基准进行检查;对于人字线,要先按设计图在路面放大样图,经检查符合设计要求后,方可开始施工。

(4)施工前,应提醒承包商认真检查施工设备,尤其是热塑线的施工,要保证设备施工质量,玻璃珠要能均匀喷洒。

(5)对热塑线的施工,要注意材料的加热温度,并避免在已完工的路面上进行材料加热。

(6)划线前,驻地监理人员要对准备划线的区域进行路面检查,路面画线区域必须干净,道路表面上的污物、松散的石子和其他杂物应予以清除。否则将影响黏结。

(7)对热塑线,在画人字线、斑马线时,所使用的模具要平,以保证模具与路面紧紧粘住,使画上的线边缘整齐。在画虚线时,要保证画线车匀速、直顺,画出的线型要美观。对轴漆线要检查画线车速度,以保证喷涂油漆量、撒玻璃珠量均能符合规范要求。

(三)监理巡视与检查

(1)标线的颜色和色泽是否与设计要求相符。

(2)被污染的标线外的道路得到清理。

(3)标线边缘顺直平滑,无明显毛边。

(4)玻璃珠撒布应均匀,标线厚度均匀。

(四)工程质量验评标准

1. 实测项目

(1)标线喷涂实测项目见表5-2。

表5-2 标线喷涂实测项目

检查项目		规定值或允许偏差	检查方法和频率
厚度(mm)	湿漆膜	±0.2	按材料用量计算或抽检10%
	冷膜	+0.5,0	
	突起路标	<25	直尺:抽检10%
标线宽度(mm)		+8,0	直尺:抽检10%
标线长度(mm)		±50	直尺:抽检10%
纵向间距(mm)		±50	直尺:抽检10%
横向偏位(mm)		±20	直尺:抽检10%

(2)路面标线实测项目见表5-3。

表5-3 路面标线实测项目

检查项目		规定值或允许偏差	检查方法和频率
标线宽度(mm)	6 000	±50	钢卷尺:抽检10%
	4 000	±40	
	3 000	±30	
	1 000~2 000	±20	
	400~450	+15,0	钢尺:抽检10%
	150~200	+8,0	
	100	+5,0	
标线厚度(mm)	常温型(0.12~0.2)	-0.03,+0.10	湿膜厚度计:干膜用水平尺、塞尺或用卡尺,抽检10%
	加热型(0.20~0.4)	-0.05,+0.15	
	热熔型(1.0~4.5)	-0.10,+0.50	

续表 5-3

检查项目		规定值或允许偏差	检查方法和频率
标线横向偏位(mm)		±30	钢卷尺:抽检 10%
标线纵向间距(mm)	9 000	±45	钢卷尺:抽检 10%
	6 000	±30	
	4 000	±20	
	3 000	±15	
标线剥落面积		检查总面积的 0~3%	4 倍放大镜:目测检查
反光标线逆反射系数($cd/(Lx \cdot m^2)$)		白色标线≥150,黄色标线≥100	反光标线逆反射系数测量仪:抽检 10%

2. 外观鉴定

(1)标线施工污染路面应及时清理。每处污染面积不超过 1 000 mm^2。不符合要求时,每处减 1 分。

(2)标线线形应流畅,与道路线形相协调,曲线圆滑,不允许出现折线。不符合要求时,每处减 2 分。

(3)反光标线玻璃珠应撒布均匀,附着牢固,反光均匀。不符合要求时,每处减 2 分。

(4)标线表面不应出现网状裂缝、断裂裂缝、起泡现象。不符合要求时,每处减 1 分。

第二节 护 栏

一、波形梁钢护栏

(一)施工作业条件

(1)波形梁钢护栏产品应符合《高速公路波形梁钢护栏》(JT/T 281)及《公路三波形梁钢护栏》(JT/T 457)的规定。

(2)护栏立柱、波形梁、防阻块及托架的安装应符合设计和施工的要求。

(3)为保证护栏的整体强度,路肩和中央分隔带的土基压实度不应小于设计值。达不到压实度要求的路段不应进行护栏立柱打入施工。石方路段和挡土墙上的护栏立柱的埋深及基础处理应符合设计要求。

(4)波形梁护栏的端头处理及与桥梁护栏过渡段的处理应满足设计要求。

(二)施工要点

1. 材料要求

(1)波形梁、主栏、横隔梁、端头梁及连接螺栓所用钢材为普通碳素结构钢(Q235),其技术条件一般应符合《碳素结构钢》(GB 700—88)的规定。

(2)拼接波形梁的螺栓应采用高强螺栓,材料可采用 20MnTiB,其技术条件应符合《钢结构用扭剪型高强度螺栓连接副》(GB 3632—3633—83)的规定。

(3)防阻块材料可采用型钢,其技术条件应符合《汽弯型钢技术条件》(GB 6725—86)的规定。

(4)立柱埋置于混凝土中时,混凝土强度等级不应小于C15。混凝土材料应符合《公路桥涵施工技术规范》(JTJ 041—89)的规定。

2. 材料防腐处理

(1)所有波形梁护栏的冷弯型钢部件均应作防腐处理,一般可采用热浸镀锌处理。镀锌时应符合规定,热浸镀锌所用的锌应为《锌锭》(GB 470—83)中所规定的0号锌或1号锌。

(2)螺栓、螺母等紧固件在采用热浸镀锌后,必须清理螺纹或进行离心分离处理。在条件允许的情况下,螺栓、螺母等紧固件也可采用铂镀锌技术。

(3)活动护栏的防腐处理原则上与波形梁护栏相同,采用热浸镀锌方法时,镀锌量规定为600 g/m^2。

3. 施工要求

(1)对到场材料进行严格检查,特别要注意检查热浸镀锌质量。

(2)对立柱的放线进行检查,以桥梁、通道、涵洞、中央分隔带开口、立交、平交等作为控制点,对桥梁、构造物处的放线特别要进行严格检查。

(3)护栏应在压实的地基上架设,或设在混凝土基座中。当需要在路堤顶面安装护栏时,应待路堤彻底压实后,方能安装,立柱应按图纸所示深度埋设。

(4)当立柱埋入岩石时应预先钻孔,固定护栏立柱必须用水泥混凝土填充。在砂石回填地段打入立柱时,要注意立柱的变形、扭曲现象,保证立柱四周的土不被扰动。

(5)除非经监理工程师批准,立柱都应在路面铺筑完成后埋设,并安装护栏部件。

(6)波形梁安装时应检查其拼装方向、连接螺栓及拼装螺栓的拧紧时间、波形梁顶面与道路线形的协调等情况。

(7)对设有横隔梁的中央分隔带护栏,应检查安装顺序、连接螺栓的前后拧紧时间、防阻块位置的调整及就位是否准确、端头梁的安装位置正确与否及端头锚固的时间及活动护栏其基础预埋件是否安装、活动护栏是否与地面垂直、纵向线形是否适顺、安装后是否易于拔出及重新插入。

(8)注意护栏板的调节。护栏板在安装初期,拼接螺栓和连接螺栓不宜拧得过紧,以便在安装过程中充分利用板上的长圆孔进行上下、左右调节,使其成一条光滑的规则线形。

(三)监理巡视与检查

(1)检查进场材料是否合格,除波形梁外,立柱、拼接螺栓、端头都应按规定的频率检查。

(2)护栏柱应尽量避免挖坑埋设,以防柱脚处松土不易夯实,一般用打入法、压入法施工。

(3)护栏板的连接和拼接螺栓,初始不宜拧紧,以便安装过程中充分利用护栏板上的长圆孔,进行上下、左右的调整,使其形成平顺的线型。

(4)立柱埋设深度必须达到设计深度,不能更改,以免破坏护栏板的半刚性体系。端头立柱下设混凝土基础时,要在浇筑混凝土前检查挖坑的深度和基底是否符合设计要求。

(5)安装过程中要注意波形梁护栏构件不能有扭曲、擦伤和污染,否则应及时更换或修复。

(四)工程质量验评标准

1. 实测项目

波形梁钢护栏实测项目见表5-4。

表5-4　波形梁钢护栏实测项目

检查项目	规定值或允许偏差	检查方法和频率
波形梁板基底金属厚度(mm)	±0.16	板厚千分尺:抽检5%
立柱壁厚(mm)	4.5±0.25	测厚仪、千分尺:抽检5%
镀(涂)层厚度(μm)	符合设计要求	测厚仪:抽检10%
拼接螺栓(46号钢)抗拉强度(MPa)	≥600	抽样做拉力试验:每批3组
立柱埋入深度	符合设计规定	过程检查,直尺:抽检10%
立柱外边缘距路肩边线距离(mm)	±20	直尺:抽检10%
立柱中距(mm)	±50	钢卷尺:抽检10%
立柱竖直度(mm/m)	±10	垂线、直尺:抽检10%
横梁中心高度(mm)	±20	直尺:抽检10%
护栏顺直度(mm/m)	±5	拉线、直尺:抽检10%

2. 外观鉴定

(1)焊接钢管的焊缝应平整,无焊渣、突起。构件镀锌层表面应均匀完整、颜色一致,表面光滑,不得有流挂、滴瘤或多余结块。镀件表面应无漏镀、露铁、擦痕等缺陷。构件镀铝层表面应连续,不得有明显影响外观质量的熔渣、色泽暗淡及假浸、漏浸等缺陷。构件涂塑层应均匀光滑、连续,无肉眼可分辨的小孔、空间、孔隙、裂缝、脱皮及其他有害缺陷。不符合要求时,每处减2分。

(2)直线段护栏不得有明显的凹凸、起伏现象,曲线段护栏应圆滑顺畅,与线形协调一致,中央分隔带开口端头护栏的抛物线图形应与设计图相符。不符合要求时,每处减2分。

(3)波形梁板搭接方向正确,搭接平顺,垫圈齐备,螺栓紧固。不符合要求时,每处减2分。

(4)防阻块、托架、端头的安装应与设计图相符,安装到位,不得有明显变形、扭转、倾斜。不符合要求时,每处减2分。

(5)波形梁板和立柱不得现场焊割和钻孔,不符合要求时,每处减2分。

(6)立柱及柱帽安装牢固,其顶部应无明显塌边、变形、开裂等缺陷。不符合要求时,每处减2分。

二、混凝土护栏

(一)施工作业条件

(1)混凝土所用的水泥、砂、石、水及外掺剂的质量和规格必须符合有关规范的要求,按规定的配合比施工。

（2）混凝土护栏预制块件在吊装、运输、安装过程中，不得断裂。

（3）各混凝土护栏块件之间、护栏与基础之间的连接应符合设计要求。

（4）混凝土护栏块件标准段、混凝土护栏起终点及其他开口处的混凝土护栏块件的几何尺寸应符合设计要求。

（5）混凝土护栏的地基强度、埋入深度应符合设计要求。

（6）混凝土护栏块件的损边、掉角长度每处不得超过 20 mm，否则应予以及时修补。

（二）监理巡视与检查

（1）模板和钢筋的检验经监理工程师认可。

（2）对混凝土护栏的中心位置、标高、起止位置应反复检查核对。控制好混凝土护栏的长度，定好控制点，以便根据公路沿线构造物的实际情况合理布置。

（3）注意检查浇筑混凝土护栏模板的制作安装，模板应有足够的强度、刚度和稳定性，能可靠地承受施工过程中可能产生的各项荷载，保证构件的形状、尺寸准确。

（4）仔细检查钢筋和预埋件的安装，检查合格后，方能浇筑混凝土。

（5）混凝土浇筑完后，要及时养护，养护时间根据混凝土强度增长情况而定，应经常保持潮湿状态。

（6）采用预制混凝土护栏，在安装前，应精确放样定位，按设计要求做好基层，在基层夯实、整平，并复核标高和平面位置无误后，方可开始安装护栏。

（三）工程质量验评标准

1. 实测项目

混凝土护栏实测项目见表 5-5。

表 5-5　混凝土护栏实测项目

检查项目		规定值或允许偏差	检查方法和频率
护栏混凝土强度（MPa）		在合格标准内	按 JIG F80/1—2004 附录 D 检查
地基压实度（%）		符合设计要求	现场检查
护栏断面尺寸（mm）	高度	±10	直尺、钢卷尺：抽检 10%
	顶宽	±5	
	底宽	±5	
基础平整度（mm）		10	水平尺：检查 100%
轴向、横向偏位（mm）		±20 或符合设计要求	直尺、钢卷尺：抽检 10%
基础厚度（mm）		±10% H	过程检查，直尺：检查 100%

注：H 为基础的设计厚度。

2. 外观鉴定

（1）混凝土护栏块件之间的错位不大于 5 mm。不符合要求时，每处减 2 分。

（2）混凝土护栏外观、色泽均匀一致，表面的蜂窝、麻面、裂缝、脱皮等缺陷面积不超过该面面积的 0.5%，不符合要求时，每超过 0.5% 减 2 分；深度不超过 10 mm，不符合要求时，每处减 2 分。

（3）护栏线形适顺，直线段不允许有明显的凹凸现象，曲线段护栏应圆滑顺畅，与线形协调一致。中央分隔带开口端头护栏尺寸应与设计图相符。不符合要求时,每处减2分。

三、缆索护栏

(一)施工作业条件

(1)缆索性能、缆索直径、单丝直径、构造(3股7芯)、锚具及其镀锌质量应符合设计与施工规范的要求,缆索抗拉强度、镀锌质量须经抽检,合格后方可使用。

(2)张拉前应标定拉力测定计。

(3)立柱埋深不得小于设计值。采用挖埋法施工,立柱埋入土中时,回填土应分层(每层厚度不超过100 mm)夯实;立柱埋入混凝土中时,基础混凝土的几何尺寸、强度等应符合设计要求。

(4)立柱壁厚、外径、长度不小于设计要求。

(5)采用打入法施工时,立柱顶部不应出现明显变形、倾斜、扭曲或卷边等现象。

(二)监理巡视与检查

1. 材料要求

(1)缆索的性能要求见表5-6。

表5-6　缆索的性能要求

钢丝绳直径(mm)	单丝直径(mm)	构造	钢丝绳断裂强度(Pa)	断面积(mm^2)	捻制方法	单位重量(kg/m)
18	2.86	3股7芯	1.2×10^8	134	右同向捻	1.09

(2)各级缆索护栏(A、S、Am级)的端部立柱、中间端部立柱、中间立柱都采用《普通碳素结构钢》(GB 700—88)中有关Q235钢的机械性能的规定。立柱应采用焊接低硬钢管。

(3)索端锚具时立杆螺栓和锚具应采用45号优质碳素结构钢制造,其机械性能应符合《优质碳素结构钢技术条件》(GB 699—88)的规定。

(4)螺栓、螺母、垫圈均应采用普通碳素结构钢,并符合《碳素结构钢》中Q235钢的机械性能的规定。

2. 材料防腐处理

(1)钢丝绳的表面处理,采用单丝进行热浸镀锌的办法,并符合《镀锌钢绞线》(GB 1200—88)中有关镀锌层重量为215g/m^2 的规定。用于镀层的锌应满足《锌锭》(GB 470—83)中0号线、1号锌的要求。

(2)立柱、托架应采用热浸镀锌进行表面防腐处理。锌锭应不低于《锌锭》(GB 470—83)中规定的1号锌的标准,各种立柱的锌层重量不低于600 g/m^2。

(3)索端锚具和螺栓、螺母、垫圈采用同上有关热浸镀锌处理的规定,其锌层重量应不低于350 g/m^2。螺栓、螺母等紧固件在热浸镀锌后,必须清理螺纹或进行离心分离处理。在条件允许的情况下,索端锚具和螺栓、螺母等紧固件可采用粉镀锌技术。

3. 施工要求

(1)检查其安装前的准备工作,如缆索护栏类别的确认,各种材料的准备,各种施工机具的准备。

(2)检查基坑位置、标高、尺寸是否符合要求及浇筑后混凝土及混凝土强度,回填夯实层厚及其标高。

(3)检查立柱位置与道路线形是否符合,标高是否正确。

(4)安装托架,应注意各类护栏托架的编号、组合是否与相应立柱相符。

(5)注意架设缆索时要求的立柱基础混凝土强度,不允许长距离拖拽缆索。

(6)注意缆索的安装顺序、多余缆索的切断及其要求。注意临时张拉力的卸除规定、全部螺栓的调整及拧紧要求。

(三)工程质量验评标准

1. 实测项目

缆索护栏实测项目见表5-7。

表5-7　缆索护栏实测项目

检查项目	规定值或允许偏差	检查方法和频率
缆索直径(mm)	18 ±0.5	卡尺:抽检10%
单丝直径(mm)	2.86 +0.10, -0.02	
初张力(kN)	±5%	过程检查,张拉计:抽检10%
最下一根缆索的高度(mm)	±20	直尺:抽检10%
立柱壁厚(mm)	±0.10	千分尺:抽检10%
立柱埋入深度	符合设计要求	过程检查:抽检10%
立柱竖直度(mm/m)	±10	垂线、直尺:抽检10%
立柱中距(mm)	±50	直尺:抽检10%
镀锌层厚度(μm)	立柱≥85 索端锚具≥50 紧固件≥50 镀锌钢丝≥33	测厚仪:抽检10%
混凝土基础尺寸	符合设计规定	过程检查,直尺:检查100%
混凝土强度(MPa)	在合格标准内	基础施工同时做试件,每工作班做1组(3件),检查试件的强度,抽检100%

2. 外观鉴定

(1)金属构件表面不得有气泡、剥落、漏镀及划痕等表面缺陷。不符合要求时,每处减2分。

(2)直线段护栏没有明显的凹凸现象,曲线段护栏圆滑顺畅。不符合要求时,每处减2分。

(3)索端锚具、托架、索夹螺栓应安装到位、固定牢固;托架编号和组合应与缆索护栏的类别相适应;上、下托架位置正确,中央分隔带缆索护栏的托架应两边对称。不符合要求时,每处减2分。

第三节　隔离设施

一、施工作业条件

(1)隔离栅和防落网用的材料规格及防腐处理应符合《隔离栅》(JT/T 374)及设计和施工规范的规定。

(2)用金属网制作的隔离栅和防落网,安装后要求网面平整,无明显翘曲现象。刺铁丝的中心垂度小于15 mm。

(3)防落网应网孔均匀,结构牢固,围封严实。

(4)金属立柱弯曲度超过8 mm/m,有明显变形、卷边、划痕等缺陷者,以及混凝土立柱折断者均不得使用。

(5)立柱埋深应符合设计要求。立柱与基础、立柱与网之间的连接应稳固。混凝土基础强度不小于设计要求。

(6)隔离栅起、终点应符合端头围封设计的要求。

二、监理巡视与检查

1. 材料要求

1)网片材料

钢板网的材料宜采用普通低碳退火薄钢板,并符合《碳素结构钢和低合金结构钢热轧冷钢板及钢带》(GB 912—89)规定的技术条件。也可采用低碳冷轧(或热轧)钢板,其化学成分应满足《碳素结构钢》(GB 700—88)的规定。金属网的钢丝,宜采用低碳钢丝,并应符合《一般用途低碳钢丝》(GB 343—82)和《一般用途热镀锌低碳钢丝》(YB 243—65)的规定。

金属网、钢板网的规格尺寸可按实际需要选用。

刺铁丝用的钢丝,宜采用低碳钢丝,并应符合《一般用途低碳钢丝》(GB 343—82)的规定,刺铁丝的规格一般用铁丝直径(号数)×刺间距来表示。

2)立柱、斜撑材料

隔离设施的立柱、斜撑,可采用冷弯等边槽钢和冷弯等边内卷边槽钢。冷弯等边槽钢的规格应满足设计要求。冷弯等边内卷边槽钢的采用亦应满足设计要求。

钢管材料,其化学成分及机械性能应能满足GB 13793—92的规定。

隔离设施的立柱,也可以采用焊接钢管,技术条件应符合《碳素结构钢》(GB 700—88)的规定。

3)连接附件

隔离设施的连接附件,可采用冷轧或热轧钢板,其技术条件应符合《碳素结构钢》(GB 700—88)和《碳素结构钢和低合金结构钢热轧冷钢板及钢带》(GB 912—89)的规定。

螺栓、螺母可采用常用普通紧固件,其机械性能分级应符合《螺栓技术条件》(GB 38—76)、《螺母技术条件》(GB 61—76)的规定。

条形钢片和抱箍可采用冷轧或热轧钢板(带),其技术条件应符合《碳素结构钢和低合金结构钢热轧薄钢板及钢带》(GB 912)、《碳素结构钢和低合金结构钢冷轧薄钢板及钢带》(GB 11253)的规定。

4)材料表面处理

隔离设施的所有金属件原则上都应进行表面处理,一般应采用热浸镀锌处理。其他表面处理方法,如油漆、涂塑、紧固件的粉镀锌技术等,对其耐久性、经济性、美观及施工条件进行全面分析并经认可后,也可采用。热浸镀锌的镀锌量应符合有关规定,热浸镀锌所用的锌应为《锌锭》(GB 470—83)中规定的0号锌或1号锌。

镀锌构件表面应具有均匀完整的锌层,不允许有流挂、滴瘤或多余结块,应无漏镀、露铁等缺陷。

金属网的钢丝,可采用规定规格的镀锌钢丝。在条件允许时也可采用编织成型的整张网热浸镀锌,其镀锌量为350 g/m^2。

钢板网可采用热浸镀锌处理,其镀锌量为350 g/m^2。在条件允许时,也可采用涂塑处理。

2. 施工要求

(1)应检查其施工组织设计。施工放样时,隔离栅先定中心线,后按设计栏距定出柱位并确定柱位高程,同时注意与公路界地形协调。

(2)检查立柱、斜撑、连接件和编织网隔离栅等材料质量及热镀锌质量。按要求进行分批检验。

(3)检查其柱孔深度、基底清理、坑底混凝土质量。放入立柱后,检查其垂直度。立柱的埋设,应分段进行,先埋两端,然后拉线埋放中间立柱。注意立柱纵向线形,柱顶的平整。

(4)有框架的隔离网宜在工厂集中制作。检查其外框架焊接、钢板网的切割及放入、钢板网的拉紧、与外框的焊接及除锈、去油污等工序。

(5)立柱要保证安装牢固和垂直度的要求,基础不得有松动,立柱纵向应在一线上,不得出现参差不齐的现象。柱顶应平顺,不得出现高低不平的情况。立柱基础强度达到设计强度的70%后方可安装隔离栅网片。

(6)编织网隔离栅最好纵向连续铺设,边铺边拉紧,并尽可能在立柱挂钩上扣牢。编织网要求卷网自如,弯勾时保证不变形。隔离栅安装完毕后,纵向高程不应有很大的起伏变化,网面要平整,在任何方向均不得有明显的倾斜。各类隔离栅网片安装完毕后,立柱基础均应进行最后压实处理。

(7)刺钢丝安装时要求从端头立柱开始。刺钢丝之间要求平行、平直;绷紧后用11号钢丝与立柱上铁钩绑扎固定,横向与斜向刺钢丝相交处用11号钢丝绑扎。

(8)钢板网安装要求网面平整,无明显凹凸现象,框架与立柱应连接牢固,整体连接平顺。

(9)以上各类形式的隔离栅网片安装完后,立柱基础均应进行最后压实处理。待整体施工完成后要检查隔离栅整体的稳定性,并且要保证在2 m范围内平整。施工过程中,如果破坏完工的路基边坡或边沟,要提醒承包人及时修整。

三、工程质量验评标准

1. 实测项目

隔离栅和防落网安装实测项目见表 5-8。

表 5-8　隔离栅和防落网安装实测项目

检查项目	规定值或允许偏差	检查方法和频率
高度(mm)	±15	钢卷尺:每 100 根测 2 根
镀(涂)层厚度(μm)	符合设计要求	测厚仪:抽检 5%
网面平整度(mm/m)	±2	直尺、塞尺:抽检 5%
立柱埋深	符合设计要求	直尺:过程检查,抽检 10%
立柱中距(mm)	±30	钢卷尺:每 100 根测 2 根
混凝土强度(MPa)	在合格标准内	基础施工同时做试件,每工作班做 1 组(3 件),检查试件的强度,抽检 10%
立柱竖直度(mm/m)	±8	直尺、垂线:每 100 根测 2 根

2. 外观鉴定

(1)电焊网不得脱焊、虚焊。不符合要求时,每处减 2 分。

(2)镀锌层表面应具有均匀完整的锌层,颜色一致,表面光滑,不允许有流挂、滴瘤或多余结块。镀件表面应无漏镀、露铁等缺陷。涂塑层应均匀光滑、连续,无肉眼可分辨的小孔、空间、孔隙、裂缝、脱皮及其他有害缺陷。不符合要求时,每处减 2 分。

(3)混凝土立柱应密实平整,无裂缝、翘曲、蜂窝、麻面等缺陷。不符合要求时,每处减 2 分。

(4)有框架的隔离栅和防落网,网片应与框架焊牢,网片拉紧。整网铺设的隔离栅,端柱与网连接牢固,网面平整绷紧。刺铁丝间距符合设计要求,刺线平直、绷紧。不符合要求时,每处减 2 分。

(5)隔离栅安装位置应符合设计规定。安装线形整体顺畅并与地形相协调。围封严实,安装牢固。不符合要求时,每处减 2 分。

第四节　附属设施

一、突起路标

(一)施工作业条件

(1)突起路标产品应符合《突起路标》(JT/T 390)的规定。

(2)突起路标的布设及其颜色应符合《道路交通标志和标线》(GB 5768)的规定或符合设计要求。

(3)突起路标与路面的黏结应牢固、耐久,能经受汽车轮胎的冲击而不会脱落。

(4)突起路标应在路面干燥、清洁，并经测量定位后施工。

(二)监理巡视与检查

(1)检查进场的突起路标材料应符合质量要求，须有厂方提供的产品合格证，并作抽样检查。

(2)反射器安装角度正确，颜色与设计相符，反光材料无缺陷、断裂。

(3)突起路标的图形符合材质和几何尺寸设计要求。

(三)工程质量验评标准

1. 实测项目

突起路标实测项目见表5-9。

表5-9　突起路标实测项目

检查项目	规定值或允许偏差	检查方法和频率
安装角度(°)	±5	角尺：抽检10%
纵向间距(mm)	±50	钢卷尺：抽检10%
损坏及脱落个数	<0.5%	检查损坏及脱落个数：抽检30%
横向偏位(mm)	±50	钢卷尺：抽检10%
承受压力(kN)	>160	检查测试记录
光度性能	在规定范围内	检查测试报告

2. 外观鉴定

(1)突起路标外观应美观，尺寸符合有关规范要求，表面光滑，不得有尖角、毛刺存在，表面无明显的划伤、裂纹。不符合要求时，每处减2分。

(2)突起路标纵向安装应成直线，不得出现折线。曲线段的突起路标应与道路曲线相吻合，线形圆滑、顺畅。不符合要求时，每处减2分。

(3)突起路标黏结剂不得造成路面污染。不符合要求时，每处减2分。

二、轮廓标

(一)施工作业条件

(1)轮廓标产品应符合《轮廓标》(JT/T 388)的规定。

(2)轮廓标的布设应符合设计及施工规范的要求。

(3)柱式轮廓标的基础混凝土强度、基础尺寸应符合设计要求。

(4)柱式轮廓标安装牢固，逆反射材料表面与行车方向垂直，色度性能和光度性能应与设计相符。

(二)监理巡视与检查

(1)轮廓标底板可以采用铝合金板或者钢板及钢带制造。当采用铝合金板时应该符合《铝及铝合金热轧板》(GB 3193—82)的规定，当采用钢板及钢带时应该符合《普通碳结构钢热轧钢带》(GB 3524—83)，《一般结构用热连轧钢板和钢带》(GB 2517—81)的规定。轮廓标及突起路标底板也可采用聚乙烯树脂、丙烯腈－丁二烯－苯乙烯树脂、玻璃纤维增强，塑料、聚碳酸酯树脂等材料制作。

(2)反射器的光学性能在入射角为0°~20°范围内保持稳定。安装角度正确，颜色与设计相符。

(3)轮廓标的图形、材质和几何尺寸符合设计要求，平面弯曲度超过 ±3 mm/m 的不得使用。

(三)工程质量验评标准

1. 实测项目

轮廓标实测项目见表5-10。

表5-10　轮廓标实测项目

检查项目	规定值或允许偏差	检查方法和频率
柱式轮廓标尺寸(mm)	三角形断面：底边允许偏差为 ±5，三角形高允许偏差为 ±5；柱式轮廓标总长允许偏差为 ±10	钢尺：抽检10%
安装角度(°)	0~5	花杆、十字架、卷尺、万能角尺：抽检10%
反射器中心高度(mm)	±20	直尺：抽检10%
反射器外形尺寸(mm)	±5	卡尺、直尺：抽检10%
光度性能	在合格标准内	检查检测报告

2. 外观鉴定

(1)轮廓标不应有明显的划伤、裂纹、损边、掉角等缺陷。表面应平整光滑，无明显凹痕或变形。不符合要求时，每处减2分。

(2)轮廓标安装牢固，线形顺畅。不符合要求时，每处减2分。

(3)柱式轮廓标的垂直度不超过 ±8 mm/m。不符合要求时，每处减1分。

三、防眩设施

(一)施工作业条件

(1)防眩设施的材质、镀锌量应符合《公路防眩设施技术条件》(JT/T 333)及设计和施工规范的要求。

(2)防眩设施整体应与道路线形相一致，美观大方，结构合理。

(3)防眩设施的几何尺寸及遮光角应符合设计要求。

(4)防眩板的平面弯曲度不得超过板长的0.3%。

(5)防眩设施应安装牢固。

(二)监理巡视与检查

1. 材料要求

(1)防眩设施材料的力学性能应符合《碳素结构钢》(GB 700—88)的规定，原材料试样的取样与护栏产品试样类同。

(2)防眩板的材料、镀锌量、几何尺寸应符合设计要求，平面弯曲不得超过板长的0.3%。其中镀锌层厚度应达到表5-11的要求。

表 5-11　镀锌层要求厚度

锌层厚度	产品配件	
	主体、支撑	各种连接件
镀锌层平均厚度(μm)	≥85	≥50
镀锌层局部厚度(μm)	≥61	≥39

(3)防眩设施若采用刷漆做防腐处理,应在构件表面涂刷两道防锈漆后再刷两道以上油漆。所涂底漆厚度不得小于 40 μm,涂完漆后,总厚度为 125 ~ 175 μm。产品外观质量要求光滑均匀,不得有金属外露或漆液流挂、褶皱。涂刷后防腐层的附着性能可用划痕法来测量。

(4)防眩设施的表面不允许反光,其颜色应符合《视觉信号表面色》(GB 8416)的规定,测量出的色品坐标值应在标准要求的区域中。其色品坐标的测量可用色度仪来测量,测量方法与标志的测量方法相同。

2. 施工要求

(1)施工前检查清理场地,确定控制点(如桥梁、立交、中央分隔带开口及防眩设施需变化的路段),在控制点之间测距定位、放样的情况。

(2)注意按设计要求处理好路段与桥梁上的防眩设施的设置位置及高度,不得出现高低不平甚至扭曲的外形。

(3)防眩板的全部成品都应进行外观检查,不应有擦伤、伤痕、变色及色泽不匀等缺陷,其尺寸误差:长度为 ±3 mm,宽度为 ±4 mm,厚度为 ±0.1 mm,平面弯曲为板长的 0.3%。

(4)立柱及横杆高标称厚度以距离端部 100 mm 处的截面尺寸为准,其金属的允许偏差:厚度为 ±0.2 mm,长度为 ±0.5 mm/m,弯曲度为 ±5 mm/m。

(5)防眩板单独埋设立柱时,应在基础达到设计强度后,方可安装上部构件。

(6)施工过程中不应损伤金属涂层。任何形式涂层的损伤,均应在 24 h 内给予修补。

(7)防眩板安装的允许偏差:板条为 ±5 mm,竖直度 ±4 mm/m,防眩高度 ±5 mm,顺直度 ±3 mm/m。

(三)工程质量验评标准

1. 实测项目

防眩设施实测项目见表 5-12。

表 5-12　防眩设施实测项目

检查项目	规定值或允许偏差	检查方法和频率
安装高度(mm)	±10	钢卷尺:抽检 5%
镀(涂)层厚度	符合设计规定	涂层测厚仪:抽检 5%
防眩板宽度(mm)	±5	直尺:抽检 5%
防眩板设置间距(mm)	±10	钢卷尺:抽检 10%
竖直度(mm/m)	±5	垂线、直尺:抽检 10%
顺直度(mm/m)	±8	拉线、直尺:抽检 10%

2. 外观鉴定

(1)防眩板表面不得有气泡、裂纹、疤痕、端面分层等缺陷。不符合要求时,每处减 2 分。

(2)防眩设施色泽均匀。不符合要求时,每处减 2 分。

第六章 工程投资控制

第一节 投资控制概述

一、基本概念

公路建设项目投资是指完成一项公路建设工程所花费的全部费用，即该工程项目有计划地进行固定资产再生产和形成相应无形资产和铺底流动资金的一次性费用总和。它主要由建筑工程费用、安装工程费用、设备工器具购置费用和工程建设其他费用组成。

建筑安装工程费用是指建设单位用于建筑和安装工程方面的投资，包括用于建筑物的建造及有关准备、清理等工程的投资。用于需要安装设备的安置、装配工程的投资是以货币表现的建筑安装工程的价值，其特点是必须通过兴工动料、追加活劳动才能实现。

设备工器具购置费用是指按照建设项目设计文件要求，建设单位（或其委托单位）购置或自制达到固定资产标准的设备和新建、扩建项目配置的首套工器具及生产家具所需的投资。它由设备工器具原价和包括设备成套公司服务费在内的运杂费组成。

工程建设其他费用是指未纳入以上两项的由项目投资支付的为保证工程建设顺利完成和交付使用后能够正常发挥效用而发生的各项费用之和。

二、投资控制的原理

（一）分阶段设置明确的投资控制目标

控制是为确保目标的实现而服务的。一个系统若没有目标，就无法进行控制，目标的设置是有科学依据的。

工程项目建设是一个周期长、数量大的生产消费过程，建设者在一定时间内的经验和知识是有限的，不但常常受到科学条件和技术条件的限制，而且也受到客观过程的发展及其表现程度的限制，因而不可能在工程项目一开始，就能设置一个科学的、一成不变的投资控制目标，而只能设置一个相对合理的投资控制目标，这就是投资估算。随着工程建设的进展，投资控制目标越来越明确，这就是设计概算、施工预算、承包合同价等。因此，投资估算是工程建设项目投资控制的初期目标，设计概算应是进行技术设计和施工图设计的项目投资控制目标，施工预算和承包合同价则是施工阶段投资控制的目标。

投资控制目标既要有先进性，又要有实现的可能性，目标水平的高低，决定着任务完成的状况，也决定着项目执行者的积极性的发挥。

（二）采取主动控制，以取得令人满意的结果

由于工程建设项目的三大目标（工期、质量、投资）是相互联系，互相制约的，既矛盾，又统一，在项目建设时，不能同时达到最优，即不可能同时做到投资省、工期短、质量高。为此，在进行建设监理时，应根据业主要求、建设的客观条件进行综合研究，确定一套切合实际的衡量准则，只要投资控制的方案符合这套衡量准则，取得了令人满意的结果，投资控制就算达到了预期目标。而不是说投资越省越好。

此外，控制应立足于事先主动采取决策措施，尽可能减少或者避免目标值与实际值的偏离，这是主动的、积极的控制方法。而不是比较目标值与实际值，以及当二者出现偏差时，分析其产生偏差的原因，并确定下一步的对策，这就被称之为被动控制。因此，项目投资控制应采取主动、积极的控制方法。

（三）监理工程师投资控制工作的前提

（1）投资控制的动力来自投资主体对其投资行为的自我约束、自我控制的愿望和要求。投资主体的"扩张冲动"是从来就有的，他所能支配的资源相对于其无限扩张的需求永远是有限的。投资主体的欲望如果是投机，为了取得巨大收益甘冒巨大的风险，他就不会也不愿意对投资进行控制。如果投资主体是为了投资，他就应该使其投资活动合理、可控。

（2）投资控制的自我约束来自于市场机制的约束和责任机制的约束。在我国，过去工程建设投资主体是各级政府，在计划经济体制下，投资主体对投资风险以及目标达到的程度缺乏约束。随着社会主义市场经济条件的建立，无偿使用资金改为有偿使用，在市场机制和责任机制的约束下，投资主体产生了强烈的自我约束、自我控制的愿望和要求。

（3）投资主体在强烈的自我约束、自我控制愿望的前提下，当其自身力量已不能满足投资控制的有效性时就愿意聘请监理工程师，此时投资控制才能有效、可控。

三、投资控制的内容

（一）投资决策阶段

这里说的投资决策阶段是指编制项目建议书（即初步可行性研究）阶段、可行性研究（含项目评估）阶段和编制设计任务书阶段。在这个阶段中，主要应发挥政府监理的作用，把项目建设纳入国家长远规划、五年计划和十年计划的轨道，进行项目建议书、可行性研究和设计任务书的审批，从而作出投资决策。社会监理单位可承担初步可行性研究、可行性研究和编制设计任务书的工作，进行逐步可靠的投资估算，进行项目评价和审核，以便为政府监理提供投资决策的依据。

（二）设计阶段

进行设计监理的建设项目，监理单位在初步设计阶段提出设计要求，组织设计招标或设计竞赛，评选设计方案，选择勘察设计单位并商签委托设计合同，审查初步设计和初步设计概算，以此进行投资控制。

在施工图设计阶段，提出施工图设计的要求，对施工图设计进行中间审查，控制设计标准及主要设计参数，审查施工图预算，参加图纸会审等，进行投资控制。

（三）施工招标阶段

监理单位通过编制与审查标底，编制与审核招标文件，提出决标意见，协助建设单位签订发包合同，审查分包单位的选择等，进行投资控制。

（四）施工阶段

监理单位通过审核设计变更和洽商，核批索赔文件，签发工程付款凭证，审查工程结算，审查主要建筑材料与设备订货，掌握工程进度与工程款发放，对投资计划与实际费用支出进行比较等，进行投资控制。

四、建设监理投资控制的措施

(一)组织措施

(1)落实项目监理班子中投资控制人员。

(2)明确投资控制人员的任务分工、管理职能分工。

(3)确定投资控制的工作流程。

(二)经济措施

(1)编制投资切块、分解的规划和详细计划。

(2)编制资金使用计划并控制其执行。

(3)投资的动态控制:通过计划值与实际值的比较,提出控制报表。

(4)付款审核。

(三)技术措施

(1)挖掘节约投资的潜力,这些潜力分别在设计、施工、工艺、材料及设备之中。

(2)进行技术经济比较论证。

(四)合同措施

(1)确定合同结构。

(2)合同中有关投资条款的审核。

(3)参与合同谈判。

(4)处理合同执行中的变更与索赔。

五、监理工程师投资控制的有效因素

(一)投资控制应是动态的、可控的过程

控制,是当活动过程中的任何环节偏离计划目标时进行纠正,使之按计划目标正常进行的一种职能。或者指按一定的预定目标和条件,对一个过程或一系列事件施加影响,使其达到预定目标的一种组织活动。

在动态控制过程中,人们把实际值与目标值相比较,当发现偏离时,分析偏差的原因,确定下一步对策,但这样做只能是偏离—纠偏—再偏离—再纠偏的控制方法,是被动控制。

(二)投资控制应是一个主动控制过程

主动控制立足于项目控制中,事先主动地采取决策措施,以尽可能地减少乃至避免实际值与目标值的偏离。

一般来说,监理工程师在项目建设中的主要任务是对建设项目工期、投资、质量进行有效控制。其监理的结果是使项目建设工期最短、投资最省、工程质量最高,这一理想的目标和要求是几乎不可能实现的。为此,监理工程师应根据业主要求和项目建设的客观条件进行综合分析,突出重点,事先制定出切合实际的衡量标准,使投资控制达到主动控制的目标。

(三)投资控制的因素

在不同阶段,其投资控制的因素也不同,各阶段都必须有控制目标、施控主体、受控对象、控制信息、调节功能。监理工程师在明确了各阶段的控制因素后,必须对工程价值形成因素的各个方面有明确的、尽可能量化的标准和依据。

监理工程师应从组织、技术、经济、合同与信息管理等多方面采取措施,以实现控制目标，强化施控主体，有效控制施控对象，及时得到执行过程中的各种信息，充分利用采取纠正措施的法定权力和责任。

监理工程师应重视事前控制，同时过程控制和事后控制也是很重要的。

第二节　工程量清单

一、工程量清单及工程量清单说明

监理工程师必须熟悉技术规范、工程量清单及工程量清单说明的内容，掌握工程具体项目的工作范围和内容、计量方式和方法。

（一）工程量清单数量

工程量清单数量是合同图纸给定的数量，计量时应以实际完成并经监理工程师确认的数量为准。

（二）工程量清单单价说明

监理工程师应要求承包人按照合同规定的内容与时间，报送单价的来源及其构成。

（三）工程量清单的变动

监理工程师按合同规定办理工程变更时，应对工程量清单按下列方式进行相应的修改和补充：

（1）变更工程数量，清单细目内容及单价不变。

（2）工程性质变更引起单价变化，原清单细目内容及数量不变。

（3）清单细目内容、单价、数量全部变更（包括项目整个被取消）。

（4）新增工程，即清单细目、单价、数量全部是增列的。

二、工程量清单的使用

（一）有具体工程单位的清单栏目

（1）监理工程师必须按工程量清单标明的单价和实际计量的工程数量办理。

（2）实际计量的工程数量与工程量清单给定的数量相比，自然增减幅度在合同规定的范围内，应按第（1）项办理。

（3）工程数量自然增减的幅度，超出合同规定幅度，应按合同的有关具体规定办理。

（二）以细目为单位的清单栏目

监理工程师应根据实际情况确定细目计量划分比例。

（三）暂估数量的清单栏目

监理工程师必须严格控制工程数量。

（四）暂定金额的清单栏目

（1）监理工程师应根据实际情况，部分动用、全部动用或根本不动用该项费用。

（2）实际费用超出清单限额，宜通过工程变更办理。

（五）以时间为单位的清单栏目

监理工程师必须根据工程实施的具体情况严格掌握。

三、工程量清单的编制

(一)工程量清单编制的一般规定

(1)工程量清单应由具有编制招标文件能力的招标人,或受其委托具有相应资质的中介机构进行编制。

工程量清单是在招投标活动中,对招标人和投标人具有约束力的重要文件,是招标投标活动的主要依据,专业性强、内容复杂,对编制人的业务技术水平要求高,能否编制出完整、严谨的工程量清单,直接影响招标的质量。因此,工程量清单编制人的资质和能力是很关键的。

(2)工程量清单应作为招标文件的组成部分。工程量清单体现了招标人要求投标人完成的工程项目及相应工程数量,全面反映了对投标报价的要求。工程量清单是编制招标工程标底和投标报价的依据,也是支付工程进度款和办理工程结算、调整工程量以及工程索赔的依据。

(二)工程量清单编制的原则

(1)满足建设工程施工招标投标的需要,能对工程造价进行合理确定和有效控制。

(2)做到"四个统一",即统一项目编码、统一工程量计算规则、统一计量单位、统一项目名称。

(3)利于规范建筑市场的计价行为,促进企业经营管理、技术进步,增加市场竞争力。

(4)适当考虑我国目前工程造价管理工作现状,实行市场调节价。

(三)工程量清单的编制依据

(1)招标文件规定的相关内容。

(2)拟建工程设计施工图纸。

(3)施工现场的情况。

(4)统一的工程量计算规则、分部分项工程的项目划分、计量单位等。

第三节　工程计量

工程计量是根据设计文件及承包合同中关于工程量计算的规定,项目监理机构对承包单位申报的已完成工程的工程量进行的核验。工程计量的范围仅限于承包单位完成的质量验收合格的工程量,未经监理人员质量验收合格的工程量,或不符合施工合同规定的工程量,监理人员应拒绝计量和该部分的工程款支付申请。

一、工程计量的规定

(一)计量范围

(1)工程量清单及修订的工程量清单的内容。

(2)合同文件规定的各项费用支付。

(二)主要计量依据

(1)工程量清单及说明。

(2)合同图纸。

(3)工程变更令及修订的工程量清单。

(4)合同条件。

(5)技术规范。

(6)有关计量的补充协议。

(7)《索赔时间/金额审批表》。

(三)计量原则

(1)不符合合同文件要求的工程,不得计量。

(2)按合同文件所规定的方法、范围、内容、单位计量。

(3)按监理工程师同意的计量方法计量。

二、工程计量的方式

(1)工程达到规定的计量单位时,监理工程师应审查承包人提供计量所需的资料,并与其共同计量。监理工程师必须对计量结果做出准确的记录,并将记录的副本抄送给承包人。

(2)监理工程师可根据工程特殊情况增加计量次数,但应提前向承包人发出通知,写明监理工程师准备何时对何工程进行何种计量。

(3)监理工程师对承包人增加计量次数的申请,应要求其提前填写计量申请单,写明要求计量的原因、计量的工程部位和计量的时间。

三、工程计量的程序和主要文件

(一)计量通知或申请

工程需要计量时,监理工程师应审查承包人提出的计量申请或向承包人发出计量通知。

(二)审查有关文件资料

监理工程师必须检查承包人为计量准备的有关资料,发现问题或资料不全,应退还承包人,暂不进行计量,或计量后暂不予以支付。

(三)填写中间计量表

《中间计量表》必须清楚真实地填写计量结果,对承包人在合同规定的时间内提出的异议,监理工程师应进一步检查计量记录,将复议后的结果通知承包人。

(四)主要文件

(1)《中间计量表》。

(2)《工程分项开工申请批复单》。

(3)《检验申请批复单》及有关的自检资料。

(4)《工程质量检验表》及有关的质量评定意见。

(5)《工程变更令》。

(6)《中间交工证书》。

第四节　工程支付

一、前期支付

（一）动员预付款

（1）监理工程师收到并确认承包人与业主签订的合同协议、履约保函及动员预付款保函之后，应按照合同规定，签发动员预付款金额的支付证明。

（2）监理工程师应通过《中期支付证书》，对动员预付款按合同规定的方法予以扣回。

（二）履约保函

（1）监理工程师收到并确认承包人提供的履约保函后，应按合同规定签发相当履约保函一定百分比金额的支付证明。

（2）监理工程师签发《工程缺陷责任终止证书》后，应签发解除承包人履约担保责任的证明。

（三）保险

（1）监理工程师必须根据合同规定的保险范围审验承包人的各项保险证明，并按照合同规定，签发相当保险额一定百分比金额的支付证明。

（2）监理工程师应及时从支付证明中，扣除业主代替承包人办理保险所支付的费用。

二、中期支付

（一）工程款

监理工程师必须对《中间计量表》审查无误后签发《中期支付证书》。

（二）暂定金

监理工程师应根据实际需要动用暂定金，并在下列手续完备之后，签发暂定金支付证明。

（1）审批承包人提交的相应工程的施工组织计划；

（2）审批承包人提交的对应其施工组织计划所需要的工费、材料费、机械费、设备费及计算说明；

（3）与业主和承包人就暂定金的支付进行协商；

（4）审核有关动用暂定金的凭证。

（三）计日工

监理工程师可指令按计日工完成特殊的、较小的变更工程或附加工程，同时应要求承包人提交该项工程的下列报表：

（1）用工清单。

（2）材料清单。

（3）机械、设备清单。

（4）费用清单，包括其付款凭证。

监理工程师审查上述资料时，应注意：未经监理工程师同意不得加班；未经监理工程师认可的材料不得使用；发生故障和闲置的机械、设备不得计入；并根据工程量清单计日工的价格及其合同中规定的费率,签发有关的支付证明。

(四)材料设备预付款

(1)监理工程师必须在下列要求满足后,签发支付材料设备的预付款证明:①材料设备将被用于永久性工程;②材料设备已运抵工地现场或监理工程师认可的承包人的生产场地;③材料设备的质量和存放均满足合同要求;④承包人向监理工程师提交材料设备的订货单或收据。

监理工程师签发材料设备预付款支付证明,不是对该材料设备的质量批准。

(2)监理工程师签发材料设备预付款支付证明时,应注意:①累计支付材料设备预付款的金额不应超过合同剩余工作量;②累计支付材料设备预付款的材料设备数量不应超过工程所需的实际总数量;③预付款材料设备的品种应与工程计划进度相符合;④已支付材料设备预付款的材料设备,所有权归业主。

(3)材料用于永久性工程后,监理工程师必须通过《中期支付证书》将材料设备预付款予以扣回。

(五)工程变更

(1)监理工程师签发变更工程支付证明,必须以工程变更令及其修改的工程量清单为依据。

(2)监理工程师收到《中间计量单》并审查无误后,应依照工程变更令所确定的支付原则,参照其修订的工程量清单,办理支付。

(六)保留金

(1)监理工程师对保留金的扣留应按合同有关规定办理。

(2)如果承包人在第一个《中期支付证书》前,提交了一份由业主认可银行出具的银行保函,监理工程师可不再替业主从《中期支付证书》中扣留保留金。

(3)保留金的退还一般应分两次进行。①监理工程师颁发全部工程的交接证书后,按合同规定的退还比例签发支付证明。如果颁发的仅是部分工程的交接证书,按该部分工程占整个工程的百分比例计退。②监理工程师签发缺陷责任终止证书后,签发退还剩余保留金的支付证明。如果颁发的缺陷责任证书仅是部分工程的缺陷责任证书,监理工程师应继续扣留与完成剩余工作所需费用比例相当的保留金。

(七)索赔

(1)监理工程师必须依据《索赔时间/金额审批表》,签发索赔支付证明。

(2)索赔金额支付必须按合同有关规定及《索赔时间/金额审批表》所确定的执行。

(八)价格调整

(1)监理工程师必须根据合同规定的价格调整方式,通过《中期支付证书》办理因价格调整引起的费用支付。

(2)如果合同没有规定具体的调整方法,监理工程师应与业主、承包人协商后,决定进行价格调整的具体方法。

(九)迟付款利息

监理工程师确认业主收到监理工程师签发的支付证书后,没有在合同规定的时间内向承包人付款,应签发迟付款利息的支付证明。

(十)对指定分包人支付

(1)监理工程师应通过承包人对指定分包人进行支付。

(2)监理工程师可要求承包人出示指定分包人得到承包人付款的证明。

(3)承包人无正当理由拒绝向指定分包人付款,监理工程师必须帮助业主从《中期支付证书》中扣留指定分包人应得到的款项,直接向指定分包人支付。

(十一)合同中止后支付

(1)工程遇到战争、叛乱、骚乱等合同规定的特殊风险,监理工程师应帮助业主澄清下列内容,同业主、承包人协商后,签发合同中止证书:①合同中止之日前,承包人已按合同完成的工程的全部费用,以及业主已支付给承包人的款额与细目;②承包人依照合同为该工程合理订购的材料、设备及货物的费用;③承包人雇用的所有从事工程施工人员在合同中止时的合理遣返费; ④承包人机械设备撤离费;⑤承包人为完成整个工程而合理发生的费用,而该费用未包括在其他各项支付之内;⑥承包人应偿还业主的有关设备、材料和工程的预付款余额,以及合同中止之日,按合同规定业主向承包人收回的任何其他款项。

(2)监理工程师确认承包人违约后,应对由于承包人的过失而使业主产生和随之引起的所有费用的增加按照合同文件的规定,进行估价。在与业主和承包人协商后,签发扣除承包人上述费用的证明。

(3)当监理工程师确认业主不能继续履行合同,或因业主干涉、阻挠、拒绝监理工程师的支付证书致使承包人提出中止合同受雇时,监理工程师应澄清下述内容,同业主和承包人协商后,签发合同中止的支付证书。①本款(1)中的全部款项内容;②由于合同中止给承包人造成的任何损失或损害的款额。

(十二)工程交工支付

监理工程师收到承包人交工财务报告后,应完成对其报告中下列内容的审查,确认后向业主签发《中期支付证书》:

(1)按照合同规定日期完成的全部工程的最终价值;

(2)业主还应支付的任何追加款项;

(3)按照合同应付给承包人的估算总额。

三、最终支付

(一)准备工作

(1)监理工程师必须处理有关工程和合同方面的一切遗留事宜:①确认承包人的遗留工程及缺陷工程已完成并达到规范标准,签发该工程的支付证明。②确认承包人已获得全部工程的《工程缺陷责任期终止证明》,签发解除承包人履约担保责任的证明及退回或解除承包人剩余保留金或银行保函的证明。③确认已对符合合同文件规定的工程变更、时间与费用索赔、价格调整等事宜,进行了清理与审定,并签发完毕与之有关的支付证明。

(2)监理工程师必须澄清整个工程各个阶段的计量与支付,并完成下列工作:①对所有支付的细目进行检查,防止漏项和重复;②对所有的工程数量与费用计算进行的复核;③对所有有争议的细目与计算进行核实,并与业主和承包人协商,确定最终的处理办法。

(二)最终支付

(1)最终结算清单的说明:①最终支付的依据及计算方法;②监理工程师确认按照合同

最终应付给承包人的款项总额;③考虑业主以前所付的款额及业主、承包人各自责任对支付额的影响后,业主还应付给承包人或承包人还要付给业主的余额。

(2)最终结算清单由一系列清单及表格组成,并包含(1)的款项内容。

(3)最终结算清单的附件由一系列图纸、计算资料、文件、发票等组成,并与(2)相对应。

四、工程支付程序

(一)中期支付程序

1. 中期支付申请

监理工程师收到承包人要求支付的申请后,必须从以下方面进行确认:

(1)承包人申请中已详细列明其认为有权得到的款项;

(2)申请中所涉及的表格形式经过监理工程师认可。

2. 中期支付申请的审定

监理工程师应在合同规定的时间内完成以下几个方面的审定:

(1)申请的格式和内容应满足合同要求。

(2)各项资料、证明文件手续齐全。

(3)所有款项计算与汇总无误。

3. 签发《中期支付证书》

(1)监理工程师审核并修订承包人的支付申请后,应向业主签发《中期支付证书》,副本抄送承包人。

(2)除了特殊项(如计日工、暂定金、费用索赔等),监理工程师签发的《中期支付证书》中的支付数量应基本正确。

(3)监理工程师应通过任何一期《中期付款证书》,对已支付工程发现的问题或已颁发的支付证书的错误进行纠正。

(4)当工程支付款小于合同规定的限额时,监理工程师可以不按月签发《中期支付证书》。

(二)最终支付程序

1. 最终支付申请

监理工程师应受理承包人在合同规定的时间内提交的最终支付申请。

2. 最终支付申请的审定

监理工程师应在合同规定的时间内,完成对最终支付申请的审定,有以下要求:

(1)申请的格式和内容,应满足合同规定及监理工程师的要求。

(2)相应的系列结算清单,必须齐全、完整,相互关系清晰。

(3)相应的系列证明资料有监理工程师的签字认可。

(4)确认所有的计量与支付均没有遗漏、重复且计算准确,汇总无误。

(5)发现又能够确认的费用,应及时通知承包人,并要求其提供所需的进一步资料与证明。

3. 签发最终支付证书

监理工程师应按最终支付的规定审核承包人的最终支付申请,向业主签发最终支付证书,并将副本抄送承包人。

第七章 工程进度控制

施工进度控制是一个动态、循环、复杂的过程，也是一项效益显著的工作。

进度计划控制的一个循环过程包括计划、实施、检查、调整四个小过程。计划是指根据施工的具体情况，合理编制符合工期要求的最优计划；实施是指进度计划的落实与执行；检查是指在进度计划的落实与执行过程中，跟踪检查实际进度，并与计划进度对比分析，确定两者之间的关系；调整是指根据检查对比的结果，分析实际进度与计划进度之间的偏差对工期的影响，采取切合实际的调整措施，使计划进度符合新的实际情况，在新的起点上进行下一轮控制循环，如此循环进行下去，直到完成施工任务。

通过进度计划控制，可以有效地保证进度计划的落实与执行，减少各单位和部门之间的相互干扰，确保施工工期目标以及质量、成本目标的实现。同时也为可能出现的施工索赔提供依据。

第一节 进度控制概述

一、施工进度控制的任务

施工进度控制的主要任务是编制施工总进度计划并控制其执行，按期完成整个施工任务；编制单位工程施工进度计划并控制其执行，按期完成单位工程的施工任务；编制分部、分项工程施工进度计划，并控制其执行，按期完成分部分项工程的施工任务；编制季度、月(旬)作业计划，并控制其执行，完成规定的目标等。

施工进度控制与成本控制和质量控制一样，是施工中的重点控制之一。它是保证施工按期完成，合理安排资源供应、节约工程成本的重要措施。

二、影响施工进度的因素

由于工程的施工特点，尤其是较大和复杂的施工，工期较长，影响进度因素较多。编制计划和执行控制施工进度计划时必须充分认识和估计这些因素，才能克服其影响，使施工进度尽可能按计划进行，当出现偏差时，应考虑有关影响因素，分析产生的原因。其主要影响因素见表 7-1 所示。

三、施工进度控制的原理

施工进度控制是以现代科学管理原理作为其理论基础的，主要有系统控制原理、动态控制原理、信息反馈原理、弹性原理、封闭循环原理和网络计划技术原理等。

(一)系统控制原理

该原理认为，项目施工进度控制本身是一个系统工程，它包括项目施工进度计划系统和项目施工进度实施组织系统两部分内容。项目经理必须按照系统控制原理，强化其控制全过程。

表 7-1　影响施工进度的因素

种类	影响因素	相应对策
项目经理部内部因素	(1)施工组织不合理，人力、机械设备调配不当，解决问题不及时； (2)施工技术措施不当或发生事故； (3)质量不合格引起返工； (4)与相关单位关系协调不善等； (5)项目经理部管理水平低	项目经理部的活动对施工进度起决定性作用，因而应做好以下工作： (1)提高项目经理部的组织管理水平、技术水平； (2)提高施工作业层的素质； (3)重视与内外关系的协调
相关单位因素	(1)设计图纸供应不及时或有误； (2)业主要求设计变更； (3)实际工程量增减变化； (4)材料供应、运输等不及时或质量、数量、规格不符合要求； (5)水电、通信等部门、分包单位没有认真履行合同或违约； (6)资金没有按时拨付等	相关单位的密切配合与支持，是保证施工进度的必要条件，项目经理部应做好以下工作： (1)与有关单位以合同形式明确双方协作配合要求，严格履行合同，寻求法律保护，减少和避免损失； (2)编制进度计划时，要充分考虑向主管部门和职能部门进行申报、审批所需的时间，留有余地
不可预见因素	(1)施工现场水文地质状况比设计合同文件预计的要复杂得多； (2)严重自然灾害； (3)战争、政变等政治因素等	(1)该类因素一旦发生就会造成较大影响，应做好调查分析和预测； (2)有些因素可通过参加保险，规避或减少风险

1. 施工进度计划系统

为做好项目施工进度控制工作，必须根据项目施工进度控制目标要求，制订出项目施工进度计划系统。根据需要，计划系统一般包括：施工总进度计划，单位工程进度计划，分部、分项工程进度计划和季、月、旬等作业计划。这些计划的编制对象由大到小，内容由粗到细，将进度控制目标逐层分解，保证了计划控制目标的落实。在执行项目施工进度计划时，应以局部计划保证整体计划，最终达到施工进度控制目标。

2. 施工进度实施组织系统

施工实施全过程的各专业队伍都是遵照计划规定的目标去努力完成一个个任务的。施工经理和有关劳动调配、材料设备、采购运输等各职能部门都按照施工进度规定的要求进行严格管理，落实和完成各自的任务。施工组织各级负责人，从项目经理、施工队长、班组长到其所属全体成员组成了施工实施的完整组织系统。

3. 施工进度控制的组织系统

为了保证施工进度实施，还有一个项目进度的检查控制系统。自公司经理、项目经理，一直到作业班组都设有专门职能部门或人员负责检查汇报、统计整理实际施工进度的资料，并与计划进度比较分析和进行进度调整。

当然不同层次人员负有不同进度控制职责，分工协作，形成一个纵横连接的施工控制组织系统。事实上有的领导可能是计划的实施者又是计划的控制者。实施是计划控制的落实，控制是计划按期实施的保证。

（二）动态控制原理

施工进度控制随着施工活动向前推进，根据各方面的变化情况，进行适时的动态控制，以保证计划符合变化的情况。同时，这种动态控制又是按照计划、实施、检查、调整这四个不断循环的过程进行控制的。

在项目实施过程中，可分别以整个施工、单位工程、分部工程或分项工程为对象，建立不同层次的循环控制系统，并使其循环下去。这样每循环一次，其项目管理水平就会提高一步。

（三）信息反馈原理

反馈是控制系统把信息输送出去，又把其作用结果返送回来，并对信息的再输出施加影响，起到控制作用，以达到预期目的。

施工进度控制的过程实质上就是对有关施工活动和进度的信息不断收集、加工、汇总、反馈的过程。施工信息管理中心要对收集的施工进度和相关影响因素的资料进行加工分析，由领导作出决策后，向下发出指令，指导施工或对原计划做出新的调整、部署；基层作业组织根据计划和指令安排施工活动，并将实际进度和遇到的问题随时上报。每天都有大量的内外部信息、纵横向信息流进流出。因而，必须建立健全一个施工进度控制的信息网络，使信息准确、及时、畅通，反馈灵敏、有力，以及能正确运用信息对施工活动有效控制，才能确保施工的顺利实施和如期完成。

（四）弹性原理

施工进度计划工期长、影响进度的原因多，其中有的已被人们掌握，根据统计经验估计出影响的程度和出现的可能性，并在确定进度目标时，进行实现目标的风险分析。在计划编制者具备了这些知识和实践经验之后，编制施工进度计划时就会留有余地，即是使施工进度计划具有弹性。在进行施工进度控制时，便可以利用这些弹性，缩短有关工作的时间，或者改变它们之间的搭接关系，使检查之前拖延了工期，通过缩短剩余计划工期的方法，仍然达到预期的计划目标。这就是施工进度控制中对弹性原理的应用。

（五）封闭循环原理

施工进度控制是从编制项目施工进度计划开始的，由于影响因素的复杂和不确定性，在计划实施的全过程中，需要连续跟踪检查，不断地将实际进度与计划进度进行比较，如果运行正常，可继续执行原计划；如果发生偏差，应在分析其产生的原因后，采取相应的解决措施和办法，对原进度计划进行调整和修订，然后再进入一个新的计划执行过程。这个由计划、实施、检查、比较、分析、纠偏等环节组成的过程就形成了一个封闭循环回路，见图 7-1。而施工进度控制的全过程就是在许多这样的封闭循环中得到有效的不断调整、修正与纠偏，最终实现总目标的。

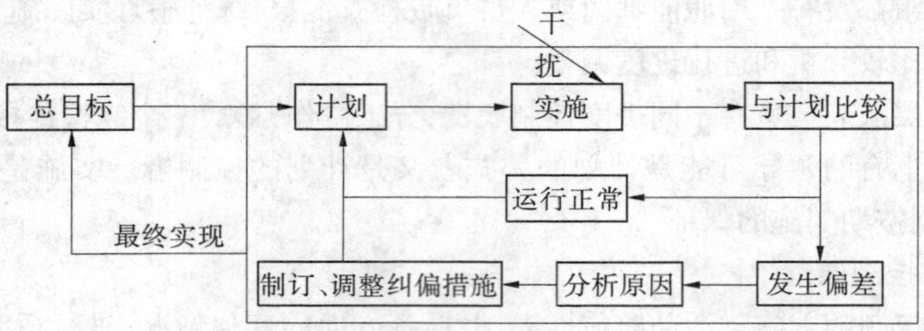

图 7-1　施工进度控制的封闭循环回路

（六）网络计划技术原理

在施工进度的控制中利用网络计划技术原理编制进度计划，根据收集的实际进度信息，比较和分析进度计划，又利用网络计划的工期优化、工期与成本优化和资源优化的理论调整计划。网络计划技术原理是施工进度控制的完整的计划管理和分析计算理论基础。

四、施工进度控制的目标

施工进度控制总目标是依据施工总进度计划确定的，然后对施工进度控制总目标进行层层分解，形成实施进度控制、相互制约的目标体系。

施工进度目标是从总的方面对项目建设提出的工期要求。但在施工活动中，是通过对最基础的分部、分项工程的施工进度控制来保证各单项（位）工程或阶段工程进度控制目标的完成，进而实现施工进度控制总目标的。因而需要将总进度目标进行一系列的从总体到细部、从高层次到基础层次的层层分解，一直分解到在施工现场可以直接调度控制的分部、分项工程或作业过程的施工为止。在分解中，每一层次的进度控制目标都限定了下一级层次的进度控制目标，而较低层次的进度控制目标又是较高一级层次进度控制目标得以实现的保证，于是就形成了一个自上而下层层约束、由下而上级级保证、上下一致的、多层次的进度控制目标体系。如可以按单位工程或分包单位分解为交工分目标，按承包的专业或按施工阶段分解为完工目标，按年、季、月计划期分解为时间目标等，其结构框架如图 7-2 所示。

五、施工进度控制的程序

（1）项目经理部要根据施工合同的要求确定施工进度目标，明确计划开工日期、计划总工期和计划竣工日期，确定项目分期分批的开竣工日期。

（2）编制施工进度计划，具体安排实现计划目标的工艺关系、组织关系、搭接关系、起止时间、劳动力计划、材料计划、机械计划及其他保证性计划。分包人负责根据项目施工进度

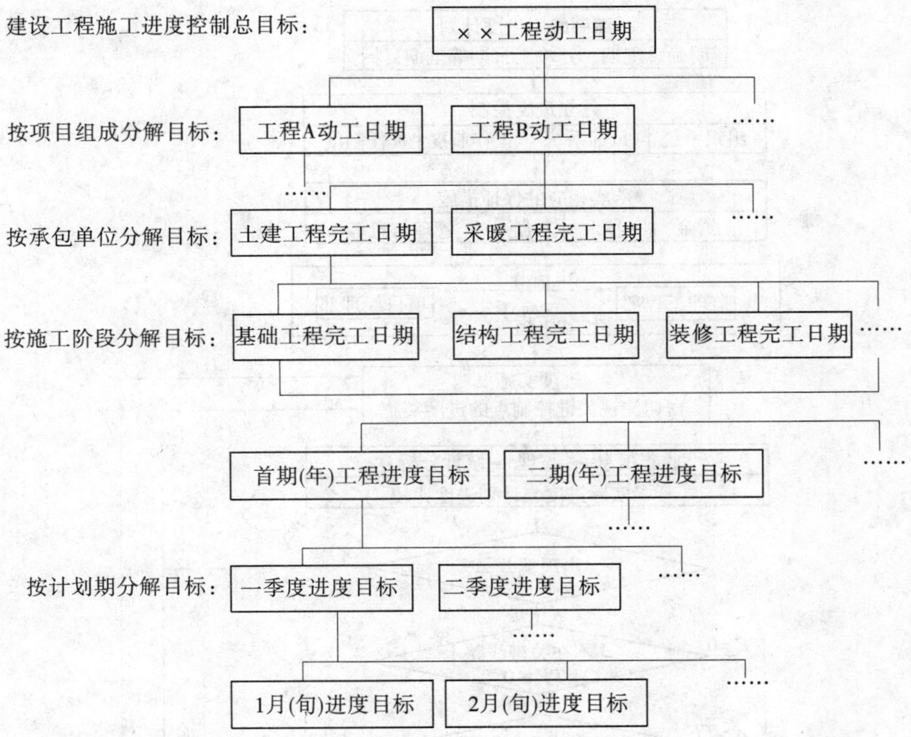

图7-2　**建设工程施工进度目标分解图**

计划编制分包工程施工进度计划。

(3)向监理工程师提出开工申请报告,按监理工程师开工令确定的日期开工。

(4)实施施工进度计划。项目经理应通过施工部署、组织协调、生产调度和指挥、改善施工程序和方法的决策等,应用技术、经济和管理手段实现有效的进度控制。项目经理部首先要建立进度实施、控制的科学组织系统和严密的工作制度,然后依据施工进度控制目标体系,对施工的全过程进行系统控制。正常情况下,进度实施系统应发挥监测、分析职能并循环运行,即随着施工活动的进行,信息管理系统会不断地将施工实际进度信息,按信息流动程序反馈给进度控制者,经过统计整理,比较分析后,确认进度无偏差,则系统继续运行;一旦发现实际进度与计划进度有偏差,系统将发挥调控职能,分析偏差产生的原因,及对后续施工和总工期的影响。必要时,可对原计划进度做出相应的调整,提出纠正偏差方案和实施的技术、经济、合同保证措施,以及取得相关单位支持与配合的协调措施,确认切实可行后,将调整后的新进度计划输入到进度实施系统,施工活动继续在新的控制下运行。当新的偏差出现后,再重复上述过程,直到施工全部完成。进度控制系统也可以处理由于合同变更而需要进行的进度调整。

(5)全部任务完成后,进行进度控制总结并编写进度控制报告。

施工进度控制的程序见图7-3。

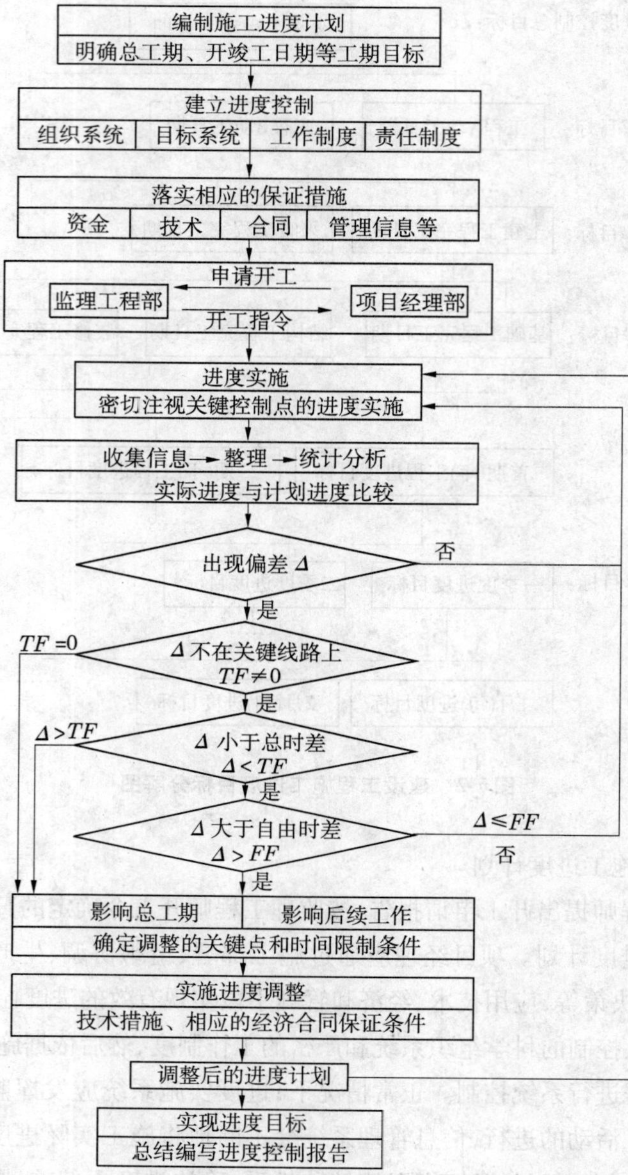

图 7-3　施工进度控制流程图

第二节　项目进度控制基本要求

一、进度控制的依据

(1)国家有关的经济法规和规定。

(2)施工合同中所确定的工期目标。

(3)经监理工程师确认的施工进度控制计划。

(4)经监理工程师批准的工程延期。

二、进度控制的方法

(1)审核、批准监理工程师应及时审核有关的技术文件、报表、报告。根据监理的权限，其审核的具体内容有以下几个方面:①下达开工令、审批《工程动工报审表》。②审批施工总进度计划、年、季、月进度计划,进度修改调整计划。③批准工程延期。审批复工报审表、工程延期申请表、工程延期审批表。④审批承包单位报送的有关工程进度的报告。审批“××月完成工程量报审表”、审阅“××月工、料、机动态表”等。

(2)检查、分析和报告。监理工程师应及时检查承包单位报送的进度报表和分析资料;跟踪检查实际形象进度;应经常分析进度偏差的程度、影响面及产生原因,并提出纠偏措施。应定期或不定期地向建设单位报告进度情况,并提出防止因建设单位因素而导致工程延误和费用索赔的建议。

(3)组织协调。项目监理应定期或不定期地组织不同层次的协调会。在建设单位、承包单位及其他相关参建单位之间的不同层面解决相应的进度协调问题。

(4)积累资料。监理工程师应及时收集、整理有关工程进度方面的资料,为公正、合理地处理进度拖延、费用索赔及工期奖、罚问题提供证据。

三、进度控制的手段

(1)下达监理指令。监理工程师应及时发布监理指令,向承包单位指出施工进度发生的偏差、影响程度及其产生原因,提出采取进度调整措施的要求和指示。

(2)采取组织措施。总监理工程师发现承包单位或分包单位或其主要管理人员不称职,不进行调整或撤换将对工程进度造成极大影响时,可向建设单位提出相应的调整或撤换承包单位或分包单位或其主要管理人员的建议。

(3)采取经济制约手段。总监理工程师应依据建设工程施工合同中的约定,当工期提前或延期时,签发有关文件,向建设单位建议采取相应的经济制约手段,如停止付款、赔偿延期损失、发放提前竣工奖金等。

第三节　进度计划的编制

实现施工阶段进度控制的首要条件是有一个符合客观条件的、合理的施工进度计划。以便根据这个进度计算确定实施方案,安排设计单位的出图进度,协调人力、物力,评价在施工过程中气候变化、工作失误、资源变化以及有关方面的人为因素而产生的影响,并且也是进行投资控制、成本分析的依据。

一、进度计划的编制依据

(1)经过规划设计等有关部门和有关市政配套审批、协调的文件。

(2)有关的设计文件和图纸。

(3)建设工程施工合同中规定的开竣工日期。

(4)有关的概算文件、劳动定额等。

(5)施工组织设计和主要分项、分部工程的施工方案。

(6)工程施工现场的条件。

(7)材料、半成品的加工和供应能力。

(8)机械设备的性能、数量和运输能力。

(9)施工管理人员和施工工人的数量与能力水平等。

二、进度计划的编制方法

进度计划编制前,应对编制的依据和应考虑的因素进行综合研究。

其编制方法如下:

(1)划分施工过程。编制进度计划时,应按照设计图纸、文件和施工顺序把拟建工程的各个施工过程列出,并结合具体的施工方法、施工条件、劳动组织等因素,加以适当整理。

(2)确定施工顺序。在确定施工顺序时,要考虑以下方面:①各种施工工艺的要求;②各种施工方法和施工机械的要求;③施工组织合理的要求;④确保工程质量的要求;⑤工程所在地区的气候特点和条件;⑥确保安全生产的要求。

(3)计算工程量。工程量计算应根据施工图纸和工程量计算规则进行。

(4)确定劳动力用量和机械台班数量。应根据各分项工程、分部工程的工程量、施工方法和相应的定额,并参考施工单位的实际情况和水平,计算各分项工程、分部工程所需的劳动力用量和机械台班数量。

(5)确定各分项工程、分部工程的施工天数,并安排进度,当有特殊要求时,可根据工期要求,倒排进度;同时在施工技术和施工组织上采取相应的措施,如在可能的情况下,组织立体交叉施工、水平流水施工,增加工作班次,提高混凝土早期强度等。

(6)施工进度图表。施工进度图表是施工项目在时间和空间上的组织形式。目前表达施工进度计划的常用方法有网络图和流水施工水平图(又称横道图)。

(7)进度计划的优化。进度计划初稿编制以后,需再次检查各分部(子分部)工程、分项工程的施工时间和施工顺序安排是否合理,总工期是否满足合同规定的要求,劳动力、材料、施工机械设备需用量是否出现不均衡的现象,主要施工机械设备是否充分利用。经过检查,对不符要求的部分予以改正和优化。

第四节　进度计划的审批

一、进度计划的提交

(一)总体性进度计划

在中标通知书发出后合同规定的时间内,监理工程师应要求承包人书面提交以下文件:

(1)一份详细和格式符合要求的工程总体进度计划及必要的各项关键工程的进度计划。

(2)一份有关全部支付的现金流动估算。

(3)一份有关施工方案和施工方法的总说明(即通过施工组织设计提出)。

（二）阶段性进度计划

在将要开工以前或在开工以后合理的时间内，监理工程师应要求承包人提交以下文件：

（1）年度进度计划及现金流动估算。

（2）月（季）度进度计划及现金流动估算。

（3）分项（或分部）工程的进度计划。

二、进度计划的审查步骤

监理工程师应组织有关人员对承包人提交的各项进度计划进行审查，并在合同规定或满足施工需要的合理时间内审查完毕。审查工作应按以下程序进行：

（1）阅读文件、列出问题、进行调查了解；

（2）提出问题与承包人进行讨论或澄清；

（3）对有问题的部分进行分析，向承包人提出修改意见；

（4）审查批准承包人修改后的进度计划。

三、进度计划的审查内容

（一）工期和时间安排的合理性

（1）施工总工期的安排应符合合同工期。

（2）各施工阶段或单位工程（包括分部、分项工程）的施工顺序和时间安排与材料和设备的进场计划相协调。

（3）易受冰冻、低温、炎热、雨季等气候影响的工程应安排在适宜的时间，并应采取有效的预防和保护措施。

（4）对动员、清场、假日及天气影响的时间，应有充分的考虑并留有余地。

（二）施工准备的可靠性

（1）所需主要材料和设备的运送日期已有保证。

（2）主要骨干人员及施工队伍的进场日期已经落实。

（3）施工测量、材料检查及标准试验的工作已经安排。

（4）驻地建设、进场道路及供电、供水等已经解决或已有可靠的解决方案。

（三）计划目标与施工能力的适应性

（1）各阶段或单位工程计划完成的工程量及投资额应与承包人的设备和人力实际状况相适应。

（2）各项施工方案和施工方法应与承包人的施工经验和技术水平相适应。

（3）关键线路上的施工力量安排应与非关键线路上的施工力量安排相适应。

第五节　进度计划的检查

在施工进度计划的实施过程中，由于各种因素的影响，常常会打乱原始计划的安排而出现进度偏差。因此，监理工程师必须定期地、经常地对施工进度计划的执行情况进行检查，并分析进度偏差产生的原因，以便为施工进度计划的调整提供必要的信息。

一、每日进度检查记录

专业监理工程师应要求承包人按单位工程、分项工程或工点对实际进度进行记录，并予以检查，以作为掌握工程进度和进行决策的依据。每日进度检查记录应包括以下内容：

(1)当日实际完成及累计完成的工程量；

(2)当日实际参加施工的人力、机械数量及生产效率；

(3)当日施工停滞的人力、机械数量及其原因；

(4)当日承包人的主管及技术人员到达现场的情况；

(5)当日发生的影响工程进度的特殊事件或原因；

(6)当日的天气情况等。

二、每月工程进度报告

高级驻地监理工程师应要求承包人根据现场提供的每日施工进度记录，及时进行统计和标记，并通过分析和整理，每月向总监理工程师及其代表和业主提交一份每月工程进度报告。应包括以下主要内容：

(1)概况或总说明：应以记事方式对计划进度执行情况提出分析；

(2)工程进度：应以工程量清单所列细目为单位，编制出工程进度累计曲线和完成投资额的进度累计曲线；

(3)工程图片：应显示关键线路上（或主要工程项目上）一些施工活动及进展情况；

(4)财务状况：应主要反映承包人的现金流动、工程变更、价格调整、索赔工程支付及其他财务支出情况；

(5)其他特殊事项：应主要记述影响工程进度或造成延误的因素及解决措施。

三、进度控制图表

监理工程师应编制和建立各种用于记录、统计、标记、反映实际工程进度与计划工程进度差距的进度控制图及进度统计表，以便随时对工程进度进行分析和评价，并作为要求承包人加快工程进度、调整进度计划或采取其他合同措施的依据。

第六节　进度计划的调整

一、进度符合计划

在工程实施期间，如果实际进度（尤其是关键线路上的实际进度）与计划进度基本相符，监理工程师不应干预承包人对进度计划的执行，但应及时掌握影响和妨碍工程进展的不利因素，促进工程按计划进行。

二、进度计划的调整

监理工程师发现工程现场的组织安排、施工顺序或人力和设备与进度计划上的方案有较大不一致时，应要求承包人对原工程进度计划及现金流动计划予以调整，调整后的工程进度计划应符合工程现场实际，并应保证满足合同工期的要求。

调整工程进度计划，主要是调整关键线路上的施工安排，对于非关键线路，如果实际进度与计划进度的差距并不对关键线路上的实际进度造成不利影响，监理工程师可不必要求承包人对整个工程进度计划进行调整。

三、加快工程进度

在承包人没有取得合理延期的情况下，监理工程师认为实际工程进度过慢，将不能按照进度计划预定的竣工期完成工程时，应要求承包人采取加快的措施，以赶上工程进度计划中的阶段目标或总体目标。

承包人提出和采取的加快工程进度的措施必须经过监理工程师批准。

批准时应注意以下事项：

(1)只要承包人提出的加快工程进度的措施符合施工程序并能确保工程质量，监理工程师应予以批准；

(2)因采取加快工程进度措施而增加的施工费用应由承包人自负；

(3)因增加夜间施工或法定节假日施工而涉及业主的附加监督管理(包括监理)费用，应由承包人负担，费用数额及支付方式由业主、监理工程师及承包人协商确定。

四、进度计划的延期

由于业主或监理工程师的原因，或承包人在实施工程中遇到不可预见或不可抗力的因素，因而使工程进度延误并批准延期后，监理工程师应要求承包人对原来的工程进度计划予以调整，并按调整后的进度计划实施工程。

五、进度计划的延误

由于承包人的原因造成工程进度的延误，而且承包人拒绝接受监理工程师加快工程进度的指令，或虽采取了加快工程进度的措施，但仍然不能赶上预期的工程进度并将使工程在合同工期内难以完成时，监理工程师应对承包人的施工能力重新进行审查和评价，并应发出书面警告，还应向业主提出书面报告，必要时，建议对工程的一部分实行强制分割或考虑更换承包人。

第八章　工程合同管理

第一节　工程合同管理类型

一、勘察、设计合同管理

（一）概述

勘察合同应由建设单位和设计单位或有关单位提出委托，设计合同需具有上级机关批准的可行性研究报告方能签订。如果独立委托施工图设计任务，应同时具有经有关部门批准的初步设计文件方能签订。

勘测设计合同生效后，委托方一般应向承包方付给20%的定金，合同履行后抵作设计费，如果委托方不履行合同，无权要求返还定金。如果承包方不履行合同，应双倍返还定金。

建设工程勘察、设计合同的当事人双方都应该十分重视合同的管理工作。随着基本建设管理与国际惯例的逐步接轨，建设工程勘察、设计合同管理中还应包括第三方——监理工程师对合同的管理工作，三方在合同管理中的关系可用图8-1表示。

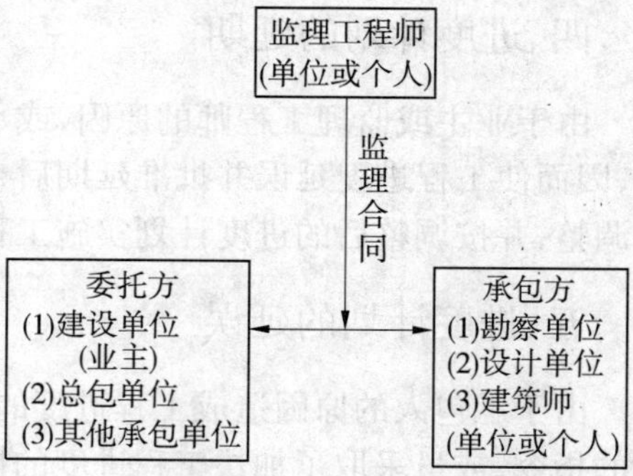

图8-1　勘察设计合同管理关系图

（二）合同的订立和履行

1. 合同订立

（1）根据《中华人民共和国招标投标法》和建设部的有关规定，通过招投标授予（取得）设计合同。

（2）建设部颁布的招标文件范本是编制招标、投标文件的依据，也是合同文件的范本，项目法人与中标设计单位经过平等协商解决招、投标文件之间的差异，订立勘测设计合同。

（3）合同的订立要符合基本建设程序，以国家批准的项目建议书或可行性研究报告书为基础，进度安排要符合基本建设程序和设计内在客观规律的要求。

2. 合同履行

设计合同在履行中特别要注意处理好以下几方面的关系。

（1）根据设计内在客观规律，委托方要及时提供基础资料，但设计单位也要主动协助。

（2）当委托方要求更改初步设计已审定的原则时，设计单位要认真进行科学的论证，对于不合理的要求要耐心进行说服工作，并要求按规定办理必要的审批手续。

（3）主体设计单位要起到设计总体归口管理的作用。主要包括：①协助项目法人与单项设计单位签订合同。②在技术条件与设计范围等方面做好必要的协调工作。③在概预算管理方面，要做到该统一的应统一（如三材价格），项目划分上不重不漏。

(三)监理工程师对勘察、设计合同的管理

1. 勘测设计合同管理的准备工作

(1)熟悉合同,了解合同的主要内容、合同双方的责任及义务。

(2)了解勘测设计单位履行合同的计划和人力的安排。

(3)了解依据合同由项目业主为勘测设计单位提供的文件、资料内容和提供时间。

(4)了解依据合同由勘测设计单位提供给项目业主的成品内容和提供时间。

(5)熟悉工程前期资料,了解合同规定的勘测设计成品的质量标准。

(6)明确合同管理的监理工程师。

2. 对勘测设计进度进行的管理

(1)项目业主提供给勘测设计单位的文件、资料时间是否按合同规定提供。

(2)勘测设计单位阶段性的计划是否满足项目业主要求的计划。实际进度是否按勘测设计计划大纲规定的计划进度完成。

(3)勘测设计成品是否按合同要求时间交付。

(4)项目业主按期支付合同价款,逾期不支付,按合同约定支付滞纳金。

3. 对勘测设计质量的管理

(1)勘测单位应按合同规定,按照国家现行有效规范、规程和技术规定,进行工程地质、工程测量、水文地质的勘察工程,按合同要求提供成果。

(2)设计单位应根据项目业主提供的工程审批文件和有关技术协议书以及合同、规定的设计标准、设计规范进行设计。

(3)设计单位提供的设计成品符合国家规定的设计内容、深度要求。

(4)设计修改是否满足审批文件要求和满足现场施工要求。

(5)设计的总体水平是否满足安全生产、经济运行和满负荷的要求。

(6)设计成品及图纸组织是否满足行业规定标准,成品签证是否完整。

4. 对勘测设计投资的管理

(1)严格控制一次性投资的同时,注重各项技术经济指标的综合应用。

(2)监理工程师应督促检查限额设计开展情况。

(3)设计合同中奖罚条款要具体。对其可操作性,监理工程师应监督兑现。

(4)参与概、预算编制原则的讨论、确定,使之符合合同和行业规定。

5. 勘测设计安全的管理

(1)贯彻执行建设部发布的《实施工程建设标准强制性标准监督规定》。

(2)在设计中,贯彻执行建设部有关设计规范的规定。

6. 违反勘测设计合同的责任

(1)监理工程师对勘测设计合同的双方发生违约的先兆时,应根据合同规定及时提请有关方面注意,当因条件无法改变时,监理工程师应及早进行协调。

(2)当项目业主因变更计划或提供资料、文件不准确,造成勘测、设计的延误或返工,勘测设计单位应按合同规定提出工期索赔或费用索赔,此时监理工程师应进行协调并公正地提出监理意见。

(3)当勘测设计单位所提供的设计成品出现质量低劣或不符合规定时,监理工程师通知其整改或返工,但效果不佳或无效时,应及时通报项目业主,由项目业主处理。

(4)当勘测、设计单位因自身原因不能按期提交设计成品，应按合同规定承担违约责任。

(5)当项目业主没有按合同规定按期支付勘测设计费用或没有及时提供条件而影响勘测、设计正常进行时，项目业主应承担违约责任。

二、监理委托合同管理

(一)监理委托合同文件的形成

在工程项目委托洽谈阶段，监理委托合同的形成通常要经历以下几个步骤：

(1)在建设单位(业主)与监理方洽商并形成初步认识的基础上，由建设单位提供工程的有关资料，监理单位编制该工程的监理大纲或监理方案。

(2)双方进一步洽商并拟定监理委托合同细节。

(3)双方进一步商讨委托事宜，并对合同条件进行补充、确认，最后双方正式签署合同文本。

(二)监理委托合同的主要内容

虽然监理委托合同的形式是多种多样，但其基本内涵并没有实质上的区别。一个完善的、符合法律要求的建设监理委托合同，一般都应该包含下列主要内容：

(1)合同双方的确认。在委托合同中，首项的内容为合同所涉及项目的工程概况和双方的身份的说明。主要是说明工程名称、地点、规模、总投资、监理范围、建设单位和监理单位的名称、地址以及银行账号等。

(2)合同中词语定义、适用语言和法规。

(3)监理单位的义务和权利。

(4)业主的义务与权利。

(5)合同生效、变更与终止。

(6)监理酬金。

(7)其他问题的说明。

(8)争议的解决。

(三)监理委托合同签订

1.坚持按法定程序签署合同

监理委托合同的签订，意味着委托关系的形成，委托方与被委托方的关系也将受到合同的约束。因而，签订合同必须是双方法人代表或经其授权的代表签署并监督执行。在合同签署过程中应查验代表对方签字的人的授权委托书，要认真注意合同签订的有关法律问题，对于这些问题，一般由通晓法律的专家或聘请法律顾问指导和协助完成以避免合同失效或不必要的合同纠纷。在合同开始执行时，建设单位应当将自己的授权执行人及其所授予的权利以书面形式通知监理单位，监理单位也应将拟派往该项目工作的总监理工程师及该项目监理组的人员情况告知建设单位。监理委托合同签署后，建设单位应当将委托给监理工程师的权限体现在与承包单位签订的工程承包合同中，为监理工程师的工作创造条件。

2.不可忽视的来往函件

在合同洽商过程中，合同双方通常会用一些函件来确认双方达成某些口头协议，尽管它们不是具有约束力的正规合同文件，但是它可以帮助确认双方的关系，以及双方对项目的有关理解和意图，以免将来因分歧而否定口头协议。这种将口头协议形成文字保证其生效的信件,包括了建设单位提出的要求和承诺,它也是监理单位承担责任、履行义务的书面证据。所以说,这是一个不可忽视的替代物。

3. 合同的修改和变更

工程建设中难免出现许多不可预见的事项,因而经常会出现要求修改或变更合同条件的情况。例如改变工作服务范围、工作深度、工作进程、费用的支付或委托和被委托方各自承担的责任等。特别是当出现需要改变服务范围和费用问题时,监理单位应该坚持要求修改合同,口头协议或者临时性交换函件等都是不可取的。在实际履行中,可以采取正式文件、信件协议或委托单等几种方式对合同进行修改,如果变动范围太大,也可重新制订一个合同来取代原有的合同。特别要注意的是修改之处一定要便于执行,这是避免纠纷、节约时间和资金的需要。

4. 其他应注意的问题

在监理委托合同的签署过程中,双方都应认真注意涉及合同的每一份文件都是双方在执行合同过程中对各方承担义务相互理解的基础。一旦出现争议,这些文件也是保护双方权利的法律基础。因此,对合同文字、措辞力求简洁、清晰、严密,以保证双方对工作范围、采取的工作方法,以及双方对相互间的权利和义务确切理解。

如果一份写得很清楚的合同,未经充分的讨论,只能是"一厢情愿"的东西,双方的理解不可能完全一致。对于一项时间要求特别紧迫的任务,在委托方选择了监理单位之后,在签订委托合同之前,双方可以通过使用意图性信件进行交流,监理单位对意图性信件的用词要认真审查,尽量使对方容易理解和接受,否则,就有可能在忙乱中致使合同谈判失败或者遭受其他意外损失。监理单位在合同事务中,要注意充分利用有效的法律服务。监理委托合同的法律性很强,监理单位必须配备这方面的专家,这样在准备标准合同格式、检查其他人提供的合同文件及研究意图性信件时,才不至于出现失误。

(四)监理委托合同管理

建设监理委托合同一经签订就具有法律效力。合同双方为维护自身的合法权利,保证合同的顺利实施,都必须加强对合同的管理工作。

1. 建设监理委托合同管理的任务

(1)监理单位通过对监理委托合同的管理,可以对参与建设监理的人员在合同关系上给予帮助,并通过对合同解释给予工作上的指导,以及对信函和纪要进行合同法律审查。

(2)签约双方通过对监理委托合同的管理,可以对合同实施进行有效的控制,以确保双方正确履行合同,增强双方合同实施的协作配合。

(3)通过双方加强对监理委托合同的管理,可以减少或防止合同争执,并避免因合同争执造成的损失。

(4)通过对监理委托合同的管理,可以向签约双方通报合同执行情况,便于双方制定合同实施的行动方案或对策。

2. 监理委托合同管理的主要内容

1)监理单位应建立合同实施的保证体系

监理单位合同实施的保证体系包括建立有效的项目监理组织机构;配备得力的项目监理负责人及其配套的专业监理人员;落实合同责任制,建立和健全以责任制为中心的合同管理工作程序和工作制度;对合同目标实行动态跟踪的目标管理模式等。

2)建立合同实施的监督机制

签约双方都必须实行对合同实施的监督工作，包括对建设监理单位的合同保证体系质量的审查；业主协助监理单位对合同保证体系的建设；对合同实施的要求、规定标准、监理方式和监理程序的严格检查；对监理单位与业主往来的各种函件、报告及批复、签证及记录材料的审查；双方应对监理工作计划执行情况定期检查；对合同实施中出现的新情况、新问题应尽快协商，制定必要的对策措施加以解决，以及对合同更改进行事务性处理。

3)合同争执的解决

如果合同双方在执行合同过程中产生了争执，应本着互利互惠的原则妥善地协商解决。若协商失败，任何一方可以向合同管理仲裁机构提出仲裁申请，经仲裁机构调解作出仲裁决定；任何一方对仲裁决定持有异议，都可以向人民法院提出诉讼，由人民法院依法作出判决。

4)索赔与反索赔报告

提出索赔与反索赔报告，是合同双方进行合同管理的日常工作。

3.建设监理委托合同变更管理

1)合同变更的原因

合同变更的原因是多方面的。概括起来，主要有下列几方面原因：①业主提出新的要求或补充要求。②合同执行环境的变化，已超出了原有合同委托任务，经双方协商达成合同更改。③国家经济及政策对新建项目提出新的要求，业主要求对合同应做相应变更。

2)合同变更产生的影响

合同变更对签约双方都会产生一定的影响，主要有下述两个方面：①因合同变更会引起双方责任的变化，在合同变更中应给予确认。②因合同变更会引起双方利益的变化，特别是当监理任务的变化会引起监理服务费用的变化时，在合同变更中对新增服务费计算的方法、金额、支付方式、支付时间等均应作出规定。

3)合同变更的程序

合同变更应由合同双方经过会谈，对变更问题达成一致意见，签署会议纪要、备忘录、修正案等变更协议。合同变更协议与合同文本具有同等的法律约束力，其法律效力优于合同文本。对于合同规定范围内的变更，不需经过双方会谈，可由业主直接下达变更指令。

三、施工合同管理

监理工程师在施工阶段监理过程实施合同管理的主要目的是约束合同的各方遵守合同规则，避免各方责任的分歧以及不严格执行合同而出现的合同纠纷及违约现象的发生，保证工程建设项目质量、进度、投资三大目标的实现。工程承包合同管理工作的指导思想应以项目取得最佳效益为基础，使合同管理工作始终围绕“取得最佳效益”来进行。

通过监理工程师的管理技巧，将合同当事人双方的自然对立关系，化解为目标一致的伙伴关系，并在合同履行过程中逐步加深相互间的信任感，使合同管理步入良性循环的轨道。

(一)施工合同管理的工作内容

施工阶段工程项目监理过程中合同管理的基本工作内容如下：

(1)签订监理委托合同。

(2)参与施工承包合同的签订。

(3)监理委托合同分析。

(4)施工承包合同分析。

(5)合同的文档管理。

(6)监理实施细则编制。包括质量控制、进度控制和投资控制。

(7)索赔处理。

(8)信息管理。

(9)项目协调。

(10)验收决算。

(二)施工合同签订阶段的管理

(1)监理工程师全面了解招标文件对施工承包单位的资质条件、承包工程范围、工程规模、工程特征、工程技术等情况的要求。

(2)全面了解中标单位的资质、业绩、担当本工程主要负责人的基本素质情况、投标书中对本工程的承诺、投入能力、质量保证措施、投标价格及组成、工程进度安排等。

(3)进行合同分析,看采用的合同文本是否正确和有效,标准条件是否符合本工程特征,投标书中提出的专用条件包括工期顺延、价款变动、质量要求、现场条件等分析是否有隐含转嫁风险的因素。

(4)审查合同订立是否遵守国家法律和法规,是否按照平等、自愿和公平的原则,是否执行诚实、信用原则。

(5)监理工程师认为投标书中的阐述不明确或对其措施不能满意时,应进一步询问和落实,避免引起扯皮或发生索赔。

(6)合同签订必须保证双方责任明确、承担工程项目和范围明确、质量检验标准明确、工程进度目标明确、费用范围和支付方式明确、违约处罚条件明确、安全保证目标明确、工程验收和移交明确、设备材料采购范围明确、合同双方法人代表明确、合同签章手续完备。

(7)进行合同交底应将合同目标向全体监理人员交底,对合同工作范围和合同条款的交叉点以合同风险及防范措施做好准备。

(8)建立合同数据档案,利用计算机进行合同管理。

(9)形成合同网络系统,建立合同计划表。

(三)施工合同管理的履行

1. 工程付款控制

由于施工工期一般较长,通常采用按进度付款的方式。项目法人及监理单位要做好付款控制。

2. 合同监督

监理工程师在施工合同履行过程中,做好合同监督工作主要是做好工期管理、质量管理、结算管理和安全管理。应建立合同数据档案,利用计算机进行合理管理。形成合同网络系统,建立合同计划表。

第二节　合同变更的管理

合同变更是指对合同中的工作内容做出修改、追加或取消。由于土木工程地质水文条件的复杂性,发生合同变更是较为常见的,几乎每一个工程项目都会发生合同变更。

施工合同文件中技术规范或设计图纸及施工方法等发生变更，总是发生在工程施工过程中，有时是事先不可预见的，无法事先约定，需要监理工程师依据工程现场情况决定，若处理不当，即使是正常的合同变更也会影响工程进展，必须予以高度重视。

一、合同变更的内容

为了有效地解决工程变更问题，一般合同中都有一条专门的变更条款，对有关工程变更的问题做出具体规定。我国的施工合同范本规定："工程变更包括设计变更和其他变更。"在工程实施中建设单位和承包单位要根据实际情况来办理新增的工程量价款签证（即工程单）。

依据 FIDIC 合同条件第 51 条规定，监理工程师确认的合同变更的内容如下：

(1)合同中所列出的工程项目中任何工程量的增加或减少。

(2)取消合同中任何部分的工程细目的工作，被取消的工作是由业主或其他承包方实施者除外。

(3)改变合同中任何工作的性质、质量及种类。

(4)改变工程任何部分的标高、线形、位置和尺寸。如公路工程中要修建的路基工程，监理工程师可以指示将在原设计图纸上原定的边坡坡度，根据实际的地质土质情况改建成比较平缓的边坡角度。

(5)为完成本工程所必须的任何种类的附加工作。

(6)改变本工程任何部分的任何规定的施工时间安排等，有关规定的施工顺序和时间安排，也一定是在规范里有所规定。

二、合同变更的原则

合同变更主要是指合同内容的变更，即在合同成立后尚未履行完毕前，合同当事人就合同的内容进行修改和补充的行为。合同变更需遵循的原则如下：

(1)合同变更必须双方协商一致，并在原合同的基础上达成新协议。

(2)合同变更必须在原合同履行完毕之前实施。

(3)合同变更只是在原合同存在的前提下对部分内容进行修改、补充，而不是对合同内容的全部变更。

(4)把合同变更限制到最少的程度。

(5)重要变更采取提前的原则。

合同变更后，在维持原合同性质、效力的基础上，若干新的权利义务关系代替了旧有的规定，被变更的权利义务归于消灭，当事人受新的权利义务关系约束。合同变更不是消灭既有合同的效力，因而没有溯及力，对于已履行的债权债务，除非法律有规定或当事人特别约定，不得主张更改。合同变更或者解除，不影响当事人要求赔偿损失的权利。

三、工程变更申请的内容和格式

在实际工程中，工程变更一般由业主通过工程师下达书面或口头指令。这里有以下几种情况：

(1)变更相关的分项工程尚未开始，只需对工程设计作修改或补充，如发现图纸错误，业主对工程有新的要求等。这种情况下的工程变更时间比较充裕，价格谈判和变更的落实可有条不紊地进行。

(2)变更所涉及的工程正在进行施工，如在施工中发现设计错误或业主突然有新的要求。这种变更通常时间很紧迫，甚至可能发生现场停工，等待变更指令。

(3)对业主已经验收的工程进行变更，这时必须对一些已完工程做返工处理。通常这种变更时间也比较充裕。

在工程中变更申请的格式(见表 8-1)和内容可以按具体要求设计。

表 8-1　工程变更申请表

申请人	申请表编号	合同号	
相关的分项工程和该工程的技术资料说明			
工程号	图号		
施工段号			
变更根据	变更说明		
变更根据的标准			
变更所涉及的资料			
变更的影响			
技术要求	工期	材料	劳动力
对其他工程的影响		成本	机械
变更类型	变更优先次序		
计划变更实施日期			
意见			
变更申请人(签字)			
变更批准人(签字)			
变更实施决策/变更会议			
备注			

变更申请提出后，交业主的工程师检查。检查主要针对变更的成本和工期的影响，最终由业主决定并批准变更的实施。对重大的变更必须通过变更会议进行，主要确定如下议题：

(1)变更涉及的各种计划安排。

(2)落实变更措施。

(3)变更实施协调。

(4)变更的补充协议，主要关于成本和工期的补偿协议等。

由变更会议作出决议，签订协议，再发出变更通知。

四、工程变更的估价

(一)我国施工合同范本对确定工程变更价款的规定

承包人在工程变更确定后 14 d 内，提出变更工程价款的报告，经工程师确认后调整合同价款。变更合同价款按下列方法进行：

(1)合同中已有适用于变更工程的价格，按合同已有的价格变更合同价款。

(2)合同中只有类似于变更工程的价格，可以参照类似价格变更合同价款。

(3)合同中没有适用或类似于变更工程的价格，由承包人提出适当的变更价格，经工程师确认后执行。

(二)FIDIC 关于工程变更的估价

(1)对于所有按监理工程师指示的工程变更，若属于原合同中的工程量清单上增加或减少的工作项目的费用及单价，一般应据合同中工程量清单所列的单价或价格而定或参考工程量清单所列的单价或价格而定。

(2)如果合同的工程量清单中没有包括适用此项变更工作的单价或价格，则应在合同的范围内使用合同中的费率和价格作为估价的基础。若做不到这一点，合适的价格要由监理工程师与业主和承包商三方共同协商解决而定。如协商不成，不能达成协议，则应由监理工程师在其认为是合理和恰当的前提下，决定此项变更工程的费率初价格，并通知业主和承包商。

(3)监理工程师需作决定的单项造价及费率，是相对于整个工程或分项工程中工程性质和数量有较大的变更，一般用工程量清单中的价格已是不合理的或是不合适时，监理工程师应协调各方调整价格。

(三)我国施工合同范本约定的工程变更程序

(1)建设单位提前书面通知承包人有关工程变更，或承包单位提出变更申请经工程师和发包人同意变更。

(2)由原设计单位出图并在实施前 14 d 交承包单位。如超出原设计标准或设计规模，应由发包人按原程序报审。

(3)承包人必须在确定工程变更后 14 d 内提出变更价款，提交工程师确认。

(4)工程师在收到变更价款报告后的 14 d 内必须审查完变更价款报告后，确认变更价款。

(5)工程师不同意承包人提出的变更价款时，按合同争议的方式解决。

五、合同变更监理措施

监理工程师在处理合同变更时应注意以下几个问题：

(1)监理工程师在接受由业主或设计单位提出的变更要求后，应对变更内容所引起的进度、费用、工程量等变化在业主授权范围内审查和批准合同变更；对于超出授权范围的，提交变更意见，报送业主决策。

(2)与当事人双方就合同变更事宜进行充分协商，在协商一致的情况下，需报送主管部门批准的，在正式批准后合同变更方能生效。

(3)对于合同变更给另一方当事人造成损失的，监理工程师应该公正地处理受损方提出的赔偿损失的要求。

(4)协助业主做好合同变更后的有关事宜。

第三节 工程延期

一、一般规定

监理工程师必须在确认下述条件满足后,受理工程延期:

(1)由于非承包人的责任,工程不能按原定工期完工。

(2)延期情况发生后,承包人在合同规定期限内向监理工程师提交工程延期意向。

(3)承包人承诺继续按合同规定向监理工程师提交有关延期的详细资料,并根据监理工程师需求随时提供有关证明。

(4)延期事件终止后,承包人在合同规定的期限内,向监理工程师提交正式的延期申请报告。

二、延期的主要类型

(1)额外的或附加的工作。

(2)异常的恶劣气候条件。

(3)由业主造成的延误、妨碍、阻止。

(4)不是承包人的过失、违约或由其负责的其他特殊情况。

(5)合同中所规定的任何延误原因。

三、临时延期

如果影响延期的事件有连续性,监理工程师可在收到并确认承包人提交的临时报告后,先给予临时延期。在收到并确认承包人正式延期申请后,再给予该事件的最终延期。但最终延期不准少于累计的临时延期。

四、受理程序

(一)收集资料,做好记录

监理工程师应在收到承包人延期意向后,做好工地实际情况的调查和日常记录,收集来自现场以外的各种文件资料与信息。

(二)审查承包人的延期申请

监理工程师收到承包人正式的延期申请后,应主要从以下几方面进行审查:

(1)延期申请的格式满足监理工程师的要求。

(2)延期申请应列明延期的细目及编号;阐明延期发生、发展的原因及申请所依据的合同条款;附有延期测算方法及测算细节和延期涉及的有关证明、文件、资料、图纸等。

审查通过后,可开始下一步的评估。否则,监理工程师应将申请退回承包人。

(三)延期评估

应主要从以下几方面进行评定:

(1)承包人提交的申请资料必须真实、齐全,满足评审需要。

(2)申请延期的合同依据必须准确。

(3)申请延期的理由必须正确与充分。

(4)申请延期天数的计算原则与方法应恰当。监理工程师应根据现场记录和有关资料,进行修订并就修订的结果与业主和承包人进行协商。

(四)审查报告

审查报告主要由以下文件组成:

(1)正文:受理承包人延期申请的工作日期;工程简况;确认的延期理由及合同依据;经调查、讨论、协商、确认的延期测算方法及由此确认的延期天数、结论等。

(2)附件:①监理人员对该延期的评论;②承包人的延期申请。包括涉及的文件、资料、证明等。

(五)确定延期

监理工程师应在确认其结论之后,签发《索赔时间金额审批表》。

第四节　工程索赔管理

索赔是当事人在合同实施过程中,根据法律、合同规定及惯例,对并非由于自己的过错,而是由于应由合同对方承担责任的情况造成的,且实际发生了损失,向对方提出给予补偿要求。

一、索赔的类型

建设工程合同的索赔分为三种类型:

(1)由一方违约使另一方蒙受损失引起的索赔。

(2)因合同文件缺陷和因工程变更引起的索赔。

(3)发生应由发包方承担责任的特殊风险或遇到不利自然条件等情况,使承包方蒙受损失而提出补偿损失的索赔。

当然这些索赔有的属于经济赔偿和补偿,有的属于工期的合理调整。

二、索赔的作用

(一)保证合同的实施

合同一经签订,合同双方即产生权利和义务关系。这种权利受法律保护,这种义务受法律制约。索赔是合同法律效力的具体体现,并且由合同的性质决定。如果没有索赔和关于索赔的法律规定,则合同形同虚设,对双方都难以形成约束,这样合同的实施得不到保证,不会有正常的社会经济秩序。索赔能对违约者起警戒作用,使他考虑到违约的后果,以尽力避免违约事件发生。所以,索赔有助于工程双方更紧密的合作,有助于合同目标的实现。

(二)落实和调整合同双方经济责任关系

有权利,有利益,同时又应承担相应的经济责任。谁未履行责任,构成违约行为,造成对方损失,侵害对方权利,则应承担相应的合同处罚,予以赔偿。离开索赔,合同的责任就不能体现,合同双方的责权利关系就不平衡。

(三)维护合同当事人正当权益

索赔是一种维护自己正当利益、避免损失、增加利润的手段。在现代承包工程中,如果承包商不能进行有效的索赔，不精通索赔业务，往往使损失得不到合理的、及时的补偿，就不能进行正常的生产经营，甚至导致倒闭。

（四）促使工程造价更合理

施工索赔的正常开展，把原来打入工程报价的一些不可预见费用，改为按实际发生的损失支付，有助于降低工程报价，使工程造价更合理。

三、处理索赔的原则及依据

（一）处理索赔的原则

（1）公正原则：

①从工程整体效益和工程总目标出发。

②按法律规定和合同约定行事。

③从事实出发，实事求是。

（2）及时履行职责原则。

监理工程师要恪守合同，按规定的时间期限进行处理。

（3）协商一致原则。

（4）诚实信用原则。

（二）处理索赔的方法

（1）监理工程师处理合同索赔必须以合同为依据。

（2）监理工程师必须重视和认真积累资料，为处理索赔提出充分的依据。

（3）处理索赔应及时、合理地做好协调工作。

（三）处理索赔的依据

一般情况下，处理索赔的依据有：

（1）招标文件、投标文件、合同文本和附件、其他各种签约、设计文件和图纸、技术规范和标准等。

（2）各种会议决定或决议。

（3）经认可的工程实施方案和进度计划。

（4）施工现场的原始记录，如施工记录、施工日报、施工备忘录、监理记录、检查与验收记录等。

（5）工程录像和照片。

（6）气象资料。

（7）工程各种技术鉴定、试验、测量资料。

（8）工程停水、停电、封路等记录和证明。

（9）官方的工资指数、物价指数、材料设备指导价证明。

（10）建筑材料设备的采购、订货、运输、使用的凭据。

（11）有关会计核算资料。

（12）国家或地方政府有关法律、法规、政策等文件。

特别要注意的是，要做好索赔事件发生时的同期记录，即在索赔事件发生后至索赔事件的影响结束期间的事件和与事件有关的各项详细记录。

四、监理工程师对索赔文件的审批

(1)监理工程师在收到索赔意向的报告(或通知)和有关资料后,应收集、研究有关的文件、资料和记录。在收到费用索赔申请表后,对应予受理的费用索赔进行审查,并在初步确定一个额度后,与建设单位(发包人)和施工单位(承包人)进行协商;监理工程师应在施工合同规定的期限内(28 d)签署费用索赔审批表,及时给予答复;或要求施工单位(承包人)进一步补充索赔理由和证据;如果监理工程师在合同规定的期限(28 d)内未予答复或要求施工单位(承包人)做进一步的要求,视为该项索赔已被认可。对持续进行的索赔事件,监理工程师不断地收到阶段性的索赔意向,并在索赔事件终了后规定的期限内(28d)给予答复,或要求施工单位(承包人)进一步补充索赔理由和证据,否则视为该项索赔已经认可。

(2)当承包单位的费用索赔要求与工程延期要求相关联时,总监理工程师在做出费用索赔的批准决定时,应与工程延期的批准联系起来,综合作出费用索赔和工程延期的决定。

(3)由于承包单位的原因造成建设单位的额外损失,建设单位向承包单位提出费用索赔时,总监理工程师在审查索赔报告后,应公正地与建设单位和承包单位进行协商,并及时作出答复。

在一般情况下,对一些造成索赔事件的原因比较明显、时间比较短、范围比较小、涉及索赔的费用比较清楚,且索赔事件的影响不具有连续性时,可以由监理工程师直接审批,报业主审定;但对于比较复杂的索赔事件,可以由监理工程师组织或任命一个评估小组,由评估小组对索赔事件进行调查核实,提出评估报告和处理意见后,再由监理工程师审批,报业主审定。

五、索赔的处理程序

(1)承包商应按合同的有关规定定期向监理工程师提交一份尽可能详细的索赔清单,对没有列入清单的索赔一般不予考虑。

(2)监理工程师依据索赔清单,建立索赔档案。

(3)对索赔项目进行监督,特别是对提出的索赔项目的施工方法、劳务和设备的使用情况进行详细的了解并做好记录,以便核查。

(4)承包商提交正式的索赔文件,内容包括:索赔的基本事实和合同依据,索赔费用(或时间)的计算方法及依据、结果,以及附件(包括监理工程师指令、来往函件、记录、进度计划、进度的延误和所受的干扰以及照片等)。

(5)监理工程师审核索赔文件。

(6)如果需要,可要求承包商进一步提交更详尽的资料。

(7)监理工程师提出索赔的初步审核意见。

(8)与承包商谈判,澄清事实和解决索赔。

(9)如果监理工程师与承包商取得一致意见,则形成最终的处理意见。如果有分歧的话,则监理工程师可单方面提出最终的处理意见。若承包商对监理工程师的决定不服,可提出上诉,监理工程师就应准备应诉材料。

(10)根据业主授权,对于重大索赔,经业主审批同意后,向承包商下达变更指令;对于一般索赔，监理工程师直接签发变更指令。

六、反索赔

反索赔是对索赔而言的，它是对要求索赔者的反措施，是变被动为主动的一个策略性行动。

（一）反索赔的目的

（1）预防对方提出索赔。在合同实施中，积极防御，使自己处于不被索赔的地位，是合同管理的重要任务，有以下措施：①严格履行合同规定的义务，防止自身违约发生，使对方找不到索赔的理由和根据。②在不可预见和防范的风险发生时，一方面应积极采取措施，减少风险损失；另一方面，应做好记录、收集证据，着手分析研究，为反索赔做准备。

（2）对索赔者的索赔要求进行评议和批评，指出其不符合合同条款的地方，或计算错误的地方，使其索赔要求被全部或部分否定，或去除索赔计价中不合理的部分，从而大量地压低索赔款额。

（3）利用合同赋予自己的权利，对索赔者的违约之处提出索赔要求，以维护自身的利益。最终可能在索赔处理中双方都做一定的让步，达到互不支付或减少支付索赔款额的目的。

（二）反索赔的种类

1. 工程拖期反索赔

工程施工的原定计划进度及完工日期拖后，可能影响到业主对该工程的投产计划，给业主带来了经济损失时，按照国际工程标准合同条款的规定，业主有权对承包商进行索赔，即FIDIC合同条件中所述的“拖期损失赔偿费”。至于拖期损失赔偿的计价方法，在各个工程项目的合同文件中均有具体规定。一般规定，每拖期完工一天，应赔偿一定款额的损失赔偿费；拖期损失赔偿费的总额，一般不能超过该工程项目合同价格的一定比例（通常为10%）。

2. 施工缺陷反索赔

承包施工合同条件一般都规定，如果承包商施工质量不符合施工技术规程的规定，或使用的设备和材料不符合合同规定，或者在缺陷责任期满以前未完成应进行修补的工程时，业主有权向承包商追究责任，要求补偿业主所受的经济损失。如果承包商在规定的期限内仍未完成修补缺陷工作，业主有权向承包商提出反索赔。

3. 承包商不履行的保险费用反索赔

如果承包商未能按照合同条款指定的项目投保，并保证保险有效，业主可以投保并保证保险有效，业主所支付的必要的保险费可在应付给承包商的款项中扣回。

4. 对指定分包商的付款反索赔

在工程承包商未能提供已向指定分包商付款的合理证明时，业主可以直接按照监理工程师的证明书，将承包商未付给指定分包商的所有款项（扣除保留金）付给这个分包商，并从应付给承包商的任何款项中如数扣回。

5. 业主合理终止合同或承包商不正当地放弃工程的反索赔

如果业主合理地终止承包商的承包，或者承包商不合理地放弃工程，则业主有权从承包商手中收回由新的承包商完成工程所需的工程款与原合同未付部分的差额。

6. 其他损失反索赔

其他方面损失反索赔，因工程具体条件而变化，常见的有：

(1)承包商运送自己的施工设备和材料时，损坏了沿途的公路或桥梁。

(2)承包商的建筑材料或设备不符合合同要求而要重复检验时，所带来的费用开支。

(3)由于承包商的原因造成工程拖期时，在超出计划工期的拖期时段内的监理工程师的服务费用，业主要求由承包商承担。

七、索赔的资料和文件要求

索赔事件处理的过程是项目建设工程施工合同继续完善的过程；索赔的资料和文件是合同的组成部分，应列入竣工资料中。因此，在索赔事件处理的过程中，应注意收集文件、资料，索赔事件处理完成后，应将有关文件、资料整理，装订成册、存档。

其主要内容包括：

(1)提出索赔的意向报告(或通知)。

(2)提交的费用索赔申请表及附件。

(3)监理工程师调查核实的材料、处理意见、报送业主审定的函件。

(4)监理工程师对费用索赔的审批意见。

(5)业主的审定意见。

(6)仲裁机关或人民法院裁决文件及附件等。

第五节　争议与仲裁

一、合同争议的调解

(1)项目监理机构接到合同争议的调解要求后应进行以下工作：①及时了解合同争议的全部情况，包括进行调查和取证；②及时与合同争议的双方进行磋商；③在项目监理机构提出调解方案后，由总监理工程师进行争议调解；④当调解未能达到一致时，总监理工程师应在施工合同规定的期限内提出处理该合同争议的意见；⑤在争议调解过程中，除已达到了施工合同规定的暂停履行合同的条件之外，项目监理机构应要求施工合同的双方继续履行施工合同。

(2)在总监理工程师签发合同争议处理意见后，建设单位或承包单位在施工合同规定的期限内未对合同争议处理决定提出异议，在符合施工合同的前提下，此意见应成为最后的决定，双方必须执行。

(3)在合同争议的仲裁或诉讼过程中，项目监理机构接到仲裁机关或法院要求提供有关证据的通知后，应公正地向仲裁机关或法院提供与争议有关的证据。

二、合同的解除

(1)施工合同的解除必须符合法律程序。

(2)当建设单位违约导致施工合同最终解除时，项目监理机构应就承包单位按施工合同规定应得到的款项与建设单位和承包单位进行协商，并应按施工合同的规定从下列应得的款项中确定承包单位应得到的全部款项,并书面通知建设单位和承包单位:①承包单位已完成的工程量表中所列的各项工作所应得的款项;②按批准的采购计划订购工程材料、设备、构配件的款项;③承包单位撤离施工设备至原基地或其他目的地的合理费用;④承包单位所有人员的合理遣返费用;⑤合理的利润补偿;⑥施工合同规定的建设单位应支付的违约金。

(3)由于承包单位违约导致施工合同终止后,项目监理机构应按下列程序清理承包单位的应得款项,或偿还建设单位的相关款项,并书面通知建设单位和承包单位:①施工合同终止时,清理承包单位已按施工合同规定实际完成的工作所应得的款项和已经得到支付的款项;②施工现场余留的材料、设备及临时工程的价值;③对已完工程进行检查和验收、移交工程资料、该部分工程的清理、质量缺陷修复等所需的费用;④施工合同规定的承包单位应支付的违约金;⑤总监理工程师按照施工合同的规定,在与建设单位和承包单位协商后,书面提交承包单位应得款项或偿还建设单位款项的证明。

(4)由于不可抗力或非建设单位、承包单位原因导致施工合同终止时,项目监理机构应按施工合同规定处理合同解除后的有关事宜。

第六节　合同转包、分包管理

一、分包

(一)一般规定

(1)监理工程师应严禁承包人把大部分工程分包出去或层层分包。

(2)必须经监理工程师批准,并按规定办理分包工程手续,承包人才能将部分工程分包出去。

(3)监理工程师对分包的批准不解除承包人根据合同规定所应承担的任何责任和义务。

(二)审批分包

监理工程师应从以下主要方面审查承包人分包工程的申请报告。

(1)分包人的资格情况及证明。包括企业概况、财务资本情况、参加分包工程人员的资历、施工机械状况等;

(2)分包工程项目及内容;

(3)分包工程数量及金额;

(4)分包工程项目所使用的技术规范与验收标准;

(5)分包工程的工期;

(6)承包人与分包人的合同责任;

(7)分包协议。

监理工程师完成上述审查之后,签发《分包申请报告单》。

(三)分包工程的管理

(1)监理工程师应通过承包人对分包工程进行管理。监理工程师也可以直接到分包工程去检查,发现涉及分包工程的各类问题,应要求承包人负责处理。

(2)监理工程师应通过《中期支付证书》,由承包人对分包工程进行支付。

二、转让

监理工程师应注意,只有业主同意,承包人才能进行合同转让。

三、指定分包

(1)监理工程师宜设专人对指定分包工程进行管理。

(2)监理工程师应要求指定分包人提交一份证明其资格情况的资料,并要求指定分包人保护和保障承包人免于承担由于指定分包人的疏忽、违约造成的一切损失。

(3)监理工程师应清楚指定分包工程所使用的技术规范与验收标准。

(4)监理工程师应审查承包人反对指定分包人的理由。确认反对合理时,建议业主对承包人的反对予以考虑,反之则应帮助业主说服承包人接受指定分包人。

(5)监理工程师对指定分包人的支付,应根据通常对指定分包人支付的有关规定办理。

第九章　施工环境保护监理

第一节　施工环境保护监理工作内容及方式

监理工程师对施工活动中的环境保护工作按照施工进行实施动态管理。环保达标监理的工作方式以日常巡视为主，辅以必要的环境监测，以便及时调整环保监控力度。环保工程监理从施工、计量到支付等都与其他工程的监理相似，工作方式与主体工程的监理方式相同。

一、施工环境保护监理的工作内容

施工期的环境保护监理，应体现出事前控制和主动控制的要求，结合公路施工的特点，注重监理实效。施工环境保护监理一般应包括以下内容：

(一)施工准备阶段的环境保护监理工作

(1)参加设计交底，熟悉环评报告和设计文件，掌握沿线重要的环境保护目标，了解建设过程的具体环保目标，对敏感的保护目标做出标识。

(2)审查施工单位的施工组织设计和开工报告，对施工过程的环保措施提出审查意见。

(3)审查施工单位的临时用地方案是否符合环保要求，临时用地的恢复计划是否可行。

(4)审查施工单位的环保管理体系是否责任明确，切实有效。

(5)参加第一次工地会议，对工程的环保目标和环保措施提出要求。

(二)施工阶段的环境保护监理工作

(1)审查施工单位编制的分部、分项工程施工方案中的环保措施是否可行。

(2)对施工现场、施工作业进行巡视或旁站监理，检查环境保护措施的落实情况。

(3)监测各项环境指标，出具监测报告或成果。

(4)向施工单位发出环保工作指示，并检查指令的执行情况。

(5)编写环境监理月报。

(6)参加工地例会。

(7)建立、保管环境保护监理资料档案。

(8)处理或协助主管部门和建设单位处理突发环保事件。

(三)交工及缺陷责任期的环境保护监理工作

(1)参加交工检查，确认现场清理工作、临时用地的恢复等是否达到环保要求。

(2)检查施工单位的环保资料是否达到要求。

(3)评估环保任务或环保目标的完成情况，对尚存的主要环境问题提出继续监测或处理的方案和建议。

(4)完成缺陷责任期环境保护监理工作。

(四)环境监测协助建设单位落实公路施工过程中的环境监测计划

监测应定期进行,使数据有可比性,为制定环境保护监理措施和判断环保措施执行效果提供必要的依据。一般施工期环境监测的每次间隔时间往往比较长,提供的是固定点位的前后历史对比资料。根据工程的实际进展,施工环境保护监理有时候会需要一些监测点以外的即时监测数据,对常规污染因子及突发污染事故进行监测,因此环保监理单位有必要自备一些常用的监测设备,能够自行监测一些比较简单的项目。表 9-1 列出了一些较简便的监测仪器。

表 9-1 环境监测检测项目及仪器一览

序号	监测项目	仪器名称
1	酸碱度(pH)	酸度计(pH 计)
2	溶解氧(DO)	溶解氧测定仪
3	化学需氧量(COD)	化学需氧量快速测定仪
4	悬浮物(SS)	便携式悬浮物测量仪
5	水稳性	水稳计
6	总悬浮颗粒物(TSP)	中流量总悬浮颗粒物连续采样器
7	声级	声级计

一般定期监测的项目有以下几项。

1. 空气质量

监测项目有 NO_2、CO、TSP 等三项,必要时还可监测 SO_2。

2. 地表水质量

一般监测项目有酸碱度(pH)、高锰酸盐指数(COD_{Mn})、5 日生化需氧量(BOD_5)、氨氮、悬浮物(SS)、石油类等。根据工程实际情况,还可视需要加测水温、色度、重金属、总磷(TP)、总氮(TN)、砷 As、氰化物、挥发酚、活性剂(LAS)、硫化物、溶解氧(DO)等项目。

3. 声环境质量

监测环境噪声值。

监测点位根据施工过程的重点进行安排。

(五)对环境影响报告书提出的其他环保措施的监理

根据不同项目的实际情况,环境影响报告会提出不同的环保措施,甚至会有比较特殊的措施,例如指定范围内的拆迁等。对于环境影响报告提出的已经批准的措施,应协助建设单位有效地实施。

二、施工环境保护监理的工作方式

监理工程师一般应常驻工地,对施工活动的环保工作进行动态管理。工作方式以巡视为主,根据施工区污染源分布情况,监理工程师定期进行巡视。对特别关心的节点可以进行旁站监理,必要时还可以进行环境监测。巡视和旁站监理的情况,均应予以详细记录。

监理过程中如发现环境污染和生态破坏等情况,监理工程师应立即通知施工单位限期整改。一般性或操作性的问题,可以采取口头通知形式。口头通知无效或有污染隐患时,应发出书面的监理通知,要求施工单位整改,并根据施工单位的书面回复检查整改结果。严重的环境问题,还应同时向建设单位汇报。如整改情况不理想,可以发布停工指令。

三、环境污染和生态破坏事故处理

当工程施工过程中出现重大污染事故时,按如下程序处理:

(1)施工单位在发生事故后,除在规定时间内口头报告监理工程师外,还应尽快提出书面事故报告,写明初步调查结果,报告应初步反映该工程名称、部位、污染事故原因、应急环保措施等。

(2)立即汇报建设单位,及时向当地主管部门汇报,同时书面通知施工单位暂停该工程的施工,并根据环保主管部门有关意见,采取有效的环保措施。

(3)监理工程师和施工单位对污染事故继续深入调查,并和有关方面商讨后,提出事故处理的初步方案后报建设单位,交环保主管部门研究处理。

(4)督促施工单位做好善后工作。

第二节　施工准备阶段的环境保护要点

一、施工临时用地对环境的影响因素

施工临时用地规划、布置应充分考虑环境保护的要求,全面规划、合理布局、统筹安排建设用地,按照安全、环保、合理、使用的原则规划施工便道、便桥、码头、取土场、弃土场、生活区、水池、油库、炸药库等建设用地。避免因选址不慎,造成对环境的人为干扰。

(一)对生态敏感点的影响

选址对生态敏感点的影响包括:特别生态系统、特别生境和珍稀濒危动植物等;公园、绿地、风景名胜区等城市生态环境;水源地、水源林等城市或区域生命支持系统;基本农田、高产良田、特产地、城市菜篮子工程、果木园、种子基地等生存资源;湿地、河口、海湾、红树林、滩涂、水生物产卵地、繁殖场等;各种自然的和人文遗迹等自然与文化保护目标;具有潜在旅游价值或科学美学价值的自然景观;脆弱生态系统或各种自然灾害防治区域或目标等。

为避免因选址不慎造成的生态影响,一般应采取避让的措施。通过实地踏勘,避开各种生态敏感点,对于公路施工区域附近可能存在的生态敏感点,应加强管理,防止产生人为干扰。

(二)对土地利用的影响

公路施工临时占地通常涉及耕地、园地、林地、牧草地或临近这些用地,另外,还有可能临近鱼塘、河流等水域或居民点。施工区域临近城镇或农村的居民点时,应尽可能租用当地的民居作为施工生活区。若无现成的房屋可以租用,应尽可能避开农、林等生产用地。对临时借地范围要有明确的边界,具体应按照临时用地审批文件规定的内容和要求,并结合现场的实际情况划定,以便控制对临时借地外围土地的不合理占用。

若对农、林等生产用地的占用无法避免，则在施工结束后，必须恢复原有的土地利用功能。对现场初始的地形地貌、地表植被等自然特征应有客观的文字描述和完整的影像记录，以作为将来进行恢复的依据和参考。

对于施工营地边界上可能出现的土质开挖面，应有临时防护设施。在条件允许的地区，宜采用生态防护措施，可在开挖的同时进行复绿，选择的植物类型应当是抗逆性强且多年生的乡土物种。若错过了当年的植物萌发和栽培季节，应在来年进行复绿。在复绿前的土壤裸露期间，宜采用人工遮挡物对土壤裸露面进行遮盖，以防止土壤的自然侵蚀。在气候条件恶劣地区，应有防止土壤侵蚀的工程防护措施，以防止土壤的自然侵蚀。

（三）对人类的影响

施工产生的扬尘、噪声、振动等对村镇、学校和交通产生一定的影响，应予以重视。

（四）对陆生生物的影响

施工的强光照射、噪声会干扰植被和动物的生活规律，严重时会导致植物的死亡以及动物生理紊乱而影响其种群繁衍。

扬尘能使果木、庄稼蒙尘、花不受粉、穗不结实、农业减产，因此应在光照强度和照射角度上尽量考虑避免对动植物的影响。

对于植物的砍伐，应在林业部门的指导下进行，并严格按照设计要求控制砍伐数量和面积；对于临时发现的古树名木，则应立刻停止砍伐，并报告林业部门，按林业部门要求进行移栽。

（五）对水生生物的影响

生活区污水及施工废水对水生生态系统的影响包括：河道开挖引起水体混浊，破坏两栖动物生境，破坏湿生植物群落；桩基工程产生的漏油及泥浆水影响水体水质，噪声和振动干扰水生动物，影响洄游性鱼类正常洄游。

对于不可避免的河道及河岸开挖工程，应明确并严格控制开挖界限，不得任意扩大开挖范围，将受影响的两栖动物生境控制在最小范围内。

（六）对土壤的影响

地表清理及土方工程将对沿线植被及动物栖息地造成永久性的破坏。此外，表层土壤的剥离容易造成土壤结构的破坏和肥力的下降。

地表清理及土方工程造成的生态破坏基本上无法避免，但影响范围是可以控制的。在施工前应明确清理及开挖对象和范围，不应仅考虑方便施工而任意破坏施工区域外围的植被。对于古树名木等有保存价值的植物，应事先联系当地林业部门，采取移栽等异地保护的方法加以保护。地表清理物应有专门的场地用以处置，不得随意丢弃。

对于剥离的表层土，应予以保存，既可用于其他地面的土地改良，也可用于沿线受破坏土地的恢复。在表层土的再利用之前，应有专门的场地用于堆置和保存，并配置相应的防雨和排水设施。

二、生活、办公区及工地实验室潜在环境影响

生活、办公区及工地实验室潜在环境影响见表9-2、表9-3。

表 9-2　生活、办公区潜在环境影响

项目	序号	活动内容	潜在影响
食堂	1	油锅炉	1. 漏油;2. 噪声;3. 油烟
	2	油烟机	1. 油烟;2. 噪声
	3	排污	1. 污水;2. 废物
	4	冰箱	有害气体
办公室	1	办公用品废弃	废物
	2	空调	1. 有害气体;2. 噪声;3. 热风
宿舍	1	生活垃圾	1. 废物;2. 有害气体;3. 电池
	2	生活用水	污水
	3	厕所	1. 水污染;2. 土壤污染
停车场	1	车辆	1. 有害气体;2. 噪声;3. 热风
供电设施	1	发电机	1. 噪声;2. 燃油废气

表 9-3　工地实验室潜在环境影响

项目	序号	活动内容	潜在影响
工地实验室	1	沥青加热; 沥青蜡含量; 乳化沥青蒸发残留物含量试验	1. 蒸发气体排放;2. 废沥青;3. 废液体外加剂;4. 石油醚等化学物
	2	沥青混合料沥青抽提; 沥青闪点试验; 沥青混合料车辙试件成型	1. 三氯乙烯;2. 松节油挥发;3. 煤气;4. 蒸发气体;5. 搅拌时产生沥青气体;6. 废弃物
	3	化学危险物品	1. 强酸强碱腐蚀;2. 易燃;3. 化学废液;4. 遗失
	4	材料抗压试验; 材料抗拉试验; 材料混合料击实	1. 压力机排放噪声;2. 电动油泵产生噪声;3. 击实仪产生噪声
	5	水泥混凝土试件制作; 水泥试件制作; 试件养护; 试样切割	1. 振动台产生噪声;2. 智能养护室控制仪产生噪声;3. 切割机产生噪声;4. 废弃物;5. 粉尘;6. 废水
	6	混凝土取芯	1. 取芯机产生噪声;2. 废弃物
	7	集料筛分; 集料磨耗试验; 沥青混合料飞散试验	1. 摇筛机产生噪声;2. 磨耗机产生噪声;3. 废弃物;4. 集料粉尘
	8	集料磨光值试验	1. 加速磨光机产生噪声;2. 废弃物
	9	密度试验	放射源

因此,应采取以下措施减弱或避免这种环境影响:

(1)妥善处理生活垃圾。生活区若管理不善,易造成垃圾遍地,甚至会引起传染病,给人们带来危害。生活垃圾应分类堆放,在各个生活区设置垃圾箱和垃圾临时堆放点,定期将生活垃圾转运到附近的填埋场进行卫生填埋,电池必须由相关单位回收处理。

应在每个施工营地设置垃圾箱和垃圾临时堆放点,由专人负责清理并集中处理垃圾。可与当地环卫部门联系,定期将生活垃圾转运到附近的填埋场进行卫生填埋;若所在地区生态环境敏感,则应将垃圾运离敏感区域后再进行处置。

生活垃圾堆放点应选择30 cm范围内无生活用水和渔用水体的废弃沟凹或废弃干塘,堆放点应无直通沟道与邻地相通,不得向垃圾点内排放生活污水。如施工人员集中,生活垃圾需增加处理设施和加强管理,人员较多时可增设垃圾筒,防止无序倾倒。施工人员如自建宿舍,应配套建设简易厕所,简易厕所尽量建成有冲洗水和粪便回收装置的流动厕所。

在偏远地区,可考虑就近填埋,一般情况下,应将营地内的生活垃圾集中收集后,运至附近的弃渣场填埋。为防止生活垃圾的二次污染,垃圾箱和垃圾运输车均应采用封闭式,垃圾箱存放点地面应作硬化处理,存放点的设置应远离河流、鱼塘、水沟等环境敏感点。对生活垃圾应做到每日清运,垃圾箱存放点及周边应保持清洁。

(2)修建临时性污水处理设施。为汇集与处理由临时驻地的住房、办公室、其他建筑物和流动性设施排放的污水,须在合适的地点修建容量适当的临时污水处理池,建有化粪池或其他能满足要求的系统,应予以管理、维护直至合同终止。

生活服务区污水和洗车污水,不得排入《地面水环境质量标准》(GB 3838—2002)中所规定的Ⅰ、Ⅱ类水域。排入其他水域时,必须符合相应的水质标准,不符合时要进行水质处理,如油污水应进行隔油处理。机械和车辆最好由附近专门清洗点或修理点进行清洗和维修。

(3)施工噪声应当符合国家规定的环境噪声施工场界排放标准(GB 12523—90)。生活区在整个施工期都存在,因此在不同阶段执行相应的标准。各施工阶段(土石方、打桩、结构三阶段)限值中,最严的限值为:昼间70 dB,夜间55 dB。生活区场界噪声也应以此来控制,因为生活区对环境影响最大的噪声源是备用的柴油发电机,应放置在室内,加强门窗隔声,并在进风口、出风口安装消声器。同时还应注意室内通风(安装轴流风机),以免烧坏电机或发生爆炸。某些承包人的生活区还可能与生产区合建,生产区的主要噪声源还有:空压机、风机、轧石机等,应相应采取隔声、消声、减振等措施。生活(生产)区应离开居民点200 m以外。

(4)厨房应设置排风系统。如果厨房附近有居民,应采取如下措施:较大的通风管道安装消声器或采取管壁阻尼减振;管道穿墙(或支撑)处应采用避振喉(或避振吊钩);加装油烟净化器净化油烟,并以高于周围建筑的高度排放;油烟净化器应安装在室内。

(5)放射源的服役、退役管理必须严格执行《中华人民共和国放射性污染防治法》,建立严格的审管体系,明确分工,互相配合,使放射源始终处于有效控制状态下。有放射源的装置或场所应当设置明显的放射性标识和中文警示说明。使用单位应编制应急计划,设立应急机构;建立必要的反馈制度和事故(或事件)报告制度。

对废弃的放射源,应加强管理,避免停用放射源或废密封放射源由于管理不当而导致被盗或丢失。废放射源应委托国家批准的专业处置单位妥善处理。为了便于搬运、贮存、运输和最终处置,对废放射源应按照《低、中水平放射性固体废物包装安全标准》(GB 12711—91),《放射性物质安全运输规定》(GB 11806—89),《电离辐射防护与辐射源安全基本标准》(GB 1887—2002)和《放射性废物近地表面处置的废物接收准则》(GB 16933—97)进行整备,满足放射性物质安全运输的规定、长期贮存的要求和处置场的接收准则。原废放射源贮存场所必须进行必要的处理(包括墙体、裸露泥土等),并根据需要设置永久性标志。

三、临时施工道路的潜在环境影响

临时施工道路的周围环境的潜在影响主要集中在土地利用、水土流失及扬尘,例如临时施工道路的开辟和修筑以及运输车辆的行驶会破坏地表植被,包括耕地、园地、林地以及牧草地等。主要防治措施有:

(1)临时施工道路的开辟和修筑以及运输车辆的行驶会破坏地表植被,包括耕地、园地、林地以及牧草地等。为此,应规划好临时施工道路的路线走向,以减少植被破坏为首要原则,尽量利用现有道路;若无现成道路可利用,则应严格控制施工道路修筑边界,路线走向必须绕开各种生态敏感点(区)。

在草原、戈壁等生态脆弱区,对施工便道要严格规定。这些区域地势平坦,施工繁忙时车辆常常会在便道以外任意行驶,破坏当地生态,甚至可能造成不可恢复的生态破坏。此外,在山区施工时,也要对便隧做出严格规定。

(2)对于施工道路边界上可能出现的土质裸露边坡,应有临时防护设施;在条件允许的地区,宜采用生态防护措施,可在施工道路修建的同时进行复绿;在气候条件恶劣地区,应有防止土壤侵蚀的工程防护措施,以防止土壤的自然侵蚀。

(3)施工便道属临时性质,载重汽车来往频繁,容易损坏,应及时修补保持平整,设立施工道路养护、维修专职人员,随时保持运行状态良好,减少扬尘污染。

(4)运输车辆行驶产生的扬尘影响植物(作物)正常的繁殖和发育,应通过路面硬化处理以及定期清扫、洒水抑制扬尘的发生,路面应始终保持湿润。对施工车辆要求限速行驶,行车速度越慢,扬尘就越小。施工废气、粉尘排放,应当符合国家规定的环境空气质量标准(GB 3095—96)。

(5)施工噪声应当符合国家规定的施工场界排放标准(该阶段施工场界噪声的限值为昼间 75 dB,夜间 55 dB)。居民区附近禁止施工便道的夜间作业,必要时应报当地环保部门批准,并公告居民。

(6)在施工前,应对现场初始的地形地貌、地表植被等自然特征有客观的文字描述和完整的影像记录,以作为将来进行恢复的依据和参考。施工结束后,必须恢复临时占用土地原有的土地利用功能。

四、临时材料堆放场的潜在环境影响

临时材料堆放场的环境潜在影响是对土地利用的影响,为符合材料的堆置要求,料场的选址多位于地势较平坦的地域,通常涉及耕地、园地、林地、牧草地或临近这些用地。此外,物料的散失和飘散污染也会影响环境。主要防治措施有:

(1)对临时借地范围要有明确的边界。具体应按照临时用地审批文件规定的内容和要求,并结合现场的实际情况划定,以便控制对临时借地外围土地的不合理占用。若对农、林等生产用地占用无法避免，则在施工结束后，必须恢复原有的土地利用功能。对现场初始的地形地貌、地表植被等自然特征应有客观的文字描述和完整的影像记录，以作为将来进行恢复的依据和参考。

(2)水泥、石灰、矿粉等的堆置和撒落会通过改变土壤的理化性质，破坏土壤的结构以及土壤微生物的理化环境，从而降低土壤肥力。因此，水泥、石灰、矿粉要有指定地点堆置，并且应采取密封存放的方式，控制其扬尘；存放点地面应作硬化处理，硬化处理前应剥离地表熟土，并集中保存。施工结束后，应去除硬化地面，将保存的熟土回填，并恢复初始地表植被。对于堆置点附近可能被污染的土壤应进行改良，恢复其肥力。

(3)材料仓库和临时材料堆放场要防止物料散漏污染。仓库四周应有疏水沟系，防止雨水侵湿，水流引起物料流失。

(4)沥青、油料、化学物品等不堆放在民用水井及河流湖泊附近，并采取措施，防止雨水冲刷进入水体。

(5)水泥和混凝土运输应采用密封罐车。采用敞篷车运输时，应将车上物料用篷布遮盖严密。

(6)多风天气(或大风来临前)应注意对物料加以覆盖，减少扬尘。

(7)石灰石、电石、雷管、炸药不得露天堆放，炸药应有专门的仓库。

五、拌和场和预制场的潜在环境影响

拌和场和预制场潜在环境影响见表9-4。

表9-4　拌和场和预制场潜在环境影响

序号	活动内容	潜在影响
1	拌和场、砂石场、轧石场	1. 扬尘;2. 废水;3. 噪声;4. 固体废弃物
2	预制场	1. 废水;2. 噪声;3. 固体废弃物

对土地利用的影响可参考本节相关内容。施工中主要防治措施有：

(1)稳定土拌和场、水泥混凝土拌和场、沥青混凝土拌和场等各种拌和场以及砂石场、轧石场等不得设在饮用水源地保护区内。对临时借地范围要有明确的边界，以便控制对临时借地外围土地的不合理占用。若对农、林等生产用地的占用无法避免，至少要避免对生态敏感点(区)的影响，且在施工结束后，必须恢复原有的土地利用功能。周围应有良好的排水系统，设置隔离栅、沉淀池。

(2)场地平整将对沿线植被及栖息地造成永久性的破坏，此外，表层土壤的剥离容易造成土壤结构的破坏和肥力的下降。对于剥离和开挖的土壤，应予以保存，既可用于其他地面的土地改良，也可用于沿线受破坏土地的恢复，在土壤的再利用之前，应有专门的场地用于堆置和保存。

(3)水泥、沥青、石灰、矿粉等堆置和撒落会改变土壤的理化性质，破坏土壤的结构以及土壤微生物的理化环境，从而降低土壤肥力。水泥、石灰、矿粉要有指定地点堆置，并且应采取密封存放的方式，控制其扬尘；存放点地面应作硬化处理，硬化处理前应剥离地表熟土，并集中保存。施工结束后,应去除硬化地面,将保存的熟土回填,并恢复初始地表植被。对于堆置点附近可能被污染的土壤应进行改良,恢复其肥力。

(4)拌和场和预制场地向周围环境排放噪声应当符合施工场界排放标准(该阶段施工场界噪声限值为昼间70 dB,夜间55 dB)。拌和楼的声源位置较高,声级又强,一般屏障等治理措施很难达标,唯一简易可行的办法就是远离,因此对拌和场的选址应严格把关。

(5)大型拌和场(预制场)应配有除尘装置;砂石料场应及时洒水;砂石装卸时应尽量降低落差。施工人员应配有防尘用具,以保护工人健康。小型临时拌和场地应离敏感点大于100 m,并应尽量避开下风向有人群的地段。

(6)砂石料冲洗废水其悬浮物含量大,需建沉淀池,悬浮物进行沉淀后排放。部分废水澄清后可用建筑工地洒水防尘。

(7)混凝土搅拌车应定点清洗,设置临时沉淀池对清洗水沉淀处理后方能外排。有条件者,也可采取废水回收处理后循环使用。

(8)混凝土养护可以直接用薄膜或塑料溶剂喷刷在混凝土表面,待溶液挥发后,与混凝土表面结合成一层塑料薄膜,使混凝土与空气隔离。

(9)夜间施工,强光照射会干扰植被和动物的生活节律,严重时会导致植物的死亡以及动物生理凌乱而影响其种群繁殖。在附近有保护物种的情况下,应缩短夜间施工时间,必要时,在施工区域周围设置高于光源的挡光墙。

(10)上述拌和场和沙石场、轧石场距离学校、医院、疗养院、城乡居民区和有特殊要求的地区不宜小于300 m,以减少它们对环境敏感点的粉尘和噪声污染。

(11)在堆土场、灰土拌和场的周围设土工布围栏,既防止泥土、灰料等进入水体、农田,雨季又可拦截泥沙。土工布围栏的做法是,用宽65 cm的土工布,每3 m设置直径≥5 cm的立柱,土工布固定在立柱上,并将15 cm压埋在地下。

六、取、弃土场对环境的潜在影响

公路沿线取土场(采石场)的选址及开挖面的选择直接关系到当地水土保持及公路两侧景观的完整性。公路建设所需的土石材料,应采取集中料场取料,切忌随意布置小料场,对山坡及其植被肆意破坏,既影响环境面貌,也容易产生塌方滑坡。碎石加工时应进行洒水或除尘器除尘,冲洗砂石的废水应通过沉淀池沉淀合格后排放,部分废水澄清后可用于洒水降尘。若采用商品石料,应在采购合同中提出对临时料场的环保要求。取土场(采石场)的开挖面应设在背向公路侧,以避免产生色差、破坏山体轮廓线,造成视觉污染。

弃土(渣)场若选址不合理,则有可能导致河道淤塞而阻碍行洪、滑坡、地基下陷、压埋植被以及损毁耕地、园地、林地、牧草地等土地,并破坏景观。

环评报告书对弃土(渣)场的选址合理性应有明确的论述,应根据环评报告书的结论对弃土(渣)场进行认定,并根据工程设计图纸明确弃土(渣)场的范围。弃土(渣)应在指定范围内严格按照设计技术要求进行堆置。

取、弃土场禁止选用森林、草地和湿地。应按照设计或有关文件规定的界限和要求施工,绝不能任意选址或扩大范围。

七、施工准备阶段的环境保护监理要点

公路工程施工环境保护应贯彻"预防为主、防治结合、综合治理"的原则,树立"原始的就是最美的,不破坏就是最好的保护,力求施工中最小程度的破坏、施工后最大限度的恢复"的环保理念,在施工准备阶段,监理工程师应做好以下准备工作:

(1)熟悉工程资料,掌握工程整体情况(包括工程环境影响区域)。环境保护监理人员应掌握项目环境影响评价和水土保持方案提出的环保要求和措施,熟悉环境影响评价和水土保持方案批复的内容,对照工程设计文件、图纸以及现场环境,对施工期的环保情况形成一个整体的概念,并对敏感的保护目标作出标识。

(2)编制施工环境保护监理规划。

(3)根据施工环境保护监理规划,编制各单位工程的环境保护监理实施细则。

(4)根据工程情况,配置必需的环境监测设备和仪器。

(5)建立环保工作网络,要求施工单位建立环境保护管理体系。

(6)审查施工单位编制的《施工组织设计》,对不符合工程环保要求的环节和内容提出改正要求,对遗漏的环节和内容要求增补。

(7)审查取(弃)土场、采石场的选址,对生态敏感点和取(弃)土场、采石场进行必要的实地踏勘。

(8)审查施工单位的临时用地方案,所有便道、便桥、便隧必须经监理工程师审批同意后才能使用。

(9)参加第一次工地会议,对施工单位进行环境保护监理交底。

(10)对现场实验室放射源的处置,监理工程师应全过程旁站监理,保证放射源得到妥善处置。

(11)施工场地和便道附近有敏感保护对象时,对施工车辆作出限速行驶的规定,并对执行情况进行巡检。

(12)对营地、办公区、实验室、材料堆场、拌和场、预制场以及取(弃)土场的环保措施执行情况、环保设施运行维护情况,进行巡检。

第三节　公路路基工程施工阶段的环境保护监理

一、路基工程环境保护要点

路基施工应做好临时排水,并与永久性排水系统相结合,避免积水及冲刷边坡,取土场、弃土场应做好水土保持措施,施工产生的振动、噪声、扬尘应减小到最低限度。

开挖施工中表层土保护是一个重要的环境保护问题,表层土流失除引起水土流失外,也可能引发一系列生态平衡失调,如植被丢失、景观破坏等。地表清理将对沿线植被及动物栖息地造成永久性的破坏,易造成土壤结构的破坏和肥力的下降。地表清理及结构物拆除潜在环境影响见表9-5。

表 9-5　地表清理及结构物拆除潜在环境影响

序号	活动内容	潜在影响
1	清除草丛、树木等植被	1. 生态破坏;2. 水土流失
2	清淤	水土流失
3	结构物拆除	1. 扬尘;2. 噪声;3. 损害景观
4	场地内积水处理	1. 水污染;2. 传播病媒
5	废弃物处理	1. 废弃物流失;2. 传播病媒

(1)在清除表层淤泥、杂草前,应明确清理对象和范围,不应仅考虑方便施工而任意破坏沿线两侧的植被。对于古树名木等有保存价值的植物,应事先联系当地林业部门,采取移植等异地保护的方法加以保护。树根挖除深度以正好挖出为宜。清除物中的树木、农作物、杂草,除部分可作为肥料外,应尽快运至经审批的水土保持方案所确定的弃渣场,不得随意丢弃。对于挖出的表土,应在施工区域附近选择地形平坦的地点集中堆置,可用于将来沿线绿化和地表恢复,堆置期间应有防雨设施覆盖,以防止雨水冲刷和水土流失,并设置相应的排水系统。不用于本地恢复的,可直接覆盖至可供耕作的其他地面。

(2)路基用地范围内的旧桥梁、旧涵洞、旧路面和其他障碍物的拆除,若周围 30 m 范围内有居民点,在拆除时,宜整体大部件吊装移除,减少粉尘排放,并且在拆除前应对被拆体充分洒水,保持湿润并对正常排水作出妥善安排。拆除的废弃物应及时清运,以防造成二次污染。

(3)注意特殊对象的保护。

①热带植被。植被群落类型繁多,生态系统结构复杂。即使是少量植物的清除,也会导致局部生物多样性受损。因此,在热带森林,应充分考虑生物多样性的保护问题,对于施工区域内可保留的植被均应加以保护。由于热带雨量充沛,雨水对受干扰土壤的冲刷剧烈,因此施工中应尽量减少对施工区域以外的土壤扰动。

②地被层的保护。热带或亚热带森林的多层特点,包括由凋落物所形成的地被层,不但保证了生物多样性存在的环境,而且对水土保持与土壤的发育有很大作用,因此在清理林下的植物或凋落物时,宜将清理物收集后重新散置于周边森林中。

③干旱河谷。四川和云南的西部,沿大江两岸的谷地,有许多地方当地人称之为"干热坝子",一般统称为"干旱河谷"。这些河谷比两侧山坡要暖和,年降雨量比山地上部少,河谷中主要的植被是灌丛或草本,或混生了稀疏的乔木,这种植被截留地表径流能力差;地表凋落物少,分解快,土壤腐殖质层发育差,保水性能弱;除阶地、台地外,山地一般比较陡峭,物质移动快,只需中等程度的干扰,如开垦,山坡的稳定性即遭破坏,千百年来形成的土壤表土层,即毁于一旦。因此,在该类型区域,对表土的保护尤为重要,应将开挖的表土尽快散置于周边土层薄或林木稀疏的台地上,对于开挖边界的土壤创面,应及时进行恢复。由于降水量不足的限制,因此在恢复上主要是种植灌草,而不宜在原来不能生长森林的地方植树造林。

④风眼和沙尘暴。西北干旱区暖温带是我国的干旱中心,大部分地区年降水量在 60 mm以下,植被稀疏,地表物质疏松,沙源丰富,该地带大风日数很多,主要发生在春季。当地天然植被的人为破坏是导致生态环境恶化的主要原因,植被遭受破坏后,常形成许多

"风眼"(起沙突破口),引起风沙再起,导致土地沙漠化面积扩大。沙尘暴是西北干旱区的主要气候灾害之一,也是该地区自古就有的气候灾害之一,故在地表清理过程中,要充分重视避免引发土壤沙化,注意减少对干旱区植被的破坏,减少沙源。

⑤青藏高原。青藏高原的森林主要集中分布于高原温带湿润地带,青藏高原的东部和南部,东起川西高原即横断山区的中北部,向西南延伸到喜马拉雅山区。森林上限变动于海拔4 100 ~4 300 m,林线附近的森林遭到破坏后更新困难,往往被灌丛草甸所替代,在云杉林、冷杉林分布区这一现象很普遍,森林保护与更新任务在该地带十分艰巨。青藏高原草地资源分布几乎覆盖整个高原的腹地及其西北部。分布面积最广的是高寒草甸,其次是高寒草原和高原荒漠类草地。青藏高原草地稀疏,覆盖度一般较低,产草量低,一旦草场遭到破坏就极难恢复。由于恢复困难,地表受干扰后发生的退化将是永久性的,因此严格控制处理面积,将干扰限制在最小程度始终是这一区域作业的首要原则。

二、路基开挖环境保护要点

路基开挖潜在环境影响见表9-6。

表9-6 路基开挖潜在环境影响

序号	活动内容	潜在影响
1	土石方开挖	1. 生态破坏;2. 水土流失;3. 噪声;4. 扬尘;5. 损害景观
2	挖掘机、装载机等作业	1. 噪声;2. 漏油;3. 扬尘;4. 有害气体
3	土石方运输	1. 沿路撒落;2. 随意丢弃
4	运输车辆	1. 噪声;2. 尾气;3. 扬尘

路基开挖对沿线植被及动物栖息地将造成永久性的破坏;此外,土壤的剥离与开挖容易造成土壤结构的破坏和肥力的下降。

(一)土石方开挖

(1)将开挖范围严格控制在施工范围内,不应仅考虑方便施工而任意破坏施工范围之外的植被和土壤,还应注意对图纸未示出的地下管道、光缆、文物古迹和其他结构物的保护。

(2)路基开挖,应有相应的土石方调配方案,并尽可能利用。开挖应自上而下进行,不得乱挖和超挖。若发现实际与设计勘探的地质资料不符,特别是土质较松散时,应修改施工方案及挖方边坡,保证坡面稳定。施工过程中如修建平台后边坡仍然不能稳定或大雨后立即坍塌,应考虑修建石砌护坡,在边坡上植草皮或做挡土墙。在雨水充沛地区,应及时设置排水沟及截水沟,避免产生边坡崩塌、滑坡。剥离表层予以保护和利用,若不用于本地恢复,应直接转运至可供耕作的地块加以平整和利用;如果需用于本地生态恢复,应在施工区域附近集中堆置,并设置相应的防雨和排水设施。

(3)对于施工取土,需做到边开采、边平整、边绿化,同时要做到计划取土,及时还耕。对于公路两侧取土,要做好规划,需有利于荒地改造。南方地区可与修建鱼池、虾池有计划地结合起来,并与路基保持一定的距离,杜绝随意取土,禁止在河渠、沟堤取土。

(4)挖、填方工程量过大的路段避开雨季施工,避免雨季施工带来的严重水土流失。如不能避开雨季施工,应尽量减少施工面坡度,并做到填料的随取、随运、随铺、随压,以减少雨水冲刷侵蚀。

(5)开挖回填时应做好临时排水系统，雨季来临前开挖回填、弃方的边坡处理完毕。

(6)在有雨水地面径流汇集处开挖路基时，或在临时土堆周围，以及其他容易产生水土流失的地段，应设置沉淀池，作用是雨水流经时减慢流速使泥沙下沉，防止水土流失。泥土沉淀池沿路线长度视需要确定，沉淀池可用挖掘机在路基开挖出深为0.5～1 m、底面积为20～30 m^2 的凹地，并在沉淀池的出水一侧设置土工布围栏，使泥沙再次受到拦截。当路基建成、排水涵管铺设完毕后，推平沉淀池。

(二)弃方的处理

(1)在有弃方的路段开工前，在施工组织设计中应明确弃方的数量、调运方案、弃方位置及堆放形式、坡角加固处理、排水系统的布置等相关安排。弃土堆应堆置整齐、稳定，排水畅通，避免对周围的建筑物、排水及其他任何设施产生干扰和破坏，避免造成环境污染。

(2)开挖中挖出的未被利用的剩余材料、清理场地的杂物和废料，以及不适合作路堤填料的材料，不得任意废弃，都应运送至图纸所示的地点(弃渣场)堆放。沿溪及沿山坡和图纸规定不能横向弃置废方的开挖路段，必须严格在指定的弃方场弃方。

(3)弃方运输过程中应有覆盖，并严格按照指定路线行驶，将因运输造成的沿线土壤和植被损失控制在最小程度。运输路线经过住宅区、学校等敏感地区时，注意调整作业时间，避免交通噪声干扰人民生活。

(4)改河、改渠开挖出的土石方除可利用外，应按弃方妥善处理。

(三)石方爆破

(1)凡不能采用机械或人工直接开挖的石方，才可采用爆破法开挖，石方爆破作业应查明空中缆线、地下管线的位置，确定爆破作业的危险区域，并采取有效措施防止人、畜、建筑物和其他公共设施受到危害和损失。在危险区的边界应设置明显的标志，建立警戒线，显示爆破时间的警戒信号，在危险的入口或附近应设置标志，并派人看守，严禁人员在爆破时进入危险区。在风景名胜等受保护区域附近进行爆破作业时，应预先做爆破效果分析，包括飞石、地震波的影响范围，采取减振等保护措施，以免破坏保护对象。如采用减弱松动爆破都无法保证安全时，可采用人工开凿、化学爆破或控制爆破。

(2)石方开挖，应充分重视挖方边坡稳定。在地形、地质、开挖断面适合时，应采取预裂、光面爆破技术开挖边坡，减少对山体的扰动，保持边坡稳定。石方爆破作业应以小型及松动爆破为主，减少爆破振动影响。路堑开挖前先挖截水沟，挖至设计高程后及时砌筑护坡、排水沟、急流槽等设施，并保证工程质量，防止坡面崩塌造成的不必要的水土流失。

(3)需要爆破时，如附近有村庄尽可能以挖掘代替爆破，以多点少药代替大剂量炸药爆破，采用延时爆破技术等手段降低噪声和振动。夜间禁止爆破。敏感点及文物保护单位附近禁止开山放炮，确需放炮作业的，应先检查被保护建筑是否属于危房，适当加固，并加以阻挡和防护，防止飞石，并减小振动对建筑物的影响。

(4)在山地或森林等野生动物分布较集中的区域，爆破前宜采用人工手段对爆破区内可能存在的野生动物进行驱赶，避免其因爆破造成意外死亡。

(5)开山施工应特别注意避免对特殊地貌景观的破坏以及避免引发泥石流等地质灾害。

(四)边坡修整

(1)边坡开挖后出露的块石及植物根系应尽量保留，以减少开挖面土壤的散落，开挖面的坡度应严格按照设计图纸设置,以免造成坍塌或加剧水土流失。

(2)合理安排各工序的施工时间和程序,分段施工,尽量减少工作面。在土方工程完成后,立即开始护坡、挡土墙、路基边坡植草、铺砌排水沟等工程。完成一段后再开始下一段工段。

(3)及时开始边坡的护坡工程和绿化植草,土木工程和生物工程相结合。这种综合治理的成功办法,可以有效地防止路堑边坡滑塌造成的水土流失,按照设计和规范要求控制好坡度。

(4)拟设挡土墙的路堑,为及时防护,可采取纵向分段挖掘法,以便同时分段修筑挡土墙。

(5)拟设防护工程的边坡,当防护工程不能紧跟开挖施工时,应暂时留下一定厚度的保护层或放缓坡度,待防护工程施工时再刷坡挖足。

(6)在雨水充沛地区,及时设置排水沟及截水沟,避免产生边坡崩塌、滑坡。

(五)噪声控制

该阶段施工场界噪声限值为昼间 75 dB,夜间 55 dB。

三、路堤填筑环保要点

路堤填筑潜在环境影响见表 9-7。

表 9-7　路堤填筑潜在环境影响

序号	活动内容	潜在影响
1	借方作业	1. 噪声;2. 漏油;3. 扬尘;4. 有害气体
2	土石方运输	1. 沿路撒落;2. 随意丢弃
3	运输车辆	1. 噪声;2. 尾气;3. 扬尘
4	压路机、夯实机械等	1. 噪声;2. 漏油;3. 有害气体
5	履带式设备行驶	破坏道路场地
6	施工设备、车辆维修保养	1. 机油洒弃;2. 零配件丢弃;3. 包装物丢弃
7	土工隔栅等铺设	边料丢弃

路堤填筑应采取有效的环保措施,防止水土流失、边坡冲刷,确保路基稳定。施工机械引起的震动、噪声、扬尘,符合国家规定的相关要求,在学校、疗养院、居住区等敏感点附近,夜间应停止作业,若确需连续作业,应报环保部门批准,并公告居民。

(1)路基施工中,应保持通行道路湿度,避免过往车辆卷起扬尘,污染周边空气环境。应严防施工机械跑、滴、漏油,以避免对土壤和环境的污染。运料车辆应加盖缝布,按照指定路线行驶,在已建成通行的道路上行驶,应保持原有道路整洁畅通。

(2)填方工程量过大的路段应避开雨季施工,避免雨季施工带来的严重水土流失。在雨季来临前,安排将开挖回填土方的边坡的排水设施处理好,并防止路基施工中发生污染农田事件。如不能避开雨季施工,应尽量减少施工面坡度,并做到施工用料的随取、随运、随铺、随压,以减少雨水冲刷侵蚀。

(3)雨季施工时,应及时掌握气象预报资料,以便按降雨时间和特点实施雨前填铺的松土压实等防护措施,减少水土流失。路堤填土后立即平整顶面并压密实,保证适当的排水横坡,边坡铺砌前挖设临时急流槽并用塑料布铺底,雨季时用沙袋或草席压住坡面进行暂时防护,防止护坡面的水土流失。

(4)山区公路路基施工要先做初步挡护再进行开挖或填土,防止土、石进入河流或谷地影响水质和泄洪,路基工程工序结束后再重新按设计要求修建挡墙。

(5)借方土料场使用前,应将表土剥离并集中堆置,配以防雨排水设施(同挖方的表土处置)。

(6)填筑路基时,应分层碾压并分层检查压实度,并要求填土层压实度达到要求后方能允许填筑上一层填土。只有分层控制填土的压实度,才能保证控制水土流失量。对填石路段,采用冲击式压实机械压实,还应防止强烈振动对周边结构物产生的危害。

(7)粉煤灰路堤施工中,粉煤灰的运输和堆放应呈潮湿状态,运输车辆周边密闭,顶面加盖,以防粉煤灰沿路散落飞扬而污染环境。同时在施工路堤两侧应有良好的排水设施和防雨水冲刷的措施,以防粉煤灰污染附近水源和农田等。半填半挖交界处,或采用加筋挡墙的地段采用土工合成材料加筋时,边角料应回收,不得随意丢弃。

(8)对成形施工路段适时洒水,减轻扬尘污染。临时坡面应做集中排水槽;暴露面及时压实、及时洒水,注重水土保持工作,并控制扬尘污染。

(9)运输路线经过住宅区、学校等敏感地区时,注意调整作业时间,避免交通噪声干扰人民生活。

(10)该阶段施工场界噪声限值为昼间 75 dB,夜间 55 dB。

四、特殊路基处理

(一)软土、沼泽地区路基

软土、沼泽地区路基施工,应注意解决可能出现的路基盆地沉降、失稳和路桥沉降差等问题。路堤填筑前,应排除地表水,保持基底干燥。淹水部位填土应由路中心向两侧填筑,高出水面后,按要求分层填筑并压实。软土、沼泽地基应根据软土、淤泥的物理力学性质、埋层深度、路堤高度、材料条件、公路等级等因素分别采取置换土、抛石挤淤、超载预压、反压护道、渗水及灰土垫层、土工织物、塑料排水板、碎石桩、轻质路堤、深层加固等措施。为加强效果,各项措施可配合使用。软土、沼泽地区下层路堤,应采用渗水材料填筑;路堤沉陷到软土泥沼中部分,不得采用不渗水材料填筑,其中用于砂砾垫层的最大粒径不应大于 5 cm,含泥量不大于 5%。

(二)滑坡地段路基

滑坡是指在一定的地形地质条件下,由于各种自然的和人为的因素影响,山坡的不稳定土(岩)体在重力作用下,沿着一定软弱面或带作整体的、缓慢的、间歇性的滑动变形现象。滑坡是山区公路的主要病害之一,对山区公路建设和交通设施危害很大,勘察工作任务繁重,防治工作艰巨。对大型滑坡应尽量绕避,当路线绕避困难,或经济上显著不合理而又必须通过滑坡时,应根据滑坡规模的大小,进行具体方案选择,采取综合治理,并力求根治。

第十章 交工及缺陷责任期的监理

第一节 交工与交工证书

一、交工证书的类型

(一)合同工程的交工证书

合同范围内的全部工程已基本完成,监理工程师收到承包人的交工申请报告,并经过对工程的全面检查,认为符合合同文件要求时,应及时向承包人签发全部工程的交工证书。若不符合合同文件要求,监理工程师应书面指出承包人尚应完成哪些工作。

(二)部分工程交工证书

监理工程师按照上述的原则,就下列情况可以向承包人签发部分工程的交工证书:

(1)工程的任何主要部分已完成,能够独立交付使用;

(2)合同中规定有不同交工工期的任何部分工程;

(3)已由业主占用或使用的任何工程。

二、签发交工证书的必要条件

(一)承包人书面申请

监理工程师收到承包人的交工申请报告。

(二)工程确实完成

监理工程师应对承包人申请交工的全部工程或部分工程进行全面检查,确认其主体工程已全部完成,剩余工程很少,在缺陷责任期内完成这些工程时,不影响正常使用和行车及施工安全。

(三)工程检验合格

(1)监理工程师对工程质量检验的结果,证明该工程确实符合规范要求,且各项资料齐全。

(2)监理工程师在各种场合以不同形式向承包人指出的各类质量问题,均已得到妥善的解决。

(四)现场清理完毕

监理工程师确认承包人对其申请交工的工程已进行了全面的现场清理,包括临时用地和材料场、取土场。

(五)交工资料

监理工程师确认承包人已根据合同规定完成或基本上完成有关的交工资料。

三、交工证书的签发程序

（一）成立交工检查小组

监理工程师收到承包人递交的交工申请，确认工程满足要求后应指派专人全面负责交工检查工作，并成立有监理工程师、业主参加的交工检查小组。需要时，建议业主邀请设计部门和质量监督部门参加。

监理工程师还应提示承包人列席参加并负责提供小组检查工程时所需要的情况、资料、人力和设备，为交工检查活动提供服务。

交工检查小组的任务是：

（1）进一步审查交工申请报告；

（2）现场检查申请交工的工程；

（3）审查承包人缺陷责任期的剩余工程计划；

（4）根据以上情况写出交工检查报告；

（5）决定是否签发交工证书。

（二）对交工申请进行审查

（1）检查小组应确认承包人交工申请报告，对申请交工的工程范围、交工工程的外观质量、质量缺陷的处理、交工资料的完成情况等描述全面、准确；剩余工程及计划安排合理可行，并写出书面审查意见。

（2）对基本符合合同有关条款规定的交工申请报告，检查小组应予接受。但必须在审查意见中明确指出存在的问题及修改的建议。

（3）对与合同有关规定存在较大差距的申请报告，检查小组不予接受，并写明审查意见予以退回。

（三）现场检查与评价

（1）检查小组接受承包人的交工申请报告后，应对交工工程进行现场检查。主要检查申请交工工程外观质量、外形尺寸，各类构造物及工程范围内所有现场的清理情况，并应对检查中发现的所有工程缺陷做详细描述及记录。

（2）检查小组对检查情况进行全面评价。重点对检查中及以前发现的工程缺陷进行分析，确定这些缺陷是否可被立即修复或已被修复或作为剩余工程留待缺陷责任期内完成，并与承包人所报的缺陷责任期的剩余工程计划相对应。

（四）检查报告

无论检查小组是否同意签发交工交接证书，均应提交一份交工检查报告，报告内容包括：

（1）概述：承包人申请交工验收的工程范围，工程完成情况及提出申请的过程。

（2）交工检查小组的邀请信及任务。

（3）检查小组人员名单。

（4）检查活动过程。

（5）现场检查的内容。

（6）小组的评议。①是否接受交工；②对缺陷的讨论；③小组的结论。

工程是否已经完成，是否接受剩余工程计划，同意于何时（年月日）签发交工证书（或不予签发交工证书)。

(7)附件:附件主要内容为承包人的交工申请报告;组成交工检查小组的文件;检查活动计划;现场检查的工程缺陷一览表及被批准的承包人剩余工程计划。

评价报告应发给承包人、业主及签发交工证书的其他有关各方。

(五)签发交工证书

工程交工的日期以检查小组决定的签发交工证书的日期为准。工程交工证书必须包括如下内容:

(1)获得交工证书的工程范围;

(2)工程获得交工证书的日期;

(3)审查交工工程的单位;

(4)交工证书的签字人(业主、监理工程师、承包人各方代表)。

第二节　缺陷责任期的监理与《工程缺陷责任终止证书》的签发

一、缺陷责任期

(1)监理工程师应根据合同,规定交工工程的缺陷责任期(一般为一年)。起算日期必须以签发的工程交接证书日期为准。

(2)对于有一个以上交工日期的工程,缺陷责任期应分别从各自不同的交工日期起算。

二、缺陷责任期监理的工作内容

(一)检查承包人剩余工程计划

监理工程师应定期检查承包人剩余工程计划的实施,并视工程具体情况,建议承包人对剩余工程计划进行调整。

(二)检查已完工程

监理工程师应经常检查已完工程,对工程交接时存在的缺陷及签发交接证书之后发生的工程缺陷情况进行记录,并指示承包人进行修复。

(三)确定缺陷责任及修复费用

监理工程师应对工程缺陷发生的原因及责任者进行调查。对非承包人原因造成由承包人进行修复的工程质量缺陷,监理工程师应对修复工作做出费用估价,向业主签发为承包人追加费用的证明。

三、缺陷责任期的监理组织

监理工程师应根据剩余工作量,配备缺陷责任期的监理工作人员,包括:现场巡视、检查的监理人员,负责质量检验的试验人员及处理合同事宜(索赔、变更)、办理支付、督促交工资料的合同管理人员。

四、《工程缺陷责任终止证书》的签发程序

(一)《工程缺陷责任终止证书》签发的必要条件

(1)监理工程师确认承包人已按合同规定及监理工程师指示完成全部剩余工程,并对全部剩余工程的质量检查认可。

(2)监理工程师收到承包人含有如下内容的终止缺陷责任申请:①剩余工作计划的执行情况;②缺陷责任期内监理工程师发现并指示承包人进行修复的工程完成情况;③交工资料的完成情况。

(二)成立缺陷责任期工作检查小组

(1)监理工程师确认具备签发《工程缺陷责任终止证书》必要条件后,应成立有监理工程师、业主参加的缺陷责任期工程检查小组,需要时,建议业主邀请监督部门参加,承包人列席并为检查小组的工作及日程安排提供服务。

(2)检查小组的任务主要为:①审查承包人终止缺陷责任的申请报告;②对工程进行最终的整体检验,并侧重缺陷责任期工作内容的检查;③审查交工资料;④对缺陷责任期的工作情况进行评价,确定是否签发缺陷责任终止证书。

(三)检查小组审查终止缺陷责任的申请报告

对申请报告内容的完整性、真实性进行审定,并确认是否满足合同规定及监理工程师的要求。

(四)最终检查和评价

1. 最终检查

最终检查主要从以下两方面进行:

(1)剩余工作及缺陷工程的完成情况;

(2)整个工程的使用情况。包括交通标志、标线、护栏、护网、电信管块、人井及绿化带。

2. 评价

评价主要围绕现场检查结果进行,除合理磨损外,工程均应达到合同规定的检验标准。

(五)检查报告

(1)检查小组必须就检查工作写出检查报告,报送业主,同时抄给承包人。

(2)检查报告的主要内容应包括:①概述:检查小组的邀请信及其名单、工作简况、接受承包人申请的日期;②现场检查的内容及情况;③检查小组对承包人缺陷责任期全部工作的评议;④小组的结论;⑤附件:承包人的终止缺陷责任申请,检查活动计划工程缺陷一览表及承包人剩余工程计划等。

(六)签发《工程缺陷责任终止证书》

监理工程师收到检查小组的报告,并确认缺陷责任期工作已达到合同规定标准,应向承包人签发缺陷责任终止证书。签发日期应以工程通过最终检验的日期为准。证书中应包括以下主要内容:①获得证书的工程范围;②审查缺陷责任期工作的单位;③工程交工日期及合同缺陷责任期终止日期; ④《工程缺陷责任终止证书》的签字人(业主、监理工程师、承包人各方的代表)。

参考文献

[1] JTJ 076—95 公路工程施工安全技术规程[S].北京:人民交通出版社,1995.
[2] JTG G10—2006 公路工程施工监理规范[S].北京:人民交通出版社,2006.
[3] JTG F80/1—2004 公路工程质量检验评定标准(土建工程)[S].北京:人民交通出版社,2004.
[4] JTG F80/2—2004 公路工程质量检验评定标准(机电工程)[S].北京:人民交通出版社,2004.
[5]《建筑施工手册》编写组.建筑施工手册[M].4 版.北京:中国建筑工业出版社,2003.
[6] 沈阳市三星公路监理咨询有限责任公司.公路工程监理实用手册[M].北京:人民交通出版社,2002.
[7] 熊广忠.工程建设监理实用手册[M].北京:中国建筑工业出版社,1994.
[8] 俞宗卫.监理工程师实用指南[M].北京:中国建材工业出版社,2004.
[9] 天津市市政工程局.道路桥梁工程施工手册[M].北京:中国建筑工业出版社,2003.
[10] 李红专.高速公路路基路面施工工艺[M].北京:人民交通出版社,2004.
[11] 刘吉士.公路工程施工监理实务[M].北京:人民交通出版社,1999.
[12] 熊焕.公路路基路面施工监理指南[M].北京:人民交通出版社,1999.
[13] 杨文渊,徐品.桥梁施工工程师手册[M].北京:人民交通出版社,2001.
[14] 黄兴安.道路桥梁工程施工监理手册[M].北京:中国建筑工业出版社,2003.
[15] 河北省公路管理局.高速公路交通工程及沿线设施[M].北京:人民交通出版社,1999.
[16] 王华生,赵慧如,王江南.怎样当好现场监理工程师[M].北京:中国建筑工业出版社,2002.
[17] 杜训.建设监理工程师实用手册[M].江苏:东南大学出版社,1994.
[18] 陈立道.建设项目安全技术指南[M].上海:上海科学技术出版社,1998.
[19] 陈立道,龚解华.安全监理手册[M].上海:上海科学技术出版社,1995.
[20] 陈爱莲.公路工程施工监理便携手册[M].北京:中国建材工业出版社,2005.